KEYGUIDE
GUIA

PARIS

PUBLIFOLHA

187

SUMÁRIO

LEGENDA

- Localização no mapa
- Endereço
- Telefone
- Horários de funcionamento
- Entrada paga
- Estação de metrô
- Número do ônibus
- Estação de trem
- Ferryboat/barco
- Orientações
- Informação turística
- Visitas guiadas
- Guia turístico
- Restaurante
- Café
- Bar
- Loja
- Número de quartos
- Ar-condicionado
- Piscina
- Sala de ginástica
- Mais informações
- ▷ Outras referências
- ★ Início do percurso

157

92

234

124

INTRODUÇÃO A PARIS

"Introdução a Paris" traz um amplo panorama da cidade, com informações sobre os bairros e as atrações. O cotidiano atual da metrópole é apresentado em "Paris viva", enquanto "A história de Paris" reconstitui o rico passado da cidade.

INTRODUÇÃO A PARIS

Paris é uma capital sedutora, célebre pela culinária, pela moda, pelas obras de arte e pela arquitetura. Cidade cosmopolita, é o centro econômico, político, cultural e social da França. Embora totalmente moderna, as reminiscências do passado são vitais para a economia, da qual o turismo é parte importante, por isso o governo mantém códigos de construção rígidos e protege os monumentos históricos. Assim, as mudanças acontecem nas pequenas coisas – na moda, na comida e na fachada das lojas. Os parisienses ainda se dispõem a sair às ruas para protestar, como fizeram durante a Revolução Francesa, embora sejam também capazes de exibir uma veia conservadora e conformista. A cidade tem se esforçado para receber bem os turistas, e os parisienses vêm se tornando mais amistosos e prestativos.

A CIDADE

Não faltam atrações turísticas em Paris, mas, se você passar o tempo todo correndo da Torre Eiffel para a Notre-Dame e do Louvre para a Sacré-Cœur, com certeza perderá a essência da cidade. Para sentir o pulso de Paris é preciso mesclar os pequenos prazeres aos pontos turísticos mundialmente famosos. Reserve um tempo para ver as pessoas em um café de St-Germain-des-Prés ou no cada vez mais elegante Marais, para relaxar nos Jardin du Palais Royal ou comprar queijo em um dos mercados.

O metrô é uma boa maneira de circular e tem estações perto das principais atrações, mas caminhar é a melhor maneira de conhecer a cidade de verdade. Experimente andar de St-Germain-des-Prés até a Île de la Cité, passando pelo Quartier Latin, ou da Bastille até o Marais, cruzando o Centre Georges Pompidou.

Além dos distritos (*quartiers*), identificados pelo nome, Paris é dividida em *arrrondissements*, numerados de 1 a 20. Estes formam um caracol em sentido horário, a partir do Louvre. Em geral é possível saber qual é o *arrondissement* do seu destino pelos dois últimos dígitos do código postal.

Paris é dividida ao meio pelo sinuoso rio Sena. A parte norte é a margem direita, e a parte sul, menor, é a margem esquerda. A nordeste do Quartier Latin, duas ilhas se erguem no meio do Sena: a histórica Île de la Cité e a minúscula Île St-Louis.

ECONOMIA

Paris e o restante da região da Île de France são o motor econômico da França, respondendo por 30% de seu PIB. Île de France tem 11 milhões de habitantes e mais de 650 mil empresas, ao passo que Paris conta com pouco mais de 2 milhões de habitantes e 300 mil companhias. O turismo é uma das indústrias mais importantes da França – a cidade de Paris atraiu 35 milhões de visitantes em 2008, 1 milhão a mais do que em 2006. Os outros setores-chave são: financeiro, tecnologia da informação, gráfico, moda, design e criação em geral. Paris não é barata – em um levantamento do custo de vida em 144 cidades do mundo, feito em 2007, a capital francesa ficou com o 13º lugar. Como em outros países europeus, atualmente o crescimento econômico da França é lento, e mudanças no funcionalismo público e na lei de pensões estão no topo da agenda para os próximos cinco anos. Os sindicatos de trabalhadores já planejam uma forte oposição a qualquer perda de privilégios.

POLÍTICA

Paris é, sem sombra de dúvida, o centro da vida política do país, embora o governo venha tomando medidas para descentralizar as decisões e devolver o poder às regiões administrativas. As eleições nacionais de 2007 foram as mais disputadas na história recente, com dois candidatos carismáticos: Ségolène Royal, a primeira mulher a se candidatar ao cargo, à esquerda, e Nicolas Sarkozy, à direita. Sarkozy venceu por uma margem bem maior do que as pesquisas previam, embora essa margem tenha sido menor do que em 2006.

Paris é governada pelo socialista Bertrand Delanoë, que vem trabalhando pelo ambiente. Ele mandou fechar uma avenida na margem direita do Sena, no verão, e criou a Paris Plage, uma praia urbana com direito a areia e espreguiçadeiras. Como se poderia esperar, a iniciativa agradou aos moradores da cidade, ampliando a popularidade do prefeito da cidade, assumidamente gay. Os parisienses deram a Delanoë o apelido de "Notre Dame de Paris"(nossa senhora de Paris).

LÍNGUA E SOCIEDADE

O francês é falado em toda a França, mas o país tem alguns dialetos regionais. Nas escolas as crianças aprendem inglês, e os parisienses têm se esforçado para conversar com os turistas estrangeiros. No entanto, os franceses têm muito orgulho de sua língua e fazem o possível para protegê-la da invasão inglesa, criando termos próprios para palavras como walkman (*balladeur*) e e-mail (*mèl*).

Paris é uma cidade multicultural, com grandes colônias de africanos, vietnamitas, chineses e outras nacionalidades. Como na maioria das metrópoles do mundo, observa-se em Paris o fenômeno do encarecimento das áreas centrais da cidade, que são ocupadas pelos mais abastados, enquanto a população mais pobre é empurrada para o subúrbio.

A taxa de delitos tem aumentado, mas Paris ainda é uma cidade considerada segura para os turistas, desde que se tome o cuidado de proteger os pertences dos trombadinhas.

OS DISTRITOS DE PARIS

Quartier Latin (margem esquerda, leste): Centro do conhecimento desde a Idade Média, repleto de igrejas, ruelas medievais e o lindo Jardin du Luxembourg.
St-Germain-des-Prés (margem esquerda, centro): Vizinho do Quartier Latin e cheio de cafés e livrarias.
Montparnasse (margem esquerda, sul): Dominado pela gigantesca Tour Montparnasse.
Chaillot (margem direita, oeste): A atração principal é o Palais de Chaillot, que oferece uma bela vista do Sena e da Torre Eiffel.
Champs-Élysées (margem direita, centro-oeste): Avenida mais famosa de Paris, repleta de lojas, cinemas e cafés, tem em uma das extremidades o Arco do Triunfo.
Faubourg St-Honoré (margem direita, ao norte da avenue des Champs-Élysées): Este é o lugar para quem procura alta-cultura.
Les Halles (margem direita, centro): Já abrigou um grande mercado, mas hoje tem shopping centers modernos e a mais confusa estação de metrô da cidade.
Le Marais (margem direita, centro-leste): Cafés da moda, lojas e galerias de vanguarda. O Centre Georges Pompidou fica na extremidade oeste.
Bastille (margem direita, leste): Berço da Revolução Francesa, hoje tem vida noturna agitada; perto do Marais.
Île de la Cité (no Sena): Foi nesta ilha movimentada que Paris nasceu; ficam ali Notre-Dame, a Conciergerie e a Sainte-Chapelle.
Île St-Louis (no Sena): Menor e mais tranquila que a vizinha famosa, a Île de la Cité.
Pigalle (margem direita, ao sul de Montmartre): A zona de meretrício.
Montmartre (margem direita, extremo norte): Antiga aldeia situada na única colina de Paris, abriga dois famosos cartões-postais da cidade: a basílica de Sacré-Cœur e, na fronteira com Pigalle, o Moulin Rouge.

Página ao lado *Paris se destaca pela lojas sofisticadas e elegantes, sobretudo na Rive Droite (margem direita do rio Sena)*
Abaixo *Peculiares placas com nomes das ruas*

O MELHOR DE PARIS

ARREDORES DA TORRE EIFFEL

Hôtel Duc de St-Simon (▷ 103) Hotel instalado em uma mansão do século XVIII, próxima ao boulevard St-Germain.

Hôtel Square (▷ 103) Um quatro-estrelas elegante situado perto da Torre Eiffel.

Musée d'Orsay (▷ 80-3) Esta antiga estação de trens tem uma notável coleção de pinturas impressionistas e muito mais.

Musée du Quai Branly (▷ 84). Museu recente e também o mais ousado da cidade, dedicado à apreciação das diversas culturas do planeta. No acervo, mais de 300 mil peças trazidas de fora do continente europeu.

Musée Rodin (▷ 85) O museu merece uma visita tanto pelo acervo quanto pela localização idílica. As esculturas de Auguste Rodin ficam espalhadas por um jardim.

Palais de Chaillot—La Cité de l'Architecture et du Patrimoine (▷ 86-7) Maior museu sobre arquitetura existente no mundo, aborda 12 séculos das construções francesa. O terraço central oferece lindas vistas para a Torre Eiffel.

Torre Eiffel (▷ 90-5) Teste seus nervos no terceiro nível da torre, 280m acima do chão.

Tour Montparnasse (▷ 89) Suba de elevador até o terraço do 59º andar e desfrute uma vista panorâmica e vertiginosa da encantadora Cidade Luz.

Da esq. p/ dir. *Torre Eiffel, cartão-postal mais famoso de Paris; O Hotel Ritz, templo do luxo no coração da cidade; A Fauchon, paraíso dos gourmets*

QUARTIER LATIN, ST-GERMAIN E ILHAS

Café de Flore (▷ 141) Siga os passos do filósofo Jean-Paul Sartre.

La Coupole (▷ 143) Esta brasserie art déco era frequentada por Pablo Picasso.

Les Deux Magots (▷ 141) Hemingway era um cliente habitual deste café-bar em St-Germain-des-Prés.

L'Hôtel (▷ 144) Oscar Wilde passou seus últimos dias neste quatro-estrelas luxuoso.

Musée National du Moyen Âge—Thermes de Cluny (▷ 122-3) Não se deixe intimidar pelo nome – esta mansão do século XV abriga um fascinante acervo de arte, objetos religiosos e itens do cotidiano da Idade Média.

Notre Dame (▷ 124-7) O edifício religioso mais visitado da França, cujas torres oferecem uma linda vista.

Panthéon (▷ 128) Dá para ver a Torre Eiffel das escadas da frente, mas, para ter as melhores vistas panorâmicas, suba os 206 degraus da colunata circular.

Pont des Arts (▷ 120) A vista deslumbrante da parte inferior do rio abarca todo o Louvre, na margem direita.

Shakespeare and Company (▷ 140) Famosa livraria americana às margens do Sena.

La Tour d'Argent (▷ 143) Interior chique, uma linda vista e excelente cozinha francesa.

MARAIS E BASTILLE

Antik Batik (▷ 174) Loja de produtos étnicos chiques.
Café Beaubourg (▷ 175) Café da moda, próximo ao Centre Georges Pompidou.
Centre Georges Pompidou (▷ 156-61) Nem todo mundo gosta do edifício, mas ele abriga um imenso acervo de arte moderna.
Musée Carnavalet (▷ 164-5) A história de Paris é revivida com recriações do passado, objetos da Revolução e achados pré-históricos.
Musée Picasso (▷ 167) Pinturas, esculturas e desenhos do grande artista do século XX, no lindo Hôtel Salé.
Pavillon de la Reine (▷ 179) A mulher de Luís XIII morou nesta residência do século XVII, na place des Vosges, onde hoje funciona um hotel.

LOUVRE E CHAMPS-ÉLYSÉES

Arco do Triunfo (▷ 187-9) Local onde o país faz muitas comemorações.
L'Étoile (▷ 213) Disputado reduto dos baladeiros chiques e endinheirados.
Fauchon (▷ 212) Para quem procura os melhores ingredientes da culinária francesa – a preços altos.
Galeries Lafayette (▷ 212) Renomada loja de departamentos, com uma arquitetura que merece uma visita.
Grande Arche (▷ 254) Ele ainda não é tão famoso quanto as outras atrações mencionadas neste guia, mas este colossal arco de mármore simboliza a visão de futuro de Paris.
Guy Savoy (▷ 215) Templo gastronômico próximo à avenue des Champs-Élysées.

Market (▷ 215) Espaço contemporâneo com culinária fusion e um bufê de comidas cruas.
Musée du Louvre (▷ 199-203) Um dos mais famosos do mundo, onde você deverá abrir caminho na multidão para ver a *Mona Lisa*.
Place de la Concorde (▷ 206) A noroeste, a avenue des Champs-Élysées até o Arco do Triunfo; a sudeste, o Jardin des Tuileries; a sudoeste, do outro lado do Sena, o Palais Bourbon.
Ritz (▷ 217) O máximo em matéria de luxo e elegância. Coco Chanel e Ernest Hemingway se hospedavam aqui.

MONTMARTRE

Fourmi (▷ 239) Com interior em estilo retrô, este bar é frequentado por aspirantes a artistas.
Hôtel Amour (▷ 242) Hotel gracioso, localizado em uma região hoje chamada de SuPi (sul de Pigalle), o Amour pertence a um grupo de artistas locais. Alguns quartos exibem peças criadas pelos amigos dos donos.
Marché aux Puces de St-Ouen (▷ 225) Vasculhe este amplo mercado de pulgas. Com sorte, você acaba tropeçando em uma antiguidade valiosa.
Le Moulin de la Galette (▷ 241) O restaurante deve seu nome a um moinho existente nas proximidades e já apareceu em diversas pinturas de artistas como Van Gogh e Toulouse-Lautrec.
Moulin Rouge (▷ 225) Instituição parisiense, o "moinho vermelho" exibe shows tipo cabaré desde 1889.
Parc de la Turlure (▷ 236) Um parque pequeno, fora do centro, em Montmartre, com lindas vistas da cidade e uma vista diferente da basílica de Sacré-Cœur.
Sacré-Cœur (▷ 233-5) Basílica situada no alto da colina de Montmartre.
Spring (▷ 241) Neste restaurante bastante criativo e surpreendente, a refeição composta de quatro pratos é servida às 20h30.
Mercure Montmartre (▷ 243) Vistas magníficas dos quartos deste quatro estrela situado em Montmartre.

15 EXPERIÊNCIAS IMPERDÍVEIS

Ver Paris do alto, à noite, do topo da Torre Eiffel (▷ 90-5) ou do Arco do Triunfo (▷ 186-9).

Sentar-se em um café em St-Germain-des-Prés e ver a vida passar, ou achar um banco no animado Jardin du Luxembourg ou no Jardin des Tuileries.

Fazer um passeio de barco pelo Sena é uma ótima forma de apreciar os cartões-postais da cidade (▷ 210-1).

Visitar a place des Vosges (▷ 169) em uma tarde de domingo, quando os cafés estão cheios de parisienses relaxando ao som dos músicos de rua.

Aproveitar as noites no Louvre (qua e sex; ▷ 199-203) e no Musée d'Orsay (qui; ▷ 80-3), quando há poucos visitantes.

Percorrer o Marais e mergulhar no ambiente parisiense. O bairro é tão estimulante quanto o Quartier Latin e, ao contrário de outras partes de Paris, ferve aos domingos.

Andar pela Champs-Élysées, a avenida mais famosa de Paris.

Tomar o metrô até Montmartre para apreciar sua tranquilidade e uma linda vista da cidade.

Visitar a catedral de Notre-Dame um pouco antes do início de uma missa.

Pechinchar nos mercados da cidade (▷ 225 e seção Compras de cada região), que vendem de queijos e azeitonas a móveis e lustres.

Esquecer o *carnet* do metrô por uma tarde e caminhar é a melhor maneira de se familiarizar com o traçado da cidade (▷ passeios a pé em cada região).

Curtir um passeio de barco pelo Canal St-Martin entre a Port de l'Arsenal e o Parc de la Villette, apreciando as praças e os graciosos cafés e bistros.

Assistir a um espetáculo no prestigioso Opéra Palais Garnier ou na Opéra Bastille, ou então assistir a um show de cabaré no célebre Moulin Rouge.

Dar uma escapada da cidade e respirar um pouco de ar puro nos exuberantes Bois de Vincennes ou Bois de Boulogne (▷ 250-1).

Passear pelas lojas elegantes do centro comercial Les Galeries (▷ 191).

Abaixo *Galerie Vivienne, a mais bonita de Paris*

PARIS VIVA

A COMIDA EM PARIS

Como Paris não vive mais sob uma monarquia, podemos supor que o sistema de classes esteja morto e enterrado, certo? Errado. Nesta cidade, o cidadão é classificado pela mesa que escolhe. Ninguém come apenas para se alimentar – a comida é afirmação do estilo de vida e diversão noturna. Do outro lado do balcão, novos chefs entram e saem de cena a cada estação. No mês de setembro, as resenhas dos jornais determinam a sorte de cada restaurante como a pena de um crítico assegura a vida ou a morte de um novo musical da Broadway. Porém, os estabelecimentos elegantes são apenas a ponta de um iceberg gastronômico. Os restaurantes regionais refletem a diversidade da culinária francesa, com pratos de Auvergne e da Alsácia, do Loire e da Provença, oferecendo aos migrantes o sabor de casa e aos parisienses uma amostra do que existe fora da cidade. A cultura do café também tem muitos seguidores, dos descolados que provam cafés de grife nos museus até os operários que consomem a bebida nos balcões de zinco dos bares locais.

Da esq. p/ dir. *A Berthillon, na Île St-Louis, atrai multidões em busca do delicioso sorvete; A boa gastronomia é sinônimo da vida em Paris, e o restaurante Le Train Bleu, na Gare de Lyon, esbanja elegância e estilo; O Jules Verne, restaurante instalado na Torre Eiffel, prepara alta gastronomia*

LE TRAIN BLEU

Bem acima da modernísima frota de trens TGV da Gare de Lyon, encontra-se uma relíquia da era de ouro das viagens. Le Train Bleu é uma brasserie belle époque como as que foram demolidas em todo o sistema ferroviário europeu para dar lugar à eficiência tecnológica e ao design de ponta. O restaurante apareceu no filme *Viagens com minha tia*, de 1972, e em toda a mídia quando o presidente François Mitterrand levou até lá a primeira-ministra britânica Margaret Thatcher. Os espelhos ornamentados, os lustres e as pinturas foram restaurados para combinar com os garçons de bigode e avental até o tornozelo. O serviço continua atencioso, e não é incomum que, durante o almoço, os clientes permaneçam no local mais do que as três horas da viagem ao sul da França.

BISTRONOMIE
"Bistronomie" é a saudada volta dos bistrôs comandados por chefs famosos. Alguns pertencem a astros do showbusiness, que usam sua imagem para atrair quem procura uma refeição tipo gourmet. Os atores Gérard Depardieu e Carole Bouquet são donos do Fontaine Gaillon (1 place Gaillon, 75002, tel 01 47 42 63 22; www.la-fontaine-gaillon.com); Cathérine Deneuve é a proprietária da casa instalada no cine Panthéon (Le Salon du Panthéon, 13 rue Victor-Cousin, 75005, tel 01 56 24 88 80; www.whynotproductions.fr/pantheon). Johnny Hallyday abriu o Rue Balzac (3 rue Balzac, 75008, tel 01 53 89 90 92), enquanto o músico Eddy Mitchell apostou no tailandês Oth Sombath (184 rue du Faubourg-St-Honoré, 75008, tel 01 42 56 55 55; www.othsombath.com).

FAST FOOD
Depois de diversas décadas de desprezo aberto à onda das refeições rápidas, a capital francesa está aprendendo a amar a fast food. Ou, pelo menos, os sanduíches da Le Marks & Spencer. Quando a filial parisiense dessa rede britânica fechou, em 2001 (sob protestos do primeiro-ministro), o improvável aconteceu: Alain Ducasse, o mais condecorado chef francês, reinventou-a, abrindo a BE Boulangépicier, uma versão mais sofisticada do negócio. Ali, os clientes fazem sua refeição em pé. Qual será a próxima moda? Os mapeadores de tendências sugerem as máquinas Yatoo Patoo, que vendem refeições completas e estão presentes nas esquinas mais improváveis. O nome vem de *"il y a tout partout"* ("tudo em todo lugar").

NOVAS TENDÊNCIAS
A culinária mundial está presente nos cardápios de muitos restaurantes, e por isso quem visita Paris tem a oportunidade de provar sabores de quase todo o planeta. A culinária japonesa encantou a capital francesa e o chef Alain Ducasse aproveitou a onda para lançar o 'bento dei' (almoço tipo bento), servido no restaurante Spoon (⊳ 215). Outra tendência coloca no menu termos como "culinária molecular" e "nitrogênio líquido". O famoso chef Pierre Gagnaire se destaca pela ousadia no fogão no restaurante que leva seu nome (6 rue Balzac, 75008, tel 01 58 36 12 50; www.pierre-gagnaire.com) onde atua ao lado do químico Hervé This.

A ESTRELA DAS ESTRELAS
Na França, só há uma maneira de medir o sucesso gastronômico de um estabelecimento: pelas estrelas atribuídas pelo guia Michelin. Atualmente em Paris existem 10 restaurantes que exibem a graduação máxima; 15 ostentam duas estrelas e diversos apenas uma. O atual "rei da cozinha" é Alain Ducasse. Único chefe premiado com três estrelas Michelin em restaurantes instalados em diferentes países, Ducasse recebeu suas primeiras estrelas em 1984, pelo restaurante La Terrasse, em Juan-les-Pins. Hoje, é o chefe-executivo do restaurante Plaza Athénée, na avenue Montaigne, e em 2007 assumiu o restaurante Jules Verne, na Torre Eiffel – onde a cozinha é tão espetacular quanto a vista.

A MODA EM PARIS

A moda parisiense demanda muito esforço ou esforço nenhum. Ela está nas roupas de alta-costura da modelo que passeia pelos Champs-Élysées com o cachorro igualmente bem-vestido e de pelo tingido. E está no estudante de barba por fazer e gola virada para cima, com um cigarro caído no canto da boca, que flerta com a garota na entrada de uma estação do metrô.

Paris adora moda, porque ela celebra aqueles que se sentem bem com a própria imagem. Em Paris a moda diz respeito à aparência e ao estilo de vida. Não basta usar as roupas certas, é preciso usá-las nos lugares certos – seja um bar sofisticado no oitavo *arrondissement* ou um simples ponto de encontro de poetas no bairro de Bastille. Assim como novos estilistas surgem a cada estação, ruas promissoras reivindicam um espaço no mapa do consumo: quem busca arte tradicional e antiguidades escolhe as galerias perto do Louvre e do Musée d'Orsay; os mais modernos preferem as lojas do quai d'Austerlitz; e os verdadeiramente confiantes criam tendências, comprando nos mercados de pulga.

Da esq. p/ dir. *Os parisienses parecem ter um apurado senso de elegância, em todos os aspectos da vida; O bom gosto e o estilo não se limitam à moda e estão presentes nos chocolatiers; Uma criação haute couture de Jean Paul Gaultier na passarela*

ALTA-COSTURA POR MENOS

Todos os parisienses bem vestidos conhecem a avenue Matignon, mas podem não admitir com facilidade que compram na rue de la Pompe. Afinal, seria um desatino confessar ter pago uma miséria por um Moschino genuíno ou um Versace original. Ainda assim, o consumidor bem-arrumado e astuto enfrenta a multidão que se acotovela nas sete unidades da loja Réciproque espalhadas pela rua para agarrar o seu Lacroix ou o seu Dior. Como as celebridades quase nunca usam a mesma roupa duas vezes, a Réciproque compra e revende esses itens. Para impedir roubos, os artigos da Chanel são expostos sem seus valiosos botões, que são novamente costurados tão logo a venda seja concluída!

OS SEGREDOS DA MARGEM ESQUERDA

O mais próximo que os negociantes de arte e antiguidades da margem esquerda do rio Sena chegam de anunciar seus produtos é o evento Cinq Jours de l'Objet Extraordinaire, que acontece no final da primavera. A Carré Rive Gauche é uma associação de galerias em torno da rue du Bac e da rue de Lille. Durante cinco dias no início do verão os proprietários alardeiam seus melhores itens. Cada loja promove uma peça. Para divulgar tantos tesouros escondidos, as lojas estendem tapetes vermelhos e exibem arranjos florais. Nos últimos anos os visitantes foram convidados a admirar lustres venezianos há muito ocultos em um *palazzo* siciliano, tecidos egípcios e raras tapeçarias de Beauvais.

COISA DE MENINA

Não importa que o hotel seja caro e que o limite do cartão de crédito seja generoso: como turista você poderá apenas observar com olhos invejosos a verdadeira sociedade *parisienne*. Atualmente, porém, já é possível juntar-se às madames durante o almoço, às mulheres que fazem compras e às glamourosas consumidoras de artes. Por certa quantia, as hóspedes do Hôtel Meurice podem passar o dia acompanhadas de uma elegante parisiense. As hóspedes são levadas a um passeio pela cidade, durante o qual visitam os ateliês dos artistas na margem esquerda, comem e fofocam no restaurante mais badalado do momento ou fazem compras nas butiques de promissores estilistas de roupas e acessórios.

MODA CHOCOLATE

Desde a abertura do Carrousel du Louvre, sua passarela raramente se viu livre das luzes e do escrutínio dos volúveis árbitros da moda. Entre os desfiles do *prêt-à-porter* e a Semana de Moda de Paris há um evento que merece elogios unânimes dos críticos: todas as peças de roupa são deliciosas. A alta-costura comestível é o destaque do Salon du Chocolat, um desfile que combina o talento dos melhores chocolateiros com a habilidade dos estilistas mais ousados da cidade. Não deixa de ser uma ironia refinada cobrir modelos ultramagras com camadas de uma iguaria supercalórica. O salão agrada a pessoas dos mais diferentes paladares.

PISTA RÁPIDA

A famosa avenue des Champs-Élysées está sempre congestionada, mas uma vez por mês ela é fechada aos carros. O passeio de patins Pari Roller é o acontecimento social da semana e milhares de pessoas se reúnem perto da estação Montparnasse na sexta-feira. Os patinadores começam a se reunir a partir das 21h30 e às 22h a multidão começa a explorar a cidade. O passeio é para os bons patinadores, e o percurso varia a cada semana. O itinerário é divulgado no site www.pari-roller.com. Uma vez por mês, duas horas depois do ponto de partida, os patinadores vão para a place Charles de Gaulle, de onde descem em alta velocidade a avenue des Champs-Élysées.

ASAS DA IMAGINAÇÃO

São poucas as regiões da cidade que não evocam a lembrança dos artistas que viveram aqui ou de alguma obra da imensa herança cultural da cidade. Algumas partes aparecem nos mapas turísticos, outras são menos óbvias: um visitante que leva seu filho para brincar no Le Jardin de Champs-Élysées recria alguns dos momentos da vida do escritor Marcel Proust relatados na obra *Em busca do tempo perdido*. Igualmente inspiradores são os graciosos cafés nos quais tanto Rousseau quanto Sartre tomavam café (em épocas diferentes, claro) e os restaurantes onde Thomas Jefferson e Benjamin Franklin discutiam as bases da Declaração de Independência dos Estados Unidos. Em pouco mais de dez gerações, a contribuição da Cidade Luz para a arte e a literatura mundiais foi notável. Além das personalidades nascidas na cidade, de Voltaire a Jean-Paul Sartre, muitos artistas e talentos de todas as épocas – de pintores do Renascimento holandês a Pablo Picasso e os grandes escritores dos século XIX e XX – procuraram a capital francesa, atraídos por sua intensidade e vigor cultural. A beleza da paisagem também fez da cidade um cenário encantador, o que explica sua presença tanto em quadros de Van Gogh, como nos romances de Victor Hugo e em inúmeros filmes de todos os tempos.

Da esq. p/ dir. *Três obras impressionistas de Claude Monet expostas no Musée d'Orsay; Salvador Dalí viveu e trabalhou na cidade durante vários anos e juntou-se aos artistas surrealistas que frequentavam Montparnasse; Túmulo em estilo art déco de Oscar Wilde, no cemitério Père Lachaise*

INSONE EM AUTEUIL

Marcel Proust (1871-1922) nasceu em Auteuil, uma região a oeste de Paris, perto da Quartier Latin, e passou toda a sua vida nesta parte da cidade. Foi aqui que escreveu uma das obras mais respeitadas e desafiadoras da literatura universal, em uma série de seis romances Os trechos iniciais de *À la recherche du temps perdu (Em busca do tempo perdido)* foram publicados no jornal *Le Figaro* em 1912, mas não foi fácil convencer um editor da época a publicar a série. Até André Gide (1869-1951) recusou os originais quando era responsável pela *Nouvelle Revue Française*. Outro editor menos famoso depois confessaria:"Talvez eu seja um pouco estúpido, mas não consigo entender por que um escritor precisa de 30 páginas para descrever os movimentos que faz antes de pegar no sono."

EM BUSCA DE DÓLARES

Foi em Paris que Salvador Dalí (1904-89) ajudou a consolidar o "casamento" entre a pintura e o cinema. Dalí chegou a Paris em 1928 para encontrar seu compatriota Pablo Picasso e, durante a visita, conheceu o cineasta espanhol que vivia na cidade Luis Buñuel. O pintor emprestou doses de surrealismo ao filme *Um cão andaluz*, que fez sucesso com a classe artística. Em Paris, conheceu e casou-se com sua musa de toda a vida, Gala, e conviveu com intelectuais, entre eles o expoente do Surrealismo, André Breton (1896-1966). Breton e Dalí trabalharam juntos, mas se afastaram por supostas simpatias de Dalí pelo fascismo e por sua postura "dinheirista". Depois que o pintor mudou-se para os Estados Unidos e trabalhou em Hollywood, Breton o apelidou de "Avida Dollars" – um anagrama do nome do pintor que significa "sedento de dólares".

MORTE PRECÁRIA

Foi na capital francesa que o poeta Oscar Wilde falou a famosa e profética frase: "Estou morrendo além dos meus meios". E, de fato, foi assim que ele morreu – num hotel da rue des Beaux-Arts, (hoje chamado apenas de L'Hôtel, ⊳ 144), após chegar a Paris ao ser solto da prisão, na Inglaterrra. A gestão do hotel garante que o dramaturgo e autor de *O retrato de Dorian Gray* morreu sozinho. No entanto, de acordo com biografias confiáveis do escritor, baseadas no relato de quem testemunhou o fato, afirmam que Wilde estava em seu quarto, com um amigo a seu lado. Como era de se esperar, ninguém pagou a conta do hotel. Oscar Wilde foi enterrado no Cimetière de Bagneux, fora de Paris, mas o corpo foi trasladado para o cemitério Père Lachaise (⊳ 155) no leste da cidade, em um túmulo enfeitado com uma escultura de Jacob Epstein.

QUI EST-CE QUI?

Qualquer lista dos grandes nomes associados a Paris pareceria interminável. Em um único ano (1875-76), o escritor Henry James encontrou-se com Ivan Turgenev, Gustave Flaubert, Émile Zola, Edmond de Goncourt, Guy de Maupassant e Alphonse Daudet. O artista parisiense Claude Monet cresceu na Normandia mas vinha muito à capital, retratada em várias obras. Seu amigo Édouard Manet iniciou a carreira em 1858 com um quadro chamado *O bebedor de absinto,* que mostrava um homem em uma rua de Paris. Nos cafés Les Deux Magots e Café de Flore, Sartre e Simone de Beauvoir aprimoraram o pensamento existencialista. E foi na Cidade Luz, em 1925, que os autores americanos F. Scott Fitzgerald e Ernest Hemingway tornaram-se grandes amigos.

NA VIDA E NA MORTE

Em Paris é possível circular por redutos de artistas de todas as épocas – em geral, os pontos de encontro dos pintores e escultores ficam em Montmartre, e os locais de reunião dos escritores se concentram na região do Quartier Latin. Existem passeios que mostram as construções associadas a personagens ou obras famosas, como o moinho de Montamartre celebrizado por Van Gogh ou o rio Sena visto como num quadro de Monet, ou ainda os cenários de romances como *O corcunda de Notre-Dame*, de Victor Hugo. Quem quiser, pode refazer os passos da personagem *Amélie Poulain* ou o roteiro de *O código Da Vinci*. Algumas visitas em alta percorrem as vinhas de Paris, em Montparnasse (⊳ 73), e o cemitério Père Lachaise (⊳ 155), onde repousa um grande número de mortos célebres.

CULTURA E DESIGN

Para uma cidade tão ciosa de seu patrimônio artístico e arquitetônico, Paris é surpreendentemente aberta a ideias novas e desafiadoras. De algum modo, a integração do clássico e da vanguarda proporcionam um resultado estético irresistível. Um dos mais controversos encontros entre o velho e o novo é a pirâmide de I. M. Pei, no pátio do Louvre. Algumas pessoas ficaram horrorizadas diante da iniciativa de colocar uma estrutura tão moderna dentro do palácio. No entanto, o jogo de luz e água não apenas deu nova vida ao museu como concentrou a atenção de todos no prédio original. Da mesma maneira, o Centre Georges Pompidou, construído nos anos 1970, fica ao lado de uma igreja do século XVI, St-Merri, e, na margem esquerda, a sombra do Institut du Monde Arabe, dos anos 1980, mistura-se à de Notre-Dame, na Île de la Cité, e a recém-aberta Cité de L'Architecture et du Patrimoine, magnífico monumento ao design instalado no elegante Palais de Chaillot. A mesma postura marca a vida cultural da cidade. Em que outro lugar do mundo é tão fácil assistir a um filme de Katharine Hepburn e um de Eddie Murphy? A população enche a igreja para ouvir Vivaldi e participa das jam sessions de músicos de rua.

Da esq. p/ dir. *A pirâmide projetada por I. M. Pei causou polêmica quando foi instalada na entrada no Louvre; Antiga estação d'Orsay, salva da demolição por Orson Welles e hoje um belo museu de arte moderna; Fachada do Centre Georges Pompidou, assinado por Richard Rogers e Renzo Piano*

O FILME QUE SALVOU A ESTAÇÃO

Quando Orson Welles foi à Europa filmar *O processo*, baseado no livro homônimo de Franz Kafka, ele salvou um marco parisiense da demolição. Após saber que a produção ficara sem dinheiro e não poderia pagar pelas caras locações iugoslavas, Welles ficou olhando a cidade pela janela do Hôtel Meurice. Dali ele viu, do outro lado do rio, duas luas cheias – as janelas gêmeas da abandonada Gare d'Orsay. Welles teve a ideia de filmar o restante do roteiro dentro da imponente estação ferroviária. As filmagens atrasaram a demolição e deram aos seus defensores tempo para convencer o ministro da Cultura a transformá-la em um dos maiores museus do mundo.

MAIOR DO QUE A TELONA

Seja qual for o campeão de bilheteria, sempre haverá um cinema de Paris para projetar sua ação na telona. Le Grand Rex, situado no boulevard Poissonnière, é o último dos extravagantes palácios de cinema da década de 1930 em todo o mundo a ainda funcionar como cinema do circuito comercial. Um céu mediterrâneo enfeita a cúpula deste edifício espetacular, cujo palco já recebeu produções caras. Os visitantes podem fazer um passeio guiado por áudio pelos bastidores e através e acima da tela, onde encontrarão um King Kong em tamanho real que escapa das cordas e aterroriza as mocinhas do coro. No final, os turistas se tornam estrelas de uma première, na qual contracenam na tela com os grandes nomes do cinema.

A PRIMEIRA NOITE DE *MONSIEUR* SHAKESPEARE

Shakespeare é cultuado em Paris. Suas peças lotam os teatros, e o Bois de Boulogne tem um jardim com as plantas, as ervas e as árvores mencionados em suas obras. Uma peça, porém, teve de esperar até 1999 para ser encenada na cidade – *Henrique V*, na qual arqueiros ingleses dizimam o exército francês na Batalha de Agincourt. Na verdade, a aldeia de Agincourt permanece relativamente desconhecida no restante da França. O diretor Jean-Louis Benoît arriscou-se a encenar na capital a produção que montara para o festival de Avignon. Em sua versão da história, os franceses perdem por causa de seu monarca fraco. A escolha do local foi irônica – La Cartoucherie, antigo arsenal do exército, fica no Château de Vincennes, onde Henrique V morreu, em 1422.

UMA NOVA PARIS

Ele foi o homem que mudou a face do café-soçaite com o influente e saudoso Café Costes. Philippe Starck tornou-se conhecido do público quando foi contratado para livrar os aposentos presidenciais de François Mitterrand no Palácio Élysée dos móveis imperiais e substituí-los por uma decoração mais minimalista. Hoje os projetos de Starck sinalizam que chegamos a uma cidade em que o estilo é mais importante do que a renda. As casas noturnas e os bares que foram reformulados pelo designer recebem unicamente o grand monde – a política de barrar pessoas na porta é levada a sério no clube Les Bains Douches, que Starck remodelou nos anos 1970. Quem chega a Paris vindo de Londres pode apreciar a elegância de Starck antes de entrar na cidade, pois os trens Eurostar foram revitalizados pelo criador.

CINEMA DE VERÃO

O verão é a estação dos filmes ao ar livre – e nos locais mais improváveis. De meados de julho até o fim de agosto telas imensas são montadas nos gramados do Parc de La Villette para o evento anual Cinéma en Plein Air. Especializado em filmes estrangeiros com legendas em francês, esse é o maior acontecimento da estação. Na última quinzena do evento, toda a cidade participa do Cinéma au Clair de Lune, uma série de projeções ao luar, em locais adequados. Em edições anteriores a população já pôde assistir a *O fabuloso destino de Amélie Poulain* nas ruas de Montmartre e à versão de 1947 de *Os miseráveis* em frente à casa de Victor Hugo, o autor do romance que deu origem ao filme. Outros "palcos" inusitados são as margens do canal St-Martin e, quando o tempo permite, os muitos parques e áreas verdes existentes na cidade.

DIVERSÃO EM PARIS

A cidade de Paris tem fundo musical. Todo local que já serviu de inspiração a muitas canções de amor clássicas costuma ostentar músicos em suas esquinas. A qualquer hora no metrô, ao meio-dia nos restaurantes lotados e à noite nas portas das lojas, músicos itinerantes tocam melodias populares.

A música atinge seu ponto máximo na Fête de la Musique, festival de bandas e orquestras realizado em 21 de junho nas principais estações ferroviárias e em palcos imensos armados em praças públicas para uma noite de espetáculos gratuitos. A música contagia toda a população, especialmente no final da Parada do Orgulho Gay, em junho, quando baladeiros de todos os naipes dançam às margens do Sena até o amanhecer. A festa se encerra com a multidão cantando em coro *La vie en rose*.

A cidade oferece também diversas produções em salas de concerto e espetáculos com coristas enfeitadas de plumas e lantejoulas. Entre os dois extremos há um cenário teatral tão variado quanto o West End londrino e a Broadway nova-iorquina.

Da esq. p/ dir. *O Moulin Rouge diverte os parisienses e visitantes com shows animados desde 1889; A Pont Neuf serviu de cenário para vários filmes aclamados; O cancã e as dançarinas do gênero foram celebrizados em obras de pintores do século XIX*

A FABULOSA PARIS DE AMÉLIE

O fabuloso destino de Amélie Poulain (2001), filme do diretor Jean-Pierre Jeunet, restabeleceu Paris como a cidade do amor. Preocupados em captar o clima de romance que envolve a cidade, os turistas procuram os locais onde foram rodadas as cenas mais marcantes do filme. Boa parte da história foi filmada em torno de Montmartre, cujas ruas e a estação de metrô são realmente cheias e animadas. O café e as lojas que aparecem no filme ficam na rue des Trois Frères. Outras cenas foram rodadas na Gare de l'Est e na Gare du Nord, atrás da qual fica o refúgio de Amélie, o canal St-Martin. O trem-fantasma onde a atriz Audrey Tautou e o ator Mathieu Kassowitz andam fica na Foire du Trône, feira realizada no Bois de Vincennes nos meses de abril e maio.

CABARÉ NA COLINA

Assim como o filme *Moulin Rouge* (2001), do diretor Baz Luhrmann, encantou o público, as pás do célebre moinho vermelho ainda dominam o centro de diversão situado entre Pigalle e Clichy, no pé da colina de Montmartre. Mas o turístico Moulin Rouge não é a única casa do gênero na área, que conta com cabarés menos glamourosos, mas ainda assim autênticos. A rue des Martyrs tem musicais barulhentos todas as noites. O Michou ainda apresenta a mais famosa revista de travestis de Paris. Do outro lado da rua, o Madame Arthur compete com um show do mesmo gênero, enquanto o La Nouvelle Eve (25 rue Fontaine) apresenta um espetáculo de cancã convencional. Para conhecer um antigo ponto de encontro de artistas falidos, visite o Au Lapin Agile (2 rue des Saules), no alto da colina.

AS ESTRELAS EM SEU *HABITAT*

As colunas de fofocas tentam nos convencer de que as estrelas de cinema só frequentam lugares como o Buddha Bar, em frente à Place de la Concorde. Na verdade, as celebridades que moram em Paris costumam ser vistas nas ruas em torno de suas residências. Catherine Deneuve gosta de beber e fazer compras na margem esquerda – não no meio dos vendedores de cartões-postais de St--Michel, mas nas ruas mais calmas depois do boulevard St-Germain. Le Bon Marché é a loja de departamentos em que é mais provável tropeçar em uma atriz francesa fazendo suas compras semanais. Em frente à loja fica o hotel Lutétia, local em que Catherine Deneuve pode estar concedendo uma entrevista aos jornalistas da *Madame Figaro* ou da *Marie Claire*.

DANÇANDO NA PONTE

O cinema vende Paris como um lugar em que os amantes se põem a cantar e a dançar por qualquer motivo. A ponte parisiense que mais serviu de cenário a números de dança é a Pont Neuf. Foi ali que Gene Kelly dançou com Leslie Caron ao som da canção *Our love is here to stay*, de George Gershwin, no filme *Um americano em Paris* (1951). Woody Allen homenageou essa cena recriando-a com a ajuda de Goldie Hawn em *Todos dizem eu te amo* (1996). O local voltou a fazer sucesso no cinema em *Os amantes da Pont Neuf* (1991). Foi dali que Jeanne Moreau mergulhou no Sena em Jules e Jim (1962), de François Truffaut. Finalmente, a ponte também viu florescer o romance de Audrey Hepburn e Fred Astaire em *Cinderela em Paris* (1957).

DE ANÁGUAS E ALFINETES

Atualmente, as anáguas rodopiantes dos espetáculos de cancã são uma atração turística como a Torre Eiffel ou o Louvre. Mas nem sempre essa dança foi socialmente aceita. Considerado licencioso, ao chegar à cidade, na primeira metade do século XIX, o cancã era apresentado por prostitutas, sem a roupa de baixo, apenas fora do centro. Quando os salões se tornaram respeitáveis, as dançarinas foram obrigadas a usar roupas adequadas para subir ao palco. Algumas continuaram com os negócios particulares, que anunciavam rasgando a calcinha. Então, no Moulin Rouge, Monsieur Durocher passou a sentar-se nos bastidores para garantir que as meninas subissem ao palco vestidas de forma adequada. Se descobrisse um rasgo displicente, consertava-o com um alfinete de fralda.

O RIO SENA

Dizer que a cidade é cortada por um rio é cometer uma injustiça com o Sena. Seria mais justo reconhecer que Paris vive em torno do rio. Originalmente, toda a cidade era cercada pelo Sena – quando os romanos fundaram Lutécia, na Île de la Cité. De fato, Paris deve ao rio o seu lema, *Fluctuat Nec Mergitur*, que significa "é atingida pelas ondas mas não afunda."

As principais atrações da cidade se localizam nas margens do rio. Do início de fevereiro ao início de janeiro um barco – o Batobus – faz ponto em muitas delas, desde a Torre Eiffel, a oeste, até a Bibliothèque Nationale de France François Mitterrand, a leste. Durante o ano todo barcos de recreio passam pelos prédios e pelas pontes iluminadas, levando aqueles que preferem ver a cidade jantando em suas mesas. Porém, para mergulhar no espírito do rio e conhecer todos os seus contrastes, explore os *quais* a pé. Aos sábados à noite, no quais François Mauriac, há clubes "flutuantes" e aos domingos famílias passeiam no quais de Montebello. A atração do St-Michel são os *bouquinistes*, que vendem livros antigos e gravuras à beira do rio.

Da esq. p/ dir. *Vistas maravilhosas a partir das pontes da cidade; Estantes da livraria Shakespeare and Company, forradas de exemplares de segunda-mão; Os caminhos à beira do rio, chamados* quais, *acolhem quem quer fugir do agito da cidade*

GENTILEZA EM MÃO-DUPLA

Uma placa instalada sobre a porta da livraria que funciona no Quartier Latin, perto da catedral de Notre- Dame, exibe a inscrição "Trate bem quem você não conhece, pois pode ser um anjo disfarçado". A Shakespeare and Company é um santuário peculiar e difícil de definir, repleto de livros usados cobrindo o chão ou nas muitas estantes, às vezes afastadas para acomodar um saco de dormir. Artistas e escritores sempre gostaram de passar dias (e, às vezes, noites) no meio dos milhares de volumes e páginas. Quando um incêndio atingiu parte da construção, há alguns anos, voluntários se ofereceram para retribuir a acolhida e ajudar na reconstrução.

HORA DE FESTA

O grande dilema parisiense surge sempre no verão: permanecer na cidade e ir às principais estreias, sessões fechadas e desfiles de moda ou sair da capital e aproveitar a praia, com churrasco e boa vida? Como muitos parisienses adoram viajar mas odeiam sair de casa, Paris tem um resort especial às margens do Sena. Além de poupar aos habitantes a trabalheira de ir até a Martinica ou às ilhas Maurício, o Club Med World tem os indefectíveis guarda-sóis de bambu, jarras cheias de ponche e garçons bronzeados para preparar coquetéis. Robbie Williams e Britney Spears já se reuniram aos locais para dançar no antigo entreposto de vinho do bairro de Bercy, que foi transformado em danceteria.

PRESERVAÇÃO DA VIDA

Graças a um programa para a melhora da qualidade das águas do rio, os peixes e algumas plantas aquáticas começam a voltar ao Sena (e também ao gracioso Canal St-Martin). A retomada trouxe de volta cerca de 20 espécies de peixes, como carpas, gobiões e bremas. Outros moradores recentes são as gaivotas-de-pescoço-preto, as lavandiscas e os martins-pescadores, além de várias espécies de patos. Uma mudança que revigorou a margem esquerda do rio entre a Pont de Sully e a Pont d'Austerlitz foi a transformação do cais de Saint-Bernard em um agradável jardim, com obras de artistas contemporâneos. No verão e na primavera, o local é ocupado durante o dia por quem quer caminhar ou correr e à noite vira uma pista de dança a céu aberto.

QUANDO A PISCINA VOLTA A FLUTUAR

Muito antes de surgir a ideia da Paris Plage, os moradores da capital já se refrescavam na Piscine Deligny, uma piscina flutuante ancorada no cais Voltaire. Construída com a madeira do *Dorade*, o navio que trouxe as cinzas de Napoleão a Paris, a piscina recebia a nata da sociedade, que ali exibia seu perfeito bronzeado, e foi local de festas fabulosas até que, num belo dia de 1993, um dos pontões se moveu e a lendária piscina foi engolida pelo Sena em menos de uma hora. Os parisienses lamentaram a perda, mas não por muito tempo. Em julho de 2006, a Piscine Joséphine Baker foi inaugurada em frente à Bibliothèque Nationale de France François Mitterand. O complexo, construído sobre uma imensa barca, oferece novidades, como uma sauna, uma jacuzzi e um solário.

AO LONGO DAS MARGENS

Um conjunto variado de barcos fica atracado na porção oriental do rio Sena. À sombra deselegante da Bibliothèque Nationale de France, os juncos chineses e os barcos-faróis se transformam em casas noturnas, nas quais os jovens e descolados dançam até o amanhecer. Nem pensar em ir para as margens. Será? Depois do Bois de Vincennes fica o Joinville-le-Pont, local em que o Sena encontra o rio Marne. Ali os operários parisienses dançam à beira da água há gerações. Os verdadeiros bares *guinguette*, onde os avós dos baladeiros de hoje namoravam à luz da Lua, ainda têm sanfoneiros que tocam as canções de Edith Piaf. Nesses locais se dança ao som do java, do tango e da valsa.

ROMANCE EM PARIS

Se existe um monumento aos apaixonados na Cidade Luz, ele fica na rue de Varenne, endereço da obra *O beijo* – a escultura pode ser apreciada no agradável Museu Rodin. Mas existem muitos outros lugares igualmente inspiradores, desde a ponte para pedestres Pont des Arts (ideal para apreciar o entardecer) ao templo do amor construído no alto de um rochedo do Parc des Buttes-Chaumont. Toda essa atmosfera é acentuada pela grande quantidade de restaurantes projetados para que os enamorados sussurrem palavras de amor à luz de velas. Uma tradição literária iluminada por amantes trágicos e grandes paixões também contribui para alimentar os relacionamentos atuais. Em Paris, no entanto, o romance não fica restrito apenas aos jantares à luz de vela ou ao pôr do sol nas pontes: pouca coisa se equipara a tomar uma sopa de cebola no bistrô Les Halles depois de uma noite na cidade e então caminhar para casa de mãos dadas pelo mercado de flores.

Acima *Para muitas pessoas, Paris é a cidade do mundo que mais convida ao romance*

JE T'AIME

Nos anos 1900, Frédéric Baron, um romântico incurável, pedia aos turistas de Montmartre para escrever "Eu te amo" em sua língua natal. Ele juntou mais de mil *billets-doux* (cartas de amor), que foram transcritas pela calígrafa Claire Kito e transformadas em um mural de azulejos e corações partidos pelo artista Daniel Boulogne. Esse muro, Le Mur des Je t'Aime, fica no jardim Jean Rictus, na place des Abbesses. Ali jovens enamorados selam seus romances de férias e compartilham os mais íntimos pensamentos em línguas como esperanto, basco e navajo. O jardim é cultuado por namorados e galanteadores incorrigíveis, e o muro tem até um site (www.lesjetaime.com), onde os apaixonados podem aperfeiçoar a pronúncia para derreter corações ao vivo.

BEIJOS PÚBLICOS

Beijar a namorada na rua faz parte da liberalidade romântica da cidade, que até meados do século XX fazia corar quem chegava de outros países. As origens remontam à época em que homens bem-posicionados desfilavam pelas ruas ao lado de suas amantes, na verdade "profissionais do amor" de alto nível. Os parisienses contam com muitos nomes para designar *les belles de nuit*: além dos termos *amazons* e *cocottes*, na capital francesa pode-se ouvir a expressão *lorettes*, por causa da disputada região de Notre Dame de Lorette. Uma dessas profissionais famosas foi a condessa Valtesse de la Bigne, retratada pelo artista Henri Gervex no quadro *O casamento civil*. A obra pode ser vista na prefeitura da cidade e, apesar de sua estória, combina bem com as juras de amor e fidelidade feitas pelos casais.

A HISTÓRIA DE PARIS

250 a.C.-1000 d.C.: OS PRIMÓRDIOS

Paris surgiu na Île de la Cité, uma ilha no meio do rio Sena, quando a tribo gaulesa dos parísios a ocupou, por volta de 250 a.C. Em 52 a.C., décadas depois de transformarem em colônia a região hoje conhecida como Provença (em 118 a.C.), os romanos se dirigiram para o norte. No caminho, enfrentaram a resistência das tribos gaulesas unidas sob o comando de Vercingetórix. Os gauleses, porém, foram esmagados, e todas as terras da Bélgica até o Mediterrâneo e do Atlântico até os Alpes passaram a fazer parte da Gália. A principal cidade da Gália era Lyon, enquanto Paris, que passara a se chamar Lutécia, permanecia um lugar atrasado. Com o fim da dominação romana, no século V, a área foi invadida por tribos bárbaras que cruzaram o rio Reno, entre elas a dos francos, que se estabeleceram no norte da Gália e fizeram de Paris sua base. Os francos se tornaram muito poderosos e ampliaram o império. No século VIII, sob a liderança de Carlos Magno, eles já controlavam todo o antigo território romano. Em 987 Hugo Capeto, conde de Paris, foi coroado rei da França e transformou a cidade na capital do reino.

Da esq. p-/ dir. *Estátua de santa Genoveva perto da catedral de Notre-Dame; O franco Carlos Magno fundou o Sacro Império Romano; Denis e seus companheiros chegam em Lutetia*

LUTETIA

Vercingétorix é um dos herois nacionais na França. Após a derrota para os romanos, o povoado de Lutetia cresceu e chegou até a margem esquerda do rio Sena. Havia um teatro, um fórum (praça pública) e uma arena de 10 mil lugares para o circo e as atividades de diversão da população, como jogar seres humanos para as feras. Os romanos também construíram luxuosos banhos públicos, onde as pessoas se lavavam, faziam massagem, fofocavam e lutavam. Na ilha, ainda ocupada principalmente pelos parísios, os romanos ergueram um templo a Júpiter. Mas no século III violentos guerreiros bárbaros atacaram e destruíram a cidade. Mais tarde foram derrotados pelos francos, que reconstruíram e modernizaram o local e o rebatizaram de Paris.

SÃO DIONÍSIO

São Dionísio, padroeiro da França, nasceu na Itália e foi um dos sete bispos enviados pelo papa em 250 d.C. para converter a Gália ao catolicismo. Dionísio tornou-se o primeiro bispo de Paris e fez o seu trabalho tão bem que acabou morto pelos romanos. Ele foi decapitado em Montmartre e, segundo a lenda, infatigável, apanhou a própria cabeça e saiu andando. O mais provável é que seu corpo tenha sido jogado no Sena e mais tarde resgatado por seguidores, que ergueram no local a Basílica de São Dionísio. E de onde veio a lenda? São Dionísio sempre foi retratado com a cabeça nas mãos, e, nas mentes medievais, imagem e realidade devem ter se tornado a mesma coisa.

SANTA GENOVEVA

Santa Genoveva, padroeira de Paris, era uma mulher vigorosa e que se destacou apesar da misoginia da época, chegando até a salvar Paris de Átila, o Huno. Ela nasceu em Nanterre em 422. Dizem que são Germano viu seu olhar quando ela tinha sete anos e sugeriu-lhe que dedicasse a vida a Deus. Ela passou a comer apenas duas vezes por semana e a ter visões. O bispo de Paris nomeou-a madre superiora das freiras parisienses, e sua energia ajudou a população quando as tropas de Átila se aproximavam da cidade, em 451. Ela pedia às pessoas que confiassem em Deus e se arrependessem de seus pecados. Acredita-se que, quando elas o fizeram, os hunos rumaram para Châlons-en-Champagne.

CLÓVIS, CHEFE DOS FRANCOS

A força espiritual de Genoveva não funcionou contra os invasores seguintes. Com o colapso do poderio romano, os habitantes de Paris não podiam lutar contra guerreiros como os francos. Sob o comando do poderoso Clóvis, os francos invadiram Paris e assumiram seu controle. Clóvis se apoderou do gabinete do governador romano expulso, na Île de la Cité, e de lá liderou as tropas, que lutavam por mais territórios. Genoveva visitou Clóvis, implorou a ele e por fim conseguiu convertê-lo ao cristianismo. Assim transformado, Clóvis mandou construir a abadia em que ele e a mulher, Clotilde, seriam enterrados ao lado de santa Genoveva.

CARLOS MAGNO

O poderio dos francos chegou ao ápice com a ascensão de um líder grandioso porém simples, Carlos Magno. Ele foi herói de poesias, canções e lendas, e era neto de Carlos Martel, que triunfara sobre as forças mouras que haviam invadido o sul. Carlos Magno liderou um exército indômito por todos os cantos da Gália e do que hoje são a Alemanha e a Itália, construindo um império imenso. Durante seu reinado floresceram o cristianismo e a busca do conhecimento. No ano 800 o papa coroou-o o primeiro regente do Sacro Império Romano. O franco Carlos Magno provou, além de qualquer dúvida, que a Gália havia se transformado na França.

1000-1450: A PARIS MEDIEVAL

O crescimento da importância de Paris na Idade Média está muito associado à sua localização às margens do rio Sena. A Igreja e o governo se estabeleceram na Île de la Cité, ao passo que a maior parte da população vivia em casas simples na margem esquerda. Muitos eram artesãos qualificados e outros continuavam a trabalhar na terra. Centros religiosos importantes, notadamente as igrejas de São Dionísio e Santa Genoveva, atraíam grandes feiras, que traziam à cidade negociantes e turistas. A Igreja dominava tudo – seus dogmas e sua autoridade eram inquestionáveis. Quem discordava dela arriscava a vida, e, no fim do século XII, judeus de toda a França foram reunidos e assassinados. No entanto, a Igreja era também o grande provedor de educação e saúde aos pobres e a força motriz do principal projeto de engenharia da Paris medieval: a drenagem dos pântanos das ilhas e da margem direita do rio. Quando as obras foram concluídas, a cidade começou a crescer de fato.

Da esq. p/ dir. *A tocante Sainte-Chapelle foi construída para abrigar a Coroa de Espinhos de Cristo; A catedral de Notre-Dame remonta a meados do século XII; Abelardo e Heloísa viveram um amor trágico em Paris*

NOTRE-DAME

Uma das maiores catedrais europeias, Notre-Dame data de 1163 e levou quase 200 anos para ser construída. Embora seja um símbolo de Paris, nem sempre foi tratada com respeito. No século XVIII, ela foi desconsagrada pelos revolucionários, que a transformaram no Templo da Razão e chegaram até a decapitar as estátuas da Galeria dos Reis. O escritor romântico Victor Hugo, criador de uma Paris mítica, devolveu-a à imaginação popular em 1831, por meio da obra *O corcunda de Notre-Dame*. Logo a catedral foi reconstruída, e, como Quasímodo, os parisienses descobriram que ela "não era apenas uma companhia [para eles]... era o universo, não, mais, a própria natureza".

ABELARDO E HELOÍSA

Pedro Abelardo, um acadêmico do século XII, ensinava filosofia na Universidade de Paris. Heloísa, sobrinha do cônego Fulbert de Notre-Dame, era sua aluna. Os dois se apaixonaram perdidamente e passaram a se encontrar em segredo na casa do tio dela. Quando Heloísa engravidou, ela correu para a casa da família de Abelardo, na Bretanha, e ele prometeu casar-se com ela. Mas Fulbert, enfurecido, mandou castrar Abelardo. Heloísa virou freira e Abelardo mudou-se para um mosteiro, mas suas cartas mostram que seu amor permaneceu intacto. Abelardo morreu em 1142. Heloísa viveu mais 21 anos e foi enterrada junto com ele. Os dois amantes foram transferidos para o cemitério Père Lachaise no século XIX.

LUÍS IX E A COROA DE ESPINHOS

Luís IX era um colecionador entusiástico de relíquias sagradas: comprou o cajado de Moisés, um pedaço da cruz e as ataduras de Jesus. Seu maior tesouro era a Coroa de Espinhos, que comprou do imperador de Constantinopla no século XIII. O imperador esperava ansiosamente pela ajuda francesa, e Luís desejava muito o prestígio que essa coroa daria à sua reivindicação do trono. A coroa custou três vezes mais do que a Sainte-Chapelle, a capela construída para guardá-la. Essa capela é célebre pela beleza, em especial pelos altos vitrais. A Coroa de Espinhos ainda está em Paris, na Notre-Dame.

A SORBONNE

O cônego Robert de Sorbon fundou este centro de estudos da Universidade de Paris em 1257. Os professores davam palestras gratuitas e viviam em uma comunidade fechada, mas sem votos religiosos. Robert de Sorbon era um orador e professor respeitado, mas também um administrador natural. Ele criou um regulamento para seus pares, que incluía um código de vestimenta e diretrizes para a devolução de livros à biblioteca. Comer e beber nos aposentos privados não era visto com bons olhos. A presença de estranhos, especialmente mulheres, era desencorajada. Robert parecia saber o que causava problemas ao decidir que "nenhum companheiro terá a chave da cozinha".

GUERRA DOS CEM ANOS

Entre 1337 e 1453, duas casas reais (Valois e Plantagenetas) disputaram a coroa francesa. No dia 14 de dezembro de 1431, Henrique VI da Inglaterra, então com dez anos, foi coroado rei da França em Notre-Dame. Joana d'Arc escreveu uma carta dura a Henrique, dizendo-lhe: "Vá embora... ou cuidado com a Virgem e todo o prejuízo que sofrerá". Ela tentara expulsar os ingleses da França em 1429 e ajudar Carlos VII a ser coroado rei em Reims. Carlos não apoiou o ataque de Joana a Paris, mas, se o tivesse feito, talvez ela tivesse conseguido tomar a cidade. Henrique VI não ficou no trono muito tempo. Em 1453 os franceses já haviam expulsado os ingleses de toda parte, exceto do porto de Calais, ao norte.

1450-1640: A AUTORIDADE DOS REIS

Paris levou muitas décadas para se recuperar da Guerra dos Cem Anos, contra a Inglaterra (meados do século XIV a meados do século XV), da peste negra (1348) e da decadência da corte. Ao final do século XV, porém, a cidade começou de novo. Ela abraçou entusiasticamente ideias e manifestações artísticas do Renascimento italiano, dando um caráter francês à nova arquitetura, e pôde orgulhar-se de ser a capital da unificada nação francesa. O rei Francisco I (que reinou entre 1515 e 1547) era a personificação do Renascimento francês. Amante da arte italiana, convidou Leonardo da Vinci a morar no palácio de Amboise. O artista aceitou e levou a *Mona Lisa*, obra que seria a pedra fundamental da coleção real. Em 1528, Francisco anunciou a intenção de mudar-se para o Louvre e encomendou uma reforma significativa do palácio. Outros edifícios refinados surgiram sob o rei protestante Henrique IV, coroado em 1589. Ele se converteu ao catolicismo em 1593 com o intuito de pôr fim às guerras religiosas que varriam a França na segunda metade do século XVI. Foi assassinado em 1610 e sucedido pelo filho, Luís XIII.

Da esq. p/ dir. *Leonardo da Vinci viveu no Castelo de Amboise a convite do rei Francisco I, amante das arte; Carlos IX, induzido por Catarina de Médici, ordenou o massacre dos protestantes; O ex-presidente Valéry Giscard d'Estaing foi recebido na Académie Française em 2004*

FRANÇOIS VILLON

François Villon nasceu em 1431 e foi um dos maiores poetas franceses, mas tinha uma ligação amarga com Paris. Formou-se na Universidade de Paris e estava destinado a uma carreira na Igreja ou no Direito, mas começou a frequentar tabernas e envolveu-se com ladrões. Em 1455, bêbado, matou um padre. Depois do episódio vagou pelo país, entrando e saindo de prisões, até ser banido, em 1463. Nunca mais se ouviu falar dele. A poesia de Villon é vigorosa e obsedante, sem concessões à autopiedade. As pessoas gostam de tê-lo como o primeiro rebelde da cultura do país, mas na verdade o homem é um mistério.

ESTATURA DE REI

Mesmo para um rei, Francisco I era uma figura marcante. Adorava o estilo renascentista – ele cresceu no Castelo de Amboise, no Loire, provavelmente o primeiro edifício francês reformado com linhas italianas – e, ao tornar-se rei, convidou Leonardo da Vinci a viver ali. Francisco vivia se mudando de um castelo para outro e fez construir mais dois palácios magníficos, um em Fontainebleau e outro em Chambord. Por fim, decidiu morar no Louvre e levou junto sua coleção de arte. Ele ordenou que o palácio fosse totalmente reformado, mas morreu logo após o início das obras. O rei deixou sua marca em muitos prédios de Paris na forma de uma salamandra e da letra F, sua forma de dizer "Francisco esteve aqui".

O MASSACRE DO DIA DE SÃO BARTOLOMEU

O assassinato brutal de milhares de protestantes em Paris no dia 24 de agosto de 1572 está entre os acontecimentos mais chocantes da história francesa. A França estava dividida entre católicos e protestantes, mas o casamento da irmã do rei Carlos IX, Margarida de Valois, com o protestante Henrique de Navarra (o futuro Henrique IV) pretendia unificar o reino. Acabou acontecendo o oposto, pois, pressionado pela mãe, Catarina de Médici, o rei ordenou o massacre dos nobres protestantes reunidos no Louvre para celebrar o casamento. Três mil pessoas morreram em Paris e muitas outras no resto da França. A guerra civil durou mais de 20 anos.

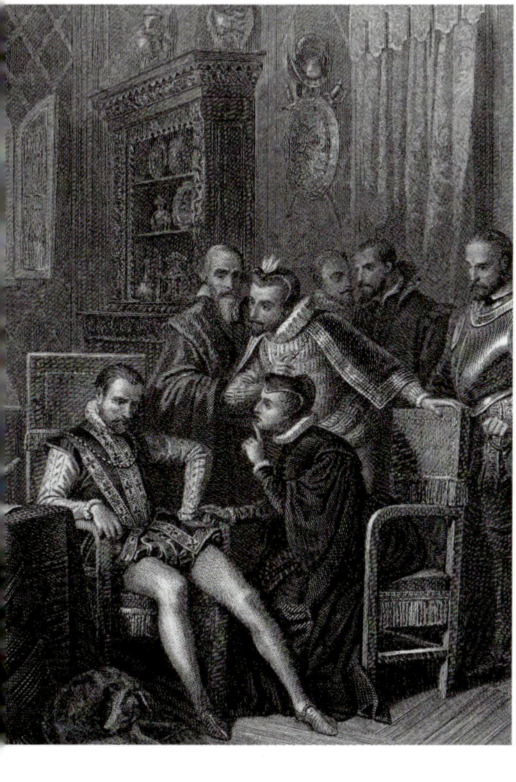

O CICLO MÉDICI

Entre 1622 e 1625, Rubens pintou 21 murais sobre a vida de Maria de Médici, a mãe de Luís XIII, para o palácio dela em Paris. Maria, segunda filha de Henrique IV, era mal-humorada, feia e perigosa, por isso Rubens precisou de muita diplomacia para lidar com ela. As pinturas, ele explicou com cuidado, são alegorias de como a pessoa deve parecer e não o que ela parece de fato. Em imensas peças barrocas, ele retratou uma linda Maria chegando à França, casando-se e governando o país na companhia de deuses. Nada disso correspondia à realidade, pois, como disse o marido dela, Maria de Médici era a maior de todas as encrenqueiras, e acabou banida da França pelo próprio filho. Ironicamente, morreu em Colônia, em uma casa onde Rubens vivera.

L'ACADÉMIE FRANÇAISE

O cardeal Richelieu, ministro-chefe de Luís XIII, formou a Académie Française em 1635, que existe até hoje. Ela tem 40 membros e as vagas são ocupadas quando um deles morre. Cada membro recebe uma espada adornada e é tratado de *monsieur*, o que exaspera as acadêmicas. Richelieu, que cuidava de criar um governo centralizado, queria que a Académie funcionasse como um ministério para legislar sobre a língua francesa. Em 1638 os acadêmicos começaram a trabalhar em um dicionário – uma tarefa que se revelaria bastante lenta. Ao saber que haviam chegado à letra F, um deles disse esperar viver até que alcançassem o G. Em 1694, depois de 58 anos de trabalho, o dicionário foi publicado. Desde então, é atualizado regularmente.

1640-1715: O NASCIMENTO DE VERSAILLES

Quando o rei Luís XIII construiu uma simples cabana de caça perto de Versailles, povoado situado a apenas 16 km a sudoeste de Paris, não tinha ideia de que aquele seria o início de uma instituição que se tornaria sinônimo da tirania elegante, um dos fatores que levou ao fim da monarquia na França. Luís XIII morreu em 1643, quando seu filho tinha apenas cinco anos. A mãe do herdeiro, Ana da Áustria, assumiu a regência ao lado do cardeal Mazarino até 1661, ano da morte do cardeal. Luís XIV então surpreendeu a corte ao anunciar que iria assumir a coroa mesmo sem ter 25 anos. O monarca governou o país com autoridade absoluta e suas extravagâncias dominaram todos os aspectos da vida em Paris e no resto da França. Luís XIV mandou construir o palácio de Versailles e transferiu-se para lá, levando toda a corte e o parlamento. O símbolo escolhido para representar o período era um sol dourado porque, na opinião de Luís XIV, ele irradiava luz para toda a nação. Embora a gestão do Rei Sol represente o apogeu da monarquia francesa, os exageros e as constantes guerras provocaram o isolamento político do país, além de ampliar as dívidas e a injustiça social. Boa parte da vitalidade do brilhante reinado já não existia quando Luís XIV morreu, em 1715.

Da esq. p/ dir. *Detalhe da (1668), quadro de Pierre Patel (1605-76); Um dos suntuosos aposentos do palácio de Versailles; Estátua equestre do Rei Sol, Luís XIV, na place des Victoires, em Paris*

BERÇO MODESTO

Versailles funcionou de fato como capital da França em dois períodos importantes – nos reinados de Luís XIV e de Luís XV. A capital oficial continuava sendo Paris e a residência real em teoria era o Louvre, mas a construção do majestoso palácio transformou um povoado de cerca de cem moradores nos arredores da capital no verdadeiro centro do poder político da época. Durante a Idade Média, o vilarejo havia sido devastado pela peste e pela Guerra dos Cem Anos. No início do século XVI, tinha 500 habitantes e era dominado por Gondi, um florentino próximo da poderosa família Médici. Os descendentes do senhor local costumavam convidar Luís XIII para caçar nas florestas de Versailles, o que inspirou o monarca a construir uma cabana de caça da região.

ASCENSÃO DO REI SOL

Entre os dez anos de idade e o início da adolescência, Luís XIV testemunhou uma guerra civil que ficou conhecida como la Fronde (1648-53), na qual os moradores de Paris, armados apenas com atiradeiras *(les frondes)*, destruíram as janelas dos partidários do cardeal Mazarin. Acredita-se que este episódio tenha estimulado no herdeiro o desejo de se afastar da tumultuada capital e viver com tranquilidade no campo. A família real já frequentava a região de Versailles e em 1661 Luís teve a ideia de transformar a construção que existia no local em um palácio exuberante, cercado de jardins e paisagens suntuosos. Embora esse tenha sido praticamente o primeiro decreto do jovem monarca, o projeto só se tornou realidade cerca de 17 anos mais tarde.

CONSTRUÇÃO DE VERSAILLES

A edificação do palácio empregou cerca de 30 mil operários. Sob a condução do arquiteto Louis Le Vau, do criador de interiores Charles Le Brun e do paisagista André Le Nôtre, o objetivo era a construção de uma residência real em estilo clássico, mas sem precedentes na história. O próprio rei mandou erguer imensos jardins, repletos de estátuas e de fontes, e uma parte interna decorada pelos artesãos mais destacados da Europa. As obras continuaram até a morte do monarca, em 1715, sem preocupações com os gastos. Muitos trabalhadores morriam de malária e eram substituídos com rapidez. Árvores de diversas partes da França foram plantadas e uma cidade ergueu-se ao redor do palácio. A corte chegou a Versailles em 1671.

POR TRÁS DO TRONO

Grandes mentes estavam por trás dos atos do Rei Sol. A princípio, os interesses de Luís XIV eram da alçada do ministro-chefe, o cardeal Mazarin, que seguia os passos de seu predecessor, o cardeal Richelieu. Após a morte de Mazarin, em 1661, o rei passou a se aconselhar sobre as questões de Estado com Jean-Baptiste Colbert, político brilhante e modesto, filho de um comerciante de tecidos. Colbert promoveu a queda do superintendente de Finanças e assumiu o cargo de ministro da área. Ele aumentou a arrecadação de impostos, impôs tarifas para proteger o comércio francês, construiu novos canais, ressuscitou indústrias e autorizou a marinha a proteger a frota mercante. Os esforços de Colbert, porém, foram minados pela busca de grandeza pessoal do rei.

SENHORA MISSIVISTA

Com a corte afastada em Versailles, a vida intelectual de Paris floresceu – e com as mulheres à frente. Em 1676 a escritora Madame de Sévigné passou um dia em Versailles jogando, refestelando-se em passeios de barco pelo canal e jantando à meia-noite. Mas aquilo não era para ela, que decidiu se afastar e escreveu a grande série de cartas à filha que formam um retrato da vida na Paris do século XVII. No século XVIII, outras mulheres realizavam encontros literários em que os escritores Voltaire e Diderot podiam discutir a *Encyclopédie*, a maior obra do século. Essa liberdade serviu de fundo à Revolução Francesa, já que "a Igreja, a lei e o governo eram questionados". Versailles estava alheia a toda essa movimentação.

1715-1789: TEMPOS DE MUDANÇA

Admirado em todo o mundo por sua grandiosidade arquitetônica, o palácio de Versailles contava com cerca de 30 mil moradores na época da morte de Luís XIV. Sua exuberância influenciou construções por toda a Europa. Na mesma época, porém, Paris vivia uma renovação com a mudança do herdeiro então com cinco anos, Luís XV (que reinou entre 1715 e 1774), para o palácio das Tuileries. A corte e a nobreza transferiram-se para a capital, onde se dedicavam a uma vida regida pelos prazeres. Paris reconquistou o posto de centro do país mesmo depois que a corte voltou para Versailles, em 1724. Parte da autoestima da capital também foi recuperada, à custa do bem-estar dos cidadãos comuns. Por ignorância, negligência ou indiferença o rei não se preocupava com essa condição e entre 1730 e 1770 a França não conheceu uma década sem guerra. Apesar do apelido de "o Bem-Amado", Luís XV só acumulava impopularidade. Suas tentativas de reformas institucionais não o favoreceram e ao morrer a monarquia encontrava-se bastante enfraquecida. Quando Luís XVI (que reinou de 1774 a 1793) e sua linda porém frívola rainha Maria Antonieta assumiram o trono, o desejo de mudanças já se disseminava pelo país. O descontentamento político somava-se à desaprovação da vida da corte, marcada pela extravagância e futilidade.

Da esq. p/ dir. *Retrato de Maria Antonieta (1788), de Elisabeth Louise Vigee-Lebrun (1755-1842); Imagem da reduto da rainha, no Petit Trianon; Retrato da madame de Pompadour, de François--Hubert Drouais (1727-75)*

ODORES FÉTIDOS DA DECADÊNCIA

Em uma trajetória oposta à vitalidade e elegância que reinava em Versailles, Paris experimentava um período de queda. O filme baseado no romance *O perfume*, de Patrick Siiskind, retrata a realidade da capital francesa às vésperas da revolução. Apesar de se tratar de uma obra de ficção, a narrativa apresenta fatos históricos e reproduz um cenário de desolação, com "ruas que fediam a esterco, pátios cheirando urina, escadarias com cheiro de podridão e de excrementos de ratos". E havia ainda o "cheiro de enxofre que saía das chaminés, o odor cáustico liberado pelos curtumes e a presença do sangue coagulado vinda dos matadouros." Mas não eram apenas as bactérias que proliferavam no cenário de desespero e insalubridade: as sementes do descontentamento também começavam a germinar.

CE PAYS ÇI

Os cortesão se referiam a Versailles como *ce pays çi* (este país). Tinham uma maneira peculiar de andar, adotavam uma linguagem (*argot*) própria e seguiam uma infinidade de regras que só vigoravam ali (na igreja, os duques se ajoelhavam sobre almofadas onduladas; os integrantes da casa real usavam almofadas lisas). Acredita-se que o rei estimulava a adoção dessa etiqueta na esperança de que, ao prestar tamanha atenção à forma correta de proceder, as pessoas que o cercavam tivessem menos tempo para se dedicar a intrigas. Era preciso observar regras de conduta e de vestimenta até na hora de bater na porta do rei – o que não era permitido. Se alguém quisesse falar com o monarca ou entregar uma mensagem, devia arranhar a porta dos aposentos reais com o dedo mínimo da mão esquerda.

A RAINHA DA BURGUESIA

A burguesia parisiense podia visitar Versailles, mas jamais fazer parte da corte. Por isso, depois que Jeanne-Antoinette Poisson, uma linda *bourgeoise* da capital, olhou nos olhos de Luís XV, a ousadia passou a ser proibida na corte real. Segundo alguns relatos, o soberano e a plebeia se conheceram em um baile de máscaras, mas há versões menos românticas. A questão foi solucionada quando Jeanne foi nomeada marquesa de Pompadour. Em 1745 ocupou o posto de amante do rei e também de sua respeitada conselheira, o que a tornava a mulher mais poderosa da França no século XVIII. Além de indicar seu irmão, o marquês de Marigny, para o comando das construções reais, ela participou dos projetos da École Militaire e da place de la Concorde, em Paris, e do Petit Trianon, em Versailles.

VOZES FEMININAS DE PARIS

As mulheres mais pobres de Paris eram rudes e os cortesãos não sabiam o que esperar quando se aventuravam fora da segurança de Versailles. A própria madame de Pompadour, parisiense de nascimento, encontrou sua carruagem coberta de lama, enquanto o rei Luís XV foi obrigado a construir uma estrada para desviar dos insultos das feirantes e peixeiras, proferidos em uma gíria chamada *poissard* – na verdade uma mistura de trechos de palavras e de estruturas gramaticais, usada exclusivamente para ofender os outros. A linguagem *poissard* combinava bem com as comédias, paródias e óperas cômicas, em especial com a obra do poeta e compositor Jean-Joseph Vadé (1720-57), que criou um gênero teatral baseado na "língua falada pelas mulheres das feiras e mercados".

DIVERSÃO REAL

Em 1777, a rainha Maria Antonieta convidou as mulheres dos peixeiros de Paris para irem a Versailles, a fim de ensinar o "dialeto" *poissard* para ela e suas amigas. O objetivo era incorporar a forma popular de falar nas peças de teatro apresentadas para a diversão da corte. Mais tarde, a plateia real ouviria uma canção em *poissard* que convidava os presentes a mergulhar em ouro derretido, já que apreciavam tanto o valioso metal. Mas Maria Antonieta gostava do isolamento e por isso se refugiava no Petit Trianon, um castelo cercado de verde e presenteado por seu marido, o rei Luís XVI. Era ali que a jovem rainha e suas amigas mais próximas, entre elas a princesa de Lamballe, fugiam da formalidade excessiva da vida na corte. Ninguém (nem o rei) podia entrar no castelo sem autorização da rainha.

1789-1799: A REVOLUÇÃO

As guerras da Fronde (1648-53) foram um pequeno sinal do que estava por vir; no dia a dia parisiense, havia muita raiva latente. O poder da monarquia e os privilégios da aristocracia constrastavam intensamente com a pobreza dos operários, e, ressentida por não ter poder político, a crescente classe média industrial exigia uma Constituição. A corte continuava a desfrutar uma vida excepcionalmente luxuosa. As artes floresciam, e os artesãos que serviam à aristocracia iam bem. Em toda a Europa se comentava o luxo e a boa vida de Paris. Ao mesmo tempo, o Estado afundava em dívidas e a população empobrecia ainda mais. Para compensar a imensa dívida, os impostos foram aumentados. Em 14 de julho de 1789, hordas de manifestantes acorreram para Les Invalides com o objetivo de tomar as armas ali guardadas. Dali eles se encaminharam à Bastilha. A Revolução Francesa começara. A partir daí o país viveria anos de selvageria e instabilidade até que se instituísse uma nova República.

Da esq. p/ dir. *Tomada da Bastilha em 14 de julho de 1789; Estátua do Espírito da Liberdade, no alto da Colonne de Juillet, instalada na place de la Bastille e uma homenagem à revolução; Transporte de condenados para o local de execução*

A GUILHOTINA

O doutor Joseph-Ignace Guillotin era deputado da Assembleia Nacional e, em 1789, propôs a utilização de sua máquina como meio democrático de matar. A máquina foi colocada na place du Carrousel e, em 21 de agosto de 1792, foi usada na execução de um general monarquista. Com o tempo, as execuções aumentaram; em 1794, durante o Terror, 26 pessoas eram guilhotinadas todos os dias. Os acusados de crimes contra o Estado eram liquidados em escala industrial, o que causou problemas como os rios de sangue que corriam pelos esgotos da cidade e os corpos atirados em sepulturas coletivas.

O MURO DA ALFÂNDEGA

A tomada da Bastilha, ocorrida em 14 de julho de 1789, foi precedida por um ataque ao Muro da Alfândega, erguido em torno de Paris sob as ordens do controlador-geral Callone. Em uma tentativa desesperada de conseguir dinheiro para cobrir a imensa dívida interna (60% do orçamento era destinado ao pagamento de juros), Callone taxou os bens que entravam e saíam da cidade. O imposto era recolhido por cobradores que ficavam com boa parte do dinheiro e eram odiados pela população da cidade. O bonito muro era obra do químico Antoine Lavoisier, ele também um cobrador de impostos. O erro nos cálculos custou bastante caro: após a queda do muro, todos os oficiais foram executados.

14 DE JULHO DE 1789

A Revolução Francesa começou devagar. Havia meses Paris estava revoltada com a falta de pão. Nos dias 12 e 13 de julho, milhares de manifestantes tomaram a cidade. Na manhã de 14 de julho, um grupo dirigiu-se a Les Invalides, apoderou-se de seu estoque de armas e marchou para a Bastilha, a fortaleza-prisão. A multidão libertou os prisioneiros, decapitou o governador e pendurou sua cabeça em um poste. O ataque anunciava um verão de violência. No dia 5 de outubro, milhares de mulheres marcharam para Versailles para pedir pão ao rei Luís XVI. Com a ajuda dos homens, invadiram o palácio e levaram o rei e a rainha Maria Antonieta para Paris, onde foram mantidos em prisão domiciliar.

O CASAMENTO DE FÍGARO

O casamento de Fígaro, peça de Beaumarchais, estrearia em Paris em 1783, em um teatro da rainha Maria Antonieta. Ela aguardava a peça com ansiedade, mas Luís XVI notou que os ataques à aristocracia eram perigosos e impediu sua apresentação, o que causou tumultos em Paris. Após algumas modificações a peça finalmente estreou em outro teatro parisiense, no ano seguinte. Quando Fígaro diz ao seu amo: "O senhor só teve o trabalho de nascer... é uma pessoa comum", o povo de Paris se deliciou, assim como os nobres, como a própria Maria Antonieta. Um observador da vida parisiense notou que as gargalhadas da aristocracia eram um tapa no próprio rosto.

FESTIVAL DO SER SUPREMO

Em 8 de junho de 1794 [dia 20 do nono mês (*prairial*) do ano 2 do calendário revolucionário francês], a Revolução atingiu o ápice da insanidade, e Paris assistiu ao Festival do Ser Supremo, tão artificial e ridículo quanto os cortejos reais. Deputados da Convenção marchavam agarrados a feixes de trigo, ao lado de garotas vestidas de branco que distribuiam flores, bois que puxavam uma carruagem com uma prensa tipográfica e um arado e de crianças cegas que entoavam canções edificantes. No Champ de Mars, Robespierre, um dos líderes da Revolução, acendeu a pira da estátua do ateísmo e desceu do topo de uma montanha de papelão sob fortes aplausos. "Por acaso a luz da criação é mais agradável?", perguntou. Sete semanas depois, foi decapitado.

1799-1815: A PARIS DE NAPOLEÃO

Imediatamente após o período sangrento do Terror, a França passou a ser comandada por um governo colegiado chamado Diretório (1795-9). Os problemas logo surgiram – o país estava ameaçado de perder a guerra contra as nações vizinhas, fazendo surgir um violento desejo de reviver o *Ancien Régime*. Um jovem general corso surgiu com a ambição de lidar com as duas questões: Napoleão Bonaparte (1769-1821). Em 1796 o Diretório deu-lhe o comando do exército na Itália, onde ele sem demora chegou à vitória. Seu passo seguinte, a invasão do Egito, provou-se um erro, mas sua ascensão ao poder já não podia ser detida. Ele se tornou primeiro cônsul da República após o golpe de Estado que pôs fim ao Diretório, em 1799. No começo, as coisas andaram bem e as fronteiras da França se ampliaram. Em 1812, porém, Napoleão cometeu o erro de invadir a Rússia durante o inverno. O gelo e a neve mataram milhares de soldados franceses. Em 1814 os russos invadiram Paris, e Napoleão foi exilado na ilha de Elba. Ele retornou em 1815, mas sofreu a derrota final alguns meses depois, em Waterloo. Napoleão Bonaparte foi exilado na ilha Santa Helena, onde morreu em 1821.

Da esq. p/ dir. *O Arco do Triunfo foi erguido sob encomenda de Napoleão para celebrar a vitória de suas tropas; Napoleão parte para a ilha Santa Helena; Les Invalides abriga o túmulo de Napoleão*

UMA COROAÇÃO REPUBLICANA

Napoleão Bonaparte passou por grandes mudanças em menos de dez anos – de extremo antimonarquista e defensor dos jacobinos a general de exército a serviço do Diretório e, posteriormente, chefe de Estado coroado. As vitórias militares, a capacidade de restaurar a ordem e a visão de uma França moderna arrebataram a nação. Apesar das credenciais republicanas impecáveis, em 1804 o ditador militar decidiu que merecia uma coroa. Napoleão foi coroado imperador em uma cerimônia digna de reis, celebrada em Notre-Dame. O papa, chamado a Paris para a festa, abençoou-o. Como ninguém tinha autoridade para colocar a coroa na cabeça de Napoleão, ele mesmo o fez, em um ato cheio de simbolismo, depois de ter coroado a esposa, a imperatriz Josefina.

ARCO DO TRIUNFO

Napoleão se deu o direito de usar a coroa por causa de seus triunfos militares. O imperador mantinha a França em constante estado de guerra contra o resto da Europa, distribuindo as terras conquistadas entre amigos e familiares. Em 1805, apenas um ano após a coroação, ele teve o maior momento de glória em Austerlitz, onde as tropas francesas derrotaram a poderosa Áustria. No auge do poder, em 1806, Napoleão encomendou um imenso arco de triunfo ao estilo romano para celebrar suas vitórias. O Arco do Triunfo deveria ser erguido no final da Champs-Élysées. Porém, a construção mal tinha começado quando Napoleão abdicou. A obra ficou paralisada até depois de sua morte e só foi concluída em 1836.

ELEFANTE IMPERIAL

Para apagar as lembranças da Revolução, Napoleão encomendou um imenso elefante de bronze (10m de altura) para ocupar o local onde ficava a Bastilha. Na época da construção, porém, o Império não tinha mais dinheiro e ele foi feito de estuque em vez de bronze. Logo o estuque começou a se desintegrar. Ninguém sabia por que a estátua estava lá e nem por que era um elefante. Contratou-se um zelador para tomar conta da obra, mas não adiantou. O elefante aparece no livro *Os miseráveis* como a casa onde mora o jovem Gavroche. O autor, Victor Hugo, descreve-o como um fantasma misterioso e poderoso. Em 1846, o que restara do animal foi finalmente demolido, desaparecendo da paisagem da cidade da mesma forma abrupta como surgira.

BISTRO! BISTRO!

Quando os soldados russos ocupavam Paris, em 1814, eles frequentavam os pequenos cafés da cidade. É claro que eram tratados com desdém pelos garçons franceses. *Bistro! Bistro!* ("Rápido!"), eles gritavam. Diz a lenda que essa é a origem do bistrô, um restaurante tipicamente francês. No entanto, a palavra só passou a fazer parte da língua em 1884, e há outras explicações menos atraentes para sua origem. Bistrô teria vindo de *bistre* ("marrom-amarelado"), e significaria "lugar enfumaçado e sombrio".

Como os russos não fizeram nenhuma contribuição significativa para a culinária francesa, é mais interessante pensar que introduziram um sinônimo para "comida simples, mas excelente".

O FUNERAL DE NAPOLEÃO

O funeral de Napoleão, realizado em Les Invalides em 15 de dezembro de 1840, não foi muito agradável. Do lado de dentro, reis, príncipes e velhos heróis passaram horas sentados em um tédio respeitoso. Estavam cercados de cortinas pretas e púrpura com barrado prateado, centenas de velas ardentes sobre as superfícies de mármore, decoração militar e a Coroa Imperial. Do lado de fora a história era diferente. Como o dia estava muito frio, a população e os soldados tinham de achar um jeito de se aquecer. Algumas pessoas começaram a dançar, contagiando a todos que estavam em volta, inclusive os soldados. No final formou-se uma grande roda, que só se desfez com a passagem do caixão.

1815-1900: UM SÉCULO DE TUMULTOS

A turbulência do período napoleônico, seu patriotismo bélico, as grandes mudanças sociais e a política violenta prosseguiram pelo restante do século XIX. A população de Paris, que saíra da Revolução com fama de ser mais radical que os moradores do interior, continuou a clamar por igualdade, democracia e proteção aos operários. O levante de 1830 levou ao trono o "Rei Cidadão" Luís Felipe de Orléans. Ainda assim os parisienses pareciam desejar uma liderança grandiosa e ditatorial, como um Rei Sol ou um Napoleão. Após a revolução de 1848, que finalmente depôs a monarquia francesa, a breve Segunda República deu lugar a um governante egocêntrico e autoritário: o sobrinho de Napoleão Bonaparte, Napoleão III. Ele usou o poder para desenvolver Paris, em especial pela transformação promovida pelo barão Haussmann, quando boa parte da cidade foi reconstruída. As principais questões da vida em Paris persistiam, como a pobreza dos trabalhadores, o hedonismo ostensivo dos ricos e a guerra. Durante o sangrento episódio da Comuna, em 1871, Paris entrou em guerra com o restante da França. O século começou com a guerra contra os prussianos, que vieram a bombardear Paris, e terminou com a sombra de outra guerra. Quem tinha dinheiro, porém, vivia uma grande festa.

Da esq. p/ dir. *O projeto do barão Haussmann para abrir grandes avenidas demoliu os bairros mais pobres da cidade; Os tomam conta das ruas de Paris; A dançarina de cancã La Goulue foi imortalizada por Toulouse-Lautrec*

OS GRANDES PROJETOS DE HAUSSMANN

Napoleão III adorava luxo e prestígio tanto quanto o tio. Ele e a imperatriz Eugênia misturaram-se às cabeças coroadas da Europa e acabaram por exemplificar o estilo aristocrático que Paris sofrera tanto para abolir. Ao mesmo tempo, o imperador, como Bonaparte, tinha grandes planos para melhorar a aparência da capital, por isso encomendou ao barão Haussmann extensas benfeitorias urbanas. Haussmann demoliu grandes áreas da cidade, inclusive quase tudo na histórica Île de la Cité, varrendo do mapa bairros operários superpovoados e revoltosos. Em seu lugar construiu bulevares amplos e retilíneos que se irradiavam das margens do rio. Os operários foram transferidos para os novos subúrbios, distantes do coração da cidade.

O CERCO DE PARIS

Graças ao imperador e ao barão Haussmann, Paris se tornara a mais linda e moderna cidade do mundo. O imperador dera até mais direitos aos trabalhadores, e uma sensação de satisfação permeava a vida na cidade. Mas a declaração de guerra contra a Prússia, em 1870, caiu como uma bomba sobre a cidade. No confronto com os prussianos os franceses sofreram uma derrota imediata, e o país pediu a abdicação de Napoleão III. Mais tarde os prussianos cercaram e sitiaram Paris. Durante seis semanas, no inverno, nada entrou nem saiu da capital francesa. Com fome, a população começou a comer ratos, gatos, cães e até mesmo os animais do zoológico. Em janeiro de 1871 começou o bombardeio, e a França aceitou a derrota antes que Paris fosse aniquilada.

A COMUNA

A guerra contra a Prússia enfureceu os parisienses, que puseram a culpa nos monarquistas. Para escapar à turba de Paris, o governo da nova e conservadora Assembleia Nacional saiu da cidade e mudou-se para Versailles. Em Paris, a população assumiu o controle, estabelecendo uma comuna anarquista-socialista em março de1871 com o objetivo de retomar as conquistas da Revolução. Seus partidários (*fédérés*) tomaram as armas da Guarda Nacional e travaram batalhas de rua contras as tropas do governo. Na *Semaine Sanglante* (semana sangrenta), de 21 a 28 de maio, o exército reassumiu o controle da situação. Os líderes dos *fédérés* foram executados no cemitério Père Lachaise. Cerca de 10 mil parisienses foram mortos e 40 mil seguiram para as prisões.

UMA SANTA NA RUE DU BAC

Em 1830, enquanto uma rebelião sacudia Paris, Catherine Laboure, freira de um convento situado na rue du Bac, teve três visões com a Virgem Maria. Em pé em um globo, irradiando luz, Maria ordenou que se criasse uma medalha para dar graças a quem a usasse. As autoridades eclesiásticas aprovaram que se fabricasse a primeira medalha em 1832. Mas Catherine, que era analfabeta e fora garçonete antes de se ordenar, continuou a levar uma vida simples no convento, cuidando das galinhas e da portaria. Ela não mostrava nenhum interesse pelas próprias visões, e seus superiores hierárquicos a consideravam insignificante, fria e apática. Catherine Laboure morreu em 1876.

O CANCÃ

Nos anos 1890 Paris era a cidade do prazer. Dançarinas apresentavam o ousado cancã no Moulin Rouge (imortalizado nas litogravuras de Henri de Toulouse-Lautrec). A dança pode ter surgido na Bretanha, no século XVI: as mulheres de lá dançavam levantando o vestido e chutando as pernas para o alto. A versão que chegou a Paris nos anos 1820, porém, era provavelmente mais lasciva. Jane Avril e La Goulue eram dançarinas bem conhecidas. Avril era esguia e elegante; La Goulue, grandona e grosseira. Sua alcunha ("glutona", em português) se devia ao fato de terminar as bebidas dos clientes. As duas tiveram um final melancólico: bêbadas, pobres e esquecidas. La Goulue terminou seus dias vendendo fósforos em um parque de Paris.

1900-2000: O SÉCULO XX

Um século selvagem terminou, mas um ainda pior estava chegando, a despeito de uma certa frivolidade *fin-de-siècle* e da arte de vanguarda. As duas guerras mundiais foram os maiores desastres do século XX. Nos anos do pós-guerra, a população de Paris cresceu e prosperou rapidamente, e a cidade também viu seus limites ampliados. Mais uma vez Paris voltou a se preocupar com moda, luxo, diversões sofisticadas, boa comida e bons vinhos, a vanguarda da arte, literatura e agora também com cinema. O rápido interlúdio de tumultos em 1968 era o lembrete de que a capital francesa não tinha perdido a capacidade de fazer a revolução política. Nem tinha perdido a queda pela arquitetura e pelo desenvolvimento em escala napoleônica, de que são testemunhas os edifícios modernos e os grandes esquemas de reformas, como os *Grands Projets* do presidente Mitterrand. Paris continuaria a ser uma das maiores cidades do mundo.

Da esq. p/ dir. *O Mémorial de la Shoah relembra os 76 mil judeus deportados da França na Segunda Guerra Mundial; Em maio de 1968, manifestantes tomaram a Sorbonne; A pirâmide de vidro do Louvre foi um dos* Grands Projets *do presidente Mitterrand*

A SAGRAÇÃO DA PRIMAVERA

A estreia do balé *A sagração da primavera*, em maio de 1913, foi um escândalo parisiense. A música extravagante de Stravinski e a coreografia de Nijinski, ainda mais ousada, foram mal recebidas pela plateia. O público vaiava tão alto que Nijinski precisou gritar a melodia dos bastidores, para orientar os bailarinos. Os estetas pobres, sentados nas poltronas, viraram-se contra os aristocratas nos camarotes. Ao ser ameaçada por aqueles jovens que amavam a nova arte, a condessa de Pourtalès berrou que ninguém jamais ousara zombar dela. O dono do teatro, Gabriel Astruc, gritou de seu camarote: "Ouçam primeiro e vaiem depois!".

MAIO DE 1968

Paris embarcou na onda de liberdade e antiautoritarismo que varria o mundo em 1968. Tudo começou com uma greve branca dos estudantes contra o regime da Universidade de Nanterre, mas a resposta violenta da polícia criou uma atmosfera de revolta e confrontação. A mobilização chegou à Sorbonne, cujos rebeldes exigiam em manifestações que se banisse tudo o que havia de velho e repressivo na sociedade. Instalou-se um clima de revolução: milhões de operários descontentes aderiram aos protestos. O exército foi chamado, mas a princípio não pôde controlar a situação. Em meados de junho, menos de um mês depois, a ordem havia sido restaurada. Os operários não derrubaram o governo, mas uma profunda liberalização começou a tomar forma.

OS *GRANDS PROJETS* DE MITTERRAND

Ao tornar-se o primeiro presidente socialista da Quinta República, François Mitterrand permitiu uma grandiosa repaginação da capital. No bairro comercial de La Défense, por exemplo, foi construído o Grande Arche, um arco que marca a extremidade ocidental de uma linha imaginária que cruza a cidade e une o Arco do Triunfo e o Louvre. O Louvre ganhou a pirâmide de vidro no pátio principal, e a Opéra Bastille, um centro cultural gigantesco, foi construída no bairro operário de Bastille.

Entre os outros projetos de François Mitterrand estavam a transformação do antigo porto fluvial de Bercy e a construção do Institut du Monde Arabe e da nova Bibliothèque Nationale, na margem esquerda do rio Sena.

CIDADE DA ARTE E DA LITERATURA

Os bares Le Consulat, situado em uma esquina de Montmartre, e À La Bonne Franquette, do outro lado da rua, eram o ponto de encontro do grande grupo de artistas jovens da cidade. No início do século, a reputação de Paris era tão boa que artistas como Pablo Picasso, Georges Braque e Marc Chagall foram morar na cidade. Picasso, que se mudou para Paris em 1904, foi um dos poucos a não se inspirar nas pessoas, nas ruas e nos bares de Montmartre, concentrando-se em ideias mais imaginativas e, junto com Braque, no desenvolvimento do Cubismo. Entre as guerras, muitos escritores franceses e estrangeiros também se mudaram para Paris, como Gertrude Stein, Ernest Hemingway, Ezra Pound e Henry Miller.

OCUPAÇÃO E LIBERTAÇÃO

A Alemanha nazista invadiu a França em 1940 e um mês depois entrou em Paris. As tropas e os tanques alemães marcharam orgulhosamente pelos Champs-Élysées. Muitos parisienses deixaram a cidade, e o governo partiu para Vichy. Houve resistência também colaboração. Em julho de 1942, 13 mil judeus foram deportados para campos de concentração. Esse foi o momento decisivo, quando a maioria silenciosa começou a formar um movimento de resistência. A libertação de Paris, em agosto de 1944, foi celebrada por milhares de pessoas nos Champs-Élysées. O líder político das forças de libertação, general Charles de Gaulle, em seguida assumiu o poder como presidente provisório da França.

2000-HOJE: PARIS NO SÉCULO XXI

Paris é uma das cidades mais amadas do mundo e recebe mais de 35 milhões de turistas por ano. A população da capital é um pouco superior a 2,2 milhões de habitantes, contando estudantes e trabalhadores temporários. Em 1851, 3% dos cidadãos franceses eram parisienses, mas em 2002 eles chegavam a 4%. Cerca de 11 milhões de pessoas moram nos arredores e nas cidades-satélites da Île de France, e linhas de trem rápidos e baratos as transportam para o centro, onde elas trabalham, fazem compras, comem e se divertem.

Da esq. p/ dir. *A Paris Plage traz à capital francesa uma atmosfera de praia durante o verão; Parisienses reunidos da place du Trocadéro no Dia Mundial Contra a Pobreza, em outubro de 2007*

CALOR DE VERÃO

O verão de 2003 foi trágico na França: centenas de idosos morreram de hipertermia e desidratação em Paris, onde a temperatura chegou a mais de 40°C. Em julho, a onda de calor foi considerada apenas uma parte da temporada de altas temperaturas no país, e os noticiários da televisão passaram a aconselhar as pessoas que deixavam a cidade a tomar muito líquido e a manter as crianças frescas e hidratadas. Em meados de agosto, porém, a crise em Paris se agravara; havia espera de nove dias pelos funerais, e o governo colocou a onda de calor na lista de emergências cobertas pelo Plano Branco, que dá poderes especiais aos chefes dos hospitais e às autoridades locais no caso de ataques terroristas e acidentes nucleares.

PARIS PLAGE

A Paris Plage, a praia do Sena, tornou-se uma atração turística obrigatória. De meados de julho a meados de agosto, quando a maioria dos parisienses sai da cidade, a margem direita do rio é transformada em "litoral". Palmeiras (ao estilo parisiense, elegantemente enfileiradas) balançam acima de 100m de areia importada, equipadas com 300 cadeiras de praia e 150 guarda-sóis e vestiários. A Paris Plage foi inaugurada no verão de 2002 e, em 2007, ganhou mais 3km nas margens do rio.

CIDADE DE PROTESTOS

Os parisienses se orgulham do hábito de ir para as ruas protestar e montar barricadas para defender suas ideias. Porém, ainda que a esquerda controle as manifestações de rua, é a direita que tem saído das eleições com o controle da cidade. A eleição do socialista Bertrand Delanoë em 2001 marcou o fato de que, pela primeira vez em quase cem anos, a Cidade Luz ganhou um prefeito de esquerda. Ao mesmo tempo, porém, o governo nacional (com sede em Paris), está nas mãos da direita e de um presidente conhecido fora do país, Nicolas Sarkozy.

COMO CHEGAR E CIRCULAR

Esta seção oferece informações detalhadas sobre as várias opções de viagem para Paris e explica as melhores maneiras de circular pela cidade depois de sua chegada. Dicas práticas vão ajudar você com tudo de que precisar, da compra de bilhetes ao aluguel de um carro.

DE AVIÃO

Há voos para Paris a partir das principais cidades europeias e do resto do mundo, inclusive do Brasil. Os voos internacionais chegam ao maior aeroporto da cidade, o Roissy-Charles de Gaulle, situado 23km a nordeste do centro de Paris. O Roissy-Charles de Gaulle conta com bons serviços de ônibus e trem entre o aeroporto e o centro da cidade. O Aeroporto de Orly recebe principalmente voos domésticos. Ele fica 14km ao sul do coração da cidade e é servido apenas por ônibus.

DICAS

» O centro de informação turística na área de desembarque do terminal Orly Ouest funciona de 7h30 a 23h. No Roissy-Charles de Gaulle o centro fica no T1. Em ambos, os atendentes falam inglês.

» Se for embarcar no Roissy-Charles de Gaulle, verifique o número do seu terminal, pois a distância entre os terminais 1 e 2 é grande.

» Em qualquer aeroporto, chegue com bastante antecedência por causa dos procedimentos de segurança.

AEROPORTO ROISSY-CHARLES DE GAULLE

Este aeroporto tem três terminais: T1, T2 e T3. As companhias aéreas que operam no T1 são Aer Lingus, British Midland, KLM, United Airlines e US Airways. O T2 serve Air France, American Airlines, British Airways e outras. A easyJet, que tem tarifas baratas, opera no T3. Sempre há mudanças nos terminais, por isso verifique antes de sair.

Os terminais T1 e T2 têm balcão de informações, lojas, restaurantes, bancos, casas de câmbio, empresas

TRANSPORTE DOS PRINCIPAIS AEROPORTOS

AEROPORTO	TÁXI	RER
Roissy-Charles de Gaulle (CDG)	Preço: €50-60. Entre 20h e 7h os táxis cobram um adicional de 40%. Bagagens pesadas também são cobradas à parte (€0,90). Tempo de viagem: 30min-1h.	A linha B do sistema de trens RER chega até o centro da cidade (Gare du Nord, Châtelet ou St-Michel). Os trens partem a cada 5-15min, das 5h às 0h15. Preço: €8,20. Tempo de viagem: 40min.
Orly (ORY)	Preço: cerca de €40. Tempo de viagem: 15-30min.	O trem Orlyval (seg-sáb, 6h-23h; dom, 7h-23h) para em Antony, onde faz conexão com a linha B do sistema RER. Preço: €9,30. Tempo de viagem: 35min.
Beauvais Tillé (BVA)	Preço: €130-170. Tempo de viagem: 1h20	Da estação de trem de Beauvais, o TER (Train Express Régional) parte para a Gare du Nord, em Paris (Gare du Nord, Magenta). Saídas diariam. 6h30-20h, a cada 30-90 min. Preços: cerca de €10 (um trecho).

de aluguel de carros e ambulatório. Por questões de segurança, não há depósito de bagagem. O T3 conta com lojas, cafés, uma casa de câmbio e empresas de aluguel de carros. O aeroporto tem duas estações RER -CDG1, para o T1 e o T3, e CDG2, para o T2. O transporte até elas é feito por micro-ônibus. A linha B vai até o centro de Paris, que também pode ser alcançado de ônibus (veja quadro abaixo).

AEROPORTO ORLY

Orly tem dois terminais: Orly Sud e Orly Ouest, que são interligados por micro-ônibus ou pelo trem Orlyval. O aeroporto tem lojas, restaurantes, casa de câmbio, empresas de aluguel de carros e enfermaria. Não há trens diretos para Paris, mas o Orlyval para em Antony, duas estações depois, onde há conexão com a linha B do sistema RER. O Orlybus vai do aeroporto à estação de metrô de Denfert-Rochereau; o ônibus da Air France transporta passageiros até Les Invalides. Uma alternativa é pegar o ônibus para a estação RER Pont de Rungis e ali pegar um trem da Linha C até Gare d'Austerlitz, St-Michel-Notre-Dame ou Les Invalides.

AEROPORTO BEAUVAIS TILLÉ

O Beauvais Tillé é um aeroporto pequeno situado em Beauvais, norte de Paris, no *département* de Oise. Costuma ser usado por companhias baratas. Ele tem uma máquina de vender jornais, restaurante e empresa de aluguel de carros. Um ônibus leva os passageiros até Porte Maillot, na região noroeste de Paris. Também é possível pegar um táxi, mas a corrida costuma custar caro.

TELEFONES E SITES ÚTEIS

ROISSY-CHARLES DE GAULLE
www.adp.fr
Informações: 01 48 62 22 80 ou 0892 68 15 15 (€0,34 por min)
Achados e perdidos, T1: 01 48 62 13 34
Achados e perdidos, T2: 01 48 16 63 83
Polícia: 01 48 62 31 22
Air France: 0820 820 820
Ônibus da Air France para Paris: 0892 350 820 (€0,34 por min); www.cars-airfrance.com
RATP (RER): 32 46; www.ratp.fr

ORLY
www.adp.fr
Informações: 01 49 75 15 15 ou 0892 68 15 15 (€0,34 por min)
Achados e perdidos, Orly Sud: 01 49 75 34 10
Achados e perdidos, Orly Ouest: 01 49 75 42 34
Polícia: 01 49 75 43 04
Ônibus da Air France para Paris: 0892 350 820 (€0,34 por min); www.cars-airfrance.com
Orlybus: 0892 687 714 (informações)
RATP – informações (trem Orlyval e RERB): 0892 687 714; www.ratp.fr
SNCF – informações (RERC): 0890 36 10 10 (gravação) 0891 36 20 20 (atendente)

BEAUVAIS TILLÉ
www.aeroportbeauvais.com
Informações: 0892 682 066 ou 0892 682 073 (8h-10h30; €0,37 por min)

METRÔ	ÔNIBUS	CARRO
Não há.	O ônibus da Air France liga os terminais 1 e 2 a Montparnasse e à Gare de Lyon a cada 30min, das 7h às 21h. Preço: €14. Tempo de viagem: 45 min-1h. Outro ônibus da Air France leva ao Arco do Triunfo a cada 15min, das 5h45 às 23h. Preço: €13. Tempo de viagem: 45min-1hora. O Roissybus passa a cada 15min nos terminais 1, 2 e 3 para a Opéra, das 6h às 23h. Preço: €8,60. Tempo de viagem: 50min.	Pegue a A1 para o sul de Paris. Tempo de viagem: 30min-1h, dependendo do trânsito.
Não há.	O ônibus da Air France liga os terminais Orly Sud e Ouest a Les Invalides e à Gare Montparnasse e parte a cada 15min, das 6h às 23h30. Preço: €9. Tempo de viagem: 30min. O Orlybus parte de Orly Sud e Ouest rumo à estação de metrô Denfert-Rochereau a cada 20min, entre 6h-23h30. Preço: €6.10. Tempo de viagem: 30min. O Jetbus sai diariam. 6h23-22h49, a cada 15min, do terminal Sul, saída H, e terminal Oeste, saída C, rumo à estação de metrô Villejuif-Louis Aragon (linha 7). Preço: aprox. €5. O motorista vende os bilhetes.	Pegue a A6 e depois a A6A ou A6B para Paris. Tempo de viagem: 15-40min, dependendo do trânsito.
Não há.	Ônibus para Porte Maillot. Preço: €13 (só é válido para passageiros que tenham uma passagem aérea válida). Tempo de viagem: 1h15	Pegue a N1, a A16, a N1 e a A1. Tempo de viagem: 1h20.

DE TREM EUROSTAR

O túnel sob o canal da Mancha revolucionou o transporte entre Londres e Paris, pois agora a viagem entre as duas cidades pode ser feita de trem em menos de três horas. Elizabeth II e François Mitterrand, presidente francês na época, inauguraram o túnel em 1994, quase 200 anos depois de surgirem os primeiros projetos para ele. Esse é o mais extenso túnel submarino do mundo: dos 50km totais, 39km passam por baixo do canal da Mancha. O Eurostar é uma boa opção para turistas de todas as nacionalidades que desejam ir a Paris a partir de Londres.

A BORDO DO EUROSTAR

» Todos os dias, um total de 19 trens faz o percurso Londres-Paris; alguns param na Estação Internacional de Ashford e Ebbsfleet International (RU) e em Calais (França), mas há trens diretos também para o Disneyland Resort Paris. O tempo de viagem até Paris a partir de Londres é de 2h15.

» Os trens partem de uma plataforma exclusiva na Estação Internacional de St Pancras, que tem ligação com o metrô que leva ao centro de Londres e com as linhas férreas do continente.

» O terminal combina a arquitetura vitoriana totalmente restaurada com uma construção de vidro do século XXI e incorpora um shopping center, restaurantes e o mais longo champanhe bar da Europa.

» Existe um setor de check-in automático para passageiros com bilhetes apropriados; os outros devem se dirigir aos balcões. Chegue pelo menos meia hora antes do horário marcado para a partida.

» Antes de entrar na área de embarque é preciso passar por controles de segurança e de passaporte. O controle francês é feito em St Pancras.

» A área de embarque tem bancas de revista, lojas, cafés, banheiros, acesso à internet e caixas de correio.

» O embarque começa 20min antes da partida. No saguão, painéis informam para onde e quando ir.

» Cada trem tem 18 vagões, por isso você poderá ter de enfrentar uma boa caminhada pela plataforma. Há carrinhos para as malas, mas é preciso um depósito de £1.

» Já no trem, as malas devem ser guardadas no compartimento de bagagem no fim de cada vagão; a bagagem de mão pode ficar na prateleira acima do assento.

A VIAGEM

» Um carrinho serve bebidas, lanches e refeições leves. Há banheiros e fraldário a bordo. A passagem pelo túnel demora cerca de 20min, e a entrada nele é anunciada.

CHEGADA

» Ao chegar à Gare du Nord, já em Paris, não é necessário passar pelo controle de passaportes outra vez. Cuidado com os trombadinhas que circulam na estação.

» O ponto de táxi, coberto, é bem sinalizado. Não se assuste com a fila – ela anda bem depressa. Uma viagem de táxi para o centro de Paris custa algo como €10 ou €15. Há tarifas adicionais para a bagagem e para corridas aos domingos e após às 19h.

» A Gare du Nord é assistida pelas linhas 4 (violeta) e 5 (laranja) do

metrô. A linha 4 (sentido Porte d'Orléans) atravessa o rio até a margem esquerda. Se o seu hotel ficar na margem direita, você pode trocar de linha nas estações Gare de l'Est, Strasbourg St-Denis, Réaumur Sébastopol ou Châtelet. A linha 5 (sentido place d'Italie) é boa para quem se dirige à região de Bastille.
» A Gare du Nord é servida também por três linhas RER: D (verde), E (lilás) e B (azul). A linha B segue até Châtelet e depois até a margem esquerda (St-Michel-Notre-Dame e Luxembourg). O sistema RER pode parecer um pouco confuso (▷ 59) aos turistas de primeira viagem. Se for esse o seu caso, vá de metrô ou de táxi.

DE PARIS A LONDRES

» O terminal do Eurostar fica no primeiro andar da Gare du Nord. Ele tem lojas de presentes e cafés, mas nada do porte de Waterloo. Não há caixas de correio, portanto, despache seus cartões-postais antes de entrar no terminal. As autoridades britânicas verificam os passaportes na Gare du Nord, logo após o check-in.
» Painéis eletrônicos informam onde e quando embarcar.

FATOS E NÚMEROS SOBRE O EUROSTAR

» As obras de construção do túnel começaram em 1987 e foram concluídas em 1991.
» O túnel foi escavado 40m abaixo do leito oceânico.
» Os trens viajam à velocidade de 300km/h).
» Cada trem tem 400m de comprimento.
» Há dois túneis principais e um de manutenção. Este faz também as vezes de túnel de segurança e foi projetado para não acumular fumaça em caso de incêndio.
» Os trens têm cabine de controle nas duas pontas, por isso podem mudar de direção rapidamente caso seja necessário.

Página ao lado *O trem de alta velocidade TGV circula pela França e por partes da Espanha*
Direita *Gare du Nord, em Paris*

TELEFONES ÚTEIS

Eurostar:
No Reino Unido: 08705 186 186
Fora do Reino Unido:
00 44 1233 617 575
Na França: 0892 353 539 (em inglês)
www.eurostar.com

Achados e perdidos (St. Pancras):
020 7833 1596

Achados e perdidos (Gare du Nord):
01 55 31 54 54

» O festejado designer francês Philip-pe Starck assina diversos projetos craidos para o Eurostar, desde os uniformes dos funcionários até o desenho das salas VIP e do interior dos vagões.
» A empresa iniciou uma campanha para reduzir as emissões de dióxido de carbono e estabeleceu a meta de cortar em 35% o total de emissões por trajeto até 2010.

DICAS

» O bilhete custa menos quando é comprado com antecedência. Convém fazer reserva, pois os assentos não reservados são limitados.
» O trem está dividido em três classes: Premium, Primeira e Padrão. Nas duas primeiras há refeições, mais espaço entre as poltronas, assento reclinável e jornais de graça. Alguns bilhetes dão acesso às salas VIP em Londres e na Gare du Nord.
» Lembre-se de que é preciso um passaporte para viajar entre a Grã-Bretanha e a França (veja Passaportes e Vistos, ▷ 267).
» Cada passageiro pode levar apenas duas malas grandes e uma de mão, todas identificadas com o nome e o número do assento do passageiro.
» Há carrinhos para transportar as malas nas plataformas de Londres e da Gare du Nord, mas eles custam £1 ou €1 (reembolsáveis).

DE CARRO OU DE ÔNIBUS

Quem está na Inglaterra e deseja ir de carro até a França pode usar o Eurotúnel ou o ferryboat; ambos levam até a cidade de Calais. Dali a viagem até Paris demora cerca de 3h15. Quem já está em outro país da Europa pode seguir até Paris de carro ou de ônibus com facilidade.

EUROTÚNEL

Os carros podem ser embarcados em um dos trens do Eurotúnel em Folkestone. A viagem sob o canal da Mancha até Calais/Coquelles leva 35min. Há quatro trens por hora, 24 horas por dia. Reserve antes.

Para chegar ao terminal de Folkestone pegue a M20 até o entroncamento 11A e siga as placas que indicam "Channel Tunnel". O controle francês é feito no Reino Unido.

O motorista fica perto do carro durante a viagem, mas pode ir ao banheiro ou perambular pelo vagão, que tem ar-condicionado. Há uma estação de rádio a bordo e funcionários para prestar assistência.

Para chegar a Paris a partir de Calais, pegue a A16 (€40) no sentido de Dunquerque e depois a A26 (€15). No entroncamento sinalizado, entre na A1 (€15) e siga em direção ao sul. É preciso pagar pedágio. Veja pp. 62-3 para obter mais informações sobre viagens de carro.

Mais informações sobre o Eurotúnel
08705 35 35 35 (Reino Unido); www.eurotunnel.com

PELO MAR

O preço da travessia do canal da Mancha de ferryboat varia muito, dependendo do horário e da data. A maior parte das empresas que operam no canal exige que se chegue meia hora antes da partida, mas pode ser preciso chegar antes.

A **P&O Ferries** e a **Seafranc** transportam de Dover a Calais (tempo de viagem: 70-90min). Os ferries oferecem lojas, cafés, casas de câmbio e salas de estar. A viagem de carro entre Calais e Paris demora cerca de 3h15 – veja o percurso acima.

O serviço rápido de ferryboats, o Speedferries, que liga a cidade inglesa de Dover a Calais, no norte da França, oferece a travessia marítima mais rápida nesta rota, com um tempo de viagem de 50 minutos. Só transporta veículos particulares – ônibus e veículos comerciais, inclusive trailers, não são permitidos.

A **Brittany Ferries** opera a linha entre Portsmouth a Caen (tempo de viagem: 6h). A viagem até Paris demora 2h40.

A **P&O Ferries** faz a linha entre Portsmouth e Le Havre (tempo de viagem: 5h30). A viagem até Paris leva cerca de 2h25.

Contatos dos serviços de *ferryboat*
Brittany Ferries: 0870 907 6103 (Reino Unido); www.brittany-ferries.co.uk
P&O Ferries: 0870 598 0333 (Reino Unido); www.poferries.com
Seafrance: 0871 663 2546 (Reino Unido); www.seafrance.co.uk
Speedferries: 0871 222 7456 (Reino Unido); www.speedferries.com

DE ÔNIBUS

Viajar de Londres a Paris de ônibus pode ser uma boa opção para quem está com o orçamento apertado, embora o percurso demore quase oito horas. Os ônibus da Eurolines saem da estação rodoviária de Victoria até cinco vezes por dia e fazem paradas em Canterbury e Dover, em Kent. A travessia do canal da Mancha é feita pelo Eurotúnel ou por ferryboat. A chegada acontece no terminal rodoviário Général de Gaulle, em Bagnolet, na região leste de Paris. Reserve sua passagem com pelo menos um mês de antecedência para conseguir preços melhores.

Eurolines
08705 808080 (Reino Unido); www.eurolines.co.uk

DICAS

» Em geral os bilhetes para o Eurotúnel são mais baratos pela internet.
» A circulação de veículos movidos a gás é proibida no Eurotúnel.
» Os jornais britânicos costumam anunciar promoções de passagens de ferryboat.
» Os telefones mencionados nesta página são do Reino Unido. Para ligar de outros países da Europa e do Brasil, disque 00 44 e omita o primeiro zero do número.

Abaixo *Há diversas linhas de ferries entre Dover, na Inglaterra, e Calais, na França*

COMO CIRCULAR

Paris conta com uma rede de transportes ampla, eficiente e relativamente barata, e você não terá muita dificuldade de circular pela cidade. O metrô (Métro) é a espinha dorsal dessa rede. Outras opções de transporte úteis são os ônibus, os barcos e os trens de subúrbio RER. Finalmente, não se esqueça dos próprios pés – o centro de Paris é compacto, e caminhar é uma maneira excelente de se familiarizar com a cidade.

O metrô é geralmente a maneira mais rápida de ir de um ponto a outro; com cerca de 300 estações, é raro haver um lugar a mais de cinco minutos de alguma linha. Os trens variam de ultramodernos a ultrapassados, dependendo da linha, mas os atrasos são mínimos (exceto durante as greves). Dentro da estação, prepare-se para andar bastante até a plataforma – especialmente em Châtelet – embora as linhas não sejam tão profundas quanto as do metrô de Londres, por exemplo. No horário de pico as composições ficam lotadas e é difícil conseguir lugar para sentar. As linhas que servem atrações importantes (como a Linha 1) passam o dia lotadas.

Nos ônibus é possível apreciar a paisagem. Todos os itinerários são bem explicados nos pontos e no interior dos veículos. Mas os ônibus são mais lentos do que o metrô e igualmente lotados nos horários de pico.

O metrô, algumas linhas RER e a maioria dos ônibus são operados pela RATP.

Os táxis são úteis para quem viaja com muita bagagem e para quem não gosta de andar de metrô à noite.

INFORMAÇÃO TURÍSTICA

» Todas as estações de metrô distribuem mapas gratuitos da rede.
» O telefone 0892 684 114 transmite informações gravadas em inglês, italiano, espanhol e alemão 24 horas por dia.
» Para falar com um atendente (em francês), ligue para o número 32 46.
» As principais estações têm balcão de informações, embora a comunicação seja complicada para quem não fala francês.
» O site www.ratp.fr tem muitas informações úteis, em francês e em inglês. Clique em Paris Visite para ver os conselhos aos turistas.
» Há centros de informação turística nos aeroportos.

VIAGEM COM CRIANÇAS

» Crianças menores de quatro anos andam de graça no metrô, nos ônibus e nos trens RER.
» Crianças menores de dez anos têm desconto de 50%.
» Alguns ônibus têm rampas para cadeira de rodas na porta central.
» Andar de carrinho de bebê no metrô é um problema por causa das catracas e das muitas escadarias.

BILHETES

» O metrô e os ônibus aceitam os mesmos bilhetes (▷ 52), que também podem ser usados nas linhas RER na região central de Paris.
» Quanto à tarifa, a cidade é dividida em zonas. A maioria das atrações principais fica na Zona 1. O Grande Arche fica na Zona 3; o Aeroporto Roissy-Charles de Gaulle fica na Zona 5; e o Aeroporto de Orly, na Zona 4.
» Os bilhetes podem ser comprados nos ônibus (só bilhetes unitários), nas estações de metrô e em algumas bancas de jornal.
» A fim de poupar tempo, use as máquinas instaladas nas entradas das estações. As instruções são dadas em várias línguas.
» A maioria das estações tem bilheterias abertas das 5h30 à meia-noite. Se você não fala francês, pode ser útil levar um mapa do sistema RER e do metrô e apontar para onde deseja ir, se necessário.
» Nas estações, os principais cartões de crédito são aceitos, mas é melhor pagar com dinheiro.
» O bilhete unitário custa €1,60 e cobre todas as estações de metrô e RER do centro de Paris, além da maioria dos ônibus (▷ 52).
» Se você planeja conhecer a cidade de transporte coletivo, o *carnet* (talão) com dez bilhetes ou os vários bilhetes múltiplos são a melhor opção.
» Mais informações ▷ 52.

DICAS

» Evite andar de ônibus e de metrô nos horários de pico (7h30-9h30 e 16h30-19h30).
» É proibido fumar no metrô, nos ônibus e nos trens RER.
» É melhor comprar um *carnet* com dez bilhetes do que pagar passagens a cada viagem de ônibus ou de metrô. O *carnet* também evita a perda de tempo nas filas das bilheterias.
» Quem viaja sozinho pode não se sentir tranquilo para andar de metrô tarde da noite.
» Atualmente as linhas de metrô funcionam às sextas-feiras e sábados até 2h15.

Abaixo *Máquinas automáticas para venda de bilhetes de metrô*

BILHETES

TIPO	PREÇO	VALIDADE	INFORMAÇÕES ADICIONAIS
Bilhete unitário	€1,60	O bilhete é válido no metrô, no sistema RER (no centro de Paris) e na maioria dos ônibus. Não é preciso usá-lo no dia da compra, mas, assim que ele for validado (em uma catraca do metrô ou em uma máquina dos ônibus), ele só valerá por 90 minutos.	Você pode trocar entre as linhas de metrô e RER em uma mesma viagem usando um único bilhete, mas este não vale para a troca entre metrô e ônibus. Os bilhetes t+ (▷ 58), vendidos pela RATP, são válidos para baldeações entre ônibus e metrô, ao contrário dos bilhetes vendidos pelos motoristas.
Carnet	€11,40 com 10 bilhetes unitários	Como a dos bilhetes unitários; veja acima.	Vale a pena se você estiver planejando um mínimo de oito viagens.
Mobilis	Zonas 1-2: €5,80 Zonas 1-3: €7,70 Zonas 1-4: €9,60 Zonas 1-5: €12,90 Zonas 1-6: €16,40	Válido por um dia no metrô, nos ônibus, nos trens RER e na rede Transilien, exceto no Roissybus, no Orlybus e no Orlyval.	Este passe é uma opção mais barata que o *Paris Visite* (veja abaixo).
Paris Visite, Zonas 1-3	1 dia: €8,80 2 dias: €14,40 3 dias: €19,60 5 dias: €28,30 As crianças (4-11 anos) pagam metade do preço.	Válido para qualquer número de viagens no metrô, nos ônibus, nos trens RER e na rede Transilien nas zonas 1, 2 e 3. O período de validade começa a ser contado a partir da primeira utilização.	Se você for passear apenas um dia ou se permanecer na Zona 1, o passe *Mobilis* (veja acima) é a opção mais barata. Mas o *Paris Visite* também oferece descontos em várias atrações. Compre-o nas estações ou nos centros de informação turística.
Paris Visite, Zonas 1-6	1 dia: €18,50 2 dias: €28,30 3 dias: €39,70 5 dias: €48,40	Válido para qualquer número de viagens no metrô, nos ônibus, nos trens RER e na rede Transilien nas zonas 1-6 (inclusive Versalles, Disneyland Resort Paris e os aeroportos de Orly e Roissy-Charles de Gaulle).	Opção cara.
La Carte Orange-Coupon Hebdomadaire	Zonas 1-2: €16,80 Zonas 1-6: €37,20	Válido por uma semana no metrô, nos ônibus e nos trens RER nas zonas 1 e 2.	Este passe foi criado para os moradores da Île de France e vale de segunda a domingo. Assim, quanto mais cedo na semana você o comprar, maior o benefício. É preciso uma foto como a do passaporte.
La Carte Orange-Coupon Mensuel	Zonas 1-2: €55,10 Zonas 1-6: €122,10	Válido por um mês no metrô, nos ônibus e nos trens RER nas zonas 1 e 2.	Veja acima.

DE METRÔ

O metrô de Paris (Métropolitain ou Métro) transporta cerca de 4 milhões de passageiros por dia e é a alma da cidade. As primeiras composições começaram a circular em 1900, durante a Belle Époque. Desde então o sistema aumentou para 16 linhas e 211km de trilhos. O metrô parisiense é eficiente, barato e relativamente limpo. É a maneira mais rápida de circular pela cidade.

Cada linha recebeu um código de cor e é numerada (1-14, 3b e 7b). As estações são identificadas por um M gigante ou pelas famosas placas art nouveau.

As escadarias ou escadas rolantes conduzem a um saguão onde os bilhetes podem ser comprados em máquinas ou bilheterias. As estações maiores contam com lojas e cafés.

Para chegar às plataformas, valide (*composter*) seu bilhete passando-o pela catraca. Quando ele for devol-

COMO FUNCIONA O MAPA DO METRÔ

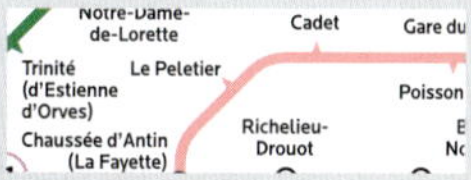

ESTAÇÃO DE METRÔ

Um triângulo pequeno indica as estações sem baldeação.

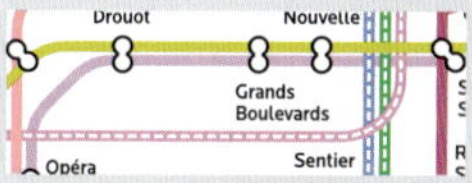

ESTAÇÕES COM BALDEAÇÃO

Estações que servem mais de uma linha são indicadas com um círculo branco.

LINHAS

Cada linha tem uma cor e é marcada com seu número e o nome do destino final.

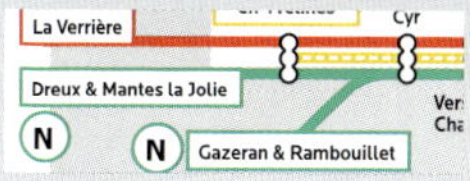

FIM DA LINHA

O nome das estações terminais aparece em um retângulo branco.

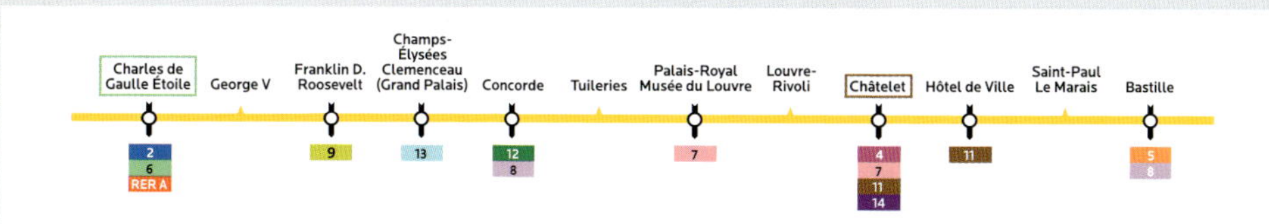

MAPAS

As rotas são indicadas no interior dos trens. Assim é possível acompanhar o trajeto.

LINHAS COM BALDEAÇÃO

Abaixo do nome de cada estação são listadas as linhas que passam por ela.

vido, guarde-o, pois inspetores os verificam com frequência.

Em geral, a distância até a plataforma é longa, por isso siga as placas com cuidado. Elas indicam a cor e o número das linhas. Também é preciso saber o destino final da linha no sentido em que você deseja seguir. Há muitos trens, mas eles lotam nos horários de pico.

Uma placa laranja (*Correspondance*) indica as baldeações. As placas azuis (*Sortie*) sinalizam os locais de saída.

VOCÊ SABIA?

» As famosas placas art nouveau que Hector Guimard fez para o metrô de Paris estão em Abbesses e Porte Dauphine.

» Paris é famosa por seus perfumes, e suas estações de metrô são apropriadamente odorizadas com uma mescla de almíscar e baunilha conhecida como Madeleine.

» Preste atenção às estações com decoração especial, como a de Bastille, cujos murais retratam a Revolução, e a de Louvre-Rivoli.

» A Linha 14, a mais nova, tem portas de vidro para separar a plataforma dos trilhos. Nos trens, um sistema de som anuncia a próxima estação.

COMO USAR O METRÔ

- O metrô funciona das 5h30 às 24h.
- Quando estiver esperando um trem, fique longe da borda da plataforma.

- Para abrir a porta do trem aperte o botão (nos trens mais novos) ou erga a maçaneta (nos mais velhos). A maioria dos trens da Linha 1 tem portas automáticas.
- Antes de entrar no trem, espere os passageiros saírem.

- Um alarme sonoro avisa que as portas vão se fechar. Fique longe delas.

- Mantenha seus pertences por perto. Cuidado com os trombadinhas. Não leve dinheiro nos bolsos nem em mochilas.

- Guarde o bilhete para o caso de um inspetor querer vê-lo.
- Ao entrar no trem, cuidado com o vão entre a plataforma e o trem.

- Se precisar trocar de linha não saia da estação, caso contrário seu bilhete perderá o valor.
- Se perceber que está indo no sentido errado, desça na próxima estação. Siga as placas até a plataforma correta, mas tenha o cuidado de não passar pelas catracas para não perder o bilhete.
- Em todas as estações há placas que sinalizam as saídas para cada rua.
- Como em todas as grandes cidades do mundo, nas estações de metrô de Paris você provavelmente encontrará pessoas pedindo dinheiro.

LINHAS ÚTEIS PARA VISITAR AS ATRAÇÕES

Linha 1 (amarela): corta a cidade de leste a oeste, a partir de Château de Vincennes até Grande Arche de la Défense. As principais paradas são Gare de Lyon, Bastille, Louvre-Rivoli e Concorde. Ela também sobe a Champs-Élysées – parando em Champs-Élysées-Clemenceau, Franklin D. Roosevelt, George V e Charles de Gaulle-Étoile – e permite que se pule de uma ponta da avenida à outra.

Linha 4 (violeta-claro): liga o distrito de St-Germain-des-Prés à margem direita. Seus trens também param na Gare du Nord, onde fica o terminal do Eurostar.

Linha 9 (verde-clara): vai dos arredores do Bois de Boulogne, na região oeste da cidade, até o popular centro comercial da margem direita (Havre-Caumartin para a Printemps e Chaussée d'Antin para as Galeries Lafayette). Ela continua para leste, passando pelas estações République e Nation.

Linha 12 (verde-escura): é útil se você se dirige a Montmartre (desça em Abbesses). A linha começa na margem esquerda. Entre as estações úteis estão Solférino (para o Musée d'Orsay), Concorde e Madeleine.

Linha 14 (violeta): será útil se você estiver hospedado na região leste da cidade, a alguns metros da Gare de Lyon. Esta linha ultramoderna é o meio mais rápido de chegar ao centro da cidade, pois seus trens param apenas em Châtelet, Pyramides e Madeleine. Na outra direção ela leva a Bercy e, cruzando o rio, à Bibliothèque François Mitterrand.

DICAS

» Ao planejar um passeio, não confunda as linhas do metrô com as dos trens de subúrbio RER – os mapas do metrô mostram as duas redes. As linhas RER são identificadas com letras.

» No site da RATP (www.ratp.fr) é possível traçar rotas e obter informações atualizadas.

» Para estimar o tempo de viagem, calcule dois minutos parado em cada estação. Lembre-se de que às vezes você levará até cinco minutos para chegar à plataforma (em Châtelet, por exemplo).

» O telefone 0892 684 114 tem informações gravadas em diversas línguas.

» Para falar com um atendente (apenas em francês), disque 32 46.

» É melhor pagar os bilhetes com dinheiro do que com cartão de crédito.

» Guarde o bilhete até sair da estação, pois um inspetor pode pedir para vê-lo a qualquer momento.

» A maioria das estações tem mapas com as ruas do entorno.

COMO USAR O METRÔ

ODÉON

Este é um trajeto típico de metrô, da estação Odéon à Charles de Gaulle-Étoile (Arco do Triunfo).

- Pegue um mapa e observe a cor e o número das estações que vai usar.
- Compre um bilhete simples ou alguma das várias outras opções (▷ 52).
- Para chegar às plataformas, enfie o bilhete na catraca e pegue-o quando ele surgir de novo.
- Siga as placas da Linha 4 (violeta-claro) com destino a Porte de Clignancourt.
- Na plataforma, você não deverá esperar muito pelo próximo trem.
- No interior do trem, você poderá acompanhar o trajeto em um mapa.
- Desça em Châtelet e siga as placas laranja (*Correspondance*) que indicam a Linha 1 (amarela) com destino a La Défense.

CHÂTELET

- Lembre-se de que Châtelet é uma das maiores estações de Paris e as plataformas são distantes umas das outras.
- Embarque no trem, desça em Charles de Gaulle-Étoile.
- Siga as placas azuis (*Sortie*), que indicam a saída, e procure a rua aonde deseja ir.

CHARLES DE GAULLE-ÉTOILE

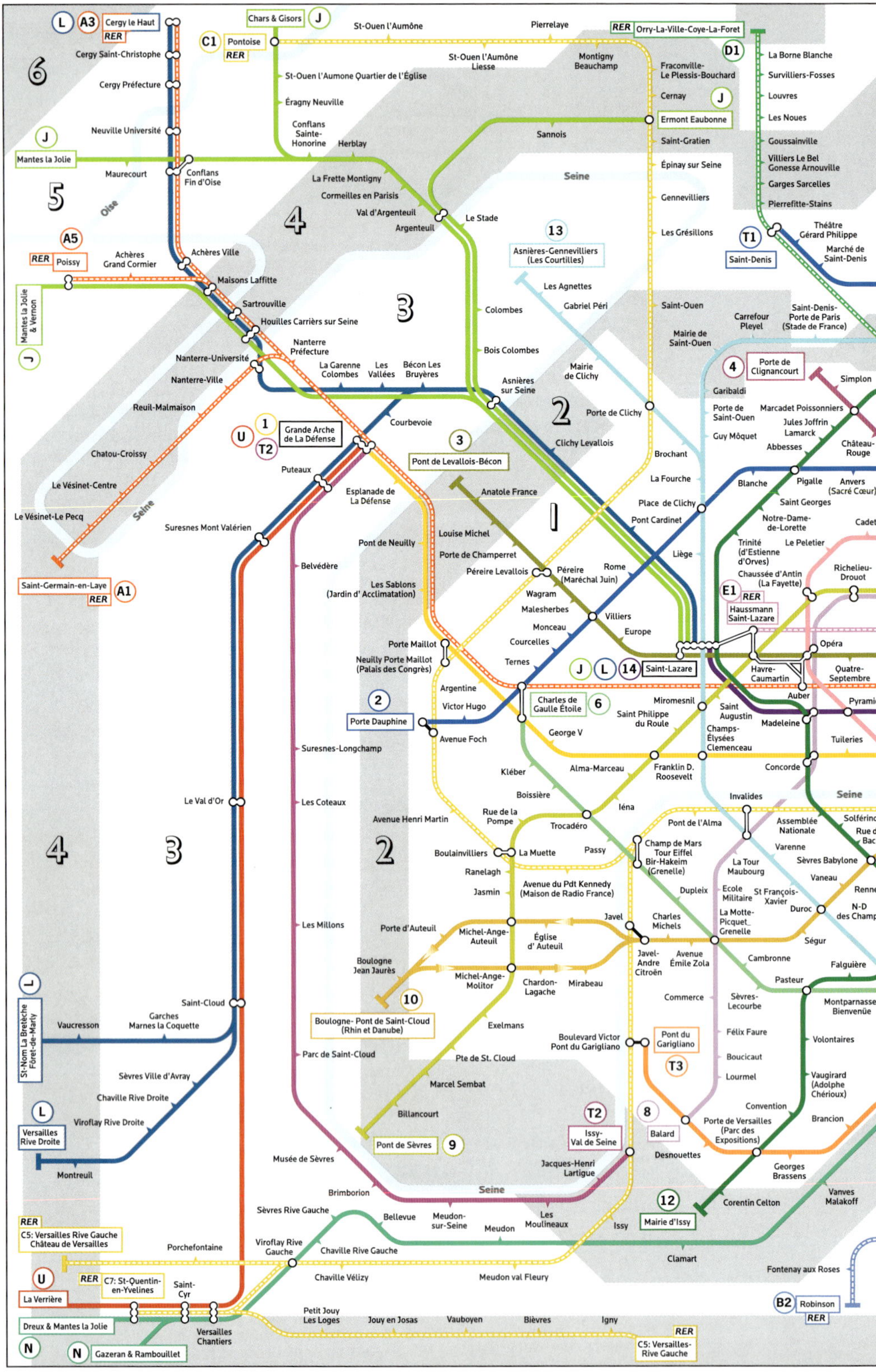

L A3 Cergy le Haut RER
Cergy Saint-Christophe
Cergy Préfecture
Neuville Université
J
Mantes la Jolie
Maurecourt
Conflans Fin d'Oise
6
5
4
3
2
1
Oise
Seine
A5
RER Poissy
Achères Grand Cormier
Achères Ville
Maisons Laffitte
Sartrouville
Houilles Carrières sur Seine
Nanterre Préfecture
Nanterre-Université
Nanterre-Ville
Reuil-Malmaison
Chatou-Croissy
Le Vésinet-Centre
Le Vésinet-Le Pecq
Saint-Germain-en-Laye RER A1
J Mantes la Jolie & Vernon
Chars & Gisors J
C1 Pontoise RER
St-Ouen l'Aumone Quartier de l'Église
Éragny Neuville
Conflans Sainte-Honorine
Herblay
St-Ouen l'Aumône
St-Ouen l'Aumône Liesse
Pierrelaye
Montigny Beauchamp
RER Orry-La-Ville-Coye-La-Foret
D1
Franconville-Le Plessis-Bouchard
Cernay
J
Ermont Eaubonne
Sannois
Saint-Gratien
Épinay sur Seine
Gennevilliers
Les Grésillons
Saint-Ouen
La Frette Montigny
Cormeilles en Parisis
Val d'Argenteuil
Argenteuil
Le Stade
Colombes
Bois Colombes
La Garenne Colombes
Les Vallées
Bécon Les Bruyères
Asnières sur Seine
Courbevoie
1 Grande Arche de La Défense
U T2
Puteaux
Esplanade de La Défense
Suresnes Mont Valérien
Belvédère
Pont de Neuilly
Les Sablons (Jardin d' Acclimatation)
Louise Michel
Porte de Champerret
Péreire Levallois
Péreire (Maréchal Juin)
13
Asnières-Gennevilliers (Les Courtilles)
Les Agnettes
Gabriel Péri
Mairie de Saint-Ouen
Mairie de Clichy
Porte de Clichy
Clichy Levallois
3 Pont de Levallois-Bécon
Anatole France
Brochant
La Fourche
Place de Clichy
Pont Cardinet
Liège
Rome
Wagram
Malesherbes
Villiers
Monceau
Europe
Courcelles
Ternes
J L 14 Saint-Lazare
Porte Maillot
Neuilly Porte Maillot (Palais des Congrès)
Argentine
Victor Hugo
2 Porte Dauphine
Avenue Foch
Charles de Gaulle Étoile 6
George V
Miromesnil
Saint Philippe du Roule
Saint Augustin
Champs-Élysées Clemenceau
Franklin D. Roosevelt
Alma-Marceau
Kléber
Boissière
Iéna
Trocadéro
Suresnes-Longchamp
Le Val d'Or
Les Coteaux
Avenue Henri Martin
Rue de la Pompe
Boulainvilliers
La Muette
Passy
Ranelagh
Jasmin
Avenue du Pdt Kennedy (Maison de Radio France)
Les Millons
Porte d'Auteuil
Michel-Ange-Auteuil
Église d' Auteuil
Javel
Boulogne Jean Jaurès
Michel-Ange-Molitor
Chardon-Lagache
Mirabeau
Javel-Andre Citroën
Avenue Émile Zola
10
Boulogne- Pont de Saint-Cloud (Rhin et Danube)
Exelmans
Saint-Cloud
Garches Marnes la Coquette
Vaucresson
L St-Nom La Bretèche Fôret-de-Marly
Parc de Saint-Cloud
Pte de St. Cloud
Marcel Sembat
Billancourt
Pont de Sèvres 9
Sèvres Ville d'Avray
Chaville Rive Droite
Viroflay Rive Droite
L Versailles Rive Droite
Montreuil
Musée de Sèvres
Brimborion
Sèvres Rive Gauche
Bellevue
Meudon-sur-Seine
Meudon
Les Moulineaux
T2 Issy-Val de Seine
Jacques-Henri Lartigue
Issy
Boulevard Victor Pont du Garigliano
Pont du Garigliano T3
8 Balard
Desnouettes
Porte de Versailles (Parc des Expositions)
Georges Brassens
Convention
Brancion
12 Mairie d'Issy
Corentin Celton
Vanves Malakoff
Clamart
Fontenay aux Roses
B2 Robinson RER
RER C5: Versailles Rive Gauche Château de Versailles
Porchefontaine
Viroflay Rive Gauche
Chaville Rive Gauche
Chaville Vélizy
Meudon val Fleury
U La Verrière
RER C7: St-Quentin-en-Yvelines
Saint-Cyr
Versailles Chantiers
Dreux & Mantes la Jolie
N
N Gazeran & Rambouillet
Petit Jouy Les Loges
Jouy en Josas
Vauboyen
Bièvres
Igny
RER C5: Versailles-Rive Gauche
La Borne Blanche
Survilliers-Fosses
Louvres
Les Noues
Goussainville
Villiers Le Bel Gonesse Arnouville
Garges Sarcelles
Pierrefitte-Stains
Théâtre Gérard Philippe
Marché de Saint-Denis
T1 Saint-Denis
Carrefour Pleyel
Saint-Denis-Porte de Paris (Stade de France)
4 Porte de Clignancourt
Simplon
Garibaldi
Porte de Saint-Ouen
Mercadet Poissonniers
Guy Môquet
Jules Joffrin
Lamarck
Abbesses
Château-Rouge
Blanche
Pigalle
Anvers (Sacré Cœur)
Saint Georges
Notre-Dame-de-Lorette
Cadet
Trinité (d'Estienne d'Orves)
Le Peletier
Chaussée d'Antin (La Fayette)
Richelieu-Drouot
E1 RER Haussmann Saint-Lazare
Opéra
Havre-Caumartin
Quatre-Septembre
Auber
Pyramide
Madeleine
Tuileries
Concorde
Invalides
Seine
Pont de l'Alma
Assemblée Nationale
Solférino
Rue du Bac
Champ de Mars Tour Eiffel
Bir-Hakeim (Grenelle)
Varenne
Sèvres Babylone
La Tour Maubourg
Vaneau
Dupleix
Ecole Militaire
St François-Xavier
Duroc
Rennes
N-D des Champs
Charles Michels
La Motte-Picquet_Grenelle
Ségur
Cambronne
Falguière
Pasteur
Commerce
Sèvres-Lecourbe
Montparnasse-Bienvenüe
Félix Faure
Volontaires
Boucicaut
Lourmel
Vaugirard (Adolphe Chérioux)

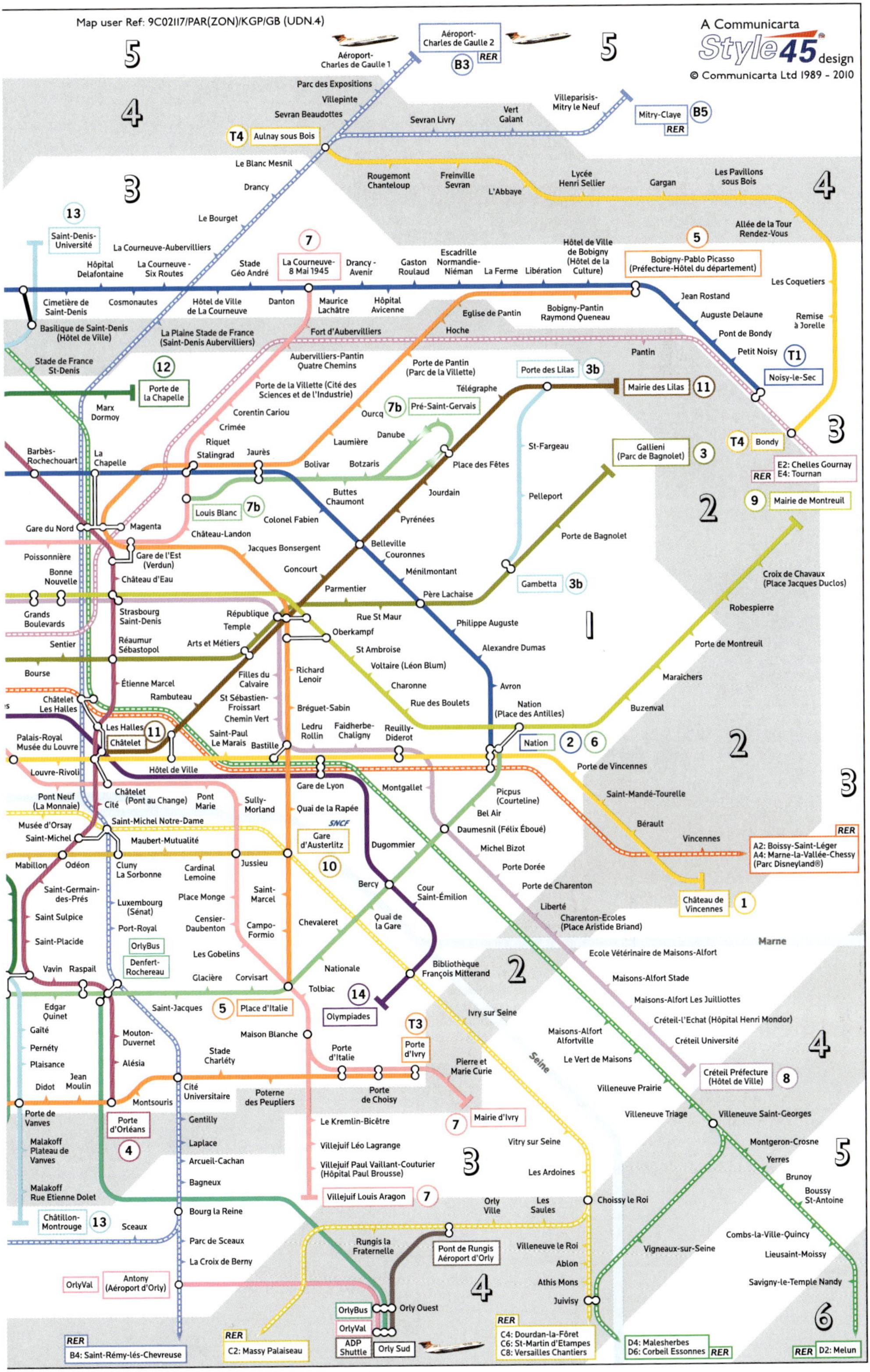
Map user Ref: 9C02117/PAR(ZON)/KGP/GB (UDN.4)
A Communicarta Style45 design
© Communicarta Ltd 1989 - 2010
Aéroport-Charles de Gaulle 1
Aéroport-Charles de Gaulle 2
B3 RER
Parc des Expositions
Villepinte
Sevran Beaudottes
Sevran Livry
Vert Galant
Villeparisis-Mitry le Neuf
Mitry-Claye B5 RER
T4 Aulnay sous Bois
Le Blanc Mesnil
Drancy
Le Bourget
Rougemont Chanteloup
Freinville Sevran
L'Abbaye
Lycée Henri Sellier
Gargan
Les Pavillons sous Bois
Allée de la Tour Rendez-Vous
Les Coquetiers
Remise à Jorelle
13 Saint-Denis-Université
La Courneuve-Aubervilliers
Hôpital Delafontaine
La Courneuve - Six Routes
Stade Géo André
7 La Courneuve-8 Mai 1945
Drancy - Avenir
Gaston Roulaud
Escadrille Normandie-Niéman
La Ferme
Libération
Hôtel de Ville de Bobigny (Hôtel de la Culture)
5 Bobigny-Pablo Picasso (Préfecture-Hôtel du département)
Jean Rostand
Auguste Delaune
Pont de Bondy
Petit Noisy
T1 Noisy-le-Sec
Cimetière de Saint-Denis
Cosmonautes
Hôtel de Ville de La Courneuve
Danton
Maurice Lachâtre
Hôpital Avicenne
Eglise de Pantin
Bobigny-Pantin Raymond Queneau
Basilique de Saint-Denis (Hôtel de Ville)
La Plaine Stade de France (Saint-Denis Aubervilliers)
Fort d'Aubervilliers
Hoche
Pantin
Stade de France St-Denis
Aubervilliers-Pantin Quatre Chemins
Porte de Pantin (Parc de la Villette)
Porte des Lilas 3b
Mairie des Lilas 11
12 Porte de la Chapelle
Porte de la Villette (Cité des Sciences et de l'Industrie)
Télégraphe
Marx Dormoy
Corentin Cariou
Ourcq
7b Pré-Saint-Gervais
Crimée
Danube
T4 Bondy
Riquet
Laumière
St-Fargeau
Gallieni (Parc de Bagnolet) 3
Barbès-Rochechouart
La Chapelle
Stalingrad
Jaurès
Bolivar
Botzaris
Place des Fêtes
RER E2: Chelles Gournay E4: Tournan
9 Mairie de Montreuil
Buttes Chaumont
Jourdain
Pelleport
Louis Blanc 7b
Colonel Fabien
Pyrénées
Gare du Nord
Magenta
Château-Landon
Porte de Bagnolet
Poissonnière
Gare de l'Est (Verdun)
Jacques Bonsergent
Belleville
Couronnes
Bonne Nouvelle
Château d'Eau
Goncourt
Ménilmontant
Gambetta 3b
Croix de Chavaux (Place Jacques Duclos)
Parmentier
Père Lachaise
Grands Boulevards
Strasbourg Saint-Denis
République
Temple
Rue St Maur
Oberkampf
Philippe Auguste
Robespierre
Sentier
Réaumur Sébastopol
Arts et Métiers
St Ambroise
Alexandre Dumas
Porte de Montreuil
Bourse
Filles du Calvaire
Richard Lenoir
Voltaire (Léon Blum)
Étienne Marcel
Charonne
Avron
Maraîchers
Rambuteau
St Sébastien-Froissart
Bréguet-Sabin
Rue des Boulets
Châtelet Les Halles
Chemin Vert
Nation (Place des Antilles)
Buzenval
Les Halles 11 Châtelet
Saint-Paul Le Marais
Ledru Rollin
Faidherbe-Chaligny
Reuilly-Diderot
Palais-Royal Musée du Louvre
Bastille
Nation 2 6
Louvre-Rivoli
Hôtel de Ville
Porte de Vincennes
Gare de Lyon
Montgallet
Châtelet (Pont au Change)
Pont Neuf (La Monnaie)
Cité
Pont Marie
Sully-Morland
Quai de la Rapée
Picpus (Courteline)
Saint-Mandé-Tourelle
Bel Air
Musée d'Orsay
Saint-Michel Notre-Dame
SNCF Gare d'Austerlitz 10
Daumesnil (Félix Éboué)
Bérault
Saint-Michel
Maubert-Mutualité
Dugommier
Vincennes
RER A2: Boissy-Saint-Léger A4: Marne-la-Vallée-Chessy (Parc Disneyland®)
Michel Bizot
Mabillon
Odéon
Cluny La Sorbonne
Cardinal Lemoine
Jussieu
Porte Dorée
Bercy
Cour Saint-Émilion
Porte de Charenton
Château de Vincennes 1
Saint-Germain-des-Prés
Luxembourg (Sénat)
Place Monge
Saint-Marcel
Liberté
Saint Sulpice
Port-Royal
Censier-Daubenton
Campo-Formio
Chevaleret
Quai de la Gare
Charenton-Ecoles (Place Aristide Briand)
Saint-Placide
OrlyBus
Marne
Les Gobelins
Ecole Vétérinaire de Maisons-Alfort
Denfert-Rochereau
Vavin
Raspail
Nationale
Bibliothèque François Mitterand
Glacière
Corvisart
Maisons-Alfort Stade
Tolbiac
14 Olympiades
Edgar Quinet
Saint-Jacques
5 Place d'Italie
Maisons-Alfort Les Juilliottes
Gaîté
T3
Ivry sur Seine
Créteil-L'Echat (Hôpital Henri Mondor)
Mouton-Duvernet
Maison Blanche
Maisons-Alfort Alfortville
Créteil Université
Pernety
Porte d'Ivry
Stade Charléty
Porte d'Italie
Seine
Le Vert de Maisons
Alésia
Pierre et Marie Curie
Plaisance
Créteil Préfecture (Hôtel de Ville) 8
Jean Moulin
Cité Universitaire
Poterne des Peupliers
Porte de Choisy
Villeneuve Prairie
Didot
Montsouris
Porte de Vanves
7 Mairie d'Ivry
Villeneuve Triage
Villeneuve Saint-Georges
Porte d'Orléans 4
Gentilly
Le Kremlin-Bicêtre
Malakoff Plateau de Vanves
Laplace
Villejuif Léo Lagrange
Vitry sur Seine
Montgeron-Crosne
Arcueil-Cachan
Yerres
Villejuif Paul Vaillant-Couturier (Hôpital Paul Brousse)
Les Ardoines
Brunoy
Bagneux
Boussy St-Antoine
Malakoff Rue Etienne Dolet
Villejuif Louis Aragon 7
Orly Ville
Les Saules
Choissy le Roi
Bourg la Reine
Châtillon-Montrouge 13
Sceaux
Combs-la-Ville-Quincy
Rungis la Fraternelle
Pont de Rungis Aéroport d'Orly
Vigneaux-sur-Seine
Parc de Sceaux
Villeneuve le Roi
Lieusaint-Moissy
La Croix de Berny
Ablon
Antony (Aéroport d'Orly)
OrlyVal
Athis Mons
Savigny-le-Temple Nandy
Juivisy
OrlyBus
Orly Ouest
OrlyVal
RER C4: Dourdan-la-Fôret C6: St-Martin d'Etampes C8: Versailles Chantiers
ADP Shuttle
Orly Sud
RER B4: Saint-Rémy-lés-Chevreuse
RER C2: Massy Palaiseau
D4: Malesherbes D6: Corbeil Essonnes RER
RER D2: Melun

DE ÔNIBUS

Com mais de 1.300 veículos circulando por suas ruas, Paris tem um bom serviço de ônibus. Tomar um ônibus é uma boa ideia se você quiser ver as ruas e as atrações em vez de apenas passar por baixo delas, de metrô, mas não espere chegar aos lugares rapidamente, pois a velocidade média na cidade é inferior a 13km/h.

COMO CIRCULAR DE ÔNIBUS

» A maioria dos ônibus tem pintura azul-turquesa e circula das 7h às 20h30, embora alguns continuem até 24h30. De segunda a sábado, ninguém espera no ponto mais de cinco ou dez minutos, mas aos domingos a oferta de ônibus é reduzida, e em algumas linhas inexistente.

» O número da linha aparece na frente do ônibus, junto com o destino final.

» Dê sinal com o braço para o ônibus parar.

» Se tiver de comprar um bilhete, leve o dinheiro trocado, pois em geral os motoristas não têm troco. Nos ônibus só se pode comprar o bilhete unitário. Para mais informações sobre outros tipos de bilhete, ▷ 52.

» Entre pela frente e mostre o bilhete ou o *carnet* (▷ 52) ao motorista. Ambos devem ser autenticados pela máquina ao lado do condutor.

» Nos horários de pico é difícil achar um lugar para sentar.

» Se não tiver certeza da linha, consulte o itinerário fixado no interior do ônibus.

» Antes do ponto onde vai descer, aperte o botão vermelho para alertar o motorista. Você verá a placa *arrêt demandé* (parada solicitada) se acender.

» Desça pela porta do meio.

COMO FUNCIONAM OS PONTOS DE ÔNIBUS

Números

Nos pontos, os números dos ônibus aparecem na mesma cor do mapa. O número também aparece na frente do ônibus.

Itinerários

O itinerário é indicado em um mapa exposto nos pontos, e todas as paradas são sinalizadas nele. O ponto no qual se está aparece em destaque.

Horários

Há informação sobre os horários e os dias de funcionamento de cada itinerário.

Tipos de ponto

» Os grandes pontos de ônibus são cobertos e têm bancos. Os menores são sinalizados com um poste com o número das linhas.

» Os pontos são azul-turquesa.

» Os pontos grandes também têm um mapa do entorno e anúncios.

» Ao planejar a volta, lembre-se de que os ônibus nem sempre seguem o mesmo trajeto. Talvez você tenha de tomar um ônibus diferente para voltar.

OPÇÕES DE BILHETES

» Os ônibus usam os mesmos bilhetes do metrô. Um bilhete t+, adquirido apenas nas cabines de venda da RATP, permite que você troque de ônibus dentro de um período de 90 minutos.

» O bilhete unitário é o único vendido no próprio veículo. Leve o dinheiro trocado, pois quase nunca há troco.

» Autentique o bilhete simples e os do *carnet* na máquina ao lado do motorista, mas não o *Paris Visite*, o *Mobilis* e o *Carte Orange*. Guarde-o até descer do ônibus.

LINHAS ÚTEIS PARA VISITAR AS ATRAÇÕES

27 (sul)	• Opéra Palais Garnier • Musée du Louvre • Pont Neuf • Pont St-Michel • Jardin du Luxembourg
29 (leste)	• Opéra Palais Garnier • Bourse • Place des Victoires • Centre Georges Pompidou • Musée Carnavalet • Place des Vosges • Bastille
42 (norte)	• Torre Eiffel • Rond-Point des Champs-Élysées • Place de la Concorde • Place de la Madeleine
69 (oeste)	• Bastille • Musée du Louvre • Musée d'Orsay • Les Invalides • Champ de Mars
73 (leste)	• Arco do Triunfo • Champs-Élysées • Place de la Concorde • Assemblée Nationale • Musée d'Orsay

ONDE OBTER INFORMAÇÕES

» O *Grand Plan Lignes et Rues*, disponível nas estações de metrô, tem um mapa dos ônibus.

» O site www.ratp.fr tem informações em inglês e em francês, além de planejar rotas.

» Disque 0892 684 114 para ouvir uma gravação em várias línguas ou 32 46 para falar com um atendente (em francês).

OUTROS SERVIÇOS

Nos aeroportos: ▷ 46-7.

Balabus: o Balabus é destinado aos turistas e circula entre La Grande Arche e a Gare de Lyon, passando pela margem direita e pela margem esquerda do Sena. Ele circula somente aos domingos (de tarde, até o anoitecer), de abril a setembro, e custa entre um e três bilhetes unitários.

Montmartrobus e funicular: ▷ 226-7.

Noctilien: há ônibus noturnos entre Châtelet e os arredores da cidade da 1h às 5h. Eles são identificados por letras e o bilhete custa €1,50-3. Como a espera pode chegar a uma hora, talvez seja melhor pegar um táxi.

DE RER E OUTROS SERVIÇOS DE TREM

Os trens do sistema RER atravessam a cidade e vão até o subúrbio e são uma boa maneira de economizar tempo quando é preciso cruzar Paris. Para pontos mais distantes, use a rede Transilien, que serve a região da Île de France.

RER

O sistema RER (Réseau Express Régional) surgiu em 1969 e é operado pela RATP e pela SNCF. Ele serve o Disneyland Resort Paris, a leste, o Aeroporto Roissy-Charles de Gaulle, ao norte, Versailles, a oeste, e o Aeroporto de Orly, ao sul. No centro os trens são subterrâneos, mas andam na superfície no subúrbio. Lembre-se de que o RER é um pouco confuso; em trajetos pequenos prefira o metrô.

Bilhetes

» O bilhete unitário do metrô vale nos trens RER no centro de Paris e permite a troca de linhas (inclusive no metrô). Nos passeios a localidades fora do centro será necessário comprar um bilhete válido especificamente para o destino em questão.

» Os passes (▷ 52) valem se cobrirem todas as zonas a ser visitadas.

Como usar o RER

» Os trens circulam entre 5h30-24h30.

» O sistema RER tem cinco linhas: A, B, C, D e E. Cada linha tem desmembramentos, que levam um número depois da letra.

» Pegue um *Grand Plan Touristique* ou outro mapa do sistema para identificar as linhas de que você precisa. As linhas RER da região central de Paris constam do mapa do metrô (▷ 56-7).

» Há painéis eletrônicos com a indicação das plataformas; outra alternativa é informar-se na bilheteria.

» Passe o bilhete pela catraca e pegue-o de volta.

» Um número cada vez maior de plataformas dispõe de painéis eletrônicos com informações sobre os horários de chegada dos próximos cinco trens.

» Ao sair do trem, sigas as placas azuis (*Sortie*) se aquela estação for seu destino final, ou as placas laranja (*Correspondance*) se você for trocar de linha.

» Para sair da estação também é necessário passar o bilhete pela catraca.

TRENS TRANSILIEN

A rede Transilien, operada pela SNCF, tem estações por toda a região de Île de France. Provavelmente, você usará esses trens se fizer passeios a lugares como Fontainebleau (▷ 258-9). Os trens partem das estações-tronco.

Como usar os trens Transilien

» Compre bilhetes nos guichês ou nas máquinas. Os preços variam segundo o destino. Os passes são aceitos se cobrirem as zonas a ser visitadas.

» Autentique o bilhete antes do embarque, em uma catraca ou na máquina perto da entrada da plataforma.

» Informe-se sobre os horários e as plataformas na própria estação.

» Verifique se há trens de volta no horário que você precisa.

DICAS

» No site da RATP (www.ratp.fr) é possível traçar rotas e obter outras informações.

» Para falar com um atendente (*apenas* em francês), disque 32 46.

» Os turistas utilizam pouco o sistema RER fora da região central de Paris (geralmente quando vão a Versailles, Disneyland ou ao aeroporto), por isso você poderá se sentir deslocado. Saiba que algumas áreas do subúrbio servidas pelo sistema RER são decadentes, e as plataformas e os trens são mais pichados que os do metrô. Fora dos horários de pico os trens podem circular quase vazios.

» Os trens circulam com frequência no centro de Paris, mas demoram mais a passar nos arredores da cidade.

» No site da SNCF (www.sncf.fr) é possível traçar uma rota.

» Informações por telefone no número 0891 36 20 20.

» Se você vai embarcar em uma das estações principais, reserve tempo para comprar o bilhete e achar a plataforma correta.

» Guarde o bilhete para o caso de o inspetor aparecer para cobrá-lo.

AONDE IR

DESTINO	LINHA	PARADA	TEMPO	ZONA	OBSERVAÇÕES
Disneyland Resort Paris	A4	Marne-la-Vallée Chessy (Parc Disneyland)	35 min	Zona 5	Para economizar tempo, algumas bilheterias da RATP vendem ingressos para o Disneyland Resort Paris, mas eles não incluem a viagem até lá
Versailles	C5	Versailles-Rive Gauche	35 min	Zona 4	Versailles-Rive Gauche é a estação mais próxima do castelo; outra opção é tomar as linhas C7 e C8 e descer em Versailles-Chantiers. Há bilhetes que cobrem a viagem e o ingresso da atração (▷ 261)
Aeroporto Roissy-Charles de Gaulle	B3	Aéroport Charles de Gaulle 1 ou 2	35 min	Zona 5	Desça na Charles de Gaulle 1 para os terminais 1 e 3. Desça na Charles de Gaulle 2 para o Terminal 2
Aeroporto Orly	B4	Antony	30 min até Antony	Zona 3 (Antony)	Em Antony, pegue o trem Orlyval até o aeroporto, que fica na Zona 4.
Chantilly	SNCF (Gare du Nord)	Chantilly-Gouvieux	30 min	Fora das zonas	O castelo fica a meia hora a pé da estação.

DE TÁXI E DE BATOBUS

Os táxis não são excessivamente caros e são um meio de circular pela cidade sem estresse. Os 14.900 táxis de Paris são controlados por diversas companhias, mas todas praticam a mesma tabela de preços.

COMO ANDAR DE TÁXI

» A melhor maneira de conseguir um táxi é encaminhar-se a um dos 470 pontos da cidade, sinalizados com uma placa azul na qual se lê "Taxis". É possível pedir um táxi por telefone, mas a viagem fica mais cara, pois o taxímetro começa a rodar no momento em que o veículo sai do ponto.

» Pode-se fazer sinal para um táxi na rua, mas é difícil achar um desocupado. Quando a placa no teto está acesa o táxi está livre.

» Não é permitido fumar nos táxis.

» Os taxistas podem recusar uma corrida se houver mais de três pessoas, animais, ou se o destino for fora de Paris.

» Se quiser nota, peça *"un reçu"*.

» Se quiser fazer uma queixa, procure a Préfecture de Police, Service des Taxis, 36 rue des Morillons, 75015; tel 01 53 73 53 73. Anote o número de registro do veículo.

TARIFAS

» As tarifas são tabeladas, e a tabela deve estar visível. Ao entrar no táxi, verifique sempre se o taxímetro está zerado. As corridas diurnas na região central da cidade devem custar menos de €15.

» Alguns táxis aceitam cartões, mas é melhor levar dinheiro. A gorjeta gira em torno de 10%.

» As três tarifas (A, B e C) estão indicadas na tabela abaixo, juntamente com as taxas adicionais.

COMPANHIAS DE TÁXI

Algumas empresas de táxi:
Alpha Taxis: tel 01 45 85 85 85
Automatic Taxi: tel 0899 65 67 67
Taxis Bleus: tel 0891 70 10 10; www.taxis-bleus.com
Taxis G7: tel 01 47 39 47 39; www.taxisg7.fr
Número de telefone que serve a todas as companhias de táxi: 01 45 30 30 30.

O BATOBUS

O Batobus para em oito pontos ao longo do rio Sena. O sistema funciona do início de fevereiro ao final de novembro. Do final de maio ao final de agosto funciona 10h-21h30; de meados de março ao final de maio e do final de agosto ao início de novembro 10h-19h; do início de fevereiro a meados março 10h30-16h30. Os barcos partem a cada 15-30min e param nos *quais* próximos à Torre Eiffel, Champs-Élysées, Musée d'Orsay, Louvre, St-Germain-des--Prés, Notre-Dame, Hôtel de Ville e Jardin des Plantes. O bilhete de um dia custa €12; dois dias, €16; e cinco dias, €19 (crianças até 12 anos pagam meia). As passagens são vendidas nos pontos ou nos centros de informação turística. Tel 0825 05 01 01; www.batobus.com.

TARIFAS DE TÁXI		
Bandeirada	€2,10 (ou €2,80 nas estações principais)	
Tarif A	€0,82 por km	Centro de Paris, 10h-17h, seg-sáb.
Tarif B	€1,10 por km	Subúrbio 7h-19h, seg-sáb. Centro de Paris 5h-10h e o dia todo aos domingos e feriados. Viagens diurnas até os aeroportos.
Tarif C	€1,33 por km	Subúrbio 19h-7h e o dia todo aos domingos e feriados. O dia todo, todo dia para além do subúrbio. Viagens noturnas até os aeroportos.
Adicionais	€2,75 pelo quarto passageiro, €1 por um animal e €0,90 por mala acima de 5kg. Preço mínimo de €5,60.	
Observação: Quando o táxi espera pelo passageiro, cobra tarifas adicionais por hora: Tarif A €26,28; Tarif B €29,90; Tarif C €27,80		

A PÉ, DE BICICLETA E DE PATINS

Aos poucos, Paris vem aderindo aos meios de locomoção mais ecológicos. Um número crescente de pessoas anda a pé ou de bicicleta, opções muitas vezes mais rápidas que o próprio metrô, com seus corredores labirínticos. Os ciclistas têm de se manter alertas, mas a bicicleta pode ser também mais eficiente que o carro ou os ônibus. Os patins têm se popularizado: cerca de 12 mil pessoas participam de passeios especiais nas noites de sexta-feira. Aos domingos e feriados, algumas vias próximas ao Sena são fechadas e reservadas para quem caminhar, pedalar ou andar de patins.

PASSEIOS A PÉ

Em Paris há estações de metrô a cada esquina, por isso é tentador usar seus trens mesmo em distâncias curtas. Se o tempo estiver bom, porém, experimente andar a pé – caminhar é uma ótima forma de se familiarizar com a cidade. É fácil andar de um distrito a outro, e um passeio ao ar livre é mais agradável que andar de metrô. O lado ruim de andar a pé é enfrentar as aglomerações, especialmente em torno da place de la Concorde, da Pont Neuf e das ruas ao longo do Sena.

PASSEIOS DE BICICLETA

Paris tem mais de 371km de ciclovias e muitos locais onde se pode alugar uma bicicleta. Em 2007, a prefeitura lançou o programa Velib de aluguel de bicicletas (www.velib.paris. fr) para estimular um transporte não poluente. Mais de 20 mil bicicletas estão disponíveis em mais de mil pontos espalhados pela cidade. O aluguel é pago com um cartão de acesso (as taxas atuais são de €1 por dia, €5 por semana ou €29 por ano) que dá direito a um percurso de 30 minutos. Depois desse período inicial, paga-se €1 pela segunda, €2 pela terceira e €4 pela quarta meia hora. Cartões válidos para um e para sete dias podem ser comprados nos pontos de retirada e entrega das bicicletas, e as tarifas devidas no fim do período de uso podem ser pagas em máquinas automáticas. As distâncias entre muitos dos principais museus e monumentos podem ser percorridas no período inicial de 30 minutos. O mapa Paris à Vélop, disponível nos centros de informação turística, na prefeitura ou nas lojas de aluguel de bicicletas, fornece detalhes sobre as ciclovias.

Lembre-se de que, se houver uma ciclovia, você deve usá-la, assim como capacete, faróis e campainha. Cuide bem de sua magrela. O metrô não aceita bicicletas, mas algumas linhas RER, fora dos horários de pico, aceitam. Se você gosta desse meio de transporte, uma boa opção é fazer um dos passeios da Paris à Vélo C'est Sympa ou da Roue Libre.

DICAS

» Ao contrário do que acontece em outros países europeus, os automóveis não param sempre que há uma faixa de pedestres.

» Ao atravessar qualquer rua, olhe em ambas as direções.

» Evite andar por ruas desertas durante a noite, especialmente se estiver sozinho.

CONTATOS ÚTEIS

Paris à Vélo C'est Sympa

www.parisvelosympa.com

Passeios de bicicleta durante o dia ou à noite. Aluguel de bicicletas. Os grupos saem do endereço abaixo e a reserva é obrigatória.

✉ 22 rue Alphonse Baudin, 75011

☎ 01 48 87 60 01

Roue Libre

Aluguel de bicicletas e passeios guiados, organizados pela operadora do metrô, a RATP.

✉ 1 Passage Mondétour (Forum des Halles), 75001 ☎ 0810 441 534

PASSEIOS DE PATINS

Os patins são muito populares em Paris graças também às corridas que acontecem nas noites de sexta-feira e que atraem até 12 mil participantes. É preciso ser um patinador experiente para participar desse passeio de três horas, e os turistas devem verificar a cobertura do seguro. A saída é na Gare Montparnasse (place Raoul Dautry), às 22h (se o tempo estiver bom).

Um passeio mais fácil, organizado pela Rollers et Coquillages, começa na loja Nomades (37 boulevard Bourdon, tel 01 44 54 07 44; www.nomadeshop.com), Bastille, aos domingos, às 14h.

Se quiser patinar sozinho, lembre-se de que a lei o obriga a ficar longe das ruas. Os patins são proibidos nas calçadas da Champs-Élysées, no metrô, nos ônibus e nos trens RER.

Página ao lado *As diversas empresas de táxis usam o mesmo sistema de tarifas*

Abaixo *Aos domingos, algumas vias são exclusivas para patins e bicicletas*

DE CARRO

O melhor conselho a quem deseja dirigir em Paris é: desista! O trânsito é pesado, o estacionamento é caro e o sistema viário é confuso. Além disso, nem sempre é fácil achar um posto de gasolina. É muito melhor andar de ônibus, de metrô ou de táxi. Se ainda assim você decidir dirigir, anote algumas dicas.

DICAS

» No centro de Paris a velocidade máxima permitida é 50km/h; no anel viário (*Périphérique*), 80km/h.

» Não pare nem estacione nas *axes rouges* (rotas-chave pela cidade).

» Nos cruzamentos a preferência é de quem vem pela direita (*priorité à droite*), a menos que uma placa diga o contrário.

» Não ande nas faixas de ônibus.

» Evite dirigir nos horários de pico: dias de semana, das 7h às 9h30 e das 16h30 às 19h30.

» A cidade é menos congestionada em agosto, mês de férias. Mas é também nesse mês que se fazem reparos nas ruas.

DESCUBRA O CAMINHO

» A complexa rede de ruas estreitas de Paris pode ser bem confusa. Planeje seu trajeto com antecedência.

» Os mapas *Plan de Paris par Arrondissement*, publicado pela Grafocarte, e *Paris par Arrondissement*, da Éditions l'Indispensable, são úteis.

HÁBITOS LOCAIS

» Você vai descobrir que o conceito de faixas não é levado a sério, assim como o farol vermelho, mas não se arrisque a fazer o mesmo, pois pode receber uma multa de €90.

» Os motoristas parisienses são agressivos.

» Quando podem, os carros andam depressa.

» Cuidado com os caminhões de entrega, que geralmente param em fila dupla.

ONDE ESTACIONAR

Na rua

» Em geral, as tarifas valem das 9h às 19h, de segunda a sábado. Nos domingos e feriados geralmente o estacionamento é liberado, mas verifique sempre a sinalização antes de estacionar o carro na rua.

» A tarifa vale por duas horas.

» Os parquímetros aceitam cartões especiais (vendidos em cafés e tabacarias).

» As tarifas variam de €1 a mais de €2 por hora.

Em estacionamentos

» Existem estacionamentos subterrâneos em shopping centers, perto das grandes lojas de departamentos, nos distritos mais movimentados e em certas regiões turísticas. Procure a placa com um "P".

» Os preços variam e podem ser cobrados por hora, dia, fim de semana, por mês ou por ano.

» Para obter mais informações, compre o guia *Parkings de Paris*, que lista mais de 200 opções com os preços. O guia também oferece um mapa das ruas, do metrô, do sistema de trens RER e das rotas dos ônibus. Ele custa €15 e pode ser comprado nos centros de informação turística, em livrarias ou na Éditions Com 3000, 21 rue Lamartine, 75009 (tel 01 45 26 59 74; www.parkingsdeparis.com).

Fora do centro

» Para não ter de pagar, algumas pessoas estacionam fora do centro e tomam o metrô, um trem RER ou um ônibus.

» Fique nas áreas mais seguras, como Maison-Lafitte, Neuilly, St-Cloud ou Levallois-Perret (para saber mais sobre as áreas além da *Périphérique*, ⊳ 274).

» Alguns supermercados oferecem estacionamento gratuito, mas não deixe o carro nesses estacionamentos de um dia para outro.

Guincho

» Se o seu carro não estiver onde você o estacionou, procure a polícia (tel 01 53 71 53 71) para descobrir para onde ele foi guinchado.

À esq. *A avenue des Champs-Élysées tem movimento tanto de dia como à noite*

DICAS AOS MOTORISTAS

O carro é útil para fazer um passeio fora de Paris ou para se dirigir a outro destino turístico na França. Um bom sistema de *autoroutes* liga Paris às principais cidades do país: a A1 leva ao norte; a A13, à Normandia e ao noroeste; a A4 ao leste; a A10 ao oeste e ao sudoeste; e a A6 aos Alpes e à Riviera. Os franceses preferem pegar as estradas à noite.

PLANEJAMENTO

» Para dirigir na França é preciso ter ao menos seguro para terceiros. Mas é aconselhável fazer um seguro completo, pois a cobertura para terceiros na França não é muito grande.

» Se estiver dirigindo um carro de outro país, é preciso ter um adesivo internacional fixado perto da placa traseira do veículo.

ALUGUEL DE CARRO

▷ 273.

RUAS E AVENIDAS

» A *autoroute* é uma auto-estrada, e, nos mapas, é indicada com um "A". Alguns trechos em torno das principais cidades são gratuitos, mas o restante tem pedágio (*autoroutes à péage*). Tenha sempre dinheiro à mão, pois nem sempre os cartões de crédito estrangeiros são aceitos.

» Na França, a rodovia se chama *route nationale* (N).

» Depois existem as *routes départementales* (D), que também podem ser largas e rápidas. O país conta ainda com estradas menores.

LEGISLAÇÃO

» Tenha sempre o passaporte à mão, a carteira de motorista internacional, os documentos do veículo e do seguro.

» Na França, a idade mínima para dirigir é de 18 anos.

» Nas áreas centrais das cidades, a preferência é de quem vem pela direita (*priorité à droite*), a menos que uma placa diga o contrário. Nas rotatórias com placas com a indicação "*Cédez le passage*" ou "*Vous n'avez pas la priorité*", quem já está na rotatória tem a preferência. Nas rotatórias sem essa placa a preferência é de quem está chegando. A preferência da mão também pode ser indicada por uma placa branca em formato de losango com um losango amarelo no interior. Uma faixa preta sobre o losango indica o fim da preferência. Um triângulo com bordas vermelhas e uma cruz preta sobre fundo branco e a inscrição "Passage protégé", também indica preferência.

» O cinto de segurança é obrigatório. Crianças até dez anos devem viajar no banco de trás, em assento apropriado. Os bebês até nove meses devem viajar em um bebê-conforto, de costas para a frente do carro (a menos que o veículo possua air bag).

» Não ultrapasse se a faixa central for uma linha contínua.

» Se beber, não dirija. Os infratores estão sujeitos a penas duras.

» Pare sempre que a sinalização exigir.

SINALIZAÇÃO

Allumez vos phares Acenda os faróis.
Cédez le passage Ceda a passagem.
Chantier Obras na pista.
Péage Pedágio.
Priorité à droite/gauche Preferência de quem vem da direita/esquerda.
Rappel Lembrete (continue segundo a instrução anterior).
Route barrée Via interditada.
Sens interdit Proibida a entrada.
Sens unique Mão única.
Serrez à droite/gauche Mantenha-se à direita/à esquerda.
Stationnement interdit Proibido estacionar.
Travaux Obras na pista.

EQUIPAMENTO

» Um triângulo vermelho, para o caso de quebra do veículo.

» Conjunto de luzes para troca.

COMBUSTÍVEL

» O combustível pode ser gasolina comum (*sans plomb*, 95 e 98 octanos), gasolina aditivada com substituto de chumbo (LRP ou *supercarburant*), diesel (*gasoil* ou *gazole*) e gás LPG.

» Muitos postos de gasolina fecham aos domingos e às 18h nos outros dias da semana.

» Os postos das *autoroutes* cobram mais caro.

» No campo, os postos são esparsos. Não deixe o tanque ficar muito vazio.

CARRO QUEBRADO

» Providencie um seguro com cobertura para pane no veículo.

» Se o carro quebrar em uma *autoroute* ou na *Périphérique* de Paris, chame a polícia ou o serviço oficial da área. As estradas dispõem de telefones de emergência no acostamento.

LIMITES DE VELOCIDADE	
Vias urbanas	50km/h
Fora do centro	90km/h; 80km/h na chuva
Avenidas com ilha central e *autoroutes* sem pedágio	110km/h; 100km/h na chuva
Autoroutes com pedágio	130km/h; 110km/h na chuva

Os visitantes que têm carteira de motorista há menos de dois anos não podem exceder os limites mínimos, nem mesmo em pista seca.

DE TREM PARA OUTROS DESTINOS

A França dispõe de uma rede ferroviária extensa, o que torna bem simples viajar entre suas cidades e para outros países da Europa. Essa rede é composta pelas *Grandes Lignes* (linhas de longa distância) e pelas *Lignes Régionales* (linhas regionais). As *Grandes Lignes* contam com os trens Corail, regulares, e os TGV, trens de alta velocidade que viajam a até 357km/h. As *Lignes Régionales* têm trens TER (*Trains Express Régionaux*), chamados de *Transilien* em Paris. Paris tem seis estações-tronco, que servem várias regiões da França e o restante da Europa. Há boas conexões com o metrô, com os ônibus e, em alguns casos, com o sistema RER.

BILHETES

» A maioria dos trens tem primeira e segunda classes.

» As tarifas se dividem em azul e branca (Corail) ou normal e pico (TGV). Sempre há tarifas reduzidas para viagens normais nas linhas principais, exceto nas *couchettes* (cabines com beliches).

» O preço das passagens varia segundo o nível de conforto (primeira e segunda classes; no Thalys, Nível de Conforto 1 e 2) e o horário de partida. Os bilhetes de primeira classe são cerca de 50% mais caros.

» Os bilhetes são vendidos nas estações, nos escritórios da SNCF espalhados pela cidade e em algumas agências de viagens. É preciso reservar os bilhetes do TGV, algo que pode ser feito alguns minutos antes da partida, embora na temporada seja melhor reservar com bastante antecedência. As cabines com cama devem ser reservadas ao menos 1h15 antes de o trem partir da primeira estação.

» Autentique o bilhete em uma das máquinas laranja situadas na plataforma antes de embarcar. Você poderá ser multado se esquecer esse detalhe.

» Se você tem menos de 26 anos, tem direito a 25% de desconto (*Découverte 12-25*) nas viagens de trem. Os idosos também têm desconto (*Découverte Senior*).

» Entre outros bilhetes com desconto, há o *Découverte Séjour* (em viagens de ida e volta), o *Découverte à 2* (de duas a nove pessoas) e as tarifas *Prem* (só na segunda classe; vendida on-line).

» Existe uma infinidade de passagens de trem, que permitem viagens apenas na França, entre a França e alguns países, ou em toda a Europa. Compre-as antes de chegar à França, com seu agente de viagens ou na Rail Europe (▷ 65).

DESTINOS PRÓXIMOS A PARTIR DE PARIS	
Amsterdã	4 horas 10 min
Bordeaux	3 horas
Bruxelas	1 hora 20 min
Lille	1 hora
Marselha	3 horas

SERVIÇO DE BORDO

» A maioria dos trens TGV e Corail oferece serviço de bordo – de sanduíches e saladas até refeições quentes –, mas isso tem um preço.

» Na maioria dos trens TGV, os passageiros da primeira classe são servidos na poltrona. É preciso fazer reserva com antecedência, exceto nos trens TGV Méditerranée.

» As refeições podem ser solicitadas na compra do bilhete. As máquinas que emitem bilhetes emitem também cupons de refeição.

» A maioria das linhas de trens serve

Acima *Da Gare de Lyon saem os trens para o sudeste da França, Itália e Suíça*

INFORMAÇÕES SOBRE AS ESTAÇÕES-TRONCO

ESTAÇÃO	DESTINOS PRINCIPAIS	SERVIÇOS PRINCIPAIS	CONEXÕES: METRÔ	RER	PRINCIPAIS DESTINOS TURÍSTICOS
Gare d'Austerlitz	Centro e sudoeste da França, Espanha e Portugal	Corail Trainhôtel Elipsos	Linhas 5, 10	Linha C	Poitiers, Limoges, Madri, Barcelona, Alpes
Gare de l'Est	Leste da França, Alemanha, Luxemburgo, Suíça, Áustria, Leste Europeu	Corail	Linhas 4, 5, 7	Não há	Estrasburgo
Gare de Lyon	Sudeste da França, Suíça, Itália	TGV	Linhas 1, 14	Linhas A, D	Lyon, Nice, Grenoble, Milão, Florença, Genebra, Marselha
Gare Montparnasse	Oeste e sul da França, Espanha	TGV	Linhas 4, 6, 12, 13	Não há	Brest, Quimper, Nantes, Toulouse, Bordeaux, Biarritz
Gare du Nord	Norte da França, Reino Unido, Alemanha, Holanda, Bélgica, Escandinávia	TGV, Thalys, Eurostar	Linhas 4, 5	Linhas B, D, E	Bruxelas, Londres, Amsterdã, Lille
Gare St-Lazare	Noroeste da França	Corail	Linhas 3, 12, 13	Linha E	Normandia

Os TGV também partem das estações Aéroport Charles de Gaulle TGV e Marne-La-Vallée (Disneyland Resort Paris)

bebidas quentes e frias, sanduíches e salgadinhos.

» Os trens noturnos (e alguns diurnos) têm máquinas que vendem bebidas quentes e frias, além de doces.

TRENS NOTURNOS

» A maioria dos trens noturnos oferece poltronas reclináveis e compartimentos com camas.

» Só há poltronas reclináveis na segunda classe. Dá para ajustar os apoios da cabeça e dos pés.

» Na primeira classe as *couchettes* têm quatro camas; na segunda classe, seis.

» Nos trens-dormitório, as cabines abrigam até duas pessoas na primeira classe e até três na segunda classe.

» Os trens servem a França e outros países da Europa.

ASSISTÊNCIA NA ESTAÇÃO

» As estações grandes têm balcão de informações, em geral bem visíveis.

» Se precisar de ajuda, procure um funcionário da estação, identificável pelo colete vermelho.

» Você vai precisar depositar €1 para usar o carrinho de malas.

» A maioria das estações tem carregadores. Eles usam jaquetas vermelhas e bonés pretos ou azul-marinho.

DEPÓSITO DE BAGAGEM

» Algumas estações têm depósitos de bagagem ou armários que funcionam com moedas. Fechaduras eletrônicas emitem um tíquete com um código numérico. Guarde o tíquete para retirar seus pertences.

» Não guarde nenhum item de valor nos armários das estações.

» Por questões de segurança, nem sempre os depósitos de bagagem estão disponíveis aos passageiros.

ENTENDA A TABELA DE HORÁRIOS DOS TRENS

» As estações distribuem de graça a tabela de horários (*horaires*) dos trens.

» Os horários da SNCF costumam ser publicados duas vezes ao ano – os do verão vão de meados de jun/início de jul a meados de dez; os do inverno, de meados de dez a meados de jun/início de jul.

» Há duas tabelas: uma das *Grandes Lignes*, que cobre os TGV e outros trens centrais, e outra dos trens TER, regionais.

» Prepare-se para decifrar o jargão ferroviário. Nas tabelas das *Grandes Lignes*, as duas fileiras de números no alto referem-se ao *numéro de train* (número do trem) e às *notes à consulter* (notas de rodapé). Nas tabelas TER o número do trem não é listado.

» Notas de rodapé explicam quando determinado trem circula (*circule*). "*Tous les jours*" significa "todos os dias"; "*sauf dimanche et fêtes*", "não circula aos domingos e feriados"; "*jusqu'au*", seguido de uma data, indica que o serviço é oferecido apenas até aquela data.

ENDEREÇOS ÚTEIS

Rail Europe
www.raileurope.com.br
Site da Rail Europe com informacões em português. Vende passes de trem para diversos países da Europa.

SNCF
www.sncf.com
☎ 36 35
www.voyages-sncf.com
www.tgv.com
☎ 0033 892 35 35 35
(de fora da França)

Thalys
www.thalys.com
Trens para cidades no norte da Europa.
☎ 0892 35 35 36

PORTADORES DE DEFICIÊNCIA

A infraestrutura para deficientes físicos tem melhorado. Edifícios novos ou reformados são bem equipados, e alguns ônibus e estações do sistema de trens RER têm rampas para cadeira de rodas. Quem tem problemas de mobilidade, porém, ainda encontra obstáculos para circular por Paris – o meio-fio das calçadas é alto, há poucas rampas e muitas vezes os elevadores são pequenos.

CHEGADA

De avião Os aeroportos Roissy--Charles de Gaulle e Orly são bem equipados para deficientes físicos. Os ônibus que circulam entre os terminais têm rampa para cadeira de rodas e sistema de som com informações para os deficientes visuais. Os terminais contam com banheiros adaptados, telefones baixos e vagas reservadas no estacionamento. Para obter mais informações, baixe o *Guide Pratique Roissy* ou o *Guide Pratique Orly Sud et Ouest* no site dos Aéroports de Paris, www.adp.fr, ou peça uma cópia. Entre as empresas que oferecem transporte especializado dos aeroportos até o centro de Paris estão a AiHROP (01 41 29 01 29; www.aihrop.com) e a ATAGH (01 40 05 12 15); a G7 HORIZON (01 47 39 00 91) tem uma frota de táxis adaptados. Reserve-os com antecedência. O trem Orlyval (▷ 46-7) permite o acesso de cadeira de rodas.

De trem O projeto moderno dos trens e dos terminais Eurostar permite o acesso de cadeira de rodas. Passageiros impossibilitados de andar têm desconto nas passagens.

COMO CIRCULAR

O principal meio de transporte de Paris – o metrô – é virtualmente inacessível aos usuários de cadeiras de rodas por causa da infinidade de escadas, dos corredores superlotados e das catracas. A exceção é a Linha 14, na qual os trens também são anunciados em alto-falantes para orientar os deficientes visuais. Certas estações das linhas A e B do sistema de trens RER têm elevadores até as plataformas, embora alguns só possam ser operados por ascensoristas (aperte o botão *"Appel"* para conseguir ajuda). A Mission Accessibilité da RATP (tel 01 49 28 18 84) publica o Guide Pratique, que lista as estações onde se pode andar de cadeira de rodas. Mesmo nas estações listadas o usuário talvez precise de assistência para embarcar nos trens.

Muitos ônibus têm rampas para cadeira de rodas, como os das linhas 20, 21, 24, 26, 27, 30, 38, 39, 53, 60, 62, 80, 88, 91, 92, 94, 95 e 96. Os ônibus das linhas 26, 29, 31, 43, 54, 63, 64, 80, 81, 84, 91, 92, 94, 96, PC1, PC2, PC3 e NOI são equipados com sistema de som que anuncia os pontos para os passageiros com deficiência visual. Para obter informações sobre as linhas acessíveis, verifique o site da RATP (www.ratp.fr) ou pegue o mapa Grand Plan Lignes et Rues –2 nas estações.

A RATP oferece um serviço de acompanhamento (*Les Compagnons du Voyage*) que ajuda as pessoas com problemas de mobilidade. É preciso fazer reserva, e o serviço é cobrado (tel 01 53 11 11 12).

O Access Project, no Reino Unido, publica um livro muito útil com informações detalhadas sobre acomodação, atrações e meios de locomoção em Paris (doação de £10).

ORGANIZAÇÕES ÚTEIS

Access Project
www.accessproject-phsp.org
✉ 39 Bradley Gardens, West Ealing, London, W13 8HE, UK ☎ Sem telefone

Les Compagnons du Voyage
www.compagnons.com
✉ 34 rue Championnet, 75018
☎ 01 58 76 08 33

Holiday Care Service
www.holidaycare.org.uk
Informações sobre condições para se deslocar na França (em inglês).
☎ 0845 124 9971 (Reino Unido)

Infomobi
www.infomobi.com
Para se informar sobre ônibus, metrô e trens RER na Île de France.
☎ 0810 64 64 64

Mobile en Ville
www.mobile-en-ville.asso.fr
Site sobre as condições de acesso, também organiza passeios.
☎ 0682 917 216

Mobility International USA
www.miusa.org
Promove programas de intercâmbio internacional.
☎ 541/343-1284

Paris Tourist Office
www.parisinfo.com
Para as condições de acesso, clicar em "Tourisme & Handicaps".
☎ 0892 683 000

RATP Mission Accessibilité
www.ratp.fr
✉ 163 bis avenue du Clichy, 19 place Lachambaudie ☎ 0810 64 64 64

Society for Accessible Travel and Hospitality (SATH)
www.sath.org
Site de uma organização norte--americana de inclusão.
☎ 212/447-7284

Tourisme & Handicaps
Um logo azul, branco e amarelo indica os locais que oferecem acesso a portadores de deficiência.

REGIÕES

Este capítulo está dividido de acordo com as cinco regiões de Paris (▷ 8-9). Os nomes atribuídos a cada uma delas foram uma escolha dos editores deste livro. As atrações estão relacionadas em ordem alfabética dentro de cada região.

Regiões de Paris 68-245

Planète métisse
Recettes des dieux, esthétique du
Mangareva Panthéon de Polynésie
Le Siècle du Jazz
Tarzan !
Teotihuacan, cité des dieux
musée du quai Branly
entrée Debilly, 37 quai Branly
ouverture exceptionnelle du musée

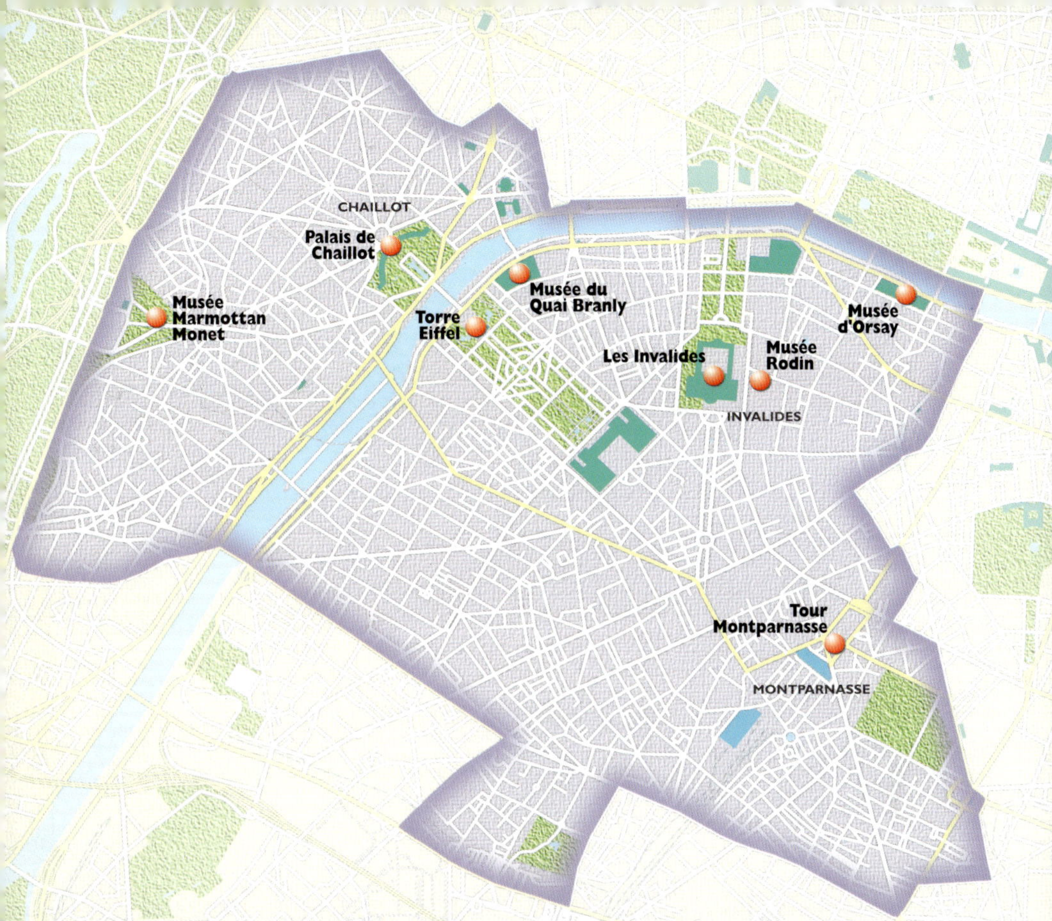

ARREDORES DA TORRE EIFFEL

A Torre Eiffel é a grande atração desta região, que desempenha um papel importante na bem-sucedida tradição turística da capital francesa. Situada no sudoeste da cidade, reúne atrações bastante disputadas, algumas delas bem próximas (ou abaixo) do nível do chão, como o circuito das catacumbas (Les Catacombes) ou os esgotos da cidade (Les Égouts), programas presentes em vários itinerários. As catacumbas, no passado uma pedreira explorada pelos romanos, abrigam os esqueletos de mais de 6 milhões de parisienses. Já a rede de esgotos se estende por mais de 1.600km e foi construída no final do século XIX pelo barão Haussmann. Montparnasse por muito tempo foi um reduto de artistas, muitos deles enterrados no cemitério do bairro. Hoje o destaque da região é a imensa construção, a Tour Montparnasse. O restaurante que funciona no 56º andar da torre, Le Ciel de Paris, proporciona vistas magníficas para diversas partes da cidade.

Aqui também estão alguns dos melhores museus de Paris. Um dos campeões na preferência dos visitantes é o gracioso Musée d'Orsay, uma antiga estação ferroviária que exibe um imenso acervo de obras criadas entre meados do século XIX e início do século XX. No entanto, o maior acervo de Monet encontra-se no Musée Marmottan Monet, instalado em uma elegante residência doada à nação em 1932 pelo artista Paul Marmottan. Há ainda museus dedicados às criações de Honoré de Balzac (Maison de Balzac) e de Auguste Rodin (Musée Rodin), além de instituições inspiradas em outras culturas, como o Musée du Quai Branly, na trajetória de Napoleão Bonaparte e na história militar (Les Invalides), na antropologia e na vida marinha (ambos no Palais de Chaillot). O exuberante Palais de Chaillot propicia uma visão privilegiada da Torre Eiffel e do Champ de Mars e hoje abriga o maior museu do mundo dedicado à arquitetura, a Cité de l'Architecture et du Patrimoine.

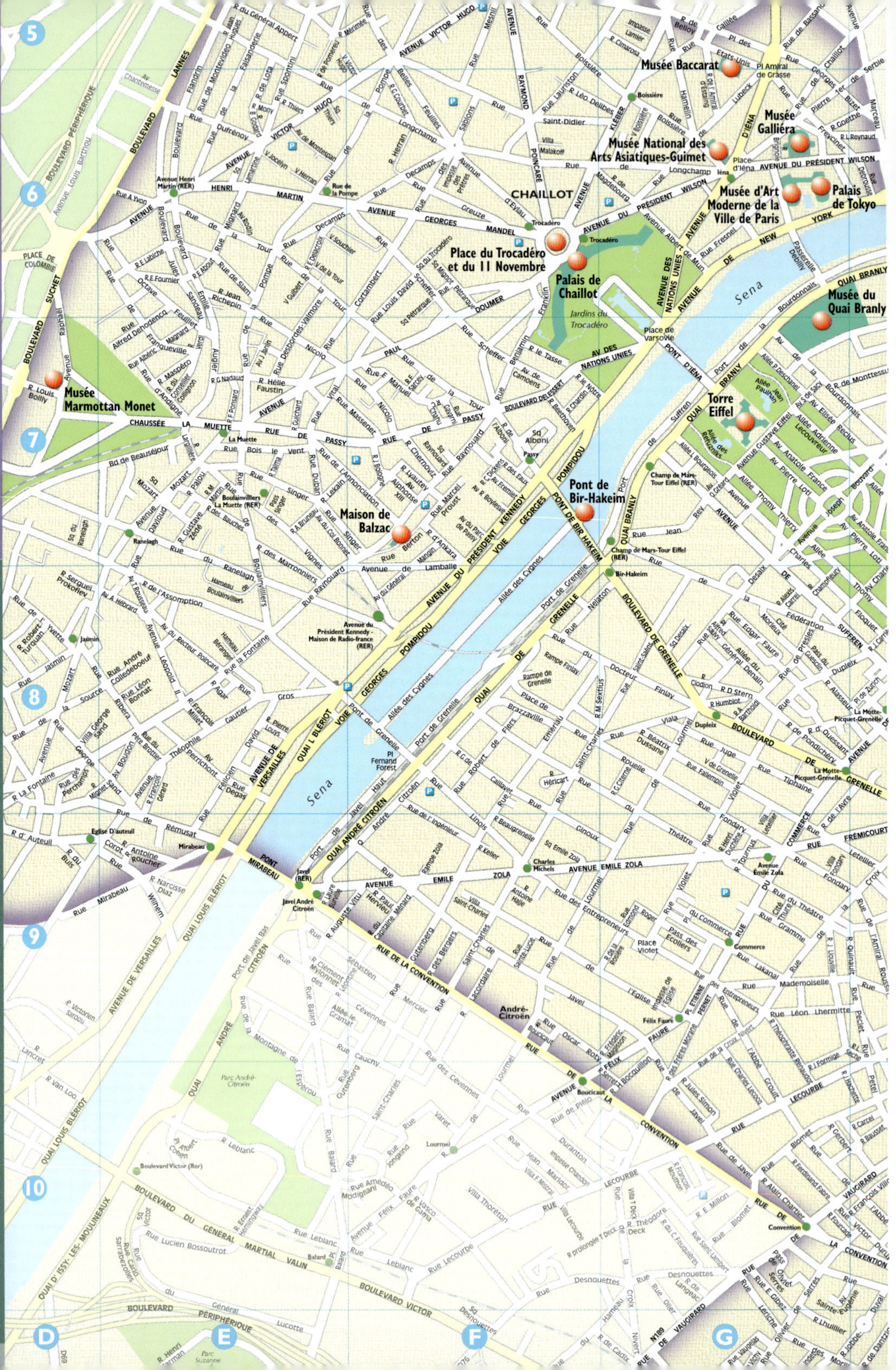
Musée Baccarat
Musée Galliéra
Musée National des Arts Asiatiques-Guimet
Musée d'Art Moderne de la Ville de Paris
Palais de Tokyo
CHAILLOT
Place du Trocadéro et du 11 Novembre
Palais de Chaillot
Jardins du Trocadéro
Musée du Quai Branly
Sena
Torre Eiffel
Musée Marmottan Monet
Pont de Bir-Hakeim
Maison de Balzac
Place de Colombie
Place d'Iéna
Place de Varsovie
Champ de Mars-Tour Eiffel (RER)
Avenue du Président Kennedy Maison de Radio-france (RER)
Pl Fernand Forest
Parc André-Citroën
Place Violet
Avenue du Président Wilson
Avenue de New York
Avenue Victor Hugo
Avenue Kléber
Avenue d'Iéna
Avenue Raymond Poincaré
Avenue Georges Mandel
Avenue Paul Doumer
Avenue Henri Martin
Chaussée de la Muette
Boulevard Lannes
Boulevard Suchet
Boulevard de Grenelle
Quai Branly
Quai de Grenelle
Quai André Citroën
Quai Louis Blériot
Avenue de Versailles
Avenue Émile Zola
Rue de la Convention
Rue de Vaugirard
Pont Mirabeau
Boulevard Périphérique
Boulevard Victor
Boulevard du Général Martial Valin
Quai d'Issy-les-Moulineaux
Parc Suzanne Lenglen
5
6
7
8
9
10
D
E
F
G

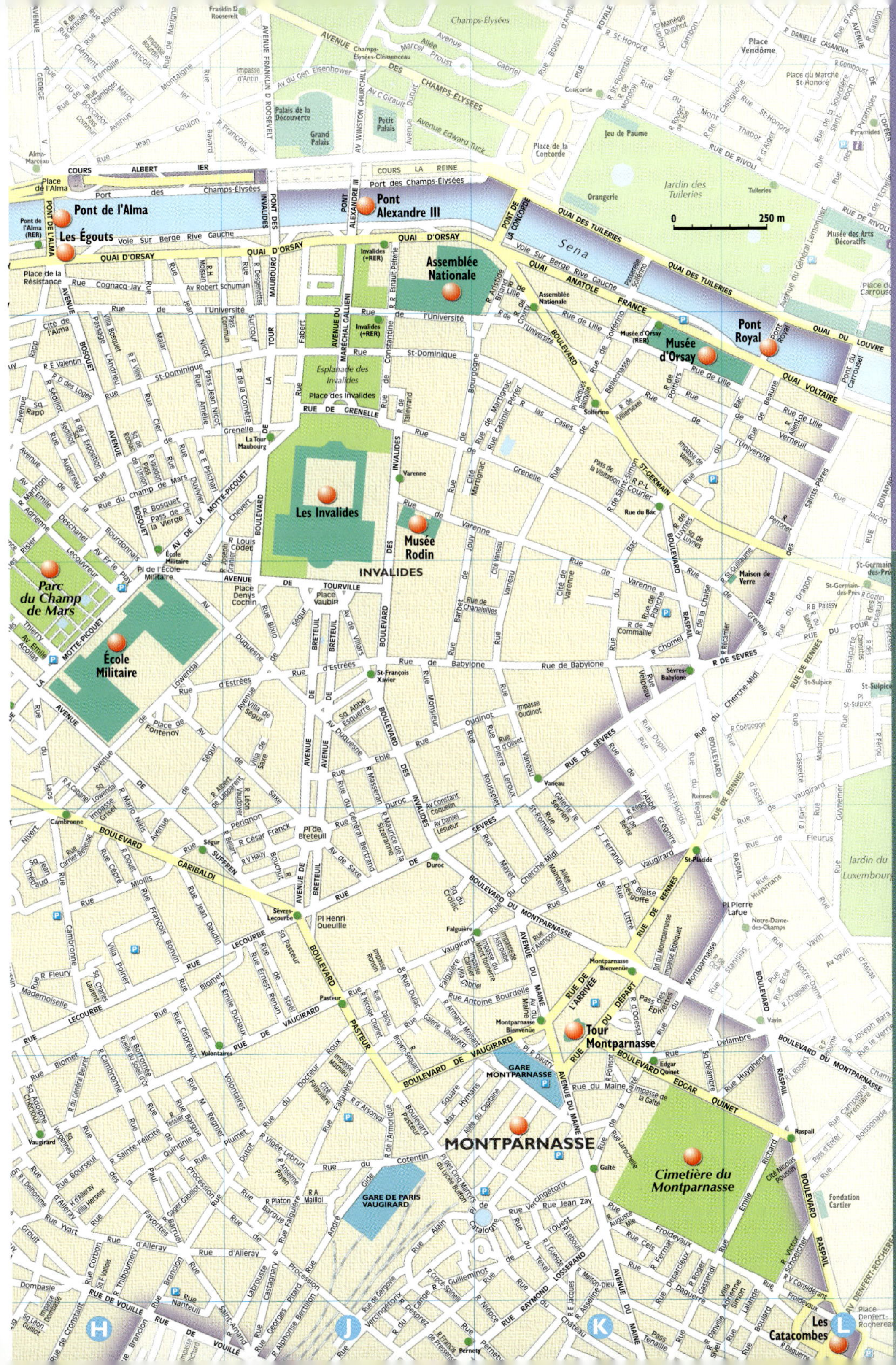

Champs-Élysées
Place Vendôme
Grand Palais
Petit Palais
Palais de la Découverte
Place de la Concorde
Jeu de Paume
Jardin des Tuileries
Orangerie
Musée des Arts Décoratifs
0
250 m
Sena
Pont de l'Alma
Les Égouts
Pont Alexandre III
Assemblée Nationale
Pont Royal
Musée d'Orsay
Esplanade des Invalides
Place des Invalides
Les Invalides
Musée Rodin
INVALIDES
Parc du Champ de Mars
École Militaire
Place de Fontenoy
QUAI D'ORSAY
QUAI ANATOLE FRANCE
QUAI VOLTAIRE
QUAI DES TUILERIES
QUAI DU LOUVRE
BOULEVARD ST-GERMAIN
BOULEVARD RASPAIL
BOULEVARD DES INVALIDES
BOULEVARD DU MONTPARNASSE
BOULEVARD GARIBALDI
BOULEVARD PASTEUR
BOULEVARD DE VAUGIRARD
BOULEVARD EDGAR QUINET
Rue de Babylone
Rue de Grenelle
Rue de Varenne
Rue de Sèvres
Rue de Rennes
Rue de Vaugirard
Maison de Verre
Jardin du Luxembourg
Gare Montparnasse
Tour Montparnasse
MONTPARNASSE
Gare de Paris Vaugirard
Cimetière du Montparnasse
Fondation Cartier
Les Catacombes
Place Denfert-Rochereau
H
J
K
L

ASSEMBLÉE NATIONALE (PALAIS BOURBON)

www.assemblee-nationale.fr
O Palais Bourbon, construído no século XVIII às margens do rio Sena, é a sede da Assembleia Nacional da França, a câmara baixa do Parlamento francês. Seus 577 membros realizam ali as sessões e têm gabinetes nas proximidades. O palácio, com sua imponente fachada neoclássica, foi erguido para a filha de Luís XIV, Luísa Francisca de Bourbon, e começou a desempenhar um papel político em 1798, quando o Conselho dos Quinhentos ali se reuniu. O teto da biblioteca (1838-47), de Eugène Delacroix, retrata a história da civilização.

71 J6 Palais Bourbon, 33 quai d'Orsay, 75007 01 40 63 60 00 visitas guiadas 10h, 11h e 15h (com identidade e ingresso) e sáb, a menos que a assembleia esteja reunida, apenas com hora marcada. Para assistir aos debates públicos também é preciso autorização prévia. Grátis Assemblée Nationale 24, 63, 73, 83, 84, 94 RER linha C, Invalides

CHAMP DE MARS E ÉCOLE MILITAIRE

O gramado do Champ de Mars se estende num padrão retangular entre a Torre Eiffel e o imponente edifício do século XVIII que abriga a École Militaire (Escola Militar). Foi nesse local que os invasores romanos combateram os parísios, em 52 a.C., e os parísios mais tarde combateram os vikings. O Champ de Mars foi traçado em 1765 para servir como praça de armas. Seu nome ("Campo de Marte") é uma referência ao deus romano da guerra. Ao longo dos anos o jardim já testemunhou comemorações, paradas, exposições internacionais, corridas de cavalo e até as experiências com balões dos irmãos Montgolfier. Hoje ele é frequentado por famílias, corredores e turistas.

O edifício da École Militaire domina a extremidade oposta do Champ de Mars. Ele foi encomendado em 1751 por Luís XV e sua amante, a madame de Pompadour, que queria um local para educar cavalheiros empobrecidos. O arquiteto Jacques-Ange Gabriel, que também trabalhou na place de la Concorde e no Petit Trianon de Versailles, foi o responsável pelo projeto. A obra terminou em 1773. Um imposto sobre jogos de cartas e a loteria passaram a financiar a formação dos cadetes franceses, entre os quais figurava ninguém menos do que Napoleão Bonaparte. Ele entrou na academia em1784, aos 15 anos.

Champ de Mars
71 H8 Champ de Mars, 75007
informações da prefeitura: 39 75
Aberto sempre Grátis
Bir-Hakeim 42, 69, 80, 82, 87
RER linha C, Champ de Mars-Tour Eiffel

École Militaire
71 H8 21 place Joffre, 75007
Solicitação de visitas por escrito
École Militaire 28, 49, 80, 82, 87, 92

LES CATACOMBES

Este labirinto de galerias subterrâneas – o maior ossário humano do mundo – é o local de descanso de mais de 6 milhões de parisienses. Esta é a entrada para os túneis que correm por baixo de toda a cidade. A inscrição na entrada diz: "Pare! Este é o império da morte". Crânios e ossos estão empilhados ao longo dos túneis, situados 20m abaixo do solo. Os túneis foram abertos pelos romanos para extrair pedras, e os ossos foram levados para lá em 1785, depois de retirados dos cemitérios superlotados. Na Segunda Guerra Mundial as catacumbas eram o ponto de encontro dos militantes da Resistência. Prepare-se para enfrentar muitas escadas e trate de levar uma lanterna.

71 L11 1 avenue du Colonel Henri Rol-Tanguy, 75014 01 43 22 47 63 Ter-dom 10-5 Adultos €8, menores de 14 grátis Denfert-Rochereau 38, 68 Não recomendado a crianças pequenas (ou para quem tem estômago fraco!)

CIMETIÈRE DU MONTPARNASSE

O Cimetière du Montparnasse foi inaugurado em 1824 e é o local de descanso de muitos habitantes importantes da área. Ali você poderá prestar suas homenagens a uma lista de ilustres escritores, compositores, instrumentistas e escultores, como Jean-Paul Sartre, Simone de Beauvoir, Charles Baudelaire, Guy de Maupassant, Constantin Brancusi, Camille Saint-Saëns, Ossip Zadkine e Auguste Bartholdi, o pai da Estátua da Liberdade. Também estão enterrados ali o fabricante de carros André Citroën e o primeiro-ministro Pierre Laval, executado ao final da Segunda Guerra Mundial por ter colaborado com os alemães.

No canto noroeste do cemitério, a adorável escultura *O beijo*, de Brancusi, enfeita um túmulo. Dizem que ela é uma resposta à famosa obra homônima de Rodin.

71 K10 3 boulevard Edgar Quinet, 75014 01 44 10 86 50 Meados mar a início nov seg-sex 8h-18h, sáb 8h30-18h, dom 9h-18h; resto do ano seg-sex 8h-17h30, sáb 8h30-17h30, dom 9h-17h30 Grátis Edgar Quinet, Raspail, Montparnasse--Bienvenüe 28, 68

Página ao lado *O Champ de Mars oferece uma vista magnífica da Torre Eiffel*
Abaixo *Adorno do cemitério do Montparnasse*

LES INVALIDES

INFORMAÇÕES
www.invalides.org
71 J7 Hôtel National des Invalides, 129 rue de Grenelle, 75007
01 44 42 38 77 ou chamadas locais 08 10 11 33 99 Abr-fim set diariam 10h-18h (Église du Dôme meados jun a meados set também 18h-19h); resto do ano diariam 10h-17h. Fecha 1º jan, 1º mai, 1º nov, 25 dez e primeira seg de cada mês Adultos €8,50 (com audioguia), menores de 18 grátis
La-Tour-Maubourg, Invalides, Varenne
28, 63, 69, 82, 83, 93 RER linha C, Invalides Visitas guiadas €7
Serve saladas, pizzas e sanduíches
Loja de presentes, livraria

Acima *Magnífico museu militar Les Invalides*
P. ao lado *Canhão na Cour d'Honneur*

INTRODUÇÃO

Ao chegar a Les Invalides você estará seguindo os passos de muitos heróis militares, entre eles o general de Gaulle e Winston Churchill. O edifício veio ao mundo como hospital para os soldados feridos, mas hoje abriga um museu militar. A Église du Dôme, vizinha, guarda o túmulo de Napoleão. A menos que você seja um aficionado da história das guerras, pode sentir-se tentado a pular o Museu do Exército e ir direto à sepultura de Napoleão. Não faça isso. O museu é um dos maiores do gênero em todo o mundo e exibe algumas joias em meio ao acervo de armas, armaduras, bandeiras, uniformes e pinturas. Ele está dividido em três alas: leste, sul e oeste. A ala oeste reabriu após uma ampla reforma. Para ver a comovente mostra sobre a Segunda Guerra Mundial, vá até a ala sul; para ver o Musée des Plans-Reliefs, com suas grandes maquetes de cidades francesas, vá até o quarto andar da ala leste. A entrada da Église du Dôme fica na frente, na parte sul do complexo.

Pomposo, severo e autoritário, Les Invalides foi construído para abrigar soldados feridos e velhos. Quando encomendou a obra a Libéral Bruant, Luís XIV por um momento pensou nos outros. Os primeiros soldados chegaram em 1674 e foram recepcionados pelo próprio rei. A Église du Dôme ficou pronta apenas 32 anos depois. O projeto de Bruant para a igreja jamais saiu do papel, e em 1676 o rei aprovou a nova planta, feita pelo arquiteto de Versalles, Jules Hardouin-Mansart. A igreja, dedicada a são Luís, ficou pronta em 1706. Sua inauguração foi um grande evento, ao qual Luís XIV compareceu.

DESTAQUES

MEMÓRIAS DE NAPOLEÃO

Como seria de esperar, Napoleão Bonaparte é destaque no Musée de l'Armée, onde estão expostos sua sobrecasaca, o chapéu, a sela da coroação e até o cavalo, Vizir. Há uma recriação da sala onde ele morreu, no exílio, na ilha Santa Helena, e uma variedade de pinturas, inclusive o retrato que Paul Delaroche fez do imperador, no qual ele aparece surpreendentemente menos digno, momentos antes da abdicação em Fontainebleau, no ano de 1814.

MOSTRA DA SEGUNDA GUERRA MUNDIAL

Não perca a mostra sobre a Segunda Guerra Mundial, cujas peças são apresentadas em ordem cronológica ao longo de três andares da ala sul. Filmes, fotografias e objetos do dia a dia contam uma história de horrores e expõem a bravura daqueles que lutaram contra Hitler. Entre as peças do acervo o visitante encontrará um microfone da BBC e equipamentos da Resistência francesa.

O COUR D'HONNEUR

Vale a pena reservar alguns minutos para apreciar a arquitetura deste pátio. As arcadas que o circundam eram vias agitadas no apogeu de Les Invalides, no final do século XVII e início do século XVIII. Nesse tempo o local era uma espécie de cidade em miniatura, cuja população era composta de 1.500 soldados. Havia épocas em que a demanda era tão grande que soldados com 20 anos de serviço eram admitidos. Quando chegavam, tiravam as medidas para o uniforme azul e o chapéu preto e recebiam um pente, uma faca e uma colher de madeira. Não podiam fumar nem deixar o local sem autorização, e quem infringia as normas poderia passar dias ingerindo apenas água. Havia um hospital no local, atendido por cerca de 40 enfermeiras. Do pátio, olhe para o primeiro andar e verá as pequenas portas cinzentas dos dormitórios. Os soldados comiam em salões decorados com pinturas de batalhas. Hoje Les Invalides ainda abriga 100 veteranos de guerra.

DICAS

» A melhor maneira de apreciar a grandiosidade de Les Invalides é chegar até ele pela Pont Alexandre III (▷ 88).

» O Museu do Exército recebe mais visitantes entre 11h e 13h.

» Como antídoto para o tema "guerra", foco de Les Invalides, visite os jardins do Musée Rodin (▷ 85).

ÉGLISE DU DÔME

O domo dourado desta igreja se ergue 107m acima do solo. Ela é um monumento a dois dos mais influentes e carismáticos monarcas da França: Luís XIV e Napoleão Bonaparte. O túmulo do imperador fica em uma cripta grandiosa situada bem abaixo do domo. Ele morreu no exílio, na ilha Santa Helena, em 1821, mas seus restos mortais foram levados de volta à França em 1840. Foram necessários mais 21 anos para que seu mausoléu fosse construído, não sem controvérsias, já que seria preciso escavar uma parte da igreja. Os restos de Napoleão estão guardados em seis caixões, dentro de um sarcófago de pórfiro instalado em uma imensa base de granito. As 12 estátuas que guardam o túmulo representam suas campanhas militares. Atrás da Église du Dôme fica a Igreja do Soldado, que pode ser alcançada através da Cour d'Honneur. Foi projetada por Jules Hardouin-Mansart como parte de uma grande igreja com duas entradas separadas, uma para o rei (no lado sul do que é hoje a Église du Dôme) e outra para os soldados (no lado norte da Igreja do Soldado). Com o tempo as duas igrejas viraram autônomas, conhecidas respectivamente como Église du Dôme e St-Louis-des-Invalides.

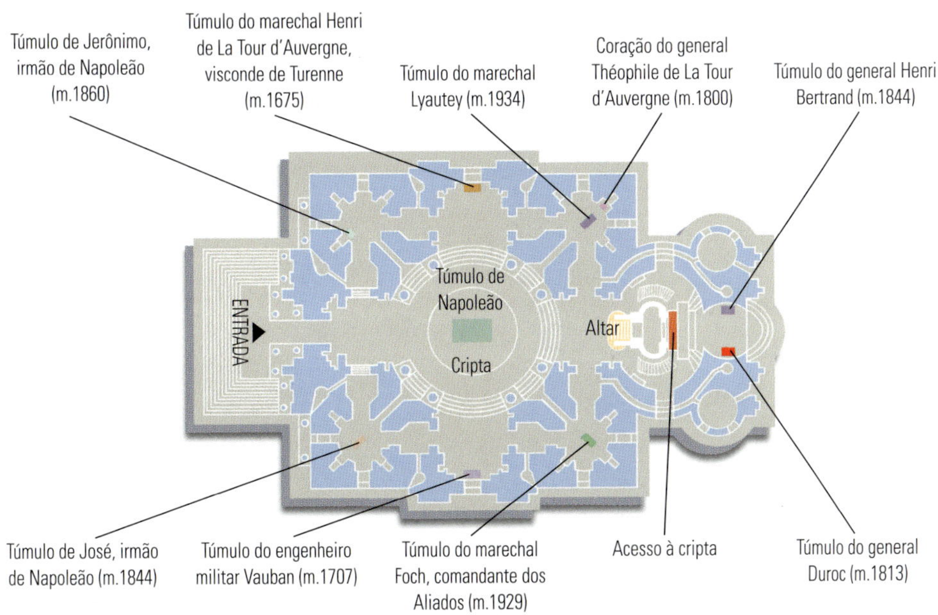

LES ÉGOUTS

www.paris.fr

O sistema de esgotos de Paris é uma atração turística surpreendentemente popular. Um funcionário guia os visitantes através de uma parte dos 2mil km de túneis subterrâneos e faz uma apresentação audiovisual. O esgoto foi construído pelo barão Haussmann no final do século XIX. Na Segunda Guerra Mundial, os alemães usaram alguns trechos como escritório. O esgoto parisiense também já subiu ao palco, aparecendo nos musicais *Os miseráveis* e *O fantasma da Ópera*.

71 H6 place de la Résistance (Pont de l'Alma). Entrada em frente ao 93 quai d'Orsay, 75007 01 53 68 27 81 Mai-fim set sáb-qua 11h-17h; resto do ano sáb-qua 11h-16h. Fecha qui e 2 semanas meados jan Adultos €4,20, crianças €3,40, menores de 5 grátis Alma-Marceau 42, 63, 80, 92 RER linha C, Pont-de-l'Alma

LES INVALIDES

▷ 74-5.

MAISON DE BALZAC

www.paris.fr

O escritor Honoré de Balzac (1799-1850) morou nesta linda casa, nas encostas de Passy, de1840 a 1847, sob outra identidade, pois estava fugindo dos credores. Foi também nessa casa que Balzac criou algumas de suas obras-primas, como *A comédia humana*. Hoje a casa é um museu dedicado a mostrar sua vida e sua obra. Há ali muitas edições, ilustrações e manuscritos originais, além de uma biblioteca com todos os seus livros. São realizadas também exposições temporárias no local.

70 F7 47 rue Raynouard, 75016 01 55 74 41 80 Ter-dom 10h-18h Grátis (exceto exposições temporárias) Passy, La Muette 32, 50, 70, 72

MONTPARNASSE

No início do século XX, Montparnasse era um bairro popular entre artistas e escritores e atraía figuras como Amedeo Modigliani, Marc Chagall e Ernest Hemingway. Pontos de encontro lendários (inclusive a brasserie La Coupole, ▷ 143) ainda existem e são assombrados pelos fantasmas dos gênios literários e artísticos que passaram ali nos anos 1920 e 1930.

Embora os principais bulevares de Montparnasse tenham perdido um pouco do charme, sacrificado aos caprichos do consumismo, os teatros, os cafés, os restaurantes, os cinemas e os cabarés da área continuam animados.

Da galeria pública da Tour Montparnasse (▷ 89) no 56º andar, tem-se uma linda vista da cidade. A torre, de 209m, foi construída no início dos anos 1970 em meio a um grande projeto de desenvolvimento urbano. Do outro lado de uma ampla esplanada fica a Gare Montparnasse, uma das estações de trem mais confusas de Paris.

Anos de reformas urbanas modificaram as graciosas ruas estreitas de Montparnasse e seus incríveis prédios de apartamento. Alguns cantos, porém, merecem ser visitados, como o número 18 da rue Antoine Bourdelle, onde fica o Musée Bourdelle (ter-dom 10h-18h).

O foco do museu é o escultor Émile-Antoine Bourdelle (1861-1929), aluno de Auguste Rodin, que morava nessa casa.

O Cimetière du Montparnasse (▷ 73), onde muitos famosos foram enterrados, como Jean-Paul Sartre, Simone de Beauvoir e Guy de Maupassant, também merece uma visita.

71 K10 Montparnasse-Bienvenüe, Vavin, Edgar Quinet 28, 58, 82, 88, 89, 91, 92, 94, 95, 96

MUSÉE D'ART MODERNE DE LA VILLE DE PARIS

www.mam.paris.fr

Exposições temporárias de ótima qualidade ajudam a manter este museu de arte moderna no circuito internacional. O acervo cobre o fauvismo, o cubismo, o Surrealismo, o Abstracionismo e o Neorrealismo. *La danse* (A dança; 1932), um mural

Abaixo *Les Égouts, rede de esgoto construída embaixo da cidade, atraem muitos visitantes*

Acima *O Musée Galliéra exibe mostras temporárias sobre moda urbana*

de Henri Matisse, fica em uma sala totalmente dedicada ao artista.
70 G6 11 avenue du Président Wilson, 75016 01 53 67 40 00 Ter-dom 10h-18h (também qui 18h-22h); exposições temporárias também sex-sáb 18h-20h Grátis. Exposições temporárias: adultos €5, menores de 13 grátis, pode variar conforme a exposição Iéna, Alma-Marceau 32, 42, 72, 80, 82, 92

MUSÉE BACCARAT

www.baccarat.fr

A Baccarat começou a fabricar vidraças, espelhos e taças na aldeia de Baccarat, na região da Lorena, em 1764. A empresa acendeu seu primeiro forno de cristais em 1816, e desde então teve entre seus clientes pessoas como Luís XVIII, o czar Nicolau e Napoleão III. O negócio foi transferido para Paris em 1831. O museu expõe cerca de 5.000 exemplares de peças da Baccarat. Preste atenção aos diversos itens fabricados pela Baccarat para as várias exposições mundiais.
70 G6 11 place des États-Unis, 75016 01 40 22 11 00 Seg e qua-sáb 10h-18h30 Adultos €5, menores de 18 Grátis Iéna, Kléber 22, 30, 32, 82 Visitas guiadas em francês, inglês, alemão e japonês Loja de presentes

MUSÉE GALLIÉRA–MUSÉE DE LA MODE DE LA VILLE DE PARIS

www.galliera.paris.fr

Moda urbana do século XVIII até o presente é o tema das exposições temporárias realizadas aqui a partir de um acervo de 80 mil objetos. Vestidos de Jean-Paul Gaultier, trajes usados por Marlene Dietrich e vestidos de baile do século XIX estão entre os itens expostos.
70 G6 Palais Galliéra, 10 avenue Pierre Ier de Serbie, 75016 01 56 52 86 00 Ter-dom 10h-18h (apenas durante as exposições) Os preços variam de acordo com a exposição, menores de 14 anos grátis Iéna 32, 63, 72, 92 RER linha C, Pont de l'Alma Audioguia incluso no preço do ingresso

MUSÉE MARMOTTAN MONET

▷ 78-9.

MUSÉE NATIONAL DES ARTS ASIATIQUES-GUIMET

www.museeguimet.fr

Este museu inaugurado em 1889 possui um acervo notável de antiguidades orientais reunido pelo industrial Émile Guimet (1836-1918). Mais de 45 mil itens estão expostos, entre esculturas, entalhes, pinturas e outros objetos da Coreia, da China, do Japão, do Tibete, do Afeganistão, da Tailândia, do Paquistão e da Índia.

A coleção de arte do Khmer (do século VI ao XIX) tem budas e deuses hindus de pedra. O museu também possui *tankas* (quadros portáteis) tibetanos e nepaleses. O departamento indiano tem divindades do sul da Índia e miniaturas mongóis e de Rajput. O departamento chinês conta com uma imensa coleção de porcelanas.

A arte religiosa japonesa fica exposta no museu anexo, o Panteão Budista, no número 19 da avenue d'Iéna (abre qua-seg 9h45-17h45).
70 G6 6 place d'Iéna, 75016 01 56 52 53 00 Qua-seg 10h-18h (bilheteria fecha às 17h30) Apenas museu: adultos €6,50. Museu e exposições temporárias: adultos €8,50, menores de 18 grátis. Apenas exposições temporárias: €7, menores de 18 grátis, grátis para todos no primeiro dom do mês Iéna, Boissière 22, 30, 32, 63, 82 Audioguias grátis (90min de duração) em várias línguas. Para informações sobre visitas guiadas, veja os horários na entrada

MUSÉE D'ORSAY

▷ 80-3.

MUSÉE DU QUAI BRANLY

▷ 84.

MUSÉE RODIN

▷ 85.

PALAIS DE CHAILLOT

▷ 86-7.

PALAIS DE TOKYO

www.palaisdetokyo.com

Este espaço de exposição de arte contemporânea, inaugurado em 2002, ocupa um palácio em estilo art nouveau em frente à Torre Eiffel. Não tem acervo permanente, mas sedia mostras, espetáculos e performances que valeram a fama de vanguardista. Inclui um esplêndido terraço com vista para a famosa torre, um café e o restaurante Tokyo Eat.
70 G6 13 avenue du Président-Wilson, 75016 01 47 23 54 01 Ter-dom 12h-24h Adultos €6, menores de 18 grátis Iéna, Alma-Marceau 32, 42, 72, 80, 82, 92

MUSÉE MARMOTTAN MONET

INFORMAÇÕES

www.marmottan.com
70 D7 2 rue Louis-Boilly, 75016
01 44 96 50 33 Qua-dom 11h-18h (última admissão 17h), ter 11h-19h. Fecha seg, 1º jan, 1º mai, 25 dez Adultos €9, crianças €5, menores de 8 grátis La Muette (mais 10 minutos a pé; siga as placas) 22, 32, 52
RER linha C, Boulainvilliers €7,50
Loja de presentes, livraria

Acima Impressões: sol nascente, *1872, óleo sobre tela de Claude Monet (1840-1926)*

INTRODUÇÃO

Situado no arborizado 16º *arrondissement*, este museu fica um pouco longe, mas quem se aventura por ele é recompensado com um festival de pinturas famosas de Monet e seus contemporâneos. Acolhedor, o museu está instalado em uma casa do século XIX de elegância discreta, o que proporciona ao visitante uma bem-vinda mudança de ares. Se, por acaso, o acervo impressionista não o agradar, há ali também obras e móveis da era napoleônica, além de mais de 300 páginas iluminadas de manuscritos medievais e renascentistas. Trata-se de uma mistura curiosa mas atraente.

O caminho para o museu desde a estação La Muette do metrô é bem sinalizado e passa pelos agradáveis Jardins du Ranelagh. Como o museu não tem um café, leve um lanche e bebidas para consumir no jardim antes de ir embora.

O Museu Marmottan não surgiu para expor as obras de Monet. Seu nome é uma homenagem ao historiador de arte Paul Marmottan, que deixou a casa, a coleção de arte imperial e a mobília para a nação em 1932. O acervo do museu, reunido por Paul e seu pai, Jules, conta também com primitivistas flamengos, italianos e alemães. Somente mais tarde outros colecionadores doaram as obras impressionistas que hoje formam o principal acervo do museu, que reúnem cerca de 300 peças, entre pinturas e esculturas.

Monet nasceu em Paris, em 1840, e morreu em Giverny, aos 86 anos de idade. Durante a vida, inspirou-se nas viagens que fez pela França, por Londres, pela Noruega, pela Holanda e pela Itália. Foi nos jardins de Giverny, porém, seu lar de 1883 até a morte, que o artista produziu alguns de seus trabalhos mais famosos. Retratos de seus familiares enfeitam as paredes próximas à escada que leva à galeria subterrânea.

DESTAQUES

MONET

Sem dúvida a principal atração do museu é a coleção Monet, que cobre os últimos 50 anos da vida do pintor com obras doadas por seu filho, Michel, e vários outros colecionadores. Muitos dos 60 quadros em exposição estão na galeria subterrânea construída especialmente para esse fim – muito bem iluminada e arejada. Aglomerados de íris, glicínias e ninfeias preenchem as molduras, inspiradas pelos 43 anos que o artista passou em Giverny. Estão também expostos vários retratos do Tâmisa, inclusive a tela *Londres: le parlement, reflets sur la Tamise* (1899-1901). Monet trabalhou em quase cem quadros sobre o rio durante uma visita a Londres na virada do século XX.

A galeria tem uma seleção de obras da série *A catedral de Rouen*, criada em duas visitas que fez à cidade, em1892 e 1893. Não deixe de ver *Impressão: sol nascente* (*c.* 1873), obra que inspirou o nome do movimento impressionista. A obra retrata o porto do Havre e apresenta um dos temas preferidos de Monet, o jogo de luzes sobre a água. Essa é a única tela protegida por vidros, pois foi roubada em1985 e recuperada cinco anos depois, na Córsega.

OUTROS IMPRESSIONISTAS

O acervo impressionista do andar superior inclui trabalhos de Edgar Degas, Gustave Caillebotte, Camille Pissarro, Berthe Morisot e Pierre-Auguste Renoir. Preste atenção ao divertido quadro de Renoir *Claude Monet lendo*; 1872. Monet gostava muito desse retrato pintado pelo amigo e o manteve até a morte.

A COLEÇÃO IMPERIAL

Entre os destaques desta coleção estão o *Relógio geográfico* (1813), no andar térreo, feito para Napoleão e mais tarde modificado por Luís XVIII.

AS ILUMINURAS

O museu tem cerca de 300 iluminuras medievais e renascentistas no andar térreo. Elas foram reunidas por Georges Wildenstein e doadas ao museu por seu filho em 1980. Várias páginas vêm de manuscritos religiosos franceses e italianos e são ilustradas com santos e personagens bíblicas. Outras vieram de livros de horas, de compilações de orações e adágios religiosos. Algumas mostram cenas da vida feudal no século XV.

DICAS

» Preste atenção às divertidas caricaturas *Le Havre* (*c.* 1858), no primeiro andar, de estilo muito diferente dos trabalhos posteriores e mais famosos de Monet.

» Neste museu podemos apreciar as obras de Monet em um ambiente calmo, mas, se você vai ficar em Paris pouco tempo, prefira o acervo impressionista do Musée d'Orsay (▷ 80-3).

» Se houver tempo, combine a visita ao Marmottan Monet com uma visita ao Musée National des Arts Asiatiques-Guimet (▷ 77) ou o Musée Galliéra (▷ 77), algumas estações depois (Iéna) na linha 9 do metrô.

GUIA DA GALERIA

PISO INFERIOR

Coleção Monet.

TÉRREO

Iluminuras, primitivistas, coleção imperial e livraria.

PISO SUPERIOR

Outros impressionistas e exposições temporárias.

Abaixo Vale de Sasso, efeito do sol, *1884 óleo sobre tela de Claude Monet*

MUSÉE D'ORSAY

INFORMAÇÕES

www.musee-orsay.fr

71 K7 62 rue de Lille, 75007. Entrada na praça em frente ao edifício, 1 rue de la Légion d'Honneur

01 40 49 48 14 Ter-qua e sex-dom 9h30-18h, qui 9h-21h45; último visitante 45min antes de fechar. Fecha 1º jan, 1º mai, 25 dez Adultos €8, menores de 18 grátis, grátis para todos no primeiro dom do mês. Exposições temporárias têm custo adicional Solférino, Assemblée Nationale 24, 63, 68, 69, 73, 83, 84, 94 RER linha C, Musée d'Orsay No andar intermediário (11h45-14h45, 15h30-17h30; jantar 19h-21h15 qui) almoço €16,50, jantar €42 (bebidas não incluídas). Café des Hauteurs (aberto sex-seg 10h-17h, qui 10h-21h), no andar superior, com uma linda vista pelo velho relógio da estação; cafeteria self-service logo acima Grande opção de livros, entre os quais, vários guias do museu Visitas guiadas (€7,50) em inglês incluindo "Masterpieces of the Musée d'Orsay" (duração de 90 minutos) ter-sáb 11h30; em francês sáb 14h30. Audioguias (€5) em inglês, francês, italiano, espanhol, alemão e japonês Loja de presentes e livraria

Acima *A antiga estação de trem de Orsay foi transformada num magnífico museu, às margens do rio Sena*

INTRODUÇÃO

O acervo do Musée d'Orsay vai de 1848 a 1914, um período crucial da arte do Ocidente, no qual surgiram gigantes como Claude Monet, Pierre-Auguste Renoir e Paul Cézanne. Do ponto de vista cronológico, este museu se localiza entre o Louvre e o Centre Georges Pompidou. A maioria das pessoas o visita em busca da coleção impressionista, que inclui *As casas do Parlamento*, de Monet, *A igreja de Auvers-sur-Oise*, de Vincent van Gogh, e *O baile no Moulin de la Galette*, de Renoir. Mas os impressionistas respondem por menos de um terço do acervo, que conta também com esculturas, pinturas simbolistas e históricas, fotografias e móveis art nouveau. O edifício é uma atração em si, com seu imenso saguão, o salão de baile luxuoso e relógios maravilhosos.

Nos últimos anos, as filas de entrada têm sido muito grandes. Recentemente, chegou ao fim a obra de reforma da entrada do museu, mas ainda é muito cedo para saber se o problema foi resolvido. Para apreciar as obras em sequência cronológica comece no piso inferior, suba a escada rolante até o último andar e, por fim, visite o intermediário. A instituição adquire novas obras o tempo todo. Após a morte do estilista Yves Saint Laurent, em 2008, recebeu em doação uma tapeçaria feita por Edward Burne-Jones, chamada *A adoração dos reis magos* (1904). A obra-prima de lã e seda foi oferecida ao museu por Pierre Bergé, que colecionava obras de arte com Saint Laurent.

A imponente estação Orsay e seu hotel foram construídos às margens do Sena em apenas dois anos, a tempo da Exposição Universal, em 1900. Victor Laloux projetou o teto de vidro e ferro, além do restaurante e do salão de baile em estilo belle époque; todos intactos até os dias atuais. A estação tinha todas as modernidades, inclusive elevadores e trilhos subterrâneos. Mas em 1939, com o advento dos trens elétricos, mais compridos, ela deixou de atender às viagens de longa distância (continuou sendo usada por trens de subúrbio). Durante a guerra, foi transformada em depósito do correio e a seguir em local de recepção dos prisioneiros de guerra. Mais tarde vários filmes foram rodados ali, como *O processo*, de Orson Welles. Os protestos da população salvaram a estação da demolição, e em 1977 decidiu-se que ela viraria um museu. O arquiteto italiano Gae Aulenti conduziu a conversão do interior, revestindo pisos e paredes com pedra. O museu foi inaugurado em dezembro de 1986 pelo presidente François Mitterrand.

DESTAQUES

MONET

As coleções impressionista e pós-impressionista (piso superior) são um verdadeiro tesouro. São filas e mais filas de obras lendárias de artistas como Renoir, Edgar Degas, Monet, Édouard Manet e Van Gogh, entre outros. Monet, um dos pais do impressionismo, está bem representado com trabalhos como *Regata em Argenteuil* (c1872), *Ninfeias azuis*; 1916-9) e *A estação St-Lazare* (1877). Há cinco telas da série *A catedral de Rouen*, que foi pintada entre 1892 e 1894. Monet alugou um estúdio em frente à catedral para conseguir pintar o edifício sob diferentes luzes e condições climáticas. Outras telas da mesma série podem ser vistas no Musée Marmottan Monet (▷ 78-9).

RENOIR

O alegre *O baile no Moulin de la Galette* (1876; piso superior) retrata Montmartre quando o bairro era o centro da vida noturna parisiense. Na verdade, Renoir pintou-o no salão de baile ao ar livre do moinho (▷ 227). Observe o jogo de luz e sombra nas dançarinas, uma característica central do impressionismo, e o modo como elas parecem se fundir com o cenário. Como muitos artistas da época, Renoir tinha um estúdio em Montmartre e era cliente regular do Moulin de la Galette.

VAN GOGH

Van Gogh está entre os principais pós-modernistas exibidos no museu (piso superior), com obras-primas como *O quarto em Arles* (1889), *A igreja de Auvers-sur-Oise* (1890) e *A sesta* (1889-90). Seu autorretrato turquesa, de 1889, foi pintado no mesmo ano em que ele deu entrada em um hospital psiquiátrico em St-Rémy-de-Provence. Van Gogh pintou 40 autorretratos, e esse é um dos últimos. Mostra-o pálido e macilento. Ele sofria de depressão profunda e tinha alucinações. Um ano depois de pintar esse autorretrato, suicidou-se.

DICAS

» Com o *Paris Museum Pass* (▷ 279) você entra de graça e sem ficar na fila.
» Os dias mais cheios do museu são a terça, o sábado e o domingo. O dia mais tranquilo é a quinta-feira.
» Para apreciar a obra de Monet em um ambiente mais calmo, visite o Musée Marmottan Monet (▷ 78-9).
» O Musée d'Orsay fecha às segundas, ao contrário do Louvre e do Centre Georges Pompidou, que fecham às terças.
» Estudantes, professores e artistas profissionais não pagam para entrar.
» O café oferece uma vista soberba (e ligeiramente surreal) de Paris pelo vidro do imenso relógio da estação. Entre maio e outubro (quando o tempo permite), pode-se apreciar o terraço aberto. Logo acima funciona uma cafeteria tipo self--service, além de um elegante restaurante no andar intermediário.
» De quarta-feira a domingo pode-se utilizar um ingresso que dá direito a visitar o Musée d'Orsay e o Musée de l'Orangerie por €13.
» Um ingresso para visitar o Orsay e o Musée Rodin no mesmo dia custa €12.
» Depois de visitar o Musée d´Orsay, guarde seu ingresso. Durante uma semana, ele dá direito a descontos para visitar o museu Gustave Moreau e o Palais Garnier (Ópera de Paris).

À esq. *Três quadros do acervo*
Abaixo *Montmartre vista a partir do relógio da estação*

ESCULTURAS DO PISO INFERIOR

Mesmo que sua única razão para visitar o museu seja o acervo impressionista, não vá embora sem passar pelo corredor central do piso inferior. Esse é o melhor lugar para sentir o clima do edifício – meio museu, meio estação de trem belle époque –, com seu relógio decorado e o magnífico teto de vidro em contraste com as sólidas paredes e o piso de pedra. Além de oferecer-nos a oportunidade de admirar o prédio, o corredor central é também uma galeria de esculturas neoclássicas do século XIX.

Preste atenção à obra *A dança* (1869), de Jean-Baptiste Carpeaux, que fazia parte da fachada da Opéra Palais Garnier (▷ 204) e gerou muita polêmica devido ao nível de detalhamento das figuras nuas. Também vale a pena observar, no saguão de entrada, o busto *Gênio da pátria* (1836), de François Rude, moldado a partir de um baixo-relevo do Arco do Triunfo.

DESTAQUES DO PISO INTERMEDIÁRIO

O piso intermediário leva o visitante para o momento imediatamente anterior à Primeira Guerra Mundial. Há exemplares do Naturalismo (Jules Dalou, Fernand Cormon), do Simbolismo (Edward Burne-Jones e Arnold Böcklin) e da escola nabi. Nessa seção chamam a atenção as esculturas de Auguste Rodin (inclusive a poderosa *Balzac*) e as de seus seguidores, como Camille Claudel, Medardo Rosso, Émile-Antoine Bourdelle, além das formas arredondadas de Aristide Maillol. Esse andar exibe ainda ótimos exemplares de arte aplicada, concentrando-se em objetos e móveis art nouveau, como as criações de Charles Rennie Mackintosh (sala 27, entre os andares, na extremidade leste do museu).

O SALÃO DE BAILE

Não perca a luxuosa *Salles des Fêtes* (sala 51), escondida no final do piso intermediário. Repleta de lustres e espelhos, ela fazia parte do hotel que havia na estação e servia tanto como salão de recepção como sala de eventos especiais. Nesse local, em 1958, o general De Gaulle declarou a um grupo de repórteres que retornaria ao governo.

Abaixo *A luz natural atravessa o teto de vidro e ilumina as esculturas*

PISO INFERIOR

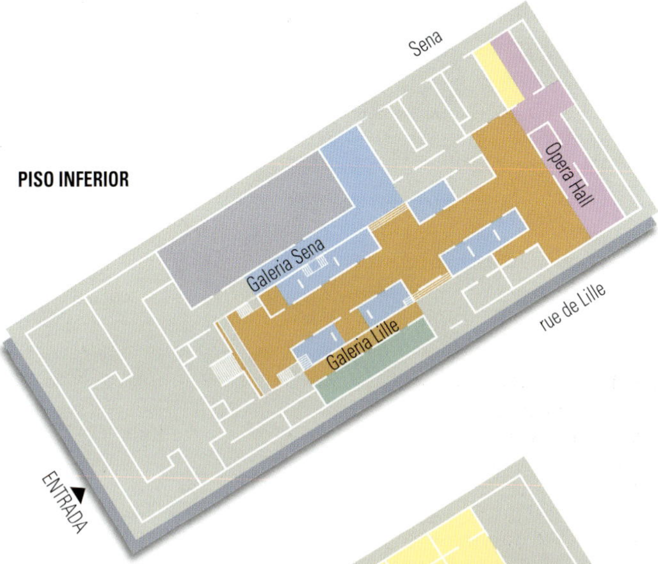

PISO INTERMEDIÁRIO

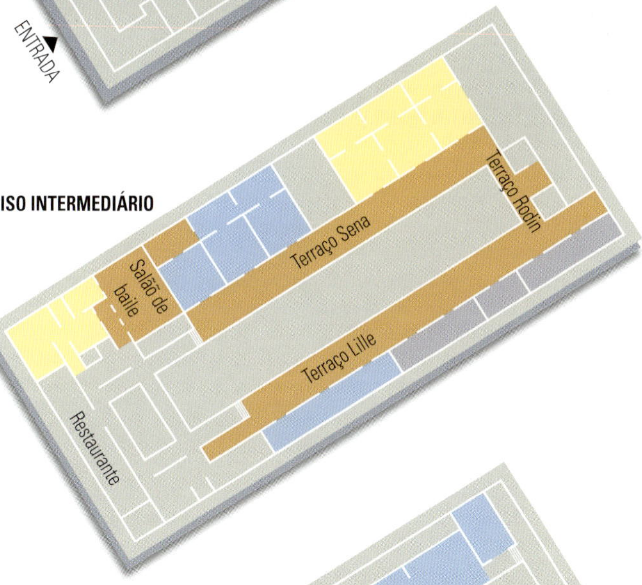

PISO SUPERIOR

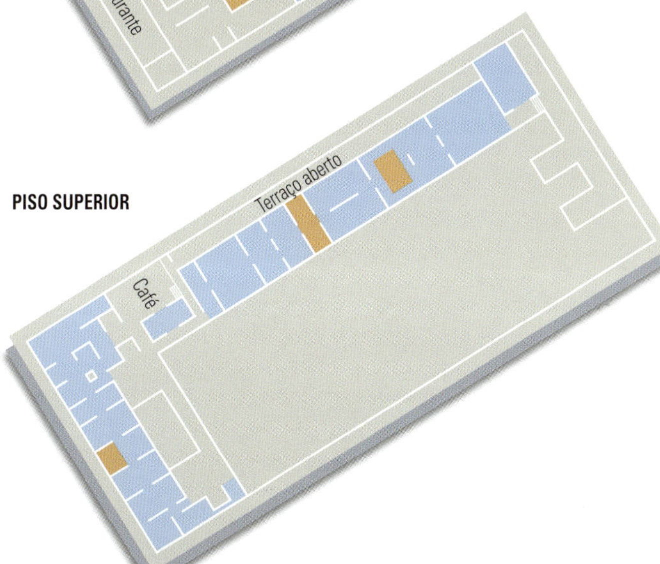

PLANTA DO MUSÉE D'ORSAY

GUIA DA GALERIA

Se optar por uma visita cronológica, veja as esculturas e as pinturas do andar inferior e depois suba as escadas rolantes no final do edifício até o andar superior, deixando o andar do meio para o fim (as salas são numeradas assim).

PISO INFERIOR

Corredor central: esculturas, entre as quais, *Ugolin* (1860), de Carpeaux, e *Leão sentado* (1847), de Louis-Antoine Barye.

Galerias laterais: pinturas pré--impressionistas, com obras de Eugène Delacroix e Gustave Courbet. Pinturas históricas e primeiras obras de Monet, Renoir e Manet.

PISO INTERMEDIÁRIO

Salão de baile

Galerias laterais: Simbolismo, Naturalismo e escola Nabi. Arte decorativa.

Terraço Sena (mezanino): esculturas, inclusive *Meia-idade* (1899-1903), de Camille Claudel.

Terraço Lille (mezanino): esculturas, como *Urso-polar* (1922-3), de François Pompon.

Terraço Rodin: esculturas de Rodin, como *Portões do inferno* (1880-1917) e *Balzac* (1897).

Restaurante

PISO SUPERIOR

Galerias: pinturas impressionistas e pós-impressionistas; esculturas de Degas, Renoir e Paul Gauguin.

Café des Hauteurs

INFORMAÇÕES

www.quaibranly.fr
70 G7 29-37 quai Branly, 75007 (leste da avenue de la Bourdonnais) 01 56 61 70 00 Ter-qua, dom 11h-19h, qui-sáb 11h-21h Adultos €8,50, menores de 18 grátis Pont de l'Alma, Alma-Marceau 42, 63, 72, 80, 92 Champ de Mars-Tour Eiffel Audioguia €5

DICAS

» Observe o símbolo do museu: estas figuras são chamadas de *chupicuaro* e são comuns no estado mexicano de Guanajuato. Representam a antiga cultura que floresceu no México antes da descoberta da América.

» As cores do piso identificam as diversas regiões: vermelho para Austrália, azul para o continente americano, marrom para a África e amarelo para a Ásia.

» Tente participar de um dos painéis (Mezanino central; domingos, 15h; grátis, ordem de chegada) no qual são discutidos alguns itens do acervo e a experiência das pessoas no museu.

» O Café Branly, situado no jardim, funciona o dia todo. Do restaurante instalado na cobertura, o Les Ombres, pode-se apreciar o rio Sena e a Torre Eiffel (reserve antes: tel 01 47 53 68 00; www.lesombres-restaurant.com)

Acima *Parede de vidro e riqueza de plantas na entrada do Quai Branly*

MUSÉE DU QUAI BRANLY

O arquiteto que projetou o Musée du Quai Branly, Jean Nouvel, definiu sua criação como "uma floresta sagrada, um santuário sem paredes". Com cinco andares e um espaço amplo que proporciona lindas vistas para a Torre Eiffel, o museu é considerado uma obra-prima arquitetônica. A construção fica oculta pelas árvores e demais plantas que ocupam a área de 2,4 hectares e, graças às paredes de vidro, os ruídos da avenida à beira do Sena também não chegam à parte interna. *Le mur végétal* (parede de plantas) enfeita a fachada do prédio onde fica a administração e exibe 15 mil exemplares, que representam 150 espécies de todo o planeta. Linhas curvas e fluidas combinam com o Sena e paredes internas de vidro fazem as vezes de janelas.

IGUALDADE, FRATERNIDADE

A igual dignidade das culturas do mundo é a essência do museu. Todos os continentes estão presentes no acervo, complementado por exposições temáticas. Das 300 mil obras, 3.500 estão expostas no acervo permanente e todos os anos o museu abriga dez mostras temporárias. Uma rampa branca conduz por um túnel escuro até a área de exposição, onde o visitante é recebido por uma estátua de madeira do século X, vinda do Mali.

Este é o tom que predomina no restante dos tesouros, entre eles peças até então esquecidas no antigo Musée des Arts d'Afrique et d'Océanie e no acervo do Musée de l'Homme. Entre os destaques, uma torre de vidro com 9.000 instrumentos musicais, um imenso tótem do Canadá, roupas do Vietnã, máscaras do Gabão, estátuas astecas, peças de decoração aborígines, raros afrescos da Etiópia, roupas enfeitadas com penas vindas da América e máscaras e esculturas da República dos Camarões.

DIÁLOGO DE CULTURAS

A instituição conta com um programa voltado para a atividade cultural não europeia. A Universidade Aberta do Quai Branly, acessível a todos, organiza debates sobre questões contemporâneas e estimula o pensamento por meio de uma série de palestras. Também funciona como centro de pesquisa e ponto de encontro entre a universidade e o museu, o que permite a atuação próxima de pesquisadores e curadores. Patrocina ainda projetos de campo voltados para o resgate e a proteção do patrimônio cultural.

MUSÉE RODIN

O Musée Rodin, uma galeria ao ar livre espalhada por 30 mil m² de um lindo jardim escondido no coração da cidade, é um bom local para relaxar após um dia de visitações turísticas. Depois de apreciar as obras do jardim, o visitante pode ver mais trabalhos do artista no interior do Hôtel Biron, a mansão do século XVIII onde o escultor morava.

O JARDIM

Não deixe de ver o bronze *O pensador* (1880-1904), que seria uma representação do poeta italiano Dante e originalmente ficava no Panthéon, nem a assustadora *Os portões do inferno* (1880-1917), inspirada na *Divina comédia*, de Dante. A obra *Os burgueses de Calais* (1884-9) retrata seis burgueses que abandonam seus afazeres para salvar os conterrâneos durante um cerco dos ingleses no século XIV, ao passo que *Balzac* (1891-8) é um retrato pouco lisonjeiro do escritor em seu roupão.

O HÔTEL BIRON

No interior dessa refinada mansão, o visitante pode acompanhar a evolução artística de Rodin de maneira cronológica, dos esboços e pinturas da época de estudante até suas aquarelas vigorosas. O ponto alto é a apaixonada escultura de mármore branco intitulada *O beijo* (1882-98), uma das obras mais conhecidas do artista. O museu apresenta também trabalhos de seus contemporâneos, como Camille Claudel, Pierre-Auguste Renoir, Vincent van Gogh e Claude Monet.

O ARTISTA

Rodin nasceu em Paris em 1840 e logo mostrou aptidão para o desenho. Em 1857 inscreveu-se no curso de escultura da École des Beaux-Arts, mas foi rejeitado por ter um estilo "ultrapassado". A maioria de suas obras mais famosas vem da segunda metade da vida.

Em 1908, Rodin mudou-se para o andar térreo do Hôtel Biron (1730), onde moravam também Jean Cocteau, Henri Matisse e Isadora Duncan. Em 1916 soube que a mansão seria transformada em museu para suas obras, mas morreu antes da concretização do projeto.

INFORMAÇÕES

www.musee-rodin.fr

71 J7 77 rue de Varenne, 75007 01 44 18 61 10 Abr-fim set ter-dom 9h30-17h45 (os jardins ficam abertos até 18h45); resto do ano ter-dom 9h30-16h45, jardins até 17h Adultos €6, menores de 18 grátis, grátis para todos no primeiro dom do mês. Exposições: €7. Apenas jardim: €1. Museu, exposições e jardins €10. Varenne 69, 82, 87, 92 RER linha C, Invalides Audioguias €4. Visitas guiadas €9,50 Café no jardim Livraria, loja de presentes

DICAS

» O ingresso para o jardim dá acesso a algumas das mais importantes obras de Rodin e custa apenas €1; a área é boa para crianças.

» Se o Musée Rodin aguçar seu apetite por esculturas ao ar livre, visite o Musée de la Sculpture en Plein Air, no quai St-Bernard, que tem cerca de 40 obras de vanguarda. (Visitas apenas durante o dia.)

» No jardim, as placas trazem poucas informações. Por isso, alugue um audioguia ou pegue um folheto no Hôtel Biron.

» O visitante pode comprar um ingresso para visitar o Musée Rodin e o Musée d'Orsay por €12 no mesmo dia.

Acima *Detalhe da escultura* Os burgueses de Calais, *instalada no jardim do museu*

PALAIS DE CHAILLOT

INFORMAÇÕES

70 F6 17 place du Trocadéro et du 11 Novembre, 75016 Trocadéro 22, 30, 32, 63, 72, 82

Musée National de la Marine

www.musee-marine.fr

01 53 65 69 69 Qua-seg 10-6 (última admissão 17h15). Fechado 1º jan, 1º mai e 25 dez Adultos (museu + exposição + audioguia) €9, menores de 18 grátis. Só museu adultos €6,50, crianças €4,50 Audioguias (francês, inglês; inclusos no valor do ingresso Livraria e lojas de presentes

Musée de l'Homme

www.mnhn.fr

01 44 05 72 72 Qua-sex e seg 10-5, sáb-dom 10-6 (útima admissão 30 min antes de fechar) Adultos €7, crianças €5 Café e restaurante na place du Trocadéro Livraria e lojas de presentes

Acima *O Palais de Chaillot dá vistas para os Jardins du Trocadéro*

INTRODUÇÃO

Com suas colunas impressionantes, o Palais de Chaillot foi construído para a *Exposition Universelle* de 1937 e proporciona vistas privilegiadas para a Torre Eiffel e toda a região do Champ de Mars. As alas recurvadas exibem estátuas de bronze e amplos terraços, voltados para os Jardins du Trocadéro, sempre animado com a presença de artistas de rua, vendedores de suvenires e visitantes admirados com a Torre Eiffel. No palácio funcionam dois museus e o Théâtre National de Chaillot (tel 01 53 65 30 00; www.theatre-chaillot.fr), instalado entre as duas alas.

DESTAQUES

MUSEUS

O Musée National de la Marine e o Musée de l'Homme ocupam a ala oeste do palácio. O Musée National de la Marine é um dos maiores do mundo dedicados ao tema náutico e foi fundado por Carlos X em 1827. O destaque é a história naval francesa a partir do século XVIII até os dias atuais, e o acervo inclui quadros, instrumentos navais e uma grande quantidade de reproduções de embarcações. Para quem se interessa, o local sedia workshops para a restauração das peças. Já o Musée de l'Homme dedica-se à antropologia e à trajetória do homem desde a pré-história, e aborda aspectos como o aumento da população mundial e a evolução da raça humana. Os acervos etnográficos foram transferidos para o Musée du Quai Branly, inaugurado em 2006 (▷ 84).

CITÉ DE L'ARCHITECTURE ET DU PATRIMOINE

www.citechaillot.fr

A ala leste do *palais* passou por reforma depois de ser atingida por um incêndio em 1997 e é parte da Cité de l'Architecture et du Patrimoine, que abriga as atividades de restauro da École de Chaillot. É o maior museu arquitetônico do mundo e abrange 12 séculos da história francesa. Os temas abordados variam de catedrais e abadias a casas particulares, estações de trem e arranha--céus. Instalada no térreo, a Galerie des Moulages exibe 350 reproduções em tamanho real e 60 maquetes, onde se pode apreciar portais inteiros de igrejas e catedrais como a de Chartres. No primeiro andar fica a Bibliothèque, principal centro nacional de dados sobre a arquitetura contemporânea, com acesso público e gratuito.

No segundo andar destaca-se a Galerie des Peintures Murales et des Vitraux, que abriga um rico acervo com mais de 100 cópias de murais dos séculos XI a XVI. Talvez o melhor de tudo sejam as reproduções das janelas de vidro colorido: o primeiro da coleção foi *A crucificação* (da catedral de St.Pierre, Poitiers, 1163-73). Existem 13 no total, inclusive réplicas dos vitrais das catedrais de Rouen, Châteauroux e Chartres. No mesmo andar, a Galerie d'Architecture Moderne et Contemporaine exibe a evolução técnica ocorrida entre os anos 1850 e os dias atuais. Entre os destaques, a reconstrução de um apartamento da Cité Radieuse, em Marselha, projetado por Le Corbusier em meados do século XX.

✉ 1 place du Trocadéro, 75116 ☎ 01 58 51 52 00 🕒 Seg, qua, sex-dom 11h-19h, qui 11h-21h. Última admissão 30 min antes de fechar ✋ Acervo permanente: adulto €8, crianças grátis. Acervo permanente e mostras temporárias: adultos €10. Grátis 1º dom do mês

DICAS

» O Café Carlu fica no Pavillon de Tête – e tem os mesmos horários de funcionamento que a Cité. Pode-se fazer visitas virtuais ao museu nas telas interativas dispostas no café.

» Durante todo o ano, a Cité abriga mostras temporárias importantes, organizadas em parceria com arquitetos e urbanistas destacados, como Jean Nouvel, Roland Castro e Richard Rogers.

OUTRAS ATRAÇÕES

CINÉAQUA

www.cineaqua.com

O Cinéaqua reabriu as portas em 2006 depois de permanecer fechado por 21 anos. Construído originalmente para a *Exposition Universelle* de 1878, hoje abriga um aquário e um complexo de cinemas, e agrada especialmente às crianças. As visitas (que devem ser feitas sem pressa) conduzem a uma profundidade de 19m abaixo do solo, enquanto se aprecia cerca de 9.000 espécies aquáticas, entre elas 25 tubarões – a hora de alimentar os animais (em geral 16h) é sempre disputada. O futurístico complexo de cinemas exibe animações e documentários sobre a vida animal e o restaurante da casa, bom porém caro, serve comida japonesa com vistas para o maior dos tanques do local. À noite (após 20h), o Aqualounge vira cenário de baladas.

✉ 5 avenue Albert de Mun, 75016 ☎ 01 40 69 23 23 🕒 Diariam 10-8 ✋ Adultos €19,50, crianças (3-12) €12,50, 13-17 €15,50, menores de 3 grátis

Abaixo *A arquitetura francesa, do século VIII aos dias atuais, pode ser apreciada na Cité de l'Architecture et du Patrimoine*

PLACE DU TROCADÉRO ET DU 11 NOVEMBRE

A semicircular place du Trocadéro et du 11 Novembre fica em frente ao monumental Palais de Chaillot (▷ 86-7), às fontes dos Jardins du Trocadéro e, do outro lado do Sena, à Torre Eiffel. Seis avenidas se irradiam da praça, e, bem no meio dela, ergue-se uma estátua do marechal Foch, comandante das tropas aliadas na Primeira Guerra Mundial.

A praça recebeu o nome de um forte andaluz ocupado pelos franceses em 1823 e adquiriu os contornos atuais em 1858, quando um primeiro palácio foi construído. Esse palácio foi substituído pelo Palais de Chaillot, erguido para a Exposição Universal de 1937. Há muitos cafés e restaurantes na área.

70 F6 place du Trocadéro et du 11 Novembre, 75016 Trocadéro 22, 30, 32, 63

PONT ALEXANDRE III

Quatro estátuas de bronze de Pégaso guardam esta ponte superornamentada que cintila ao entardecer. A ponte Alexandre III interliga Les Invalides (▷ 74-5), na margem esquerda, o Grand Palais e o Petit Palais (▷ 192), na margem direita, e sua grandiosidade é ofuscada apenas pelo tráfego dos carros.

Símbolo do otimismo da Belle Époque, ela foi construída para a Exposição Universal de 1900 e dedicada à aliança entre a Rússia e a França. A pedra fundamental foi colocada pelo czar Nicolau II, filho de Alexandre III, e a fachada ostenta os brasões de Paris e da Rússia. A ponte foi decorada por mais de 15 artistas.

71 J6 cours La Reine/quai d'Orsay Invalides, Champs-Élysées-Clémenceau 63, 83, 93 RER linha C, Invalides

PONT DE L'ALMA

A primeira Pont de l'Alma foi construída em 1856 em comemoração à vitória da aliança franco-britânica sobre os russos na Guerra da Crimeia. Como ela deu mostras de que estava cedendo, foi substituída em 1974. Foi no túnel que passa debaixo dela que a princesa de Gales, Diana, acidentou-se e faleceu, em agosto de 1997. A Chama da Liberdade, que em 1987 o *International Herald Tribune* colocou em sua entrada como símbolo da amizade entre a França e os EUA, transformou-se em um memorial à "princesa do povo". A estátua de um soldado zuavo, que fazia parte da primeira ponte, marca o nível da água do rio.

71 H6 place de l'Alma/place de la Résistance Alma-Marceau 42, 63, 72, 80, 92 RER linha C, Pont de l'Alma

Acima *Estátuas douradas instaladas no Palais de Chaillot*

PONT DE BIR-HAKEIM

A Pont de Bir-Hakeim foi erguida entre 1903 e 1905 para substituir uma passarela do século XIX. Em estilo art nouveau, ela tem uma passagem para pedestres, pista para carros e um viaduto do metrô. Tem duas estruturas de metal diferentes, uma em cada lado da allée des Cygnes. O trilho dos trens é sustentado por pilares de ferro fundido. Antes chamada Passy Viaduct, a ponte foi rebatizada de Pont de Bir-Hakeim em 1949, em homenagem à vitória do general Koenig na Líbia, em 1942.

70 F7 quai Branly Bir-Hakeim, Passy 72

PONT ROYAL

A Pont Royal foi um presente de Luís XIV para substituir uma ponte de madeira que tinha sido destruída por um incêndio. O rei escolheu um dos arquitetos de que mais gostava, Jules Hardouin-Mansart, para projetar a graciosa estrutura de pedra, que foi concluída em 1689. Os nobres a utilizavam para ir do exclusivo bairro Faubourg St-Germain até o Palácio das Tulherias. No século XVIII, a ponte tornou-se palco das principais festas de Paris. A escala hidrográfica nos pilares terminais mostra os níveis da maré alta do rio.

71 L7 quai des Tuileries/quai Voltaire Palais Royal 24, 68, 69, 72 RER linha C, Musée d'Orsay

TORRE EIFFEL

▷ 90-5.

TOUR MONTPARNASSE

A Tour Montparnasse ergue-se 209m acima do chão, no distrito homônimo, e domina o horizonte de Paris. Para desfrutar a vista de tirar o fôlego, pegue o elevador até a plataforma de observação fechada, situada no 56º andar. A subida leva apenas 38 segundos. Dali é possível avistar diversos dos principais marcos turísticos da cidade, como a Torre Eiffel, Les Invalides, o Arco do Triunfo, Sacré-Cœur, o Musée du Louvre, o Musée d'Orsay, o Centre Georges Pompidou, St-Germain-des-Prés, a Église St-Sulpice, Notre-Dame e o Panthéon. Um minicinema projeta um filme de 20 minutos, de Albert Lamorisse, com vistas aéreas de Paris. A torre recebe também exposições temporárias. Acima, no 59º andar, fica o terraço aberto mais alto da cidade. Prepare o seu coração: nos dias claros, os olhos alcançam até 40km de distância.

PRÉDIO DE ESCRITÓRIOS

A torre tem 58 andares com quase 2.000 m² cada. No 59º existe um terraço aberto. Os escritórios ocupam 52 andares e abrigam 5.000 funcionários. Apenas dois andares são abertos ao público, o 56º e o 59º. A torre tem 62m por 32m e pesa 120 mil toneladas. Suas fundações estão a uma profundidade de 70m. A Tour Montparnasse tem núcleo de concreto e estrutura de aço. O vidro, o alumínio e o bronze são os materiais predominantes na fachada.

UMA MONSTRUOSIDADE?

Construída entre 1969 e 1973, a Tour Montparnasse fazia parte de um grande plano de desenvolvimento urbanístico para modernizar o distrito homônimo. Ela foi projetada pelos arquitetos Beaudouin, Cassan, De Marien e Saubot e erguida no local onde antes funcionava uma estação ferroviária (o metrô passa debaixo dela). A torre sempre gerou controvérsias. O presidente Georges Pompidou, que autorizou sua construção, inspecionou a obra que estava sendo terminada do alto de um helicóptero e disse aos urbanistas: "Já chega. Vamos parar aí". Muitos parisienses ainda consideram a Tour Montparnasse uma monstruosidade arquitetônica, que, a despeito da vista espetacular que proporciona, é um dos edifícios menos estimados da capital da França.

INFORMAÇÕES

www.tourmontparnasse56.com
71 K9 33 avenue du Maine, 75015 01 45 38 52 56 Abr-fim set diariam 9h30-23h30; resto do ano dom-qui 9h30-22h30, sex, sáb 9h30-23h; último elevador sobe 30min antes de fechar Adultos €10, crianças (7-14) €4,50, menores de 7 grátis Montparnasse-Bienvenüe 28, 82, 89, 92, 94, 95, 96 Gare Montparnasse €2,50 Bar no 56º andar O "360 Café" também oferece lanches leves

DICAS

» O terraço ao ar livre no 59º andar fica fechado nos dias de ventania.
» Se você não dispuser de muito tempo, não fique para ver o filme – aproveite para apreciar a vista.
» O guia tem fotografias da vista de diferente ângulos. As principais atrações turísticas são identificadas com uma pequena descrição.

Abaixo *A Pont Alexandre III permite apreciar a Tour Montparnasse*

TORRE EIFFEL

INTRODUÇÃO

Não importa se ela é vista como um "castiçal oco" ou um refinado emblema de Paris, o fato é que a Torre Eiffel não pode ser ignorada. O tempo todo nosso olhar depara com sua silhueta de ferro de 324m de altura.

Cerca de 6 milhões de pessoas visitam a Senhora de Ferro todos os anos, por isso prepare-se para esperar bastante (e para ser assediado pelos infatigáveis vendedores de bugigangas). Antes de comprar o ingresso você terá de decidir se irá até o primeiro nível (57m), o segundo (120m) ou o terceiro (280m), e se irá de elevador ou enfrentará as escadas (apenas até o primeiro e o segundo níveis). O preço varia segundo essas opções. A escada se localiza no pilar sul. Os elevadores, de dois andares, têm capacidade para 80 pessoas e se localizam nos pilares norte, oeste e leste, mas apenas um ou dois operam ao mesmo tempo. Esses elevadores chegam apenas até o segundo nível, onde é preciso esperar por um elevador menor, que leva três minutos para subir ao terceiro nível. Para ir ao restaurante Jules Verne, no segundo nível, pegue o elevador próprio no pilar sul.

A CONTROVÉRSIA INICIAL

Duramente criticada na época de sua construção, em 1889, quando foi chamada de "castiçal oco" e "torre de Babel", a Torre Eiffel acabou se tornando um emblema de Paris. Gustave Eiffel levou apenas dois anos para concluir o monumento, terminando-o bem a tempo para a Exposição Universal daquele ano. No auge da obra, a torre crescia 30m por mês. Apesar do ritmo acelerado, no dia da inauguração Gustave Eiffel e um grupo de oficiais tiveram de subir os 1.665 degraus até o topo, pois os elevadores não estavam funcionando. Com mais de 10 mil toneladas e 18 mil peças de ferro, a torre é um feito da engenharia. Ninguém imaginava que ela viria a se tornar o símbolo de Paris – a torre deveria ser demolida 20 anos depois. Quando completou 20 anos, porém, ela tinha o mesmo número de fãs e adversários. No final, a Torre Eiffel foi poupada apenas por causa de sua antena de transmissão. Sua popularidade crescente corroborou a opinião favorável de aliados do mundo artístico e literário, como Guillaume Apollinaire, Raoul Dufy, Maurice Utrillo e Camille Pissarro. As objeções de Paul Verlaine, Émile Zola e Guy de Maupassant viraram história. Durante 40 anos a torre viveu a glória de ser a construção mais alta do mundo, título que lhe foi tirado pelo Chrysler Building, em Nova York. Em 1957, com a incorporação de uma antena de televisão, a torre ganhou mais 20m. Muita gente famosa a visitou, como Thomas Edison, o rei Jorge VI e sua esposa, a rainha Elizabeth (a rainha-mãe), além do xá da Pérsia.

INFORMAÇÕES

www.tour-eiffel.fr

70 G7 Quai Branly, Champ de Mars, 75007 01 44 11 23 23 Meados jun-fim ago diariam 9h-24h45; resto do ano diariam 9h30- 23h45; último visitante 45min antes de fechar **de elevador:** adultos €8 (primeiro nível e segundo nível), €13 (terceiro nível); estudantes (12-24) €6,40 (primeiro e segundo nível), €9,90 (terceiro nível); crianças (4-11) €4 (primeiro e segundo nível), €7,50 (terceiro nível). **De escadas para o 1º e o 2º nível:** adultos €4,50, estudantes (12-24) €3,50, crianças (4-11) €3 Bir-Hakeim, Trocadéro, École Militaire 42, 69, 72, 82, 87 RER linha C, Champ de Mars-Tour Eiffel Brasserie 58 Tour Eiffel no primeiro nível, Jules Verne no segundo nível. O restaurante de Alain Ducasse é cheio e muito caro (almoço €85, jantar €200). É necessário fazer reservas: online www.restaurants-toureiffel.com ou tel 01 45 55 61 44 Lanchonetes no térreo, no primeiro e no segundo nível O Centre des Monuments Nationaux promove algumas visitas guiadas (tel 01 44 54 19 33) em várias línguas Lojas de presentes no primeiro e no segundo níveis acesso para cadeira de rodas apenas até o segundo nível. A Association Musique et Patrimoine organiza concertos de música clássica. (tel 01 42 50 96 18)

Página ao lado e abaixo *A espetacular e marcante Torre Eiffel*

DICAS

» Para driblar a espera pelo elevador, suba de escada até o primeiro nível e pegue o elevador até o segundo. A subida não fica tão assustadora. Vale lembrar que só é possível comprar ingressos para subir pelas escadas ou pelo elevador no térreo ao segundo nível (▷ 91). Quem compra o ingresso para subir pela escada, precisa comprar outro para ter acesso ao elevador quando chegar ao primeiro nível.

» A espera pelo elevador costuma ser menor à noite.

» Os carrinhos de bebê só são admitidos no alto se forem dobráveis.

» Se quiser comer no elegante restaurante Jules Verne, reserve antes.

FIGURA ALTANEIRA

Gustave Eiffel derrotou mais de cem concorrentes no concurso para o projeto de um monumento com 300m de altura a ser construído para a Exposição Universal de 1889. A incrível torre é o símbolo definitivo de seu talento e habilidade, mas o "mágico do ferro" deixou centenas de outras construções espalhadas pelo mundo inteiro.

Eiffel nasceu em 1832, na Borgonha, e aos 26 anos já trabalhava na ponte de Bordeaux. As pontes logo se tornaram sua especialidade: o ferro e as técnicas hidráulicas que ele utilizava na instalação dos suportes ajudaram a construir sua reputação, primeiro na França e depois no mundo inteiro. De sua prancheta saíram fábricas, igrejas, uma sinagoga (rue des Tournelles), lojas (Le Bon Marché), bancos e, ao longo de 18 anos, 31 viadutos ferroviários e 17 pontes grandes. Egito, Peru, Portugal, Hungria e Bolívia têm monumentos de Eiffel. Ele projetou inclusive a moldura da Estátua da Liberdade.

Eiffel manteve um escritório em sua obra mais famosa até a morte. No terceiro nível há uma reconstrução dessa sala, com manequins de cera e tudo mais. Ao lado do pilar norte há um busto do engenheiro criado por Bourdelle. Eiffel morreu em 1923, aos 91 anos de idade.

À dir. e abaixo *Holofotes iluminam a torre e criam um belo espetáculo*

DESTAQUES

A VISTA

A subida ao topo é a razão da visita à Torre Eiffel, seja para desfrutar a vista magnífica da cidade, seja para testar os nervos a 120m de altura, olhando pela vidraça instalada no piso do segundo nível. A torre foi o edifício mais alto do mundo durante 40 anos; da galeria no terceiro nível, em um dia claro, a vista alcança a distância de 75km. Se você não conseguir suportar a vertigem no terceiro nível, saiba que da segunda plataforma a vista é igualmente bela, com a vantagem de que a cidade aparece com mais detalhes. Há também uma plataforma de observação no primeiro nível. Da torre é possível ver o Arco do Triunfo (norte), as colunatas do Palais de Chaillot (noroeste), o gramado do Champ de Mars (sudeste), com a Tour Montparnasse ao fundo, e o domo dourado de Les Invalides (leste). Um bom horário para a visita é o entardecer, quando a luz é mais generosa com as máquinas fotográficas. À noite, quando centenas de milhares de lâmpadas se acendem pela cidade, o cenário é bem diferente.

Acima *Os visitantes podem subir de escada pelo pilar sul até o primeiro nível ou optar pelos elevadores*

GUIA DA TORRE

PRIMEIRO NÍVEL

Cineiffel, Observatório, Feroscópio, loja de presentes, correio, terraço, restaurante Altitude 95, lanchonete, bomba do elevador hidráulico, parte da escada original.

SEGUNDO NÍVEL

Restaurante Jules Verne, piso de vidro, lojas de presentes, terraço, lanchonete.

TERCEIRO NÍVEL

Terraço, foto panorâmica, reconstrução do escritório de Gustave Eiffel.

AS LUZES

Reserve um tempo para ver a torre à noite, mesmo que você pretenda subir nela durante o dia. As 10 mil lâmpadas instaladas na estrutura de metal formam um espetáculo soberbo. Mais de 350 holofotes iluminam a torre. No alto, o farol rotativo é visível a 80km de distância. Uma das melhores formas de usufruir esse espetáculo de luzes é um passeio de barco (⊳ 210-1):quando a embarcação vira na Pont de l'Alma, a torre surge de repente. A pé, a vista da torre a partir do Palais de Chaillot (⊳ 86-7) é memorável.

Originalmente, a torre era iluminada com gás, pois a eletricidade chegou a Paris apenas na Exposição Universal de 1900. Em 1925, o fabricante de carros André Citroën pagou uma fortuna para anunciar sua empresa com as luzes da torre. O sistema atual, de 350 mil W, foi inaugurado na festa de Ano-Novo de 1985. O sistema anterior era detestado. Composto de mais de mil holofotes dispostos no Champs de Mars, ele ofuscava quem estivesse na torre. O farol rotativo foi incorporado em 1999. Houve shows de luzes especiais no centenário da torre, em 1989, e na contagem regressiva para o ano 2000. Atualmente, do anoitecer até as 2h da manhã, durante dez minutos a cada hora, 20 mil lâmpadas adicionais acrescentam um brilho mágico à iluminação dourada da torre.

AS MALUQUICES

A Torre Eiffel já inspirou muitas maluquices ou, no mínimo, ideias excêntricas. Em 1912 um aspirante a Ícaro despencou para a morte: ao contrário do que ele esperava, a capa que usava não funcionou como asa. Em 1928 um relojoeiro testou um modelo criativo de paraquedas, mas ele também não funcionou, e o relojoeiro encontrou seu fim. O ciclista que desceu as escadas de bicicleta, em 1923, para vencer uma aposta, foi mais bem-sucedido, embora tenha sido

Abaixo *Entrada do elevador do pilar norte*

preso ao chegar embaixo. Alpinistas já escalaram a torre, pilotos já tentaram voar por entre seus pilares e, em 1909, o conde de Lambert planou 100m acima dela em uma máquina voadora. Em 1984 um casal britânico sobreviveu a um salto de paraquedas do terceiro nível, e em 1989 Philippe Petit caminhou sobre uma corda esticada entre a torre e o Palais de Chaillot.

As maluquices na Torre Eiffel, porém, não se restringem aos seres humanos. Embora os animais sejam proibidos, em 1948 um elefante de circo obteve permissão para subir as escadas.

OUTRAS ATRAÇÕES

No terceiro nível, uma foto panorâmica ajuda os turistas a identificarem os monumentos no horizonte. Também são informadas as distâncias da torre até várias capitais (nenhuma visível dali!).

Quando tiver aproveitado a vista, aprenda mais sobre a história da torre com um pequeno filme exibido no Cineiffel (primeiro nível). Entre as outras atrações da primeira plataforma estão o Observatório, de onde se pode monitorar a oscilação da torre (durante as tempestades de 1999, o movimento do topo chegou a 13cm), e o Feroscope, que oferece exposições e vídeos. O visitante pode apreciar o elevador hidráulico original (os elevadores percorrem cerca de 100 mil km por ano) e uma parte da escada em espiral que ligava o segundo e o terceiro andar e que foi usada pelo próprio monsieur Eiffel. Se quiser se gabar de seu passeio aos amigos que ficaram no Brasil, dá para enviar cartões-postais com a franquia *Tour Eiffel* em uma agência do correio (10h-19h).

FATOS E NÚMEROS

» A torre pesa 10.100 toneladas. Tem 18 mil partes de metal e 2,5 milhões de rebites.

» No calor, ela se dilata até 15cm.

» 370 pessoas se suicidaram pulando da torre. Em 1971, foram instaladas telas.

» Mais de 200 milhões de pessoas já visitaram a torre desde a inauguração.

» São 1.665 degraus até o alto.

» São necessárias 60 toneladas de tinta para pintar a torre. A cada sete anos a imensa estrutura passa por pintura, uma tarefa que exige um ano e meio. A cor já variou do amarelo-alaranjado (1899) ao marrom, nos anos 1950, mas desde 1968 o tom adotado é um castanho especial, chamado de "Torre Eiffel".

» Há três elevadores, Norte, Leste e Oeste, que levam aos níveis 1 e 2.

Acima *A elaborada estrutura de ferro levou dois anos para ficar pronta.*

PASSEIO A PÉ

ARREDORES DA TORRE EIFFEL

Na verdade, duas torres se destacam no horizonte nesta região da cidade, que reúne diversos monumentos disputados e algumas atrações menos conhecidas mas igualmente interessantes.

O PASSEIO
Distância: 4,2km
Tempo: 3 horas
Início: Cimetière du Montparnasse
Fim: École Militaire

COMO CHEGAR
Pegue o metrô para Raspail/Place de Clichy/Blanche ou os ônibus 30, 54, 74, 80 ou 95.

★Comece o passeio no boulevard Edgar-Quinet, no gracioso bairro de Montparnasse. O metrô Raspail dá saída para o boulevard Edgar--Quinet, que leva ao Cimetière du Montparnasse (▷ 73).

❶ Entre as duas guerras mundiais, Montparnasse foi o reduto de artistas, escritores, intelectuais e *bons vivants* de todo o planeta. O preço dos aluguéis em Montmartre expulsou alguns moradores para o "Mount Parnassus", e por isso muitos dos famosos da época foram enterrados no arborizado cemitério do bairro. Entre os destaques do mundo das letras estão Jean-Paul Sartre, Simone de Beauvoir e Charles Baudelaire (o túmulo do poeta está sempre coberto de pequenos versos, deixados por admiradores), mas ali repousam também Man Ray, Frédéric Bartholdi (escultor da Estátua da Liberdade) e o cantor Serge Gainsbourg. Um dos túmulos na parte nordeste exibe uma estátua cubista de Brancusi, *O beijo,* e Niki de Saint Phalle instalou um mosaico na tumba de um amigo.

Vire à esquerda e siga para o norte pelo boulevard Edgar Quinet. Nas manhãs de quartas e sábados aqui há um animado mercado, rico em *gourmandises* como cogumelos, *charchuterie,* queijos e vinhos. Observe o café La Liberté, perto do metrô Edgar-Quinet: aqui Sartre passou horas quando escrevia seu romance mais longo, *Os caminhos da liberdade.* Atravesse para a rue du Départ até a Tour Montparnasse (▷ 89).

❷ Na época de sua construção, em 1973, a torre de 59 andares, feita de vidro e ferro, gerou protestos. Mas com o tempo torno-se um monumento conhecido, visível de toda a Paris e linda à noite, com suas janelas iluminadas até perto do céu. Um elevador leva o visitante até o 56º andar em apenas 38 segundos. Basta subir três andares para chegar ao terraço ao ar livre mais alto da cidade, de onde se pode apreciar até uma distância de 40km em dias claros.

Cruze a rue de l'Arrivée e vire à esquerda na rue Antoine-Bourdelle, onde fica o Musée Bourdelle (▷ 76), instalado no número 18.

❸ O escultor Émile-Antoine Bourdelle, destacado seguidor de Auguste Rodin, viveu aqui de 1885 até sua morte, em 1929. No antigo ateliê e apartamento do artista, pode-se apreciar algumas obras. Entre suas criações de maior

destaque estão *Centaure mourant*, *Hércules, o arqueiro* e 21 estudos de Beethoven. Há peças dispostas em meio a heras e acácias, no jardim de inverno – local onde, segundo Bourdelle, "a primavera sorri, o verão arde e o tempo sonha".

Vire à esquerda na rue Falguière, depois à direita na rue Dulac. No início do século XX, o local era repleto de ateliês (observe as imensas janelas do número 18). Dobre à esquerda na rue de Vaugirard e à direita no boulevard Pasteur, rumo ao cruzamento e à avenue de Breteuil. Projetada por Jules Hardouin-Mansart em1680, é uma das ruas mais elegantes de Paris e desemboca em Les Invalides (▷ 74-5).

❹ Em 1671, o rei Luís XVI decidiu erguer uma hospedaria real grande o bastante para acomodar todos os seus oficiais, sobretudo os feridos e afastados das guerras. O magnífico conjunto Les Invalides, cercado pelo enorme gramado, hoje abriga o ministério da Defesa e o Musée de l'Ordre de la Libération, Musée des Plans et Reliefs e o Musée de l'Armée. Embaixo da cúpula da Église du Dôme, redecorada em 1989 com 12kg de ouro, fica o túmulo de Napoleão Bonaparte.

Caminhe pelo lado direito de Les Invalides, seguindo o boulevard des Invalides e vire à direita na rue de Varenne. No número 79 está instalado o acolhedor Musée National Rodin (▷ 85).

❺ O grande escultor Auguste Rodin mudou-se para cá em 1908, quando a região era afastada. Hoje, os jardins acomodam tesouros, e as rosas e algumas estátuas substituíram os coelhos que viviam aqui. A simbólica escultura *O pensador* é o destaque do jardim de rosas, no qual em 2005 foram plantadas 700 mudas de uma espécie com uma cor especial. Também no jardim fica a monumental obra *Portões do inferno,* inspirada em Dante, *Os burgueses de Calais* e vários bronzes inspirados em originais gregos e romanos, muito bem distribuídos em um cenário tocante.

Faça seu caminho de volta e, ao chegar em frente aos Invalides Dome, vire à esquerda no Jardin de L'Intendant e siga pela avenue de Tourville até chegar na esquina com a École Militaire (▷ 73).

❻ Projetada por Jacques-Ange Gabriel, criador do Petit Trianon de Versailles e da place de la Concorde, a École Militaire foi concluída em 1773. As colunas coríntias, a cúpula quadrangular e o pavilhão central são um excelente exemplo do estilo clássico francês. Com 15 anos, um jovem vindo da Córsega e hábil em navegação (seu nome era Napoleão Bonaparte) entrou nesta escola, em 1784. Daqui se tem vistas magníficas para a Torre Eiffel (▷ 90-5). O cartão-postal da cidade foi criado para a Exposição Universal de 1889, em comemoração ao centenário da Revolução Francesa, a princípio para ser desmontado após o evento. À noite, a torre é iluminada por milhares de lâmpadas (até 1h inverno, 2h no verão).

QUANDO IR

O melhor momento para fazer este passeio é à tarde, pois praticamente todos os locais estão abertos e a Torre Eiffel brilha em toda a sua glória depois do anoitecer.

ONDE COMER

Para beber algo ou comer um lanche, La Coupole, em Montparnasse, é a famosa brasserie em estilo art déco, no passado frequentada por artistas e ainda hoje disputado ponto de encontro (▷ 143). Para alta gastronomia com vistas à altura, vá ao Le Ciel de Paris, no 56º andar da Tour Montparnasse.

Página oposta *A Torre Eiffel vista pelo* Muro da paz, *obra de Clare Halter, no Champ de Mars*

ARTE, COMPRAS, DIVERSÃO E NOITE

COMPRAS

BABIOLE

www.babiole.com

Esta é uma loja divertida, especializada em suvenires da Torre Eiffel e outros produtos sobre temas parisienses. Tem de tudo, de torres em miniatura e camisetas a belas porcelanas com o motivo da torre.

105 H7 22 rue du Champ de Mars, 75007 01 47 53 03 26 Diariam 9h-19h30 École Militaire

BARTHÉLÉMY (STÉ)

Fundada em 1904, é um paraíso dos apreciadores de queijos. Vende brie, mont d'Or (do Jura), roquefort, Vacherin (no inverno) e acompanhamentos como os chutneys, biscoitos e vinho. A loja à moda antiga fornece para o Élysée e para o Matignon, residências do presidente e do primeiro-ministro da França, respectivamente.

105 K7 51 rue de Grenelle, 75007 01 42 22 82 24 Ter-sáb 7h-13h, 15h30-19h30 Rue du Bac

LE BON MARCHÉ

www.lebonmarche.fr

Você vai encontrar as melhores marcas e produtos nesta loja da margem esquerda. O interior modernista contribui para a atmosfera elegante. Não deixe de ver o centro de beleza, adequadamente chamado de "Théâtre de la Beauté", no térreo, e a praça de alimentação, La Grande Épicerie (38 rue de Sèvres, seg-sáb 8h30-21h), em um prédio anexo, com delícias do mundo todo.

105 K8 24 rue de Sèvres, 75007 01 44 39 80 00 Seg-qua 10h-19h30, qui 10h-21h, sex 10h-20h, sáb 9h30-20h Sèvres-Babylone, Vaneau

THE CONRAN SHOP

www.conran.com

O designer inglês Sir Terence Conran faz sucesso entre os parisienses. Os excelentes materiais, uma influência pós-1970 e às vezes um toque étnico dão aos móveis de Conran uma elegância moderna. Acessórios para banheiro, cozinha e jardim completam a linha. Comidas finas do mundo inteiro são vendidas neste belo edifício, desenhado por Gustave Eiffel.

105 K8 117 rue du Bac, 75007 01 42 84 10 01 Seg-sex 10h-19h, sáb 10h-19h30 Sèvres-Babylone

MAÎTRE PARFUMEUR ET GANTIER

www.maitre-parfumeur-et-gantier.com

Esta butique exclusiva é inspirada nos salões de perfume comuns no século XVII, onde os criadores costumavam receber sua seleta clientela. Além de fragrâncias para homens e mulheres, há objetos perfumados e velas para casa, além de finas luvas de couro que ajudam na peculiar experiência olfativa.

105 K7 84 bis rue de Grenelle, 75007 01 45 44 61 57 Seg-sáb 10h30-18h Rue du Bac

MARCHÉ DE LA CRÉATION

www.marchecreation.com

Cerca de cem artistas e artesãos expõem e vendem suas criações – pinturas, gravuras, esculturas, cerâmicas e sedas pintadas – nesta galeria a céu aberto, um reduto tradicional dos artistas. Há um evento similar perto da Bastilha (aos sábados, de 9h-19h).

105 K9 boulevard Edgar Quinet, 75014 01 53 57 42 60 dom 10h-anoitecer (no verão o mercado fecha por volta das 21h; no inverno por volta das 17h) Edgar-Quinet

MARITHÉ + FRANÇOIS GIRBAUD

www.girbaud.com

Aqui você encontra uma moda criativa nos tecidos e nas linhas para homens e mulheres. A coleção de jeans, assinatura da marca, é particularmente futurista. A decoração da loja é impressionante e modernista.

105 K8 8 rue Babylone, 75007 01 45 48 78 86 Ter-sáb 10h-19h, seg 11h-19h Sèvres-Babylone

Acima *Enfeites em forma de dragão no jardim do cinema La Pagode*

L'OCCITANE

www.loccitane.fr

A essência da Provença é captada aqui em óleos de banho perfumados, géis de banho, xampus, cremes à base de azeite de oliva para o rosto e para o corpo, e fragrâncias. Há perfumes para a casa, velas aromáticas e incensos de figueira e sândalo.

105 K7 90 rue du Bac, 75007 01 42 22 55 28 Seg-qui 11h-19h30, sex-sáb 10h30-1h) Rue du Bac, Sèvres-Babylone

SALLE RASPAIL

Esta loja de usados tem antiguidades dos séculos XVIII, XIX e XX. A seleção é grande o suficiente para oferecer peças engraçadas da década de 1970 lado a lado com um gaveteiro do século XIX. É bem provável que você se sinta tentado a levar algo, pois só são expostas peças de qualidade.

105 L10 224 boulevard Raspail, 75014 01 56 54 11 90 Ter-sex 11h-20h, sáb 11h-19h Raspail

DIVERSÃO E NOITE

CAFÉ D'EDGAR–THÉÂTRE D'EDGAR

www.edgar.fr

Pioneiro do estilo café-teatro que surgiu na década de 1970. Ainda oferece pequenas produções de comédias para o grande público, e é uma plataforma para novos talentos.

105 K9 58 boulevard Edgar Quinet, 75014 01 42 79 97 97 Edgar Quinet

L'ENTREPÔT

O cinema dos sonhos para os cinéfilos: filmes cult e filmes de arte, de todas as épocas e partes do mundo, são exibidos em sua língua original. Faz muitas retrospectivas temáticas. Tem um bar-restaurante anexo.

105 J11 7-9 rue Francis de Pressensé, 75014 01 45 40 07 50 Diariam 14h-22h Adultos €7, crianças €4 Pernety, Plaisance

LOUNGE BAR DU ZEBRA SQUARE

O ambiente tranquilo agrada a uma clientela mais velha (acima dos 35 anos), que se acomoda em confortáveis sofás Chesterfield para ouvir música. Faz parte de um complexo que inclui o Hôtel Square (▷ 103) e o restaurante Zebra Square.

104 E8 3 place Clément-Ader, 75016 01 44 14 91 91 Seg-sáb 20h-4h Grátis Passy, Ranelagh

MAISON DE LA CULTURE DU JAPON À PARIS

www.mcjp.asso.fr

Este edifício moderno, sem divisões, de vidro e aço, é dedicado à cultura japonesa. Há espetáculos de dança, tanto moderna como tradicional. Nas quartas-feiras há uma cerimônia do chá japonesa (€8). O auditório modular pode alojar até 300 pessoas.

104 G7 101 bis quai Branly, 75015 01 44 37 95 00 Bir-Hakeim

MAISON DE RADIO FRANCE

www.radio-france.fr

Orquestras sinfônicas de primeira linha, grupos de jazz e óperas apresentam-se aqui, tanto para transmissões ao vivo como para gravação de futuras transmissões.

104 F8 116 avenue du Président Kennedy, 75016 01 56 40 15 16 €5-€55, eventos grátis ocasionalmente Kennedy Radio France

MUSÉE DU QUAI BRANLY

▷ 84.

LA PAGODE

Situado em uma réplica francesa do século XIX de um pagode chinês, este cinema tem duas salas, e a maior tem arredores luxuosos. A programação tem clássicos cult e lançamentos recentes de arte. Os filmes são exibidos na sua língua original. Há um pequeno salão de chá no local.

105 J8 57 bis rue de Babylone, 75007 01 45 55 48 48 Diariam 14h-22h Adultos €8, crianças €6,50 St-François-Xavier

PALAIS DE TOKYO

▷ 77.

LE PETIT JOURNAL MONTPARNASSE

www.lepetitjournal-montparnasse.com

Este clube oferece jazz e cozinha de qualidade, e tem oferecido seu palco aos melhores músicos de jazz da França. É um local associado ao Petit Journal do boulevard St-Michel do Quartier Latin.

105 K10 13 rue du Commandant Mouchotte, 75014 01 43 21 56 70 Shows: seg-sáb 22h €25 (inclui um drinque) Montparnasse-Bienvenue

THÉÂTRE NATIONAL DE CHAILLOT

www.theatre-chaillot.fr

Este teatro, no imponente Palais de Chaillot com vista para a Torre Eiffel, apresenta produções de todo tipo, de obras contemporâneas de alta qualidade a clássicos de dança e música.

104 G6 1 place du Trocadéro, 75016 01 53 65 30 00 Apresentações: ter-sáb 20h30, dom 15h €27-€33 Trocadéro

THÉÂTRE LE RANELAGH

www.theatre-ranelagh.com

O Théâtre Le Ranelagh, datado de 1890, tem um interior levemente rococó, com painéis de madeira entalhada. Tem 340 lugares e sua programação de alta qualidade inclui clássicos além de peças contemporâneas e óperas. A maioria das apresentações é em francês.

104 E7 5 rue des Vignes, 75016 01 42 88 64 44 Apresentações: ter-sáb à noite, dom à tarde €23 e €30 La Muette

ESPORTES E ATIVIDADES

BOWLING DE MONTPARNASSE

O local tem 16 pistas de boliche. Sexta e sábado as pistas são iluminadas por luz fluorescente.

105 K10 25 rue du Commandant Mouchotte, 75014 01 43 21 61 32 Dom-qui 10h-2h, sex 10h-4h, sáb 10h-5h €4,30-€5,80 por partida, por pessoa Montparnasse-Bienvenüe

SAÚDE E BELEZA

AQUARELLE INSTITUT

www.aquarelle-institut.fr

Tratamentos para a face e o corpo (incluindo reflexologia e shiatsu facial e corporal) em um ambiente relaxante.

104 F6 9 rue St-Didier, 75016 01 45 53 09 09 Ter-qua, sex 10h-19h, qui 10h-21h, sáb 10h-13h, seg 14h-19h €50-€152,50, dependendo do tratamento Boissière

ONDE COMER

PREÇOS

Os preços são para almoço (A) de dois pratos para uma pessoa e jantar (J) de três pratos para uma pessoa, sem bebida. O preço do vinho é o da garrafa mais barata.

Legenda dos símbolos ▷ 2.

L'AFFRIOLÉ

A típica culinária francesa, com itens como costeletas de porco ao molho de vinho e sopa de creme com mexilhões e parmesão, é servida neste apreciado *nouvelle bistro*, situado a curta distância da Torre Eiffel. Além dos clássicos e dos pratos com clara influência mediterrânea, o cardápio varia de acordo com os ingredientes da estação e é modificado a cada mês. Os arredores oferecem mais simpatia do que elegância, mas os preços razoáveis e o ambiente podem valer a pena.
105 H7 17 rue Malar, 75007, Invalides 01 44 18 31 33 Ter-qua, sáb 19h30-22; qui-sex 12-21 A €19, J €21, vinho €20 Pont de l'Alma

L'AMARYLLIS

www.bistrotdelamaryllis.com
Este bistrô com decoração dos anos 1950 conduz você ao coração da cozinha francesa, concentrando-se em um limitado cardápio de receitas clássicas, como andouillette grillée e tartare de saumon. Todos os pratos principais têm o mesmo preço. A refeição começa sempre com um panier de charcuterie, crudité, saladas e frutos do mar. Aqui come-se bem sem gastar demais.
105 H9 13 boulevard Garibaldi, 75015, Champ du Mars 01 47 34 05 98 Ter, sáb 19h30-22h; qui-sex 12h-14h, 19h30-22h A €16, J €21, vinho €20 Cambronne

L'AMI JEAN

A boa reputação desse restaurante regional no estilo bistrô ficou ainda melhor com a chegada de Stéphane Jugo, há alguns anos. O cardápio é renovado regularmente e inclui deliciosos clássicos franceses, além de especialidades bascas como a axoa: finas fatias de vitela em molho forte de tomate, cebola e pimenta. Tem cardápio a preço fixo, que muda todo dia, no almoço e no jantar.
105 H7 27 rue Malar, 75007, Grenelle 01 47 05 86 89 Ter-sáb 12h-14h, 19h-24h A €29, J €45 (à la carte), vinho €16 La Tour Maubourg

L'ARPÈGE

www.alain-passard.com
Este templo da gastronomia conta com a supervisão do chef estrelado pelo Michelin Alain Passard. Prepare-se para saborear uma culinária refinada e serviço de alta qualidade, com oportunidade de provar delícias como avocat soufflé au chocolat noir (suflê de abacate com chocolate amargo) ou pratos mais convencionais, como frango com molho de cebolinhas. Badalado e elogiado, este restaurante exige reserva prévia e boa conta bancária.
105 J7 84 rue de Varenne 75007 01 45 51 47 33 Seg-sex 12h-14h30, 20h-22h30 A €140, J €350 vinho €30 Varenne

L'AUBERGE DU MOUTON BLANC

Molière, Jean Racine e Jean de La Fontaine eram alguns dos escritores famosos do século XVII que vinham aqui para conversar e beber vinho. Mais de três séculos depois, o lugar ainda é cheio de charme. Dentro há painéis de madeira, tijolos aparentes e mesas elegantes. O cardápio é tradicional, com cozinha regional, incluindo perna de carneiro, cabeça de bezerro e steak tartare.
104 D9 40 rue d'Auteuil, 75016, Auteuil 01 42 88 02 21 Diariam 12h-15h, 19h-23h A €30, J €30, vinho €14 Michel-Ange Auteuil

Acima *Entrada da brasserie Thoumieux*

BISTRO D'HUBERT

www.bistrodhubert.com

Ótimo exemplo de bistrô francês do século XXI, o Hubert tem dois salões de jantar. O primeiro, em estilo provençal, é uma sala informal decorada com guarda-louças de madeira pintada e lindas toalhas de mesa de algodão. O segundo é mais formal e contemporâneo. A cozinha aberta revela a confiança da equipe, enquanto o cardápio oferece pratos da moderna cozinha francesa com as últimas inovações culinárias.

105 J9 41 boulevard Pasteur, 75015, Montparnasse 01 47 34 15 50 Ter-sáb 12h15-14h15, 19h15-22h15, seg 19h-21h30. Fecha dom A €37, J €50, vinho €20 Pasteur

LE CIEL DE PARIS

www.cieldeparis.com

Este restaurante, no 56º andar da Tour Montparnasse, cujo nome significa "o céu de Paris", proclama ser o mais alto da Europa e oferece belíssimas vistas da cidade. A sala é sóbria, contemporânea, em tons escuros e poltronas de Tulip Knoll, e as criações do chef Jean-François Oyon são ricas e de impacto. O cardápio muda com a estação e inclui filé sautée com molho de trufas, risoto de lagosta, caranguejo com ovos de codorna cozidos, e vieiras fritas com purê de salsinha.

105 K9 Tour Montparnasse, 33 avenue du Maine, 75015, Montparnasse 01 40 64 77 64 Diariam 12h-14h30, 19h-23h A €35, J €60, vinho €26 Montparnasse Bienvenue

FAKHR EL DINE

www.fakhreldine.com

Este restaurante vem sendo frequentado por parisienses e libaneses há mais de 25 anos. O menu inclui warak enab (folhas de uva recheadas com arroz e salsinha) e kharouf mehchi (cordeiro com arroz). Prove o tradicional meze, uma seleção de até 20 hors d'oeuvres quentes e frios. As sobremesas extradoces são tentadoras, e a baklava (massa recheada com pistache e mel) é obrigatória.

104 G6 30 rue de Longchamp, 75016, Trocadéro 01 47 27 90 00 Diariam 12h-15h, 19h30-24h A €25, J €32, vinho €15 Trocadéro

LA FERME ST-SIMON

www.fermestsimon.com

Decorada aos moldes de uma elegante casa de campo, com vigas aparentes, lustres e cortinas floridas, esta "fazenda" é na realidade cercada por embaixadas e ministérios. A cozinha é refinada e rústica, com pratos como carpaccio de atum com azeite e peixe com legumes ao molho provençal. O cardápio muda toda semana e a carta de vinhos é excelente.

105 K7 6 rue de St-Simon, 75007, Invalides 01 45 48 35 74 Seg-sex 12h-14h30, 19h30-22h30, sáb 19h30-22h A €36, J €53, vinho €18 Rue du Bac

LA FONTAINE DU MARS

Um excelente bistrô parisiense com uma multidão de admiradores locais. Você vai adorar a decoração campestre. O cardápio limitado muda com as estações, mas dá ênfase aos clássicos do sudoeste da França, como escargots, cassoulet e boudin noir.

105 H7 127 rue St-Dominique, 75007, Invalides 01 47 05 46 44 Diariam 12h-23h. Fechado final jul-final ago A €30, J €50, vinho €18 École Militaire

HIRAMATSU

www.hiramatsu.co.jp

Quando o Hiramatsu abriu sua filial em Paris em 2001, o chefe se tornou o primeiro japonês a receber uma estrela Michelin. A qualidade se mantém com um criativo cardápio baseado em ingredientes franceses e na leveza japonesa na preparação dos pratos. O ambiente constitui um cenário adequado para as obras-primas que chegam nos pratos.

104 F6 52 rue de Longchamp, 75016, Ternes 01 56 81 08 80 Seg-sex 12h30-14h, 19h30-21h30 A €42, J €98, vinho €24 Trocadéro

THOUMIEUX

Com o nome da família dos donos, esta brasserie, inaugurada em 1923, fica a alguns minutos da Torre Eiffel. A elegante sala de jantar tem confortáveis assentos de veludo junto à parede e muitos espelhos. O chef atual é Christian Beguet, cujo cardápio é uma excursão de alta classe pela cozinha do sudoeste da França. Aqui você pode esperar qualidade, pratos fortes como o cassoulet (cozido de feijão e linguiça) ou alguns dos vários pratos de pato, incluindo o foie gras.

105 J7 79 rue St-Dominique, 75007, Invalides 01 47 05 49 75 Seg-sáb 12h-15h, 19h-23h, dom 12h-23h A €30, J €40, vinho €15 Invalides, La Tour Maubourg

TSE YANG

Neste elegante restaurante chinês, em um dos bairros mais chiques de Paris, você vai encontrar flores naturais e murais impressionantes. O chef faz uma brilhante interpretação dos clássicos da culinária asiática. Vieiras em vinho amarelo de arroz e pato à Pequim estão entre os pratos da casa. Há uma carta abrangente de vinhos franceses e cervejas chinesas tradicionais.

104 G6 25 avenue Pierre 1er de Serbie, 75016, Trocadéro 01 47 20 70 22 Seg-sáb 12h-14h30, 19h30-23h30, dom 12h-14h30 A €35, J €50, vinho €23 Iéna

LE VIOLON D'INGRES

www.leviolondingres.com

Este conhecido restaurante passou por uma reforma, mas a comida continua de alta qualidade. A cozinha aberta, pouco comum em Paris, cria um ambiente animado. O chefe Christian Constant trabalhou no Ritz e no Les Ambassadeurs, premiado com uma estrela Michelin, mas administra o Violon desde 1988 e somou outros dois restaurantes a seu portfólio. O cardápio se baseia em produtos frescos e uns poucos pratos selecionados, entre eles o pombo-torcaz, quando for a época.

105 H7 135 rue St-Dominique, 75007, Champ du Mars 01 45 55 15 05 Ter-sáb 12h-14h30, 19h-22h30 A €34, J €45, vinho €19 École Militaire

ONDE FICAR

PREÇOS

Os preços são para quarto duplo, por noite. O café da manhã está incluído na diária, salvo indicação ao contrário. Os hotéis em geral aceitam cartões de crédito – as exceções estão indicadas. Os preços variam muito, de acordo com a época do ano.

Legenda dos símbolos ▷ 2.

BEST WESTERN EIFFEL PARK HÔTEL

www.eiffelpark.com

A exótica decoração deste hotel três-estrelas deve-se às viagens do dono para a Índia e a China. Os quartos têm um toque pessoal, como tapetes orientais ou gaveteiros chineses, além de frigobar, conexão para modem, cofre e secador. Tem um belo bar art déco no térreo e serve café da manhã no terraço do topo do prédio (quando faz bom tempo) ou no agradável jardim de inverno.

105 H7 17 bis rue Amélie, 75007, Invalides 01 45 55 10 01 €230-€290, sem café da manhã 36 quartos La Tour Maubourg

GRAND HÔTEL LÉVÊQUE

www.hotel-leveque.com

Os quartos neste dois-estrelas têm linha direta para internet, TV por satélite, cofre, secador e ventilador, e tratamento antirruído devido ao agitado mercado de frutas e verduras lá fora, em uma rua só para pedestres. Dentro, o hotel é simples, mas bem iluminado, com algumas belas pinturas. Vinte de seus quartos foram reformados desde 2008.

105 H7 29 rue Cler, 75007, Torre Eiffel 01 45 50 49 36 €99-€117, sem café da manhã 50 École Militaire

HAMEAU DE PASSY

www.paris-hotel-hameaudepassy.com

Em um bairro residencial chique, este dois-estrelas oferece tranquilidade em uma rua sem saída, com muito verde. O interior moderno é de bom gosto e os quartos, que dão para o jardim, têm telefone direto com conexão modem e TV a cabo. O hotel tem serviço de fax, internet sem fio, cofres individuais na recepção e estacionamento próximo.

104 F7 48 rue Passy, 75016, Passy 01 42 88 47 55 €73-€146 32 Passy, La Muette

HÔTEL DE L'AVRE

www.hoteldelavre.com

Foi dada atenção a todos os detalhes neste hotel duas-estrelas. Os quartos têm decoração com motivo floral, internet sem fio e TV por satélite. Na primavera e no verão você pode tomar café da manhã no jardim.

104 G9 21 rue de l'Avre, 75015, Champ de Mars 01 45 75 31 03 €80-€84, sem café da manhã 26 La-Motte-Picquet-Grenelle

HÔTEL LA BOURDONNAIS

www.hotellabourdonnais.com

Este hotel três-estrelas também abriga o restaurante La Cantine des Gourmets, que serve cozinha francesa exótica. Dentro, o hotel parece uma casa burguesa confortável, com mobília elegante e antiguidades. As suítes e quartos com quatro camas são ideais para famílias; todos os quartos têm TV por satélite, cofre, telefone com conexão para modem e secador. O café da manhã é servido no jardim de inverno.

105 H7 111-113 avenue de la Bourdonnais, 75007, Torre Eiffel 01 47 05 45 42 €165, sem café da manhã 57 quartos, 3 suítes École Militaire

Acima *Os hotéis desta região se destacam pelo atendimento de qualidade*

HÔTEL DELAMBRE

www.delambre-paris-hotel.com

Perto da Tour Montparnasse, este hotel três-estrelas tem um belo interior, em tons quentes, ferro trabalhado e mobília de época coberta com tecidos modernos. Os quartos incluem telefone, TV por satélite e conexão modem, cofre e serviço de lavanderia. Há duas áreas de estacionamento próximas.

105 K10 35 rue Delambre, 75014, Montparnasse 01 43 20 66 31 €90-€140, sem café da manhã 31 Vavin, Edgar-Quinet, Montparnasse

HÔTEL DUC DE ST-SIMON

www.hotelducdesaintsimon.com

Antiguidades e fina mobília decoram este belo hotel três-estrelas, instalado em uma mansão construída no século XVIII. Fica perto do agitado boulevard St-Germain, mas a rue de St-Simon é calma. O hotel tem bar e terraço e o estacionamento fica no boulevard Raspail.

105 K7 14 rue de St-Simon, 75007, Invalides 01 44 39 20 20 €250-€285, sem café da manhã 29 quartos, 5 suítes Em alguns quartos Rue-du-Bac

HÔTEL À L'EIFFEL RIVE GAUCHE

www.hoteleiffel.com

Este estabelecimento pequeno e administrado por uma família funciona desde o início do século XX e ocupa uma rua graciosa e calma, no coração do "triângulo de ouro" – entre a Torre Eiffel, os Champs-Élysées e Les Invalides. Quartos confortáveis, decorados em estilo provençal e com toques originais, como os azulejos dos anos 1930 e referências ao estilo imperial francês.

105 H7 6 rue du Gros Caillou, 75007 01 45 51 24 56 €105-€155, sem café da manhã 29 École Militaire

HÔTEL LATOUR-MAUBOURG

www.latourmaubourgparis.com

www.latourmaubourg.com

Instalado em uma elegante mansão da época de Napoleão III reformada, o Latour-Maubourg recebeu o nome do marquês de la Tour Maubourg, que construiu e viveu na casa. Uma reforma feita em 2006 trouxe certos luxos do século XXI, embora o hotel ainda evoque sua herança histórica na decoração. Todos os quartos são equipados em alto padrão, com cofre, frigobar e acesso à internet sem fio, mas variam de tamanho. Há um bufê de café da manhã e um jardim.

105 J7 150 rue de Grenelle, 75007, Invalides 01 47 05 16 16 €176-€360, sem café da manhã 17 La Tour Maubourg

HÔTEL LENOX ST-GERMAIN

www.lenoxsaintgermain.com

O Lenox Club Bar deste hotel três-estrelas tem confortáveis poltronas e uma coleção de instrumentos musicais de jazz da década de 1930 expostos. Os quartos são elegantes, com belas luminárias e quadros, além de cofre, telefone, modem e TV por satélite. Há algumas suítes dúplex. O café da manhã é servido em uma adega abobadada.

105 L7 9 rue de l'Université, 75007, St-Germain-des-Prés 01 42 96 10 95 €135-€230, sem café da manhã 34 Rue du Bac, St-Germain-des-Prés

HÔTEL DE LONDRES EIFFEL

www.londres-eiffel.com

O conforto é a prioridade neste hotel três-estrelas, com suas poltronas macias no salão e camas king-size nos quartos. Cores quentes como amarelo e framboesa predominam no interior de decoração clássica.

105 H7 1 rue Augereau, 75007, Torre Eiffel 01 45 51 63 02 €151-€199, sem café da manhã 30 École Militaire

HÔTEL SAINT-DOMINIQUE

www.hotelstdominique.com

Não faltam padrões floridos neste hotel gracioso e pequeno, situado nas proximidades da Torre Eiffel. As três construções que formam as instalações do hotel cercam um pátio e uma delas abrigou um convento no século XVIII.

105 J7 62 rue St-Dominique, 75007 01 47 05 51 44 €101-158, sem café da manhã 37 Invalides, La Tour Maubourg

HÔTEL SQUARE

www.hotelsquare.com

Este quatro-estrelas perto das margens do Sena é parte de um complexo que inclui uma sala de conferência, outra de leitura e um restaurante, o Zebra Square. Tem ainda lounge bar com música na maioria das noites e galeria de arte contemporânea. Linhas sóbrias, luz suave, mobília de design e objetos de arte étnicos criam uma atmosfera contemporânea acolhedora. Em 2008 foi inaugurado um novo spa de luxo com cinco salas para tratamentos.

104 E8 3 rue de Boulainvilliers, 75016, Passy 01 44 14 91 90 €300-€380, sem café da manhã 22 Piscina coberta RER Kennedy-Radio-France, Trocadéro

HÔTEL VALADON

www.hotelvaladon.com

Um pequeno hotel duas estrelas de administração familiar perto da Torre Eiffel, que oferece quartos simples, mas decorados com móveis contemporâneos, por preços acessíveis. O Valadon tem um refrigerador comunitário e uma sala de jantar onde os hóspedes podem fazer uma refeição. Tem também uma aconchegante estufa. O café da manhã tipo continental inclui saborosas geleias caseiras, que podem ser compradas como suvenires.

105 H7 16 rue Valadon, 75007, Invalides 01 47 53 89 85 €135-€145 12 École-Militaire

RELAIS BOSQUET

www.relaisbosquet.com

Espaço, elegância e conforto caracterizam este hotel três-estrelas, perto dos Invalides e a dez minutos a pé da Torre Eiffel. Mobília em estilo Directoire e tons suaves são a marca registrada. Os quartos têm TV a cabo, telefone, cofre e frigobar, além de ferro e tábua de passar. A sala do café da manhã dá para um belo terraço florido.

105 H7 19 rue du Champ de Mars, 75007, Torre Eiffel 01 47 05 25 45 €180-€205, sem café da manhã 40 École Militaire

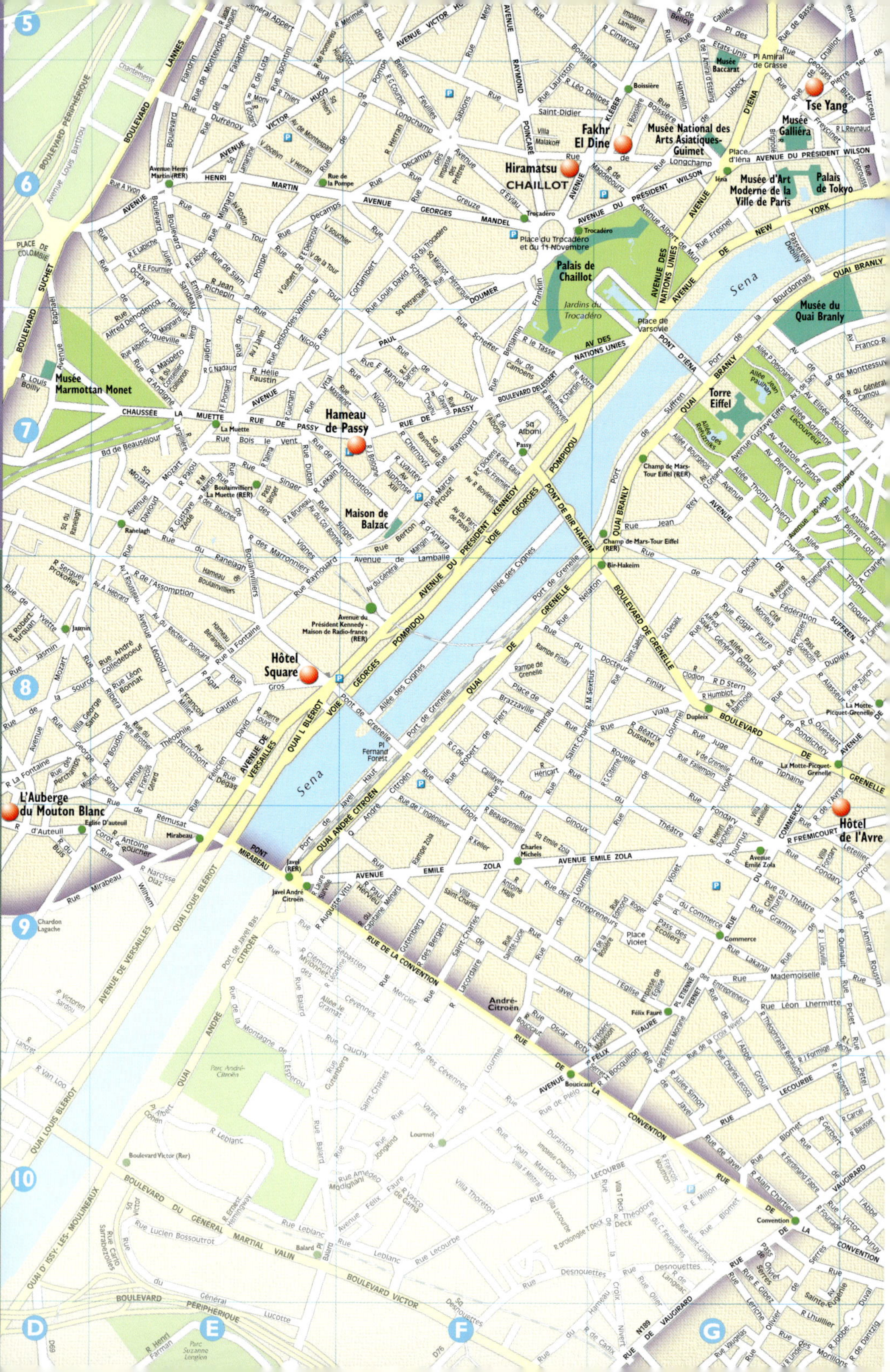
Tse Yang
Fakhr El Dine
Hiramatsu
CHAILLOT
Musée Baccarat
Musée National des Arts Asiatiques-Guimet
Musée Galliéra
Musée d'Art Moderne de la Ville de Paris
Palais de Tokyo
Palais de Chaillot
Jardins du Trocadéro
Place du Trocadéro et du 11 Novembre
Place de Varsovie
Sena
Musée du Quai Branly
Torre Eiffel
Musée Marmottan Monet
Hameau de Passy
Maison de Balzac
Hôtel Square
L'Auberge du Mouton Blanc
Hôtel de l'Avre
Parc André-Citroën
5
6
7
8
9
10
D
E
F
G

L'Affriolé
l'Ami Jean
Best Western Eiffel Park Hôtel
Hôtel Saint-Dominique
Thoumieux
Hôtel Latour-Maubourg
Hôtel de Londres Eiffel
La Fontaine du Mars
Le Violon d'Ingres
Grand Hôtel Levêque
Hôtel à l'Eiffel Rive Gauche
Hôtel Valadon
Relais Bosquet
Hôtel la Bourdonnais
L'Arpège
Hôtel Duc de St-Simon
La Ferme St-Simon
Hôtel Lenox St-Germain
L'Amaryllis
Bistro d'Hubert
Le Ciel de Paris
Tour Montparnasse
Hôtel Delambre
Assemblée Nationale
Les Invalides
INVALIDES
Musée Rodin
Musée d'Orsay
Jardin des Tuileries
Parc du Champ de Mars
École Militaire
Grand Palais
Petit Palais
Palais de la Découverte
Sena
MONTPARNASSE
GARE MONTPARNASSE
GARE DE PARIS VAUGIRARD
Les Catacombes
Maison de Verre
Les Egouts
Jardin du Luxembourg
0
250 m

QUARTIER LATIN, ST-GERMAIN E AS ILHAS

Esta área situada na margem esquerda do Sena preserva o espírito parisiense e abriga a igreja mais antiga da cidade, St-Germain-des-Prés. As instituições artísticas, os cafés, as igrejas antigas, os vendedores de livros e as lojas são elementos que fazem daqui um símbolo da vida na cidade. O nome Quartier Latin ("bairro latino") deve seu nome ao idioma falado pelos estudantes da Sorbonne até a Revolução.

Muitas pessoas jogam *boules* na Arènes de Lutèce, uma antiga arena romana que já esteve cercada por campos onde pastavam carneiros. Séculos mais tarde, os alunos dos mosteiros próximos criaram um centro de aprendizagem que deu origem à Sorbonne. Ao longo dos anos a área atraiu intelectuais, filósofos, artistas e instituições veneráveis, como o Institut de France e Bibliothèque Nationale de France – site François Mitterrand. Hoje, grande parte do Quartier Latin é um labirinto que escapou de racionalização do século XIX; a Rive Droite (margem direita) é urbana, embora também conte com amplas vias e belos espaços abertos, como o Jardin du Luxembourg, com o seu lago e canteiros de flores, o Museu Nacional d'Histoire Naturelle e Jardin des Plantes. Algumas construções de destaque são o Panthéon, uma antiga basílica onde foram enterradas grandes personalidades, como Voltaire, e o Musée National du Moyen Âge – Thermes de Cluny, uma celebração magnífica da vida feudal.

Na Île de la Cité o grande destaque é a catedral de Notre-Dame, embora na menos visível mas igualmente bela Conciergerie ainda ecoem os horrores da Revolução. No Quartier Latin e arredores não faltam igrejas que valem uma visita. Não perca St-Étienne-du-Mont, do século XV, que exibe variada mistura de estilos arquitetônicos. A igreja de St-Germain-des-Prés data de 1163 e em seu interior repousa René Descartes ("Penso, logo existo"), que morreu em 1650 mas continua um símbolo do espírito iluminista.

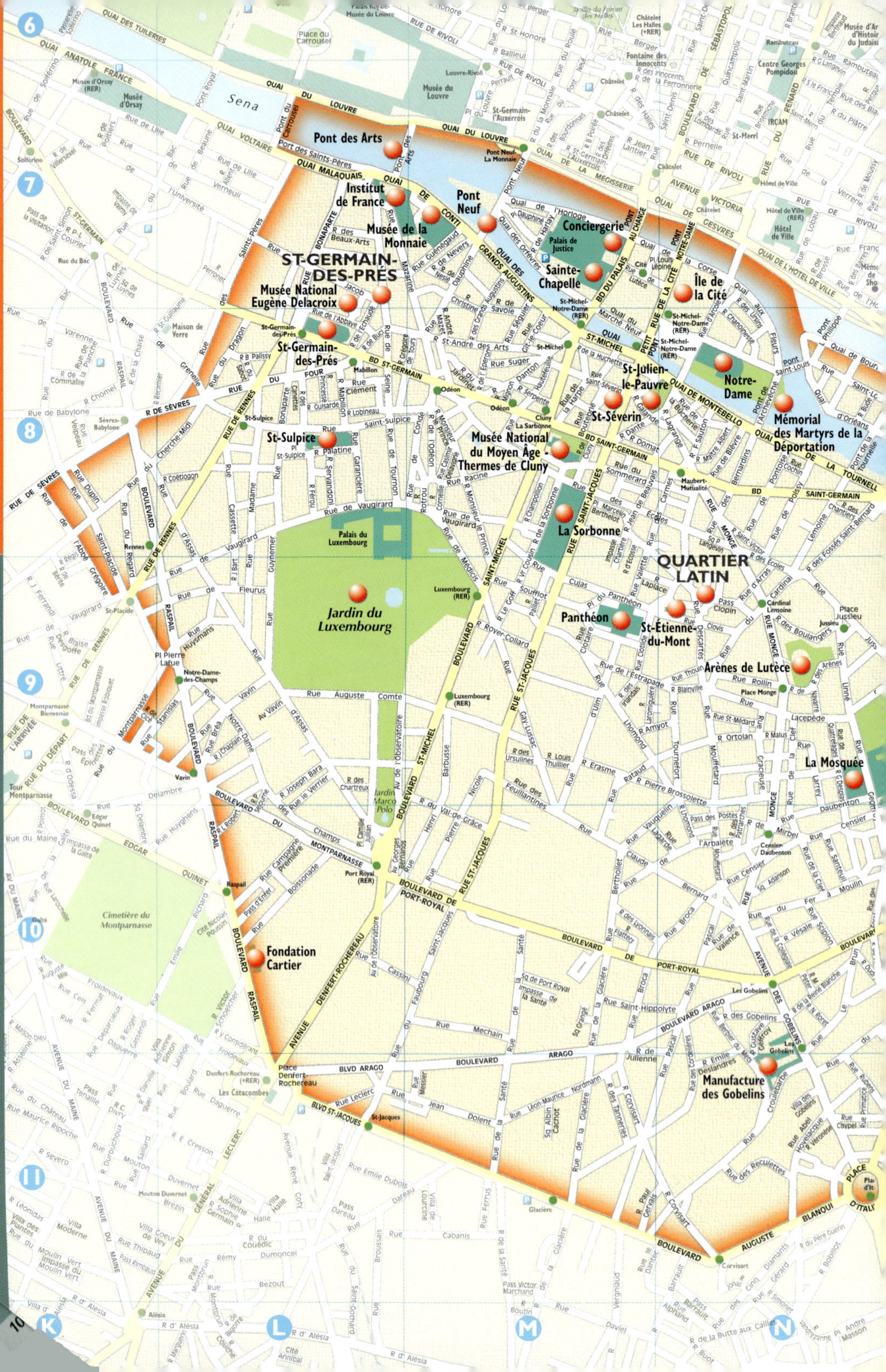
Sena
Pont des Arts
Institut de France
Musée de la Monnaie
Pont Neuf
Conciergerie
Sainte-Chapelle
Île de la Cité
ST-GERMAIN-DES-PRÉS
Musée National Eugène Delacroix
St-Germain-des-Prés
St-Sulpice
Musée National du Moyen Âge - Thermes de Cluny
St-Julien-le-Pauvre
St-Séverin
Notre-Dame
Mémorial des Martyrs de la Déportation
La Sorbonne
QUARTIER LATIN
Jardin du Luxembourg
Panthéon
St-Étienne-du-Mont
Arènes de Lutèce
La Mosquée
Fondation Cartier
Cimetière du Montparnasse
Manufacture des Gobelins

LE MARAIS
Musée de la Chasse et de la Nature
Musée de l'Histoire de France
Musée Picasso
Musée Cognacq-Jay
Musée Carnavalet
Synagogue
Place des Vosges
Hôtel de Sully
Maison de Victor Hugo
Maison Européenne de la Photographie
BASTILLE
Opéra Bastille
Île St-Louis
Pavillon de l'Arsenal
Institut du Monde Arabe
Jardin des Plantes
Muséum National d'Histoire Naturelle
Place Valhubert
GARE D'AUSTERLITZ
GARE DE LYON
Sena
Parc de Bercy
GARE DE BERCY
BERCY
Musée du Cinéma
Bibliothèque Nationale de France
Cour St-Émilion
Cimetière du Père-Lachaise
BOULEVARD DE MÉNILMONTANT
R DU FAUBOURG SAINT-ANTOINE
BD DIDEROT
QUAI DE BERCY
QUAI D'AUSTERLITZ
QUAI DE LA GARE
PONT DE BERCY
PONT NATIONAL
0 250 m
P
Q
R
S

ARÈNES DE LUTÈCE

Esta arena galo-romana data do fim do século II d.C. e foi batizada com o nome que os romanos deram a Paris, Lutécia. Ela foi destruída em 280, redescoberta em 1869 e finalmente restaurada no início do século XX. Atualmente, as ruínas e os jardins da arena são frequentados por estudantes, jogadores de *boules*, caminhantes e pessoas que gostam de fazer piquenique.

108 N9 Entrada pela rue des Arènes, rue de Navarre e 49 rue Monge, 75005 Diariam 8h-22h no verão, 8h-17h no inverno Grátis Cardinal Lemoine, Jussieu 47, 67, 89 Evite à noite

BERCY

Bercy se estende a leste da Gare de Lyon. Antes conhecida pelos depósitos de vinho, a área passou por uma grande revitalização.

A principal atração turística é o Palais Omnisports (8 boulevard de Bercy, tel 0892 39 04 90, www.bercy.fr), onde se podem ver shows de rock e eventos esportivos. O prédio curvilíneo do antigo Centro Cultural Americano, projetado por Frank Gehry, foi recentemente reaberto como Musée du Cinéma (▷ 120). O também novo Parc de Bercy oferece um refúgio à selva de pedra. Na extremidade do parque, os depósitos de vinho foram transformados no Bercy Village, que abriga butiques, bares e restaurantes (www.bercyvillage.com).

109 R10 Bercy, 75012 Bercy 24, 62, 87

BIBLIOTHÈQUE NATIONALE DE FRANCE – SITE FRANÇOIS MITTERRAND

www.bnf.fr

A Biblioteca Nacional da França tem 12 milhões de livros e inúmeros documentos, por isso não é de surpreender que, no final do século XX, tenha sido necessário arrumar mais espaço para ela. A nova biblioteca, com suas torres de vidro projetadas como livros abertos, ergue-se no extremo leste da margem esquerda. O público tem acesso a livros, à internet e a uma excelente seção de vídeos, CDs e DVDs

109 Q11 quai François-Mauriac, 75013 01 53 79 82 22; visitas guiadas 01 53 79 40 43 Salas de leitura do jardim superior: ter-sáb 10h-19h, dom 12h-19h Passe de um dia para adulto: €3; menores de 16 não podem entrar nas salas de leitura Quai-de-la-Gare 62, 89 Bibliothèque François-Mitterrand Livraria, loja de presentes

CONCIERGERIE

▷ 112-3.

FONDATION CARTIER

www.fondation.cartier.fr

A Fondation Cartier promove a arte contemporânea com empenho desde sua fundação, em 1984. Em 1994 ela se mudou para o centro de Paris, para o edifício de aço e vidro projetado pelo arquiteto Jean Nouvel. O interior espaçoso e iluminado é o ambiente perfeito para exposições permanentes e temporárias de arte francesa e internacional. As imensas janelas de vidro se abrem para um jardim e um pequeno anfiteatro criado pelo artista Lothar Baumgarten.

108 L10 261 boulevard Raspail, 75014 01 42 18 56 51 Ter 11h-22h, qua-dom 11h-20h Adultos €6,50, crianças (11-24) €4,50, menores de 10 grátis Raspail 38, 68, 91 As Noites Nômades são realizadas em algumas quintas, às 20h30 (é preciso reservar)

Página ao lado *Fondation Cartier, de Jean Nouvel* **Abaixo** *Lojas de Bercy Village*

CONCIERGERIE

INFORMAÇÕES

www.monuments-nationaux.fr

108 M7 2 boulevard du Palais, Île de la Cité, 75001 01 53 40 60 80 Mar-final out diariam: 9h30-18h; nov-final fev diariam: 9h-17h; fecha 1º jan, 1º mai, 25 dez Adultos €6,50 (€9,50 o ingresso combinado com a Sainte-Chapelle), menores de 18 grátis (leve o passaporte para provar a idade), no primeiro domingo do mês (nov-mar) grátis. Cité, Châtelet 21, 24, 27, 38, 58, 81, 85 RER linha B, C St--Michel-Notre-Dame Diariam visitas guiadas em francês, inglês e italiano. Não há audioguias €7 Livraria

Acima *Iluminada à noite, a Conciergerie parece mais um castelo do que uma prisão*

INTRODUÇÃO

Passando em frente às torres iluminadas da Conciergerie, em um passeio de barco noturno, é difícil imaginar o medo que se ocultava atrás de suas paredes durante os cinco séculos em que ela funcionou como prisão. No interior do sombrio átrio principal, a sensação de opressão é quase palpável.

A entrada fica no boulevard du Palais, perto do portão do Palais de Justice. Se você também quiser visitar a Sainte-Chapelle (▷ 132-3), compre um bilhete combinado. Pegue um mapa na entrada, pois a sinalização interna não é lá muito boa. As primeiras três salas – a Salle des Gens d'Armes, as cozinhas medievais e a Salle des Gardes – datam da Idade Média, quando a Conciergerie era um palácio real. Para saber mais sobre seu papel terrível durante a Revolução, vá até a Galerie des Prisonniers, no canto sudoeste do salão principal. Ali existe também uma reconstrução da cela da rainha Maria Antonieta.

A Conciergerie ficou conhecida como prisão, mas surgiu como palácio, parte de um complexo real que incluía também a Sainte-Chapelle e o Palais de Justice. As partes mais antigas do edifício datam do início do século XIV, embora seja provável a existência de uma fortaleza na parte oeste da Île de la Cité na época romana. No fim do século XIV, Carlos V decidiu morar em outro lugar, e a Conciergerie passou a funcionar como tribunal e prisão, sendo utilizada apenas ocasionalmente pela realeza. Foi nessa época que ganhou o nome atual, por causa do zelador (*concierge*) que cuidava dela. Durante a Revolução, a prisão abrigou mais de 4.000 internos, até 600 ao mesmo tempo. Os prisioneiros não tinham nada para fazer, a não ser esperar pela inevitável sentença de morte e pela terrível jornada pela cidade a caminho da guilhotina. Depois da Revolução, a Conciergerie continuou como prisão até 1914. Hoje ela oferece uma visão arrepiante do lado negro da história de Paris.

DESTAQUES

SALÕES GÓTICOS

Logo na entrada o visitante é jogado na semiescuridão de uma vasta câmara gótica, o mais antigo salão medieval da Europa. Uma iluminação sutil intensifica a atmosfera lúgubre da Salle des Gens d'Armes, que tem 63m de comprimento e 8,5m de altura. A sala data do século XIV, quando formava o piso inferior da Grand'Salle. Os empregados do rei comiam ali, até 2.000 ao mesmo tempo, enquanto os banquetes reais e as festas de casamento eram realizados no andar de cima. Posteriormente a sala foi dividida em despensas, mas no século XIX foi restaurada por Viollet-le-Duc. Uma escada em espiral leva às cozinhas, onde quatro fogões imensos, grandes o bastante para assar duas ovelhas, indicam a escala do apetite medieval. Depois de ver as cozinhas, volte para a Salle des Gens d'Armes e suba até a Salle des Gardes, no canto nordeste. Esse salão gótico ficava embaixo da Grand'Chambre, onde a Corte Revolucionária emitia as sentenças de morte das vítimas infelizes.

RECRIAÇÕES DA REVOLUÇÃO

A Galerie des Prisonniers era o local onde advogados, visitantes e internos se encontravam. Você verá recriações dos gabinetes do escrevente e do zelador e a Salle de Toilette, onde os barbeiros cortavam o cabelo dos prisioneiros antes da execução. Há também uma réplica da cela de Maria Antonieta. A mobília espartana (não original), o papel de parede rasgado e o olhar fixo do carcereiro formam um quadro triste dos últimos dias da rainha. Na Sala dos Sentenciados, painéis de madeira listam os 2.780 guilhotinados entre março de 1793 e maio de 1795. No corredor superior, as celas recriadas dão uma visão das duras condições de vida dos prisioneiros. A primeira cela, sem camas, era para os prisioneiros mais pobres, os *pailleux* (*paille* significa "palha"). Os mais abastados compartilhavam uma *chambre à la pistole*, que tinha camas e cadeiras. Os famosos e os ricos tinham uma cela própria, com cama, mesa e livros.

A CAPELA

No fim do corredor superior, as escadas conduzem à Chapelle des Girondins, capela batizada em homenagem aos 21 girondinos condenados (membros da ala esquerdista da Assembleia Legislativa de 1791) que se reuniram ali na noite anterior à sua execução. Dali se chega à Chapelle Expiatoire, que está no local da verdadeira cela de Maria Antonieta. A capela foi encomendada por Luís XVIII para homenagear os membros da realeza mortos na Revolução. O padrão prateado estampado nas paredes representa lágrimas.

DICAS

» Se você pretende visitar também a Sainte-Chapelle, vá primeiro à Conciergerie e compre um ingresso conjunto para evitar as filas na capela. Porém, tente ver a Sainte-Chapelle antes do almoço, pois à tarde ela fica mais cheia.

» Os salões principais da Conciergerie são destituídos de mobília, o que torna mais difícil imaginar os eventos que eles presenciaram. Vá preparado para exercitar a imaginação.

» Na parte do prédio voltada para o Sena, dê uma olhada na Tour de l'Horloge, que abrigou o primeiro relógio público de Paris, encomendado em 1370. O relógio atual data do século XVI e tem as esculturas da Lei e da Justiça.

Abaixo *A Salle des Gens d'Armes funcionou como refeitório no século XIV*

ÎLE DE LA CITÉ

INFORMAÇÕES

108 N7 Île de la Cité, 75001 e 75004 Cité (também Pont Neuf, St-Michel, Châtelet, Hôtel de Ville) 21, 24, 27, 38, 47, 58, 70, 85, 96 RER linha B, C, St-Michel-Notre-Dame Na Île de la Cité, na vizinha Île St-Louis e no Quartier Latin Diversas

Acima *Lindas flores à venda no mercado realizado na place Louis Lépine*

INTRODUÇÃO

A história de Paris começou na Île de la Cité, mais de 2.000 anos atrás. O local ainda desempenha um papel central na cidade, recebe muitos turistas e carros e tem uma arquitetura fabulosa. Embora as duas ilhas, Île de la Cité e Île St-Louis, sejam o local de nascimento da cidade, as diferenças são grandes. A primeira é um reduto histórico, tomada pelo movimento dos advogados e juízos (as cortes de justiça francesa funcionam aqui). Já a minúscula Île St-Louis lembra o ambiente de um vilarejo antigo, um calmo refúgio para poetas e artistas, que se orgulha de suas construções elegantes.

A ilha fica no meio do Sena, como um rebocador puxando atrás de si a pequena Île St-Louis. Uma das melhores formas de apreciar sua arquitetura é fazer um dos passeios de barco que saem da Pont Neuf, a ponte mais antiga de Paris. Da água você verá a elegante catedral de Notre-Dame surgir na margem, assim como a fachada austera da Conciergerie, uma das mais famosas prisões de Paris. À noite a iluminação confere à ilha um brilho quase mágico.

A princípio pode ser difícil apreciar os encantos da Île de la Cité a pé, por causa do trânsito pesado, das sirenes e do grande afluxo de turistas. Se você insistir, será recompensado com algumas das principais atrações de Paris.

A tribo gaulesa dos parísios estabeleceu-se no local cerca de 250 a.C. Os romanos chegaram 200 anos depois e construíram a cidade de Lutécia, que se expandiu para a margem esquerda. Eles ergueram um palácio para o governador e uma fortaleza na parte oeste da Île de la Cité. Em 508 o rei dos francos fez da ilha sua capital, e na Idade Média ela voltou a ser o centro do poder político com a construção de um palácio real (hoje o Palais de Justice e a Conciergerie). A ilha sofreu grandes transformações no século XIX, durante as reformas promovidas na cidade pelo barão Haussmann. Hoje ela não é mais a sede do poder político, mas conserva o Palais de Justice e a Préfecture de Police. A ilha é também o centro oficial de Paris – as distâncias da cidade até outros pontos da França são medidas a partir da estrela de bronze situada na praça em frente à catedral de Notre-Dame.

DESTAQUES

MONUMENTOS PRINCIPAIS

Localizam-se na Île de la Cité três importantes edifícios históricos de Paris: a Notre-Dame (▷ 124-7), a Conciergerie (▷ 112-3) e a Sainte-Chapelle (▷ 132-3). O mais famoso é a catedral de Notre-Dame, mas vale a pena incluir os três em seu roteiro. Os sombrios salões góticos da Conciergerie contrastam profundamente com o brilho da vizinha Sainte-Chapelle, que, por sua vez, parece menos acolhedora que Notre-Dame, embora seja menor.

O LADO MAIS TRANQUILO

Quando já tiver visitado todas as atrações principais, aproveite para relaxar e apreciar a vista em uma das tranquilas praças da área. A praça Jean XXIII, por exemplo, é um bom local para admirar a Catedral de Notre-Dame, enquanto a praça de l'Île de France, na extremidade leste da ilha, oferece uma linda vista do Sena e da Île St-Louis (▷ 116). Fica ali também o Mémorial des Martyrs de la Déportation (▷ 117). O mercado de flores da place Louis Lépine (▷ 140) vende todo tipo de planta, de botões delicados a árvores.

Abaixo *A graciosa Île de la Cité é o verdadeiro berço de Paris*

ÎLE ST-LOUIS

Esta ilha arborizada fica atrás da mais notável, a Île de la Cité. Sua rua principal, a estreita rue St-Louis-en-l'Île, fica cheia de turistas em busca das lojas e para experimentar o célebre sorvete da Maison Berthillon (fecha seg, ter e ago). Muitas das elegantes casas da pequena ilha foram projetadas no século XVII pelo arquiteto Louis Le Vau. Ele ficou tão satisfeito com o resultado que decidiu morar lá. A extremidade oeste da ilha oferece uma vista magnífica de Notre--Dame.

109 P8 Île St-Louis, 75004
Pont Marie, Sully Morland
67, 86, 87
Vários cafés

INSTITUT DE FRANCE

www.institut-de-france.fr

O Institut de France, com uma cúpula notável, tem posição de destaque na margem esquerda. O edifício foi projetado em 1663 por Louis Le Vau e financiado pelo cardeal Mazarin, que queria uma escola para alunos vindos do interior. A escola fechou em 1790, e, em 1805, Napoleão transferiu o Institut de France para esse prédio. Fundado em 1795, o instituto tem como objetivo proteger a arte, a literatura e a ciência, e é composto de cinco academias: Inscriptions et Belles-Lettres, Sciences, Beaux-Arts, Sciences Morales et Politiques e a prestigiosa Académie Française. Fundada em 1635, a Academia Francesa tem apenas 40 membros. Ainda é dela a responsabilidade de estabelecer os padrões da língua pátria, cuidadosamente registrados em seu *Dictionnaire de la Langue Française*.

108 L7 23 quai Conti, 75006
01 44 41 44 41 Só com visitas guiadas: sáb, dom, feriados 10h30 e 15h; reserva obrigatória, tel: 01 44 41 45 32
Adultos €3,10 Pont Neuf, Odéon, Louvre-Rivoli 24, 27, 58, 70

INSTITUT DU MONDE ARABE

www.imarabe.org

Em 1974, a França e 19 países árabes decidiram criar o Institut du Monde Arabe (Instituto do Mundo Árabe). O documento da fundação foi assinado em 1980, e o instituto começou a funcionar em 1987.

A estrutura de alumínio e vidro foi concebida por um grupo de arquitetos – Jean Nouvel, Pierre Soria, Gilbert Lezenes e o Architecture Studio. O projeto mistura materiais modernos e o espírito da arquitetura árabe tradicional. A fachada sul consiste em 240 telas de metal idênticas, sensíveis à luz, que, ajustadas eletronicamente a cada hora, filtram a luz que entra no edifício. O desenho da telas de metal se inspira nos *moucharabiehs*, telas de madeira entalhada comuns nas construções do Marrocos até o sudeste da Ásia. Só os elevadores panorâmicos de alta velocidade já valem a visita. Vá até o nono andar e aproveite a vista do rio a partir do terraço ou do refinado restaurante.

A entrada do museu fica no sétimo andar, e as peças estão expostas em ordem cronológica em direção ao sexto e ao quinto andar. São mais de 600 peças em exposição. Da Espanha à Índia, da pré-história ao século XIX, as cerâmicas, os bronzes, os mármores, os astrolábios, os manuscritos, as tapeçarias, os tecidos e os tapetes desta coleção refletem o esplendor da civilização árabe-islâmica. O local abriga também exposições temporárias, inclusive mostras de fotografia e arte contemporânea.

O instituto é muito mais do que um museu. Ele conta ainda com um cinema, um auditório, uma biblioteca com mais de 50 mil livros, salas de pesquisa e sala de audiovisual, além de publicar duas revistas. Entre os eventos oferecidos estão apresentações de música, dança e teatro, palestras, oficinas de arte e atividades educativas.

109 N8 1 rue des Fossés-St-Bernard, 75005 01 40 51 38 38 Ter-dom 10h-18h. Biblioteca: ter-sáb 13h-20h
Adultos €6, crianças €4, menores de 12 grátis Jussieu, Cardinal Lemoine, Sully Morland 24, 63, 67, 86, 87, 89
visitas guiadas (em francês): sáb-dom 15h. Visitas de 1h30, €5 (mais o ingresso)
Le Ziryab, restaurante panorâmico (9º andar) Café Littéraire (térreo) e cafeteria Le Moucharabieh (9º andar) Loja (térreo) de livros, CDs, cerâmica e presentes

JARDIN DU LUXEMBOURG

▷ 118-9.

Abaixo *Vidro e alumínio integram a estrutura do Institut du Monde Arabe*

MANUFACTURE DES GOBELINS

Originalmente uma tinturaria fundada pelos irmãos Gobelin no século XV, a Manufacture des Gobelins chamou a atenção de Colbert, o astuto ministro de Luís XIV, e em 1662 ela já havia se tornado a fábrica de tapetes reais. O negócio expandiu-se rapidamente para a produção de móveis e as oficinas de tapetes. Boa parte dos objetos de decoração de Versalles foi tecida, entalhada ou marchetada ali.

Os teares seculares ainda estão em operação. O passeio guiado de 90 minutos inclui também alguns famosos ateliês dos tapetes Beauvais e a fábrica Savonnerie.

108 N11 42 avenue des Gobelins, 75013 01 40 13 46 46 Ter-dom 12h30-18h30 Adultos €10, crianças €7, menores de 7 grátis Visitas guiadas (em francês): ter-qui 14h-16h30. Adultos €8, crianças €6. Chegue 10min antes Les Gobelins 27, 47, 83, 91

MÉMORIAL DES MARTYRS DE LA DÉPORTATION

Este monumento é uma celebração aos 200 mil franceses que morreram nos campos de concentração durante o Holocausto. O memorial fica numa praça tranquila no extremo leste da Île de la Cité, e do alto de seu telhado se tem uma vista panorâmica do rio e da vizinha Île St-Louis.

Desça a escada estreita que leva à cripta. De lá você verá apenas pequenos rasgos do Sena pelas barras de ferro e saberá como se sentiam os prisioneiros ali instalados. As paredes do túnel escuro e comprido que sai da cripta têm 200 mil fragmentos de vidro, um para cada pessoa morta. Uma luz no final desse túnel simboliza a esperança. Não se trata de um monumento comum e sem vida, mas de um lembrete perturbador dos horrores da Segunda Guerra Mundial.

108 N8 Praça de l'Île de France, Île de la Cité, 75004 01 46 33 87 56 Diariam 10h-12h, 14h-19h (14h-17h no inverno) Grátis Cité 24, 47 St-Michel Notre-Dame Diversos na Île de la Cité

Acima *Fonte de mármore rosado em estilo mourisco, no calmo jardim de La Mosquée*

LA MOSQUÉE

www.la-mosquee.com

Uma joia da arquitetura islâmica europeia do século XX, esta mesquita tem arcadas entalhadas e um magnífico minarete de 33m de altura.

A esplêndida mesquita de Paris, com seu marcante minarete quadrado, é uma das melhores surpresas da margem esquerda. Ela foi construída entre 1922 e 1926, com financiamento francês, para celebrar o apoio do norte da África na Primeira Guerra Mundial.

Fiel à arquitetura hispano-mourisca, ela tem telhado verde, fontes de mármore rosa e portas lindamente entalhadas. O grande pátio foi inspirado no do palácio de Alhambra, em Granada, Espanha, e ostenta mosaicos e um refinado trabalho de carpintaria de cedro e eucalipto. As arcadas entalhadas também são decoradas com mosaicos intricados. Refúgio espiritual da comunidade muçulmana em Paris, a sala de orações é excepcionalmente decorada com lindos tapetes. O pátio interno ajardinado simboliza o paraíso islâmico. A mesquita de Paris também abriga uma biblioteca e uma escola.

O restante do complexo é acessível a partir da rue Geoffroy St-Hilaire e oferece ainda um restaurante, um salão de chá e banho turco (*hammam*), excelente para fugir da agitação da cidade. Sentado ao lado de uma fonte de mármore, deixe sua mente vagar até litorais exóticos. Depois, sente-se a uma mesa ao ar livre, no belo pátio, e saboreie o chá de hortelã com um pedaço de cuscuz. Há também uma loja, reminiscente de um pequeno mercado (*souk*), cheia de objetos típicos.

108 N9 La Mosquée: place du Puits-de-l'Ermite, 75005; Hammam: 39 rue Geoffroy St-Hilaire La Mosquée: 01 45 35 97 33; Hammam: 01 43 31 38 20 La Mosquée: visitas guiadas em francês: sáb-qui 9h-12h, 14h-18h. Banho turco: homens: ter 14h-21h, dom 10h-21h. Mulheres: seg, qua, qui, sáb 10h-21h, sex 14h-21h La Mosquée: adultos €3, crianças €2, menores de 7 grátis. Banho turco: apenas entrada €15, preços variam de acordo com o tratamento Jussieu, Place Monge, Censier-Daubenton 47, 67, 89 Restaurante: 39 rue Geoffroy St-Hilaire Casa de chá: 39 rue Geoffroy St-Hilaire Livraria na mesquita; mercado no número 39 da rue Geoffroy St-Hilaire; vende cerâmica, bijuterias e outros itens

JARDIN DU LUXEMBOURG

INFORMAÇÕES
www.senat.fr
www.museeduluxembourg.fr
108 L9 rue de Vaugirard/rue de Médicis/boulevard St-Michel, 75006
Parque: 01 42 34 23 89. Senado: 01 42 34 20 00. Musée du Luxembourg 01 42 34 25 95 Parque: horários variam segundo a estação; em geral, de manhã até o anoitecer. Museu: seg, sex 10h30-22h, ter, qua, qui e sáb 10h30-19h, dom 9h-19h Parque: grátis. Museu: adultos €11, menores de 10 anos grátis. Odéon 38, 63, 70, 82, 83, 84, 85, 86, 87, 89, 96 RER linha B, Luxembourg Visitas guiadas ao Palais du Luxembourg no primeiro sáb de cada mês. Para reservar, ligue 01 44 54 19 49. Para ver uma sessão do Senado, ligue 01 42 34 20 00 Cafés ao ar livre, restaurante Quiosque Um carvalho dedicado às vítimas do 11 de Setembro foi plantado perto da Estátua da Liberdade

Acima *Crianças se divertem nos passeios de pônei pelo Jardin du Luxembourg*

INTRODUÇÃO

O Jardin du Luxembourg tem 240 mil m^2 e delimita a fronteira sul de St--Germain-des-Prés e do Quartier Latin. O parque é frequentado por estudantes após as aulas e pelos turistas em busca de um espaço para respirar entre as visitas às atrações da cidade. Há entradas em todos os cantos e caminhos que levam aos principais pontos de interesse, como o lago octogonal e o Théâtre du Luxembourg. Há muitos bancos e locais para descansar. O Palais du Luxembourg, sede do Senado francês, fica na parte norte. Se quiser fazer uma visita guiada, reserve com antecedência.

Cansada do Louvre, Maria de Médici encomendou o jardim e o palácio em 1615, na esperança de relembrar sua Florença natal. Ela comprou as terras do duque Francisco de Luxemburgo (daí o nome do jardim) e solicitou ao arquiteto Salomon de Brosse que se inspirasse no Palácio de Pitti. As obras foram concluídas em meados dos anos1620, mas Maria, viúva de Henrique IV, não desfrutou sua criação por muito tempo. Ela foi expulsa da França pelo poderoso cardeal Richelieu e morreu sem um tostão em Colônia, na Alemanha.

Um abaixo-assinado com 12 mil assinaturas não impediu que uma parte do jardim fosse destruída pelas obras urbanísticas do barão Haussmann, mas a área remanescente continuou a oferecer um refúgio a artistas, escritores e filósofos, como Hemingway, Victor Hugo e Jean-Paul Sartre.

DESTAQUES

DESCANSO EM UM CENÁRIO DESLUMBRANTE

O jardim possui alguns dos mais lindos canteiros públicos de flores de Paris e apresenta uma mistura paisagística que contempla os estilos francês, inglês e italiano. O ponto central é um grande lago octogonal decorado com urnas e estátuas de pedra que retratam rainhas francesas e outras mulheres notáveis. Quando o tempo está bom, os parisienses vão para o Jardin du Luxembourg tomar sol, jogar *boules* e xadrez ou correr pelos caminhos arborizados. Entre as outras atrações estão quadras de tênis, um coreto e até uma escola de apicultura.

O Musée du Luxembourg ocupa a antiga estufa. Além de expor obras do Renascimento (foi erguido a pedido da rainha Maria de Médici, nascida em Florença) sedia ótimas mostras temporárias de arte.

Apesar de estar sempre cheio, o parque é um refúgio das ruas movimentadas de Paris. A Torre Eiffel e a Tour Montparnasse são visíveis no horizonte.

PALAIS DU LUXEMBOURG

O Palais du Luxembourg remete às origens florentinas do jardim e hoje sedia o Senado francês. Durante a Revolução Francesa, a bela construção foi confiscada para servir de prisão.

ATIVIDADES PARA CRIANÇAS

As crianças têm muitas opções, como passeios de pônei (apenas durante as férias escolares francesas), espetáculos de marionetes no Théâtre du Luxembourg (quartas, sábados e domingos a partir das 14h), gangorras e balanços. Elas também podem tentar a sorte como capitão de navio, alugando modelos de barco para brincar no lago.

ESTÁTUAS

O parque tem mais de uma centena de estátuas, fontes e monumentos. A Fontaine Medicis é um ponto romântico muito procurado a leste do Palais du Luxembourg. A gruta foi encomendada por Maria de Médici no século XVII, e as esculturas são personagens alegóricas que representam os rios Sena e Reno, além do brasão de armas da rainha. Tempos depois, uma escultura que retrata um Polifemo nervoso, pronto para jogar uma pedra nos amantes inocentes Ácis e Galateia, foi acrescentada. Na extremidade oeste do jardim há uma miniatura da Estátua da Liberdade, um dos estudos para a famosa estátua de Nova York, criada por Frédéric Bartholdi em 1870.

À esq. *Os jogos e brincadeiras com bola são uma forma de gastar energia no parque*
Abaixo *Flores brancas, azuis e vermelhas em quantidade enfeitam os canteiros*

MUSÉE DU CINÉMA

www.cinematheque.com

O Museu do Cinema fica no antigo Centro Cultural Americano, um edifício criado pelo arquiteto Frank Gehry. O complexo conta com o Museu do Cinema Henri Langlois, quatro salas de exibição, a Cinémathèque Française, uma biblioteca especializada, uma sala de exposições, uma livraria e um restaurante.

109 R10 51 rue de Bercy, 75012 01 71 19 33 33 La Cinémathèque Française Musée du Cinéma: seg, qua-sáb 12h-19h (também qui 19h-22h), dom 10h-20h Adultos €5, menores de 12 €2,50 Bercy 24, 62, 87

MUSÉE DE LA MONNAIE

www.monnaiedeparis.fr

O refinado Hôtel de la Monnaie, na margem esquerda do Sena, sediou a Casa da Moeda de Paris do século XVIII até 1973. Hoje suas máquinas produzem apenas moedas e medalhas comemorativas. Abriga também um museu, cuja coleção remonta ao século XIX, onde o visitante aprende tudo sobre a evolução das técnicas de cunhagem de moedas.

108 M7 Hôtel de la Monnaie, 11 quai de Conti, 75006 01 40 46 55 35 Ter-sex 11h-17h30, sáb-dom 12h-17h30 Adultos €5, menores de 16 grátis, grátis no primeiro dom do mês Pont Neuf, Odéon 27, 58, 70 Audioguia incluso no preço do ingresso. Visita guiada aos estúdios (com reserva): qua e sex 14h15, €3 (menores de 16 grátis) A loja vende coleções de moedas, livros, medalhas históricas, cartazes. A Paris Mint, no número 2 da rue Guénégaud (seg-sáb 10h-18h), vende vários objetos produzidos nas oficinas

MUSÉE NATIONAL EUGÈNE DELACROIX

www.musee-delacroix.fr

O pintor romântico Eugène Delacroix (1798-1863) passou os últimos seis anos de vida aqui. A residência e o estúdio foram transformados neste pequeno museu, onde estão expostos desenhos, pinturas, esboços, móveis e documentos pessoais.

108 L7 6 rue de Furstemberg, 75006 01 44 41 86 50 Qua-seg 9h30-17h (última admissão 16h30) Adultos €5, menores de 26 grátis, grátis para todos no primeiro dom do mês St-Germain-des-Prés, Mabillon 39, 63, 95

MUSÉE NATIONAL DU MOYEN ÂGE–THERMES DE CLUNY

▷ 122-3.

MUSÉUM NATIONAL D'HISTOIRE NATURELLE E JARDIN DES PLANTES

▷ 121.

NOTRE-DAME

▷ 124-7.

PANTHÉON

▷ 128.

PONT DES ARTS

Esta é uma das pontes mais românticas, muito popular entre os artistas de rua. Também conhecida como Passerelle (passarela) des Arts, ela interliga o Louvre e o Institut de France, e foi reconstruída em 1984 com sete arcos de aço. A ponte de ferro original, a primeira de Paris, foi uma encomenda de Napoleão.

108 L7 quai du Louvre/quai de Conti Louvre-Rivoli 24, 27, 39, 69, 72

PONT NEUF

Ironicamente, a Pont Neuf (Ponte Nova), de 1604, é atualmente a mais velha de Paris. Henrique II teve a ideia de construí-la em 1556, para facilitar seu percurso entre o Palácio do Louvre e a abadia de St-Germain-des-Prés. A ponte foi inaugurada quase meio século depois, quando Henrique IV atravessou-a em seu cavalo. Sua estátua ainda está ali, mas não é a original, que foi derretida durante a Revolução. Em 1985, o artista Christo literalmente embrulhou a apreciada ponte.

108 M7 Île de la Cité Pont Neuf 24, 27, 58, 70

Acima *Os arcos metálicos da Pont des Arts*
À esq. *A Pont Neuf é a mais velha de Paris*

MUSÉUM NATIONAL D'HISTOIRE NATURELLE E JARDIN DES PLANTES

O Jardin des Plantes é um dos parques mais bonitos da cidade e lugar ideal para um passeio. A ampla alameda central, ladeada por museus e jardins, fica especialmente bonita no outono, quando as folhas mudam de tonalidade. Caminhos levam a canteiros floridos, estátuas e uma vista fantástica da Grande Galerie de l'Évolution. O Jardin des Plantes foi fundado em 1626 por dois médicos de Luís XIII para o cultivo de plantas medicinais. Aberto ao público em 1640, foi ampliado pelo naturalista Buffon no século XVIII. No centro, uma exposição permanente chamada "Le Cabinet d'historie" aborda a história arquitetônica e topográfica do local – desde o nascimento como jardim de plantas medicinais até os dias atuais (aberto qua-seg 10h-17h; €3).

MUSÉUM NATIONAL D'HISTOIRE NATURELLE

O Museu de História Natural é composto de diversas galerias isoladas situadas no Jardin des Plantes. O ponto alto é a Grande Galerie de l'Évolution, instalada em um edifício gigantesco com teto de vidro, construído em 1889 e reformado no início dos anos 1990. A exposição cobre temas que vão da evolução e diversidade do mundo natural até as espécies ameaçadas de extinção. A Galerie de Paléontologie, que foi aberta em 1898, tem fósseis de milhões de anos de idade. A Galerie d'Anatomie Comparée se concentra na classificação de mais de mil vertebrados, ao passo que a Galerie de Minéralogie e Géologie expõe gemas, minerais preciosos e cristais gigantes.

PLANTAS E ANIMAIS

As estufas de plantas tropicais (que reabriram em 2010 depois de uma reforma), com um jardim de inverno e uma estufa mexicana, abrigam milhares de espécies de plantas. O jardim alpino contém mais de 2.000 espécies de regiões montanhosas como os Alpes, a Córsega e o Himalaia. A Ménagerie foi aberta em 1794 e reúne cerca de 1.100 mamíferos, aves e répteis, além de um microzoo de insetos e aranhas.

INFORMAÇÕES

www.mnhn.fr

109 P9 01 40 79 56 01; 01 40 79 30 00 (informações gravadas) Gare d'Austerlitz, Jussieu, Place Monge
24, 57, 61, 63, 67, 89, 91
Loja de presentes e livraria

Jardin des Plantes
57 rue Cuvier, 75005 01 40 79 56 01
Diariam. amanhecer-anoitecer Grátis

Grande Galerie de l'Évolution
36 rue Geoffroy St-Hilaire Qua-seg 10h-18h. Fecha 1º mai Adultos €8, crianças (4-13) €6 Censier-Daubenton

Galeries de Paléontologie et d'Anatomie Comparée
57 rue Cuvier Qua-seg 10h-17h. Fecha 1º mai Adultos €7, crianças (4-13) €5

Galerie de Minéralogie & Géologie
36 rue Geoffroy St-Hilaire
Qua-seg 10h-18h. Fecha 1º mai
Adultos €8, crianças (4-13) €6

Les Serres (tropicales)
57 rue Cuvier

Ménagerie (Zoo)
57 rue Cuvier 01 40 79 37 94
qua-seg 10h-17h30 (também dom 17h30-18h) Adultos €8, crianças (4-13) €6

Acima *Alameda do Jardin des Plantes*

MUSÉE NATIONAL DU MOYEN ÂGE—THERMES DE CLUNY

INFORMAÇÕES

www.musee-moyenage.fr

108 M8 6 place Paul-Painlevé, rue du Sommerard, 75005 01 53 73 78 16; 01 53 73 78 00 Qua-seg 9h15-17h45 Adultos €8,50, menores de 26 grátis para exposições permanentes, grátis para todos no primeiro dom do mês Cluny-La Sorbonne, St-Michel 21, 27, 38, 63, 85, 86, 87, 96 RER linha B, C, St-Michel Visitas guiadas também em inglês. Audioguia €1 €19,50 Livraria, loja de presentes

Acima *Uma linda construção em estilo gótico abriga o Musée de Cluny, dedicado à Idade Média*

INTRODUÇÃO

Este museu agradável oferece um painel intrigante da vida medieval. Tapeçarias, colares, estátuas decapitadas e objetos religiosos estão entre as 23 mil peças expostas em uma acolhedora mansão em estilo gótico, instalada no Quartier Latin. O que torna a coleção tão atraente é o fato de permitir a apreciação de perto de objetos que normalmente só podem ser vistos de longe. Vitrais maravilhosos, que fora do museu ficam lá no alto, distantes, aqui estão diante dos olhos, enquanto retábulos criados para serem instalados no fundo das igrejas se erguem bem à frente do visitante. Os detalhes são excepcionais. Os vitrais, magníficos, ensinam muito sobre a forma de arte e as três técnicas que envolve: pintura, vidro e metal.

A entrada do museu fica em um pátio gótico deslumbrante, cujas gárgulas e torreões deixam o visitante no estado de espírito certo para apreciar os tesouros do interior. Pegue o mapa (grátis) na bilheteria e comece a visita pela sala 2, passando pela livraria. A partir dali é fácil se orientar, pois as salas são numeradas: de 2 a 12 no andar de baixo e de 13 a 23 no andar superior. Depois de terminar sua visita, reserve um tempo para descansar nos jardins medievais, cuja entrada fica na esquina dos boulevards St-Michel e St-Germain. Neste local, no pátio interno, o visitante encontra o "Jardim do Céu" e o "Jardim do Amor".

Quando o governo comandado pelo Rei Cidadão Luís Felipe de Orléans decidiu abrir em Paris um museu dedicado à Idade Média, o Hôtel de Cluny, em estilo gótico tardio, revelou-se o local perfeito, já que combinava a grandiosidade da construção com as termas galo-romanas. O museu foi aberto em 1843. O Hôtel de Cluny, uma das mansões mais antigas de Paris, foi construído no final do século XV como segunda residência de uma abastada ordem de monges beneditinos de Cluny, na Borgonha. Moraram ali personalidades como Maria Tudor, irmã de Henrique VIII, que ficou viúva aos 16 anos, depois de três meses de casamento com Luís XII, e Jaime V da Escócia. No início do século XIX, o colecionador de arte Alexandre du Sommerard comprou o local – sua coleção constitui a base do acervo do museu.

DESTAQUES

TAPEÇARIAS

As ricas tapeçarias pintam um retrato encantador, ainda que idealizado, da vida medieval. Caminhar, tomar banho e ler eram algumas das atividades cotidianas retratadas na série *A vida senhorial* (sala 4), do século XVI. Alguns aspectos da vida dos senhores eram a caça, a leitura de poesia, os desafios e o amor cortês. Objetos como pentes, calçados e moedas também fazem parte do acervo. O fundo floral, chamado de *mille fleurs*, era um recurso artístico comum na época. Não deixe de ver *As vindimas* (sala 12), criada no sul dos Países Baixos no século XVI. A peça retrata a colheita das uvas. As seis tapeçarias alegóricas que formam a série *A dama e o unicórnio* (sala 13) foram tecidas com seda e lã no século XV, nos Países Baixos. As cinco primeiras mostram uma mulher interpretando os cinco sentidos. Na sexta, a enigmática *A meu único desejo*, ela deposita no porta-joias o colar que estava usando. Imagina-se que a cena simbolize a recusa das paixões mundanas.

Outra tapeçaria que merece ser apreciada é a que retrata a vida de santo Estêvão, o primeiro mártir cristão.

AS CABEÇAS DE NOTRE-DAME

A sala de concerto (sala 8) mostra uma coleção surreal de cabeças extirpadas das estátuas da fachada oeste de Notre-Dame por zelosos revolucionários, que pensavam que elas retratassem reis franceses. Na verdade, as estátuas, datadas do século XIII, eram representações de personagens bíblicas. Várias outras esculturas danificadas foram trazidas das igrejas de St-Germain-des-Prés, Sainte-Geneviève, St-Denis e da Sainte-Chapelle. Para os historiadores essas peças tinham desaparecido, mas na verdade foram transferidas graças a diversas coincidências – como a que levou à descoberta, em 1977, de dezenas de fragmentos. Assim, os estudiosos puderam recriar a evolução da arte das estátuas nos século XII e XIII.

TERMAS GALO-ROMANAS

O museu da Idade Média está localizado em meio às ruínas das termas galo-romanas mais antigas de Paris. No século II, os banhistas passavam por três câmaras de pedra, que tinham temperaturas variadas: morna no *tepidarium*, quente no *caldarium* e fria no *frigidarium*. Boa parte do *frigidarium* resistiu ao tempo e foi incorporada ao andar inferior do museu (sala 9). Trata-se de uma câmara imponente, com paredes de 2m de espessura e 15m de altura. Em um dos cantos fica a escultura mais antiga de Paris, o *Pilier des nautes* (30 d.C.). Uma rede de câmaras mortuárias romanas sai do *frigidarium*. Do lado de fora, no boulevard St-Germain, podem-se ver as ruínas de um ginásio romano. Assim como as termas, o ginásio é um dos poucos testemunhos da civilização galo-romana que existiu em Paris.

DICAS

» Não é preciso pagar para entrar no pátio gótico ao lado da place Paul-Painlevé. Trata-se de um lugar agradável e ideal para um breve descanso. Os torreões e gárgulas valem a visita.

» Neste museu, todas as notas explicativas estão escritas em inglês e francês.

» Atente para a imagem esculpida em mármore que representa Nossa Senhora com as crianças: é uma das maiores que existem no mundo deste tipo.

» Observe a parte externa do Hôtel de Cluny à noite. Engenheiros especializados em iluminação fizeram um projeto que dá a impressão de que as cores da fachada mudam conforme o espectador se aproxima ou se afasta da construção.

» Um bom exemplo da ourivesaria e técnica de esmalte são as coroas de Guarrazar, trazidas de Toledo, na Espanha.

Abaixo *Escadarias de pedra entalhada ligam os diferentes andares do Hôtel de Cluny*

NOTRE-DAME

INFORMAÇÕES

www.notredamedeparis.fr

Catedral

108 N8 place du Parvis Notre-Dame, 75004 01 42 34 56 10 Seg-sex 8h-18h45, sáb-dom 8h-19h15. Acesso restrito nos domingos e dias de festas Grátis Cité, St-Michel, Châtelet 21, 38, 47, 58, 70, 72, 74, 81, 82, 85, 96 RER linhas B, C, St-Michel Muitas opções em várias línguas Visitas guiadas: em francês, seg-sex às 14h e 15h, sáb 14h30; em inglês, qua-qui 14h, sáb às 14h30. Mais visitas em inglês em ago (tel 01 53 40 60 85) Na Île de la Cité e no Quartier Latin Livraria na catedral. Livraria maior e loja de presentes na subida da torre Recitais de órgão dom 16h30

Torres

Rue du Cloître Notre-Dame (entrada no canto noroeste da catedral) 01 53 10 07 00 Jul-fim ago seg-sex 10h-18h30, sáb-dom 10h-23h; abr-fim jun, set diariam 10h-18h30; resto do ano diariam 10h-17h30; último visitante 45min antes de fechar Adultos €7,50, menores de 18 grátis

Tesouro

Entrada pela catedral, perto do coro Seg-sex 9h30-18h, sáb 9h30-18h30, dom 13h30-18h30 Adultos €2,50, crianças €1

Cripta

1 place du Parvis Notre-Dame 01 55 42 50 10 Ter-dom 10h-18h Adultos €3,30, jovens (14-26) €1,60, menores de 13 grátis

INTRODUÇÃO

A catedral de Notre-Dame, com seus mais de 850 anos de história, é uma presença poderosa na Île de la Cité. Ela é um marco tão famoso de Paris quanto a Torre Eiffel, e cerca de 10 milhões de pessoas passam por suas portas todos os anos. Ainda assim, ela induz à calma.

Entra-se na catedral pelas imensas portas da fachada oeste, na place du Parvis Notre-Dame. Compre um guia na banca localizada dentro da igreja antes de percorrer seu interior pouco iluminado. Há menos visitantes no início da manhã, também o horário em que a catedral está mais iluminada. Se não estiver com pressa, considere a sugestão de visitar o Tesouro, ao qual se chega passando pela parte sul do coro. A entrada da cripta fica do lado de fora, na place du Parvis Notre-Dame.

Reserve algum tempo para caminhar em volta de Notre-Dame e apreciar sua arquitetura, inclusive os arcobotantes. Uma das melhores vistas do exterior pode ser conseguida com um passeio de barco pelo Sena, circundando a Île de la Cité. Finalmente, existe a opção de ver a cidade do alto das torres da catedral. As filas são menores pela manhã, de terça a sexta.

No século XII, o bispo Maurice de Sully decidiu que Paris precisava ter uma catedral. O papa Alexandre III assentou a pedra fundamental em 1163, e o coro foi construído em pouco menos de 20 anos. Guildas de carpinteiros, entalhadores de pedra, ferreiros e vidreiros trabalharam nesse grande projeto, cuja execução consumiu quase 200 anos. Notre-Dame ficou pronta em 1345. Durante anos a catedral foi também local de encontro das guildas e dormitório de sem-teto. Sua escola era renomada em toda a Europa.

No entanto, em 1804, quando Napoleão foi coroado, seu estado era crítico. Preocupado com a falta de inúmeras estátuas (arrancadas durante a Revolução Francesa), com a ausência dos vitrais e com a amputação da agulha, em 1787 o escritor Victor Hugo, autor de *O corcunda de Notre-Dame*, lançou uma campanha por sua restauração e obteve algum sucesso. As estátuas da Galeria dos Reis ganharam réplicas e uma agulha de 90m foi erguida. Viollet-le-Duc supervisionou a restauração em meados do século XIX. Entre seus feitos estão a substituição de alguns vidros transparentes por vitrais e a adição de uma modesta estátua de si mesmo entre os apóstolos. O restante das janelas só voltou a receber vitrais depois da Segunda Guerra Mundial. Notre-Dame permanece um importante local de culto, além de ser uma das principais atrações turísticas de Paris.

DESTAQUES

FACHADA OESTE

A fachada oeste, simétrica e dominada pelas torres, parece um tanto pesada e angulosa quando comparada com as curvas elegantes e as agulhas da fachada leste. No entanto, ela está repleta de esculturas pintadas, que foram concebidas como uma bíblia para os analfabetos. As 28 estátuas enfileiradas entre as portas e as janelas formam a Galeria dos Reis. Embora as figuras representem personagens bíblicas, os revolucionários as confundiram com reis franceses e trataram de decapitá-las. As estátuas que lá estão agora são réplicas feitas no século XIX, mas algumas cabeças originais podem ser apreciadas no Musée National du Moyen Âge (▷ 122-3). Embaixo da Galeria dos Reis, o portal esquerdo é dedicado à Virgem Maria, o portal do meio mostra o Juízo Final e o portal direito, dedicado a santa Ana, mostra Maria segurando o menino Jesus, enquanto Luís VII e o bispo Sully se ajoelham à sua frente.

AS TORRES

É uma tarefa árdua, mas vale a pena subir os 69m (387 degraus sem elevador) das torres para ver Paris do alto e observar as gárgulas de perto. Quem enfrenta o desafio segue os passos da personagem Quasímodo, o corcunda de Notre-Dame. Depois de percorrer dois terços da subida (meros 285 degraus), você verá o parapeito das gárgulas, conhecido como Galerie des Chimères, de onde se pode ver do Quartier Latin até à Tour Montparnasse, um longo trecho do Sena e a Sainte-Chapelle, do outro lado da Île de la Cité. Esse é um ótimo lugar para fotografar as gárgulas, que foram acrescentadas à catedral no século XIX, por Viollet-le-Duc. Uma escada de madeira na torre sul leva ao sino Emmanuel, de 13 toneladas, que, refundido em 1686, traz à lembrança o atormentado Quasímodo.

Uma escada em espiral conduz ao topo da torre sul (mais 115 degraus), de onde se podem ver a basílica de Sacré-Cœur, ao norte, o Arco do Triunfo, a

DICAS

» Tente visitar a catedral pouco antes de uma missa para ver as luzes se acendendo aos poucos e as pessoas chegando para o culto.

» Em vez de pagar caro pela comida e bebida nos cafés e restaurantes do entorno, faça um piquenique na praça Jean XXIII, no lado sul da catedral.

Página ao lado *No entardecer, o perfil de Notre-Dame se projeta contra o céu.* **Abaixo** *Quem sobe às torres da fachada oeste da catedral pode ver as gárgulas*

FATOS E NÚMEROS

» A catedral tem 128m de comprimento e 48m de largura.

» A agulha tem 90m de altura. As torres medem 69m.

» Mais de 1.300 carvalhos foram derrubados para construir a catedral.

» O órgão data do início do século XVIII e tem 7.800 tubos.

» Notre-Dame é a atração mais visitada da França.

» Tombada pela Unesco, recebe cerca de 13 milhões de visitantes por ano.

Acima *Elaborados entalhes decoram os arcos da fachada oeste*

oeste, a moderna Bibliothèque Nationale, a leste, e o Panthéon, ao sul. Ali em cima, olhando para a cidade, pense como essa vista deve ter mudado desde a construção das torres, em 1245.

OS VITRAIS

Notre-Dame tem vitrais deslumbrantes, e é difícil imaginar como a catedral ficou quando, no século XVIII, eles foram substituídos por vidros transparentes para que ela fosse mais iluminada. Boa parte dos vitrais atuais data dos séculos XIX e XX. A rosácea sul, de 13m de diâmetro, fica especialmente bela quando banhada pelo sol, cuja luz aumenta ainda mais a vibração das tonalidades púrpura. No centro dela fica o Cristo, circundado por anjos, apóstolos, mártires e cenas do Novo Testamento. Do outro lado, o centro da rosácea norte mostra Maria segurando o menino Jesus. Profetas do Antigo Testamento, sacerdotes e reis preenchem o restante do vitral, um dos poucos originais que sobraram na catedral.

ANTEPARO DO CORO, ALTAR E NOTRE-DAME DE PARIS

Não deixe de ver o anteparo do coro, uma peça minuciosamente entalhada e pintada, criada no século XIV e restaurada nos anos 1960. Ela retrata de forma encantadora cenas do Evangelho, como a dos três reis magos levando presentes ao menino Jesus, a entrada de Jesus em Jerusalém em cima de um burro e a última ceia.

O retábulo moderno do altar-mor, de bronze, foi consagrado em 1989. Ele retrata os apóstolos Mateus, Marcos, Lucas e João e os profetas Isaías, Ezequiel, Daniel e Jeremias.

Ao lado você verá a mais famosa das 37 estátuas da Virgem nessa catedral. Conhecida como Notre-Dame de Paris, ela data do século XIV e foi transferida para lá no século XIX.

CAPELAS

A catedral de Notre-Dame possui diversas capelas, incorporadas à construção original ao longo dos séculos XIII e XIV e dedicadas aos santos. As guildas costumavam se reunir nessas capelas e todo ano, no primeiro dia de maio, doavam um quadro à igreja. Algumas dessas obras de arte permanecem expostas até hoje, como os trabalhos dos artistas Charles Le Brun e Eustache Le Sueur, do século XVII.

TESOURO E CRIPTA

O Tesouro (*trésor*) de Notre-Dame guarda manuscritos medievais, objetos e relíquias religiosas, como a Coroa de Espinhos, comprada por um preço exorbitante pelo rei Luís IX (▷ 132). Não é essencial ver o Tesouro em uma visita a Notre-Dame, mas o ouro e as joias ali expostos dão uma ideia da riqueza e do poderio da Igreja. Os turistas costumam deixar de lado a cripta da catedral, talvez porque a entrada fique do lado de fora, do lado oposto à place du Parvis Notre-Dame, mas lá embaixo se podem ver as fundações romanas e achados arqueológicos.

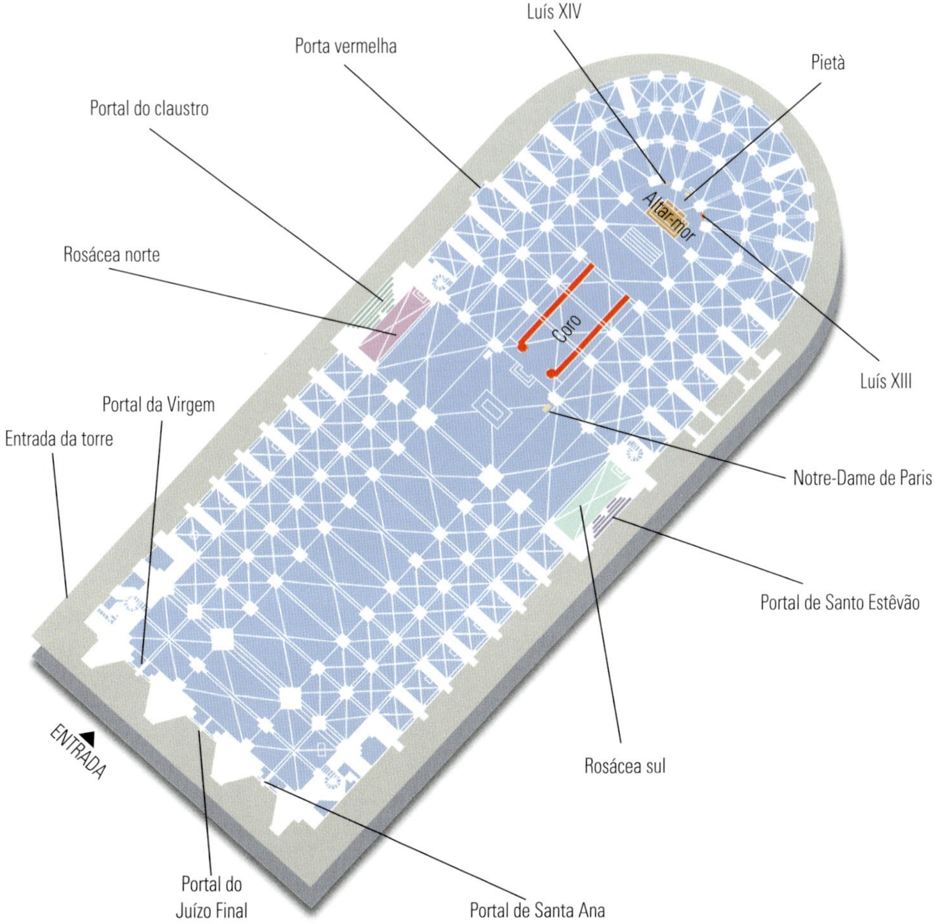

PANTHÉON

A grandiosidade neoclássica do Panthéon é muito bem-vinda depois da caminhada pelas ruas cheias do Quartier Latin. Este mausoléu colossal contém os túmulos de vários cidadãos ilustres, como os escritores Victor Hugo, Émile Zola e Voltaire; os cientistas Marie e Pierre Curie; o inventor do Braille, Louis Braille, e o mártir da resistência aos nazistas, Jean Moulin. Fazer parte do Panthéon é uma das maiores honras na França, e de vez em quando ainda surgem polêmicas quanto a quem merece ser transferido para lá.

AGRADECIMENTOS

O monumento foi encomendado por Luís XV. Seria uma basílica dedicada à santa Genoveva, padroeira de Paris, uma forma de agradecer por ter se curado de uma doença. O rei assentou a pedra fundamental em 1764 e a obra ficou pronta em 1790, quando o arquiteto original, Jacques Germain Soufflot, já havia morrido. Apenas um ano depois, em 1791, os revolucionários cercaram o prédio, selaram as janelas com tijolos e o transformaram no Templo da Fama.

A VISITA AO PANTHÉON

Entra-se no edifício por um peristilo imponente, inspirado nas fachadas grandiosas dos panteões romanos. As esculturas do frontão triangular retratam heróis franceses recebendo sua recompensa.

No interior da vasta câmara cruciforme, a atmosfera é austera. Heróis religiosos são o tema de várias pinturas nas naves, como santa Genoveva (nave oeste e coro), são Dionísio decapitado (nave oeste), Joana d'Arc (nave norte) e são Luís (nave norte). A Revolução Francesa também está retratada em pinturas e esculturas. Observe a cúpula – o cientista Foucault pendurou um pêndulo ali em 1851 para demonstrar a rotação da Terra. Para subir à colunata que sustenta a cúpula, a 35m de altura, é preciso embarcar em uma visita guiada e enfrentar 206 degraus.

Na parte inferior, uma cripta imensa e sombria abriga os túmulos do escritor Alexandre Dumas, do autor e político André Malraux, do filósofo Jean-Jacques Rousseau e do químico Louis Pasteur, entre outros.

INFORMAÇÕES

www.monuments-nationaux.fr
108 M9 place du Panthéon, 75005 01 44 32 18 00 Abr-fim set diariam 10h-16h30; resto do ano diariam 10h-18h; último visitante 45min antes de fechar Adultos €7,50, menores de 18 grátis Cardinal Lemoine 21, 27, 84, 85, 89 RER B, Luxembourg €7 Visitas guiadas em francês. Ligue para pedir outras línguas Pequena livraria e loja de presentes

DICAS

» Veja no painel de avisos na frente do Panthéon os horários das visitas guiadas pela colunata do domo.
» Mesmo que você não queira subir à colunata, dá para ver a Torre Eiffel do alto da escadaria do Panthéon.

Abaixo *O peristilo neoclássico cria uma entrada impressionante no Panthéon*

QUARTIER LATIN

▷ 130-1.

RIVE GAUCHE

O Sena faz uma curva suave em torno da parte sul da cidade, conhecida como margem esquerda, que é muito menor que a margem direita. Apesar disso, os moradores da margem esquerda dizem que dificilmente cruzam o rio; eles têm as ruínas romanas, as galerias, os cafés literários e as faculdades do Quartier Latin e de St-Germain. Os governantes residem no Palais Bourbon e no Palais du Luxembourg, e o 7º *arrondissement* é repleto de imponentes avenidas residenciais. Vários marcos da cidade encontram-se ali: a Torre Eiffel, Les Invalides e a Tour Montparnasse. As quatro torres de vidro da nova biblioteca nacional, a Bibliothèque François Mitterrand, coroam um grande projeto de reurbanização do 13º *arrondissement*, e são também o ponto de partida da nova linha do metrô (14).

✉ Ao sul do rio Sena

SAINTE-CHAPELLE

▷ 132-3.

ST-ÉTIENNE-DU-MONT

Quem se aproxima de St-Étienne-du-Mont vindo da place du Panthéon tem a impressão de que a igreja é minúscula. Porém, quanto mais próxima, mais ela chama a atenção, graças à fachada entalhada e ao delicado campanário. Sua construção começou em 1492, para substituir uma capela que fazia parte da abadia Ste-Geneviève. O fato de ela só ter sido concluída em 1626 explica a mistura de estilos: gótico, renascentista e clássico. O arcebispo de Paris foi assassinado na igreja em 1857.

✚ 108 N9 ✉ 1 place Ste-Geneviève, 75005 ☎ 01 43 54 11 79 ◷ Seg 14h30-19h, ter-sáb 8h45-19h, dom 8h45-12h, 14h30-19h ✋ Grátis Ⓜ Cardinal Lemoine 🚌 84, 89

ST-GERMAIN-DES-PRÉS

Um bairro charmoso onde se encontram ruas estreitas, lojas finas, a igreja mais antiga de Paris e uma variedade de cafés, restaurantes, antiquários e galerias de arte.

St-Germain-des-Prés, situado no coração da margem esquerda, atrai turistas e moradores com seu ritmo mais tranquilo que o da outra margem do rio. No centro do bairro ergue-se a Église St-Germain-des-Prés (▷ 134), igreja mais antiga de Paris, construída no século XI. A torre do sino é um símbolo da região. Ali perto, na sossegada rue de Furstemberg, fica o Musée National Eugène Delacroix (▷ 120).

O pedaço mais movimentado do bairro é o boulevard St-Germain, que liga o Quartier Latin, a oeste, aos edifícios governamentais e às mansões do 7º *arrondissement*. Entre os cafés animados – ponto de encontro da elite literária – estão os ilustres Café de Flore (frequentado por Jean-Paul Sartre), a Brasserie Lipp e o Café Les Deux Magots (um dos refúgios de Ernest Hemingway).

Ao sul do boulevard St-Germain, as ruas se alargam e a atmosfera muda. Da igreja St-Sulpice (▷ 135) ao belo Jardin du Luxembourg (▷ 118-9), passando pelo comércio da rue Bonaparte, da rue de Sèvres e da rue de Grenelle, este é o St-Germain das lojas de roupa e das editoras. Os cafés lotados dão lugar aos bares da moda; lojas de móveis se enfileiram no boulevard Raspail até a esquina com a Sèvres-Babylone, local onde fica a primeira loja de departamentos de Paris, Le Bon Marché.

Na região ao norte do boulevard St-Germain, na direção do Sena, há pequenos cinemas, galerias de arte, antiquários, a École Nationale Supérieure des Beaux-Arts e o Hôtel de la Monnaie (▷ 120). O visitante pode escolher uma revista ou livro raro em uma das barracas verdes ocupadas pelos *bouquinistes* (vendedores de livros), à beira do Sena.

✚ 108 L7 ✉ 75006 Ⓜ St-Germain-des-Prés, Odéon, St-Sulpice, Mabillon 🚌 39, 63, 70, 86, 87, 95, 96

Acima *Em pleno St-Germain-des-Prés fica a bela igreja erguida do século XI*

QUARTIER LATIN

INFORMAÇÕES

108 N9 Margem esquerda do rio Sena, entre o Carrefour de l'Odéon e o Jardin des Plantes, 75005 St-Michel, Cluny La Sorbonne, Odéon, Maubert--Mutualitè, Cardinal Lemoine 21, 24, 27, 38, 63, 84, 85, 86, 87, 89 RER linhas B, C, St-Michel-Notre-Dame, Luxembourg Diversos restaurantes e cafés (▷ 142-3) Lojas de roupa e livrarias

Acima *O Quartier Latin cresceu ao redor da Universidade Sorbonne*

INTRODUÇÃO

Quem não conhece o Quartier Latin não conhece Paris. Suas ruas estreitas e pitorescas nos levam de volta à Idade Média, ao passo que a presença dos estudantes dá ao lugar uma vibração especial. Nenhum outro bairro de Paris tem tantas livrarias ou faculdades, além de uma infinidade de igrejas históricas, cinemas, clubes de jazz e restaurantes. A atmosfera ali é descontraída e jovem em comparação à sisudez da margem direita, mais focada no mundo dos negócios. A imagem-clichê do Quartier Latin corresponde inteiramente à realidade: estudantes e artistas sentados nos cafés durante horas.

A primeira visão que o visitante tem do famoso bairro em geral é da caótica place de St-Michel, com uma imponente fonte que retrata são Miguel matando um dragão. Desta esquina pode-se vislumbrar a catedral de Notre-Dame (▷ 124-7), situada na vizinha Île de la Cité.

O movimentado boulevard St-Michel (*Boul Mich,* para os estudantes), que sai da praça e corta todo o bairro, fervilha de universitários, turistas e bancas de revista. A menos que você queira visitar as lojas de roupas e as livrarias, o melhor é se aventurar pelas interessantes ruas menores e assim mergulhar no verdadeiro clima do animado Quartier Latin.

O Quartier Latin deve a reputação de centro artístico, literário e acadêmico à fundação da Universidade Sorbonne, ainda no século XIII (▷ 135), em uma área conhecida como Montagne Ste-Geneviève. Uma animada multidão de estudantes europeus logo acorreu para lá, transformando a universidade em uma cidade católica dentro da cidade. Outras faculdades surgiram em torno da Sorbonne, e o bairro ganhou o nome atual por causa da língua falada pelos estudantes da universidade.

No século XV, a invenção da imprensa fez da rue St-Jacques France o coração das publicações na cidade. Posteriormente, o bairro ficou conhecido pelos moradores boêmios e indisciplinados, que o transformaram em terreno fértil para a Revolução. Em maio de 1968, seus estudantes foram para as ruas outra vez (▷ 43).

DICAS

» Passeio a pé no Quartier Latin ▷ 136-7.

» Reserve uma ou duas horas para conhecer a livraria Shakespeare and Company (▷ 140). Ou siga para o pátio gótico do Musée National du Moyen Âge (▷ 122-3) a fim de admirar as gárgulas e os torreões.

DESTAQUES

PASSEIO PELAS RUAS MEDIEVAIS

A área situada a leste da place St-Michel é um labirinto de pequenas e sinuosas ruas históricas que evocam a Idade Média. Há lojas especializadas nas ruelas que saem do *quai* e restaurantes gregos na rue de la Huchette e na rue de la Harpe.

Vale a pena procurar a pequena igreja de St-Julien-le-Pauvre (▷ 134), do século XII, e os lindos vitrais da igreja de St-Séverin (▷ 134). A tranquila praça René Viviani, no *quai* de Montebello, abriga a árvore mais velha de Paris, que teria sido plantada no século XVII.

VIDA LITERÁRIA

Mais ao sul, na área em torno da Sorbonne, mergulhe no mundo acadêmico e sente-se nos cafés um dia frequentados pela elite intelectual do Quartier Latin, como Paul Verlaine e Jean-Paul Sartre. É nessa região que se encontra também o Panthéon (▷ 128), a morada final dos heróis científicos, literários e políticos da França.

TERMAS GALO-ROMANAS

Na esquina dos bulevares St-Michel e St-Germain, localizam-se as ruínas das termas galo-romanas. A imensa câmara de pedra que abrigava o *frigidarium* (banho frio) atualmente faz parte do Musée National du Moyen Âge (▷ 122-3).

PULMÃO VERDE

Situado nos limites meridionais do Quartier Latin, o florido Jardin du Luxembourg (▷ 118-9) é o local perfeito para descansar os pés depois de passar o dia inteiro perambulando pela cidade.

À esq. *Barracas de livros e revistas ocupam o boulevard St-Michel*
Abaixo *Detalhe da magnífica fonte que retrata a luta de são Miguel contra o dragão, na place St-Michel*

SAINTE-CHAPELLE

INFORMAÇÕES

www.monuments-nationaux.fr
108 M7 4 boulevard du Palais, Île de la Cité, 75001 01 53 40 60 80
Mar-fim out diariam 9h30-18h (último visitante 17h30); resto do ano diariam 9h-17h. Fecha 1º jan, 1º mai, 25 dez
Adultos €8, menores de 18 grátis. Ingresso conjunto para Conciergerie €11
Cité, Châtelet 21, 24, 27, 38, 85, 96 RER linhas B, C, St-Michel-Notre--Dame Somente com hora marcada pelo telefone 01 53 40 60 93 €7
Pequena loja de presentes no andar inferior

Acima *A Sainte-Chapelle se destaca pelos maravilhosos vitrais*

INTRODUÇÃO

Não é o paraíso, mas os raios de luzes azuis, vermelhos e dourados que passam pelas janelas da Sainte-Chapelle dão a impressão de que o visitante está em outro mundo. O único aspecto que não combina com essa elevação são as multidões – que, como na Capela Sistina de Roma, parecem tirar um pouco do encanto do que deveria ser uma experiência inspiradora.

Para entrar na maravilhosa capela é preciso passar pela entrada que também dá acesso ao Palais de Justice, no boulevard du Palais, local em que os pertences passam por vistoria. A espera para comprar o ingresso e entrar costuma ser longa, mas quem tem o *Paris Museum Pass* (▷ 279) ou já comprou o bilhete ao visitar a Conciergerie (▷ 112-3) consegue escapar. Por esta entrada chega-se primeiro ao andar inferior, onde funciona uma pequena loja de suvenires. Uma íngreme escada espiral leva ao nível superior.

A Sainte-Chapelle foi erguida no século XIII sob encomenda do rei Luís IX (são Luís), que desejava uma capela real com acesso ao palácio, digna para acomodar as sagradas relíquias e, sobretudo, capaz de reforçar o poder do soberano como "escolhido por Deus". A construção fazia parte do complexo do palácio real (hoje Palais de Justice) e ficou pronta em seis anos. Não se sabe ao certo quem foi o arquiteto, mas acredita-se que tenha sido Pierre de Montreuil, que reergueu a abside da abadia de Saint-Denis e terminou as obras na fachada da catedral de Notre-Dame. O autor do projeto soube usar muito bem os discretos pilares que sustentam 670m^2 de vitrais sem o apoio de paredes.

As relíquias eram exibidas em uma plataforma de madeira com dosséis, até hoje disposta em frente ao altar. Entre as peças sagradas estavam o que se dizia ser a coroa de espinhos de Cristo, pedaços da cruz e gotas do sangue de Jesus. O rei Luís IX estava tão ansioso para se apoderar desses objetos que pagou ao imperador de Constantinopla um valor três vezes maior do que o total gasto na construção da capela só pela coroa de espinhos, que hoje está no Tesouro (*trésor*) da catedral de Notre-Dame. As outras relíquias, juntamente com o relicário de prata e cobre que as guardava, foram derretidas na Revolução.

Após a Revolução, a capela foi transformada em arquivo para documentos do tribunal. Sob a direção de Eugène Viollet-le-Duc passou por restauro em meados do século XIX, quando a quinta espira foi construída. Durante as obras partes dos vidros foram quebradas ou vendidas, mas acredita-se que a maioria da capela seja formada por partes originais, de acordo com os projetos e as descrições da capela que sobreviveram. Em 1862, a Sainte-Chapelle foi declarada monumento histórico nacional.

DESTAQUES

VITRAIS

A Sainte-Chapelle abriga a maior coleção de vitrais do século XIII existente no mundo. No andar de cima, um festival de cores surge de todos os lados: dos vitrais magníficos, do piso decorado, das colunas douradas e das paredes pintadas. Quinze vitrais de até 15m de altura e uma maravilhosa rosácea ilustram mais de 1.100 cenas da Bíblia, da Criação ao Apocalipse. Dois terços dos vitrais são originais do século XIII, os mais antigos de Paris. Os painéis contam as principais passagens bíblicas, começando pelo Gênesis, no vitral localizado à esquerda de quem entra, até o Apocalipse, retratado na rosácea. O único tema não relacionado à Bíblia está tratado no último vitral, que conta como as relíquias sagradas foram parar em Paris.

ENTALHES

Embora os vitrais sejam indiscutivelmente o ponto alto do andar superior da Sainte-Chapelle, reserve um tempo para apreciar outras preciosidades, como os detalhes da folhagem dourada esculpida nos capitéis das colunas (folhas de carvalho, azevinho, cardo e lúpulo) e as estátuas dos apóstolos, que parecem sustentar os pilares (uma alusão ao seu papel de pilares da fé cristã). Algumas são réplicas feitas no século XIX – as estátuas originais estão no Musée National du Moyen Âge (▷ 122-3).

ANDAR INFERIOR

Antes de apreciar o brilho do andar de cima da capela, caminhe pelo andar de baixo, que era frequentado pelos funcionários do palácio e é dedicado à Virgem Maria. O teto azul, vermelho e dourado é decorado com flores-de-lis, o símbolo da monarquia francesa, ao passo que alguns pilares ostentam torres castelhanas, originárias do brasão de armas da mãe de Luís IX. A pintura data de meados do século XIX, quando foram feitas tentativas de reproduzir o estilo medieval. O objetivo era reparar os danos causados durante a Revolução Francesa, quando a capela foi usada como depósito de farinha.

DICAS

- » A parte superior da capela costuma ficar lotada. Os horários menos disputados são de terça a sexta-feira pela manhã.
- » É possível adquirir um ingresso para visitar a Conciergerie (▷ 112-3) e a Sainte-Chapelle. Compre na Conciergerie, onde há menos filas.
- » Para entender o significado dos vitrais da capela superior, pegue um dos folhetos disponíveis perto da saída.
- » Uma escadaria espiral leva à parte superior da capela – a visão compensa o esforço.
- » Tente visitar o local em um momento em que o sol ainda brilha, para aproveitar melhor a beleza dos vitrais. O final da tarde é o melhor momento para apreciar a rosácea, apesar do afluxo de visitantes.
- » Binóculos ajudam a observar melhor os vitrais instalados no alto.
- » Para obter informações sobre os concertos à luz de velas promovidos na capela, pergunte na bilheteria.

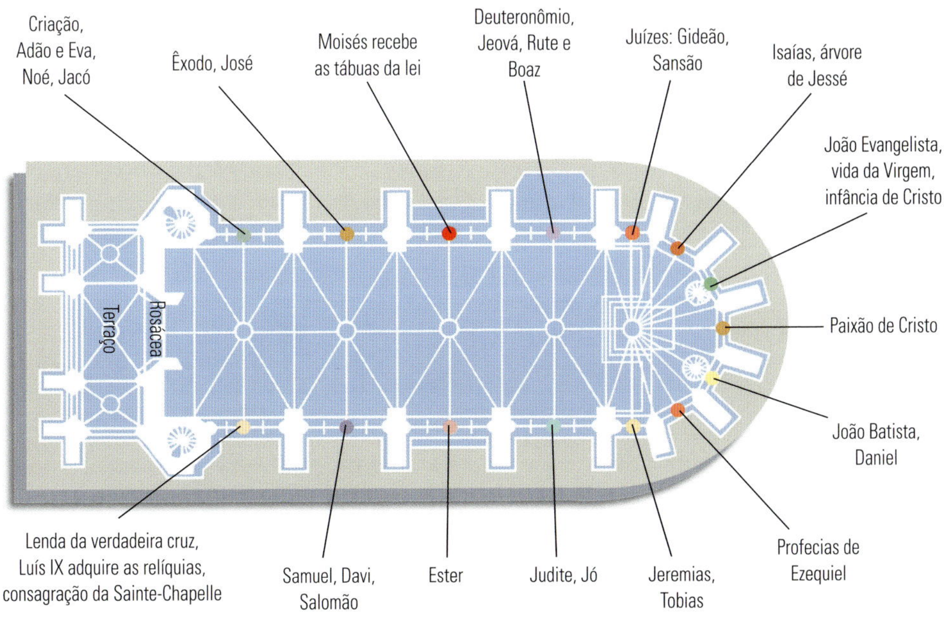

ST-GERMAIN-DES-PRÉS (ÉGLISE)

www.eglise-sgp.org

A Église St-Germain-des-Prés é a igreja mais antiga de Paris e está localizada no coração do distrito que lhe dá o nome (▷ 129). No século VI o rei merovíngio Childeberto I construiu no local um monastério. A igreja atual foi consagrada pelo papa Alexandre III em 1163, mas a torre do sino data do século anterior.

A mistura dos estilos românico e gótico é resultado de variadas intervenções realizadas ao longo dos anos. A estrutura do edifício foi muito danificada durante a Revolução; apenas uma torre original sobreviveu. Os arcobotantes, do século XII, permanecem intactos. No século XIX, a igreja passou por várias restaurações. Os murais da nave e do coro, executados por Flandrin, são desse período.

O túmulo do filósofo René Descartes (1596-1650) fica na capela St-Benoît, ao lado.

108 L8 3 place St-Germain-des-Prés, 75006 01 55 42 81 33 Seg-sáb 8h-19h45, dom 9h-20h Grátis St-Germain-des-Prés 39, 63, 86, 95

ST-JULIEN-LE-PAUVRE

Esta pequena igreja, uma das mais velhas de Paris, situa-se em um canto tranquilo do Quartier Latin, perto da praça René Viviani (▷ 131). Ela data do século XII e teria sido construída sobre um antigo cemitério merovíngio. No final da Idade Média, a igreja mantinha laços com a universidade próxima, e a eleição dos reitores acontecia em suas instalações. Durante a Revolução Francesa o edifício foi transformado em depósito de sal e, em 1889, doado à Igreja Melquita (greco-católica).

No interior de teto baixo encontram-se várias pinturas e esculturas religiosas, embora a iluminação fraca torne difícil apreciá-las. Há também uma iconóstase (uma espécie de divisória que apoia os ícones) de cerca de 1900. A igreja recebe concertos de música clássica.

108 M8 1 rue Saint-Julien le Pauvre/23 quai de Montebello, 75005 01 43 54 52 16 (para informações sobre concertos ligue 01 42 28 43 85) Diariam 9h30-13h, 15h-18h30 Grátis St-Michel 24, 47 RER linhas B, C, St-Michel-Notre-Dame

ST-SÉVERIN

www.saint-severin.com

Esta graciosa igreja localizada no Quartier Latin certamente atrairia mais visitantes não fosse a grandiosidade de Notre-Dame, situada a alguns minutos, do outro lado do rio (▷ 124-7) – uma "vizinhança" que faz de St-Séverin um segredo precioso. A beleza dos vitrais já justifica uma visita. Entre os painéis históricos encontram-se alguns com inspiração contemporânea, instalados em 1970, no alto da igreja. As janelas vibrantes, criadas por Jean Bazaine, representam os Sete Sacramentos.

A igreja data do século XIII, mas no século XV passou por uma extensa reforma devido a um incêndio.

Entre seus pontos altos estão a Chapelle du St-Esprit, o corredor duplo e a abóbada. Ela deve o nome a dois santos chamados Séverin: um eremita do século VI e um abade suíço do século V, cuja estátua fica do lado de fora.

Peça na sacristia o folheto de informações (também em inglês), que traz um mapa da igreja e informações sobre suas características principais.

108 M8 1 rue des Prêtres St-Séverin, 75005 01 42 34 93 50 Seg-sáb 11h-19h30, dom 9h-20h30 Grátis St-Michel 21, 24, 27, 38, 47, 85 RER linhas B, C, St-Michel-Notre-Dame ? Há uma rampa para cadeiras de rodas no fundo da igreja, na rue St-Jacques

Acima *Igreja de St-Germain-des-Prés, vista a partir do café Deux Magots*

ST-SULPICE

St-Sulpice é uma obra-prima da arquitetura clássica. Foram necessários seis arquitetos e 134 anos para construir esta igreja imensa, com 119m de fundo por 57m de frente. A obra foi concluída em 1780. A fachada imponente é ladeada por duas torres assimétricas; a torre sul, ainda inacabada, é 5m mais baixa que a torre norte. Um dos arquitetos das torres foi Jean-François Chalgrin.

St-Sulpice abriga um dos maiores órgãos de tubos no mundo, mas tem vários outros tesouros, como vitrais do século XVII, pinturas de Carle van Loo e entalhes e esculturas de artistas como Edme Bouchardon, Jean-Baptiste Pigalle, os irmãos Slodtz e Louis-Simon Boizot.

O púlpito ostenta entalhes e douraduras opulentas e foi projetado em 1788 por Charles de Wailly. No século XIX foram encomendadas pinturas a 17 artistas renomados para serem penduradas no transepto e nas capelas. Na Chapelle des Anges, a primeira à direita, há murais pintados por Eugène Delacroix.

Preste atenção ao relógio de sol astronômico na forma de um meridiano de bronze que se estende do transepto sul ao transepto norte. No solstício de inverno, ao meio-dia, a imagem do sol é refletida em um obelisco de mármore branco, ao passo que, no solstício de verão, ao meio-dia, a luz incide sobre uma placa de mármore no transepto sul

Charles Baudelaire e o marquês de Sade foram batizados nesta igreja, também o local do casamento do escritor Victor Hugo (o igreja ainda é disputada para cerimônias de matrimônio e crisma). O livro de Dan Brown, *O código Da Vinci*, e o filme baseado nele trouxeram fama para St-Sulpice, cenário importante na trama – que, é bom esclarecer, não passa de ficção.

108 L8 · place St-Sulpice, 75006 · 01 46 33 21 78 or 01 42 34 59 60 · Diariam 7h30-19h30 · Grátis · St-Sulpice · 58, 63, 70, 86, 87, 95, 96

LA SORBONNE

www.Sorbonne.fr

A Sorbonne é o símbolo da vontade da França de aprender. A universidade surgiu no século XIII, quando Robert de Sorbon, capelão de são Luís, fundou uma faculdade para abrigar os estudantes de teologia pobres. Durante séculos a universidade manteve uma postura independente do Estado, reconhecendo o inglês Henrique V como rei da França, condenando Joana d'Arc e opondo-se firmemente contra os filósofos do século XVIII. Essa postura foi conservada com a chegada do século XX e as manifestações de 1968 (▷ 43).

O cardeal Richelieu foi o responsável pela reconstrução da dilapidada faculdade no século XVII, embora a capela de Lemercier, onde o cardeal descansa, tenha sido tudo o que restou desse esforço. Os anfiteatros e os corredores infindáveis da atual Sorbonne datam do século XIX. O complexo é utilizado por quatro universidades distintas – Paris Sorbonne, Sorbonne Nouvelle, Panthéon-Sorbonne e René Descartes.

A Chapelle de la Sorbonne recebe exposições eventuais, e um pouco da atmosfera do local pode ser captado na place de la Sorbonne. Algumas partes passam por reforma, estimada até 2015

108 M8 · 47 rue des Écoles, 75005 · 01 40 46 22 11 · fechada ao público (há visitas guiadas para grupos, mas é preciso fazer reserva por telefone: 01 40 46 23 49) · Cluny La Sorbonne · 21, 27, 38, 63, 85, 86, 87 · RER B, C, Cluny La Sorbonne

Acima *No dentro da Place St-Sulpice ergue-se a Fonte dos Quatro Bispos*

PASSEIO A PÉ

QUARTIER LATIN

Este passeio permite conhecer mais do que o disputado boulevard St-Michel, explorando as tranquilas alamedas de pedra, jardins, igrejas históricas e nostálgicos cafés do Quartier Latin.

O PASSEIO
Distância: 2,5km
Tempo: 1 hora e 30 minutos
Início/Fim: place St-Michel

COMO CHEGAR
Vá de metrô até St-Michel, ou com os ônibus 21, 24, 27, 38, 85, 96, RER C rumo a St-Michel-Notre-Dame.

★Comece na place St-Michel e atravesse a Fontaine St-Michel.

❶ A escultura simboliza são Miguel matando um dragão. A place St--Michel é a principal entrada para o Quartier Latin, para quem vem da Île de la Cité. Milhares de visitantes, estudantes e parisienses passam por aqui todo dia.

Atravesse o boulevard St-Michel e ande pela medieval rue de la Huchette. Cruze a rue de Petit Pont. Vire à esquerda, depois imediatamente à direita para a rue de la Bûcherie, com suas vistas da Notre-Dame. Continue até a praça René Viviani.

❷ Este é um lugar agradável para sentar alguns minutos, vendo as flores e a água jorrando da fonte. Diz-se que a acácia daqui é uma das árvores mais velhas de Paris, plantada no início do século XVII.

Saia da praça perto da parcialmente gótica igreja de St-Julien-le-Pauvre (▷ 134).

❸ Esta igreja pequena, de teto baixo, é uma das mais velhas de Paris, (remonta ao século XII). Você pode ter dificuldade para apreciar suas esculturas e pinturas, pois a iluminação é fraca.

Saindo da igreja, siga a rua até a rue St-Jacques. Atravesse a rue St--Jacques e desça a rue St-Séverin, acompanhando a igreja de St-Séverin (▷ 134).

❹ Para visitar a vistosa construção gótica, vire à esquerda na rue des Prêtres St-Séverin. A parte externa exibe várias gárgulas. Além dos lindos vitrais, a igreja abriga o sino mais antigo de Paris, forjado em 1412.

Continue pela rue St-Séverin até a medieval rue de la Harpe, que à esquerda leva até o boulevard St--Germain. Cruze o boulevard até o jardim medieval do Musée National du Moyen Âge – Thermes de Cluny.

Página oposta *Janelas com vitrais modernos na igreja de St-Séverin*

Vire à direita no boulevard e à esquerda, até o boulevard St-Michel.

❺ Esta rua de trânsito intenso, com suas lojas de roupas, livrarias e bancas de jornais, é a principal artéria do Quartier Latin.

Siga pelo boulevard St-Michel e depois vire à direita na rue de l'École de Médecine. Vire à esquerda na rue André Dubois, e depois suba os degraus para chegar até a rue Monsieur le Prince. Vire à esquerda nesta rua.

❻ A rue Monsieur le Prince segue o contorno dos antigos muros da velha Paris, erguidos pelo rei Filipe Augusto, que reinou do fim do século XII ao início do XIII. Hoje ela tem lojas e restaurantes baratos, como o bistrô Polidor no número 41, inaugurado em 1845

Logo antes do Polidor, entre à direita na rue Racine, e ande até a place de l'Odéon, dominada pelo Odéon Théâtre de l'Europe, do século XVIII. Passeie pela rue de l'Odéon, com suas lojas incomuns, até chegar ao carrefour de l'Odéon.

❼ Se precisar, descanse um pouco em um dos cafés daqui.

Continue até o boulevard St-Germain. Cruze o boulevard e desça a rue de l'Ancienne Comédie.

❽ À sua direita você vai passar pelo café mais antigo de Paris, o Le Procope, fundado em 1686, e que hoje é um restaurante (▷ 143).

No cruzamento da Buci vire tudo à direita na rue St-André des Arts. Ela leva de volta à place St-Michel. Você pode tomar um drinque em um dos cafés aqui perto ou cruzar a Pont St-Michel e passear na Île de la Cité.

QUANDO IR

Durante o dia, quando as lojas e igrejas estão abertas.

ONDE COMER

Você pode ir a um dos cafés no carrefour de l'Odéon, ou à Pizza Milano, na place St-Michel.

ATRAÇÕES NA ÁREA

O Quartier Latin tem muita coisa para deixá-lo ocupado, incluindo o Musée National du Moyen Âge – Thermes de Cluny (▷ 122-3), o majestoso Panthéon (▷ 128) e o belo Jardin du Luxembourg (▷ 118-9). Você pode gastar algumas horas em alguns dos muitos cafés ou então comprar roupas nas lojas do boulevard St-Michel.

À esq. *O Le Procope é o café mais antigo de Paris e hoje um excelente restaurante*

ST-GERMAIN-DES-PRÉS

Um trajeto que apresenta as pitorescas alamedas de St-Germain-des-Prés, na margem esquerda do Sena, nos arredores do belo Jardin du Luxembourg.

O PASSEIO
Distância: 3km
Tempo: 2 horas e 30 minutos
Início: Estação de metrô St-Sulpice
Fim: Estação de metrô St-Germain--des-Prés

COMO CHEGAR

Vá de metrô até St-Sulpice ou pegue o ônibus 63, 70, 84, 86, 87 ou 96

★Saindo da estação de metrô St-Sulpice, ande para leste ao longo da rue du Vieux Colombier até a place St-Sulpice. Em frente, cruzando a praça, fica a imensa Église St--Sulpice (⊳ 135).

❶ A Église St-Sulpice combina vários estilos de arquitetura e domina a praça e sua elaborada fonte. Foram necessários 134 anos e seis arquitetos para construí-la e até hoje a torre sul está inacabada. Entre os tesouros de seu interior estão murais de Eugène Delacroix, um extravagante púlpito e um dos maiores órgãos do mundo.

Da entrada principal da igreja, siga para o sul pela rue Férou. No final, atravesse a rue de Vaugirard e vire à direita. Quase imediatamente à sua esquerda fica uma entrada para o Jardin du Luxembourg (⊳ 118-9).

❷ O belíssimo Jardin du Luxembourg, encomendado por Maria de Médici no início do século XVII, é um dos parques mais populares de Paris. O Palais du Luxembourg, que fica dentro da área do parque, é hoje a sede do Senado francês.

Saia dos jardins pela saída norte, à direita do Palais du Luxembourg. Atravesse a rua e siga ao norte pela rue Rotrou. Passe pelo neoclássico Odéon Théâtre de l'Europe à direita. Ao chegar à place de l'Odéon dê a volta para admirar a fachada com colunas do teatro. Atravesse a praça e suba pela rue de l'Odéon até o cruzamento, carrefour de l'Odéon. Continue ao norte um pequeno trecho até alcançar o boulevard St-Germain. Cruze, vire à direita e depois, quase imediatamente, vire à esquerda no cour du Commerce St-André.

❸ Esta estreita passagem de pedra foi construída em 1776 no local de uma quadra de tênis. Tornou-se um centro de atividade revolucionária, com Jean-Paul Marat imprimindo seu planfleto no número 8, o professor de anatomia Dr. Guillotin aprimorando sua "filantrópica máquina de cortar cabeças" no número 9 e o líder revolucionário Georges Danton morando no número 20.

Vire à esquerda na St-André des Arts e logo depois à direita no carrefour de Buci para a rue Dauphine. Ande até o final desta agitada rua e você chegará a Pont Neuf, a ponte mais antiga de Paris. Vire à esquerda, antes da ponte, no quai de Conti. À sua esquerda fica a fachada neoclássica do Hôtel de la Monnaie.

❹ As oficinas da Casa da Moeda francesa tiveram sua sede aqui desde o século XVIII. O *hôtel* hoje abriga o Musée de la Monnaie (▷ 120), um museu de moedas e medalhas. Cerca de 2.000 moedas e centenas de medalhas e fichas estão expostas, além de impressos, documentos e gravuras. O museu também mostra a evolução das técnicas de cunhagem.

Atravesse a rua para andar à beira do Sena. Junto ao Hôtel de la Monnaie, à esquerda, você verá o esplêndido domo do Institut de France (▷ 116), sede da Académie Française. Note a bela ponte para pedestres Pont des Arts, formada por sete arcos de aço, atravessando o rio até o Louvre. Ao caminhar, você verá os *bouquinistes* (vendedores de livros) às margens do Sena.

❺ As suas bancas de cor verde, com livros usados, cartões e impressos, têm uma história que remonta a 300 anos. Naquele tempo, os vendedores de livros costumavam transportar sua mercadoria em carrinhos de mão para vendê-los às margens do Sena.

Siga ao sul pela rue Bonaparte. À sua direita você verá a mais celebrada escola de belas-artes de Paris, a École Nationale Supérieure des Beaux-Arts. Vire à esquerda na rue Jacob e depois à direita na rue de Furstemberg. No número 6, no canto de uma pracinha charmosa, você encontrará o Musée National Eugène Delacroix (▷ 120).

❻ O artista Eugène Delacroix morou em St-Germain-des-Prés os seis últimos anos de sua vida, de 1857 a 1863. Seu apartamento foi transformado em museu, onde você pode ver alguns de seus quadros e esboços, além de vários de seus objetos pessoais.

Siga à esquerda pela rue de l'Abbaye. Continue a leste pela rue de Bourbon le Chateau. Ao chegar à rue de Buci, onde fica um dos mercados mais populares de Paris (fechado às segundas), vire à direita. Vire de novo à direita e ande pelo boulevard St-Germain, passando pelo lado sul da Église St-Germain-des-Prés (▷ 134) à sua direita. Continue até chegar à place St-Germain-des-Prés; vire à direita

Acima *Mesas ocupam a calçada no café Les Deux Magots, no boulevard St-Germain*
Página ao lado *O Café de Flore convida para uma pausa após uma caminhada*

na praça, onde você encontrará a entrada para a igreja.

❼ A Église St-Germain-des-Prés, do século XI, é a mais antiga de Paris. Danificada durante a Revolução, foi restaurada no século XIX. Os imensos arcobotantes do século XII do coro estão ainda intactos.

O passeio termina na estação de metrô St-Germain-des-Prés, no boulevard St-Germain, no lado sul da igreja.

QUANDO IR

Faça este passeio de dia, quando os museus, jardins e igrejas estão abertos. O mercado na rue de Buci fecha às segundas.

ONDE COMER

Dois dos cafés mais famosos da cidade ficam no boulevard St-Germain, no final do passeio (▷ 141). O Les Deux Magots fica no número 170 e o Café de Flore no número 172. Há muitos outros cafés e restaurantes ao longo do trajeto.

ARTE, COMPRAS, DIVERSÃO E NOITE

COMPRAS

ANDROUËT

www.androuet.com

A Androuët vende mais de duzentos tipos de queijo para uma clientela parisiense desde 1909. Todos os queijos são feitos de leite não pasteurizado, e os vendedores oferecem excelentes conselhos sobre armazenamento e apresentação.

146 N10 134 rue Mouffetard, 75005 01 45 87 85 05 Ter-sex 9h30-13h, 16h-19h30, sáb 9h30-19h30, dom 9h30-13h30 Censier Daubenton

DE VINIS ILLUSTRIBUS

www.devinis.fr

Esta loja excepcional vende vinhos especiais de 1811 até hoje, além de vinhos mais comuns e de toda a parafernália, como copos e jarras de qualidade. Uma escada em más condições leva à adega de pedra que data de 1636, onde os vinhos mais velhos estão armazenados.

146 N9 48 rue de la Montagne Ste-Geneviève, 75005 01 43 36 12 12 Ter-sáb 14h-19h Maubert Mutualité

DYPTIQUE

www. diptyqueparis.com

Para quem procura as últimas novidades em velas, com ampla diversidade de perfumes (48 aromas). A variedade de águas de colônia também impressiona.

146 N8 34 boulevard St-Germain, 75005 01 43 26 45 27 Seg-sáb 10h-19h Maubert-Mutualité

MARCHÉ DU BOULEVARD RASPAIL

Este mercado vende frutas, legumes e verduras orgânicos, assim como mel, pão e vinhos.

146 K8 boulevard Raspail, 75006 Ter, sex, dom 9h-13h Rennes

MARCHÉ AUX FLEURS

Uma grande variedade de plantas e flores expostas perto das margens do rio ou em estufas, com algumas bancas especializadas (como a de orquídeas e a de ervas de jardim). Aos domingos se transforma no Marché aux Oiseaux (mercado de pássaros).

146 M7 place Louis Lépine, Île de la Cité, 75004 Seg-sáb 8h-19h30; mercado de aves, dom 8h-19h Cité

OLIVIERS & CO

www. oliviers-co.com

Dedicada ao azeite de oliva, a Oliviers & Co tem azeites de todo o Mediterrâneo, além de produtos feitos com azeitona (patê de azeitonas, biscoitos). A empresa produz uma variedade de cosméticos orgânicos com alto teor de antioxidantes.

146 N8 81 rue St-Louis en l'Île, 75004 01 40 46 89 37 Diariam 11h-14h, 15h-19h30 Sully Morland, Pont Marie

POILÂNE

www.poilane.fr

O melhor pão francês é assado aqui segundo receitas secretas guardadas pela família desde os anos 1930. O de nozes e passas é um sucesso.

146 L8 8 rue du Cherche-Midi, 75006 01 45 48 42 59 Seg-sáb 7h15-20h15 Sèvres-Babylone, St-Sulpice

SHAKESPEARE AND COMPANY

www.shakespeareandcompany.com

Esta livraria americana tem o nome Shakespeare and Company (▷ 22) por causa da famosa livraria iniciada por Sylvia Beach na década de 1920. É um lugar especial, com piso de cerâmica, pequeno poço cheio de moedas e prateleiras do chão ao teto, e tem livros novos e usados. Há uma pequena biblioteca no andar de cima.

146 M8 37 rue de la Bûcherie, 75005 01 43 25 40 93 Seg-sáb 10h-23h, dom 11h-23h St-Michel

Acima *Mercado de flores na Île de la Cité*

SONIA RYKIEL
www.soniarykiel.com
Butique de roupa pronta da designer: peças sensuais, lingerie e acessórios. A loja de roupas masculinas fica do outro lado da rua.
146 L8 175 boulevard St-Germain, 75006 01 49 54 60 60 Seg-sáb 10h30-19h St-Germain-des-Prés, Sèvres Babylone

TASCHEN
www.taschen.com
Esta livraria é uma obra de arte: o design da parte interna é assinado por Philippe Starck. Publicações desta bem-sucedida editora alemã incluem livros sobre fotografia, design, pintura e erotismo.
146 M8 2 rue de Buci, 75006 01 40 51 79 22 seg-qui 11h-20h, sex-sáb 11h-24h Odéon

DIVERSÃO E NOITE

CAFÉ DE FLORE
www.cafe-de-flore.com
Antes reduto de conhecidos escritores e filósofos (Jean-Paul Sartre, Simone Beauvoir, Albert Camus e Samuel Beckett), este café ainda atende o dia inteiro para um lanche ou drinque entre arredores elegantes.
146 L8 172 boulevard St-Germain, 75006 01 45 48 55 26 Diariam 7h30-1h30 St-Germain-des-Prés

LE CHAMPO
www.lechampo.com
Venha aqui para ver clássicos cult. Numerosas retrospectivas exploram a obra de diretores como os irmãos Marx, Jacques Tati e Claude Chabrol. Os filmes são exibidos na língua original em duas telas.
146 M8 51 rue des Écoles, 75005 01 43 54 51 60 Diariam 13h50-22h Adultos €7,50, crianças €6 St--Michel, Odéon, Cluny-La Sorbonne

LES DEUX MAGOTS
www.lesdeuxmagots.fr
Reduto de filósofos e artistas na década de 1950, como Jean Paul Sartre e Simone de Beauvoir, também era frequentado por Hemingway. Este bar manteve seu charme literário graças à proximidade da livraria La Hune. Uma instituição parisiense.
146 L7 6 place St-Germain-des-Prés, 75006 01 45 48 55 25 Diariam 7h30-1h St-Germain des-Prés

LES ÉDITEURS
www.lesediteurs.fr
O Les Éditeurs é frequentado pela turma da literatura. O interior acolhedor, de madeira, as confortáveis poltronas de veludo vermelho e a luz adequada tornam o local ideal para leituras. O café abriga famosos prêmios literários, como o Prix des Éditeurs.
146 M8 4 carrefour de l'Odéon, 75006 01 43 26 67 76 Diariam 8h-2h Odéon

MUSÉE NATIONAL DU MOYEN ÂGE–THERMES DE CLUNY
www.musee-moyenage.fr
Esta mansão medieval tem um museu dedicado à Idade Média (▷ 122-3), mas também abriga concertos de música clássica e de câmara. O cenário é único.
146 M8 6 place Paul-Painlevé, 75005 01 53 73 78 16 Apresentações: sex 12h30, sáb 16h; em noites ocasionais 19h Grátis com ingresso para o museu (€7,50). Apresentações à noite: €16 Cluny-La Sorbonne

PARADIS LATIN
www.paradis-latin.com
Construído por Gustave Eiffel na mesma época que a sua torre, este cabaré floresceu até o início do século XX, mas ganhou nova vida a partir do fim da década de 1970. Seu show *Paradis d'amour* é dedicado ao amor, na verdadeira tradição do cabaré francês.
146 N8 28 rue Cardinal Lemoine, 75005 01 43 25 28 28 Qua-seg 20h; show às 21h30 Show: €82. Show e jantar: €123-€179 Cardinal-Lemoine

THÉÂTRE MOUFFETARD
www.theatremouffetard.com
Este teatro visa atender a todos os gostos e idades com peças de autores clássicos e contemporâneos, shows com música e humor e animados espetáculos de marionetes.
146 N9 73 rue Mouffetard, 75005 01 43 31 11 99 Ter-sáb 19 ou 21h; espetáculos infantis qua 14h15, sáb 15h e nos feriados escolares, às vezes, dom 15h À noite: €16-€22; à tarde: €8 Place Monge

ZED CLUB
Esta discoteca é para quem prefere uma mistura variada de música (sem techno ou rap); nas quintas rock, jazz, swing e salsa; às sextas e sábados, músicas das décadas de 1960 a 1990.
146 N8 2 rue des Anglais (hauteur 70, boulevard St-Germain), 75005 01 43 54 93 78 Sex-sáb 23h-5h30, qui 21h30-2h30 Qui €10, sex-sáb €18 (inclui entrada e uma bebida) Maubert-Mutualité, Saint-Michel

ESPORTES E ATIVIDADES

PISCINE JEAN TARIS
As principais vantagens desta piscina são a localização e a vista: as grandes janelas dão para um jardim. Há uma piscina grande e outra menor para crianças. Não aceita cartões de crédito.
146 N9 16 rue Thouin, 75005 01 55 42 81 90 Ter, qui 7h-8h30, 11h30-13h30, qua 7h-8h30, 11h30-18h, sex 7h-8h30, 11h30-13h30, 17h-20h, sáb 7h-18h, dom 8h-18h €4 Cardinal Lemoine

SAÚDE E BELEZA

HAMMAM DE LA MOSQUÉE DE PARIS
▷ 117.

RASA YOGA RIVE GAUCHE
www.rasa-yogarivegauche.com
Um spa tradicional que enfatiza a ioga (tem sessões para crianças), assim como a massagem.
146 M8 21 rue St-Jacques, 75005 01 43 54 14 59 Seg, qua, sex 7h-21h30, ter, qui 10h-21h30, sáb 10h-16h30, dom 11h-18h30 aula de ioga €20, 1 hora de massagem €70-€95 Cluny-La Sorbonne

PARA CRIANÇAS

MUSÉUM NATIONAL D'HISTOIRE NATURELLE
▷ 121.

THÉÂTRE MOUFFETARD
▷ ao lado.

ONDE COMER

PREÇOS

Os preços são para almoço (A) de dois pratos para uma pessoa e jantar (J) de três pratos para uma pessoa, sem bebida. O preço do vinho é o da garrafa mais barata.

Legenda dos símbolos ▷ 2.

ALCAZAR

www.alcazar.fr

O bar-restaurante do designer inglês Terence Conran é popular entre o pessoal antenado de Paris pelo melhor peixe da cidade. O cardápio inclui, além do peixe, pratos sofisticados como o cordeiro grelhado. No andar de cima há um lounge-bar com DJs internacionais. O Alcazar também vale a visita pelo brunch de domingo, que dá direito a uma massagem na cabeça opcional.

146 L8 62 rue Mazarine, 75006, St-Germain-des-Prés 01 53 10 19 99 Dom-qui 12h-14h30, 19h-1h; sex-sáb 12h-14h30, 19h-2h A €38, J €60, vinho €23 Odéon, St-Michel

AU RELAIS LOUIS XIII

www.relaislouis13.com

Manuel Martinez – ex-chef do La Tour d'Argent (▷ 143) – montou seu restaurante nesta casa de campo do século XVI, em 1996. Há tijolo aparente na adega abobadada e vigas no teto na sala de jantar e no salão do andar superior. O rico cardápio inclui lagosta, foie gras, cep ravioli e mil-folhas de baunilha e uísque.

146 M7 8 rue des Grands-Augustins, 75006, St-Germain-des-Prés 01 43 26 75 96 Ter-sáb 12h-14h30, 19h30-22h30 A €70, J €130, vinho €45 Odéon

BOUILLON RACINE

www.bouillon-racine.com

A sala de jantar clara e arejada fica em um edifício histórico, com um lindo interior art nouveau. A excelente comida belga inclui waterzooi (substanciosa sopa belga tradicional feita com ervas, vegetais e galinha, engrossada com creme de leite e gema de ovo) e croquetes de camarão. Como se espera em um restaurante belga, há uma vasta carta de cervejas.

146 M8 3 rue Racine, 75006, Latin Quarter 01 44 32 15 60 Diariam 12h-24h (último pedido 23h) A €25, J €35, vinho €25 Cluny La Sorbonne, Odéon

COFFEE PARISIEN

Como o nome sugere, este é um lugar híbrido, combinação de um bistrô parisiense com comida americana. Fica em uma pitoresca rua exclusiva para pedestres. É um ótimo lugar para um tranquilo brunch de domingo, com clássicos americanos como ovos Benedict, asas de frango, sanduíches de pastrami e um dos melhores cheeseburgers encontrados em Paris.

146 L8 4 rue Princesse, 75006, St-Germain-des-Prés 01 43 54 18 18 Diariam 12h-24h A €18, J €22, café €3 Mabillon, St-Germain-des-Prés

LE COMPTOIR

www.comptoirparis.com

Yves Cameborde é um dos mais celebrados restaurateurs da cidade, e Le Comptoir, no coração da Rive Gauche, segue a nova tendência de gastro-bistrôs, que servem uma comida simples e bem-feita. Não faz reservas para almoço (mas chegue depois que os parisienses já terminaram de comer, por volta de 14h30-15h). Para o jantar é preciso reservar com muita antecedência.

146 M8 Hôtel Relais St-Germain, 9 carrefour de l'Odéon, 75006, St-Germain--des-Prés 01 43 29 12 05 Diariam 12h-meia-noite; bistrô 12h-15h A €15, J €35, vinho €20 Odéon

Acima *O interior rústico do Nos Ancêtres les Gaulois*

LA COUPOLE

www.flobrasseries.com

Jante nesta instituição parisiense, inaugurada em 1927, e você estará seguindo os passos de Pablo Picasso, Ernest Hemingway e Man Ray. Esta elegante brasserie art déco é um símbolo do auge artístico de Montparnasse. A sala de jantar, clara e arejada, tem 33 pilares ornados de afrescos, uma imponente escultura e piso com lajotas cubistas. No cardápio você encontrará clássicos de brasserie, incluindo travessas de frutos do mar, choucroute e steak tartare, sem esquecer do famoso cordeiro ao curry.

146 L9 102 boulevard du Montparnasse, 75014, Montparnasse 01 43 20 14 20 Diariam 8h30-1h (sáb até 1h30). Buffet de café da manhã seg-sex 8h30-10h50 A €25, J €40, vinho €20 Vavin

JACQUES CAGNA

www.jacques-cagna.com

Por mais de 30 anos, Jacques Cagna vem reinventando a culinária gourmet. Aqui você prova delícias como costela de vitela com molho de gengibre e limão e lagostins grelhados. O restaurante fica em uma casa de campo do século XVII e tem pinturas flamengas.

146 M7 14 rue des Grands-Augustins, 75006, St-Germain-des-Prés 01 43 26 49 39 Ter-sex 12h-14h, 19h30-22h15, seg, sáb e dom 19h30-22h15 A €45, J €100, vinho €30 St-Michel, Odéon

NOS ANCÊTRES LES GAULOIS

Este divertido restaurante com temática da Gália vem ficando cada vez melhor desde que abriu em 1969. O lugar tem um toque rústico, com paredes de pedra, tetos com vigas e implementos agrícolas como decoração. A ideia é simples – um cardápio de preço fixo, incluindo vinho à vontade do barril, e um bufê liberado de entradas (frios e saladas), além de várias opções de kebabs grelhados na hora, fatias de cordeiro, filés e outras carnes da grelha.

146 N8 39 rue St-Louis en l'Île, 75004, Île St-Louis 01 46 33 66 07 Diariam 19h-2h J €41 (vinho incluso) Pont-Marie

LE PETIT ST-BENOÎT

Este popular bistrô, inaugurado em 1901, é um clássico de St-Germain e o aspecto quase não mudou desde os anos 1930, quando era reduto dos escritores e intelectuais que têm suas fotos nas paredes. O cardápio inclui sopas tradicionais, terrinas e pratos como coelho com mostarda. Você pode sentar fora no verão. Não aceita cartões de crédito.

146 L7 4 rue St-Benoît, 75006, St-Germain-des-Prés 01 42 60 27 92 Set-fim jul seg-sáb 12h-14h30, 19h-22h30 A €25, J €35, vinho €18 St-Germain-des-Prés

LE PROCOPE

www.procope.com

Este antigo café parisiense fundado em 1686, hoje um elegante salão, já foi frequentado pelos filósofos Voltaire e Rousseau. Diz-se que Benjamin Franklin esboçou parte da Constituição dos Estados Unidos aqui. O cardápio inclui filé grelhado, coq au vin e sorbet de manjericão. Quem gosta de peixe pode escolher a terrina de cavalinha com batatas, sopa de peixe ou uma das ricas travessas de frutos do mar.

146 M8 13 rue de l'Ancienne-Comédie, 75006, St-Germain-des-Prés 01 40 46 79 00 Diariam 12h-24h30 A €32, J €50, vinho €18 Odéon

LE REMINET

Este pequeno restaurante tem localização ideal na margem esquerda do rio Sena, na pitoresca parte velha do Quartier Latin, perto da Notre-Dame. A inventiva cozinha tem pratos saborosos e modernos e itens tradicionais como os caramujos. É um dos raros bistrôs de Paris que abre aos domingos.

146 N8 3 rue des Grands-Degrés, 75005, Latin Quarter 01 44 07 04 24 Qui-seg 12h-14h30, 19h30-23h A €25, J €35, vinho €15 Maubert-Mutualité

LA TOUR D'ARGENT

www.latourargent.com

Uma instituição parisiense desde 1582, este é um dos melhores restaurantes da França, se não do mundo. Fica no sexto andar de um belo edifício defronte ao Sena, com vista panorâmica da cidade. Serve culinária francesa exótica, e tem como marcas registradas os pratos de quenelles de lagosta e de pato. A sua adega de vinhos é excepcional.

146 N8 15-17 quai de la Tournelle, 75005, Quartier Latin 01 43 54 23 31 Ter-dom 12h-13h30, 20h-21h30 A €120, J €150, vinho €59 Pont Marie, Maubert-Mutualité

LA TRUFFIÈRE

www.latruffiere.com

Aqui você pode jantar à luz de velas em uma pitoresca adega em arcos do século XVII com vigas aparentes. A cozinha francesa inclui ingredientes do sudoeste do país, como foie gras, pato e, sobretudo, trufas. Comece pelo foie gras com nozes, vinho tinto, geleia de gengibre e maçã assada, seguidos de um confit de pato com um bolo de purê de batatas e trufas negras; e, para sobremesa, experimente um suflê de trufas negras ou o creme de ovos caramelizado com trufas. O restaurante oferece pequenas porções de alguns pratos, a preços mais baixos, para os clientes que tiverem menor apetite ou desejem experimentar uma grande variedade de pratos. Há uma boa carta de vinhos e licores.

146 N9 4 rue Blainville, 75005 Latin Quarter 01 46 33 29 82 Ter-sáb 12h-14h, 19h-22h30 A €20, J €90 (à la carte), vinho €25 Place Monge

ZE KITCHEN GALERIE

www.zekitchengalerie.fr

O piso de madeira em cores fortes aquece o ambiente funcional deste moderno restaurante localizado perto do rio. O chef William Ledeuil, treinado por Guy Savoy, pode ser visto na cozinha. Sua inovadora fusão culinária combina sabores do Mediterrâneo com um toque asiático e seu cardápio muda todo mês.

146 M7 4 rue des Grands-Augustins, 75006, St-Germain-des-Prés 01 44 32 00 32 Seg-sex 12h-14h30, 19h-23h, sáb 19h-23h A €27, J €50, vinho €21 St-Michel

ONDE FICAR

Acima *Hotéis históricos e com detalhes antigos são comuns nesta região da cidade*

PREÇOS

Os preços são para quarto duplo, por noite. O café da manhã está incluído na diária, salvo indicação ao contrário. Os hotéis em geral aceitam cartões de crédito – as exceções estão indicadas. Os preços variam muito, de acordo com a época do ano.

Legenda dos símbolos ▷ 2.

L'ATELIER MONTPARNASSE

www.ateliermontparnasse.com

Este hotel três-estrelas paga tributo à Montparnasse da década de 1930, com mobília da época e mosaicos que reproduzem pinturas desse período nos banheiros. Fica perto de redutos de artistas, como as brasseries La Coupole (▷ 143) e Le Dôme. Tem serviços de lavanderia e de quarto, TV a cabo, secador de cabelo, frigobar e internet.

146 L9 49 rue Vavin, 75006, St-Germain-des-Prés 01 46 33 60 00 €100-€167, sem café da manhã 17 Vavin, Montparnasse

FAMILIA HÔTEL

www.hotel-paris-familia.com

Esta mansão de meados do século XIX oferece um confortável ambiente para este hotel duas-estrelas. Tem belos móveis de época nas áreas comuns, além de paredes com afrescos. O café continental é servido no térreo. Os quartos, alguns com varanda, são decorados no estilo francês e equipados com frigobar, internet sem fio, TV por satélite e secador de cabelos. Há um estacionamento próximo por €20 por dia.

146 N9 11 rue des Écoles, 75005, Latin Quarter 01 43 54 55 27 €107-€137 30 Jussieu, Cardinal Lemoine

GRAND HÔTEL DES BALCONS

www.hotelgrandsbalcons.com

Este hotel de duas estrelas fica perto do Jardin du Luxembourg. Do lado de fora, há sacadas com flores; dentro, o lobby e as áreas comuns têm um toque 1900, com mobília da época e janelas com vitrais. Os quartos claros e arejados têm internet sem fio, TV a cabo e por satélite, cofre e secador.

146 M8 3 rue Casimir-Delavigne, 75006, St-Germain-des-Prés 01 46 34 78 50 €110-€125, sem café da manhã 50 Odéon

L'HÔTEL

www.l-hotel.com

Este luxuoso quatro-estrelas, em um pavilhão do século XIX, foi totalmente reformado na virada do milênio. O interior exuberante é de Jacques Garcia e os quartos muito bem equipados têm nomes de pessoas famosas, como Marco Polo, Mistinguett e Oscar Wilde (que deu seu último suspiro aqui em 1900). O restaurante (fechado aos domingos, segundas e em agosto) tem uma abóbada magnífica.

146 L7 13 rue des Beaux-Arts, 75006, St-Germain-des-Prés 01 44 41 99 00 €245-€370, sem café da manhã 16 quartos, 4 suítes Coberta St-Germain-des-Prés

HÔTEL DE L'ABBAYE ST-GERMAIN

www.hotel-abbaye.com

A calma prevalece neste hotel quatro-estrelas, que ocupa o local de uma antiga abadia. O salão e a maioria dos quartos dão para um terraço; quatro suítes têm terraços privativos. O elegante interior tem ótima mobília e há uma lareira antiga no salão. O hotel fica perto do Jardin du Luxembourg. Tem bar, serviço de quarto, aluguel de carro e lavanderia. Os quartos têm secador, internet sem fio, cofres e TV por satélite.

146 L8 10 rue Cassette, 75006 St-Germain-des-Prés 01 45 44 38 11 €232-€251 42 quartos, 4 suítes St-Sulpice, Sèvres-Babylone

HÔTEL ATLANTIS ST-GERMAIN-DES-PRÉS

A maior parte dos quartos, claros e arejados, deste hotel duas-estrelas dá para a linda place St-Sulpice. Todos foram belamente decorados com tons suaves, boa mobília e acolchoados, e têm telefone, TV a cabo e por satélite, conexão à internet e secador. As áreas comuns são elegantes e há um relógio antigo na sala do café da manhã.

146 L8 4 rue du Vieux-Colombier, 75006, St-Germain-des-Prés 01 45 48 31 81 €105-€140, sem café da manhã 27 St-Sulpice

HÔTEL CLAUDE BERNARD

www.hotelclaudebernardparis.com

Este hotel três-estrelas tem uma fachada vistosa, de laca vermelha, e um elegante interior. Tons vivos e flores criam uma atmosfera quente e há tecidos e mobília excelentes nos quartos, que têm sacada, internet sem fio e TV por satélite. O hotel dispõe de bar, restaurante e cabine para internet.

146 M8 43 rue des Écoles, 75005, Quartier Latin 01 43 26 32 52 €218-€228, sem café da manhã 34 Maubert-Mutualité

HÔTEL DES DEUX ÎLES

www.deuxiles-paris-hotel.com

Uma mansão do século XVII na pitoresca Île St-Louis abriga este hotel três-estrelas. Tecidos provençais e mobília de junco pintado dão vida aos confortáveis quartos, que têm TV a cabo e secador. Há conexão WiFi disponível. A mais famosa sorveteria de Paris, a Berthillon, fica perto daqui.

146 N8 59 rue St-Louis en l'Île, 75004, Île St-Louis 01 43 26 13 35 €195, sem café da manhã 17 Pont-Marie, St-Michel

HÔTEL DU GLOBE

www.hotel-du-globe.fr

É difícil encontrar um hotel duas-estrelas em Paris com tanta personalidade. Há vigas no teto e mobília antiga nos quartos (alguns têm até cama com dossel) e poltronas tipo *bergère*, além de um espelho do século XVIII no salão. Entre as modernidades, tem TV, conexão WiFi e telefone. O hotel oferece ainda a vantagem de ficar próximo ao Jardin du Luxembourg.

146 M8 15 rue des Quatre-Vents, 75006, St-Germain-des-Prés 01 43 26 35 50 €99-€170, sem café da manhã 14 Odéon

HÔTEL DES GRANDES ÉCOLES

www.hotel-grandes-ecoles.com

Um oásis de paz no agitado Quartier Latin, este belo três-estrelas fica no fundo de um beco, com seu próprio jardim. É decorado em estilo de elegante casa de campo com cadeiras de vime e toalhas de renda no salão do café da manhã e papel de parede florido e acolchoados nos quartos. Alguns quartos acomodam até quatro pessoas. O hotel tem serviço de babá, cofre, internet sem fio e 15 vagas cobertas no estacionamento. Você pode tomar seu café da manhã no jardim, sob as árvores.

146 N9 75 rue du Cardinal Lemoine, 75005, Quatier Latin 01 43 26 79 23 €115-€140, sem café da manhã 51 Cardinal-Lemoine, Place Monge

HÔTEL MADISON

www.hotel-madison.com

Albert Camus terminou de escrever seu famoso livro *O estrangeiro* (1942) neste elegante três-estrelas. O famoso café Les Deux-Magots fica em frente. O hotel tem um saguão estilo século XVIII, com poltronas ao estilo *bergère*, tapeçarias e lambris de madeira. Nos quartos o hóspede encontra mobília antiga, TV por satélite, acesso à internet, frigobar, cofre e secador.

146 L8 143 boulevard St-Germain, 75006, St-Germain-des-Prés 01 40 51 60 00 €232-€275 53 quartos e suítes St-Germain-des-Prés

HÔTEL LA PERLE

www.hotellaperle.com

Este interessante hotel três-estrelas, em uma pitoresca rua perto da place St-Sulpice, fica em uma mansão do século XVII que tem seu próprio pátio. Tons vivos dão uma nota contemporânea ao interior basicamente clássico, que tem tapetes flor-de-lis e teto com vigas. Dispõe de cofre, internet sem fio, TV a cabo e por satélite e serviço de lavanderia.

146 L8 14 rue des Canettes, 75006, St-Germain-des-Prés 01 43 29 10 10 €175-€230, sem café da manhã 38 St-Germain-des-Prés, St-Sulpice, Mabillon

RELAIS ST-JACQUES

www.relais-saint-jacques.com

Este edifício era um local de parada para peregrinos que faziam o caminho de Santiago de Compostela, no noroeste da Espanha. É hoje um hotel quatro-estrelas com muito estilo, um bar da década de 1920 e um salão estilo Luís XV. Os quartos são claros, arejados e confortáveis com mobília do século XVIII. Alguns têm vistas para o Panthéon, outros possuem banheira. Há conexão WiFi nos quartos e no lounge. O Relais St-Jacques fornece transporte de cortesia para o aeroporto.

146 M9 3 rue de l'Abbé-de-l'Epée, 75005, Quartier Latin 01 53 73 26 00 €249-€349, sem café da manhã 21 quartos, 1 suíte RER Luxembourg

LES RIVES DE NOTRE-DAME

www.rivesdenotredame.com

Este hotel quatro-estrelas, alojado em um edifício do século XVI, tem vista para o Sena e para a Île de la Cité. Tetos com vigas, lajotas de mármore, tapeçarias e mobília de ferro trabalhado lembram uma mansão provençal ou toscana. Os quartos são grandes e dois deles têm sofás que podem ser convertidos em camas extras para crianças pequenas sem custo adicional.

146 M8 15 quai St-Michel, 75005, Quartier Latin 01 43 54 81 16 €213-€305, sem café da manhã 9 quartos, 1 suíte St-Michel

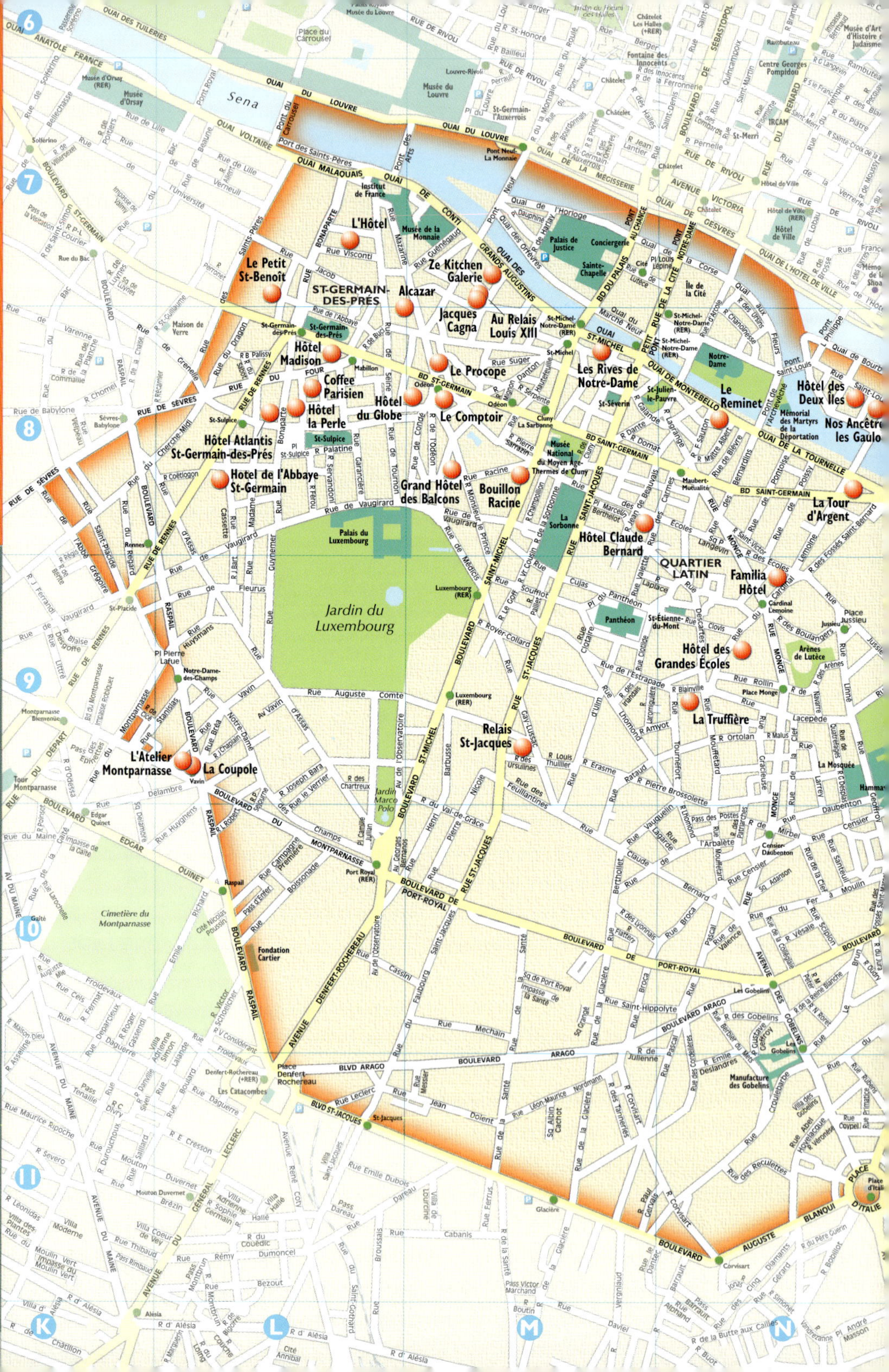
L'Hôtel
Le Petit St-Benoît
Ze Kitchen Galerie
Alcazar
Jacques Cagna
Au Relais Louis XIII
Hôtel Madison
Le Procope
Coffee Parisien
Hôtel la Perle
Hôtel du Globe
Le Comptoir
Les Rives de Notre-Dame
Le Reminet
Hôtel des Deux Îles
Nos Ancêtres les Gaulois
Hôtel Atlantis St-Germain-des-Prés
Hôtel de l'Abbaye St-Germain
Grand Hôtel des Balcons
Bouillon Racine
La Tour d'Argent
Hôtel Claude Bernard
Familia Hôtel
Hôtel des Grandes Écoles
La Truffière
Relais St-Jacques
L'Atelier Montparnasse
La Coupole
Jardin du Luxembourg
QUARTIER LATIN
ST-GERMAIN-DES-PRÉS
Sena
Cimetière du Montparnasse

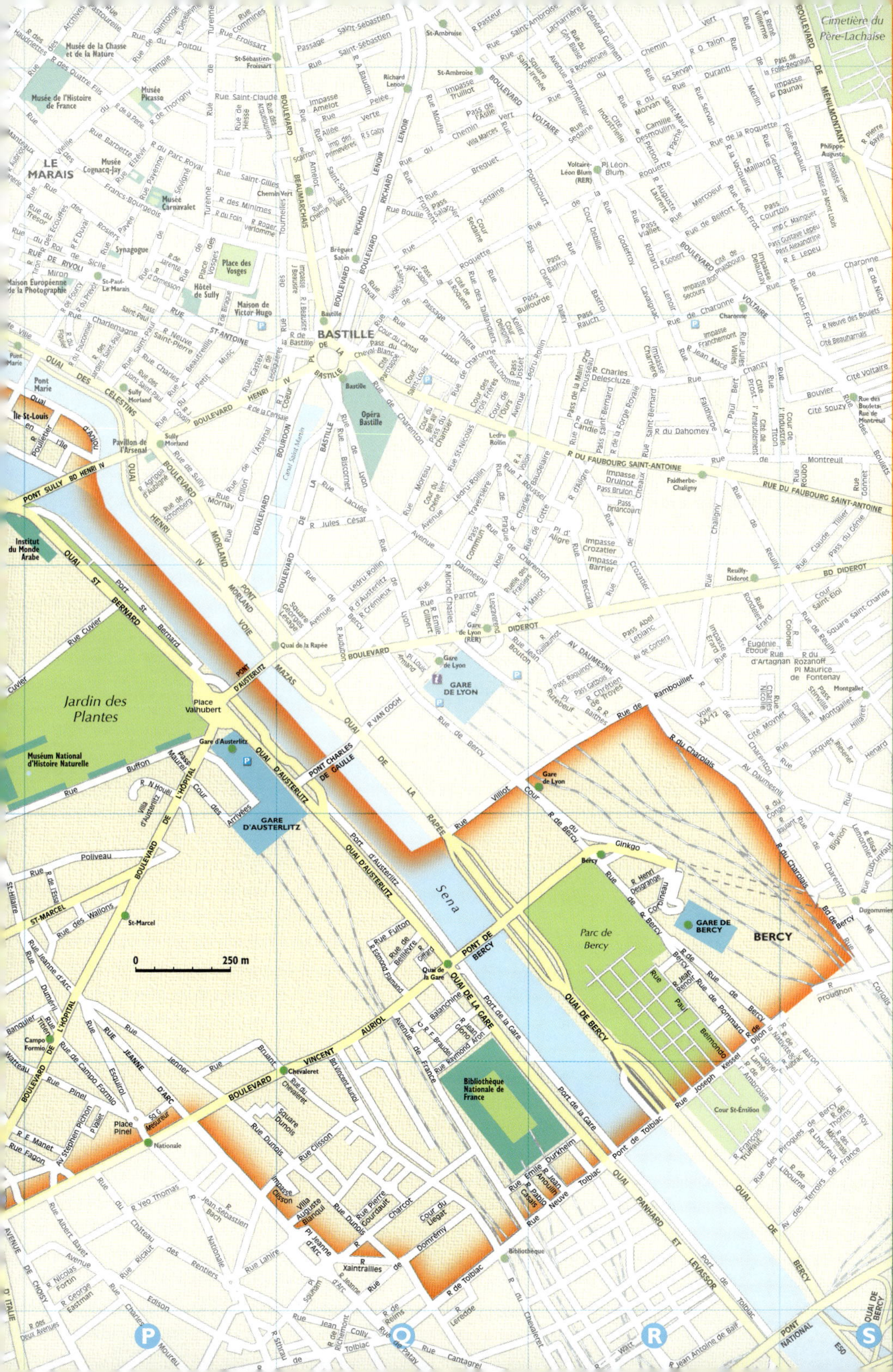
Cimetière du Père-Lachaise
LE MARAIS
Musée de la Chasse et de la Nature
Musée de l'Histoire de France
Musée Picasso
Musée Cognacq-Jay
Musée Carnavalet
Place des Vosges
Maison de Victor Hugo
Hôtel de Sully
Maison Européenne de la Photographie
BASTILLE
Opéra Bastille
Île St-Louis
Pavillon de l'Arsenal
Institut du Monde Arabe
Jardin des Plantes
Muséum National d'Histoire Naturelle
Place Valhubert
GARE D'AUSTERLITZ
GARE DE LYON
Sena
Parc de Bercy
GARE DE BERCY
BERCY
Bibliothèque Nationale de France
Cour St-Émilion
Place Pinel
0
250 m
BOULEVARD BEAUMARCHAIS
BOULEVARD VOLTAIRE
BOULEVARD DE MÉNILMONTANT
RUE DU FAUBOURG SAINT-ANTOINE
BD DIDEROT
QUAI DE LA RAPÉE
QUAI D'AUSTERLITZ
QUAI DE BERCY
QUAI DE LA GARE
BOULEVARD VINCENT AURIOL
BOULEVARD DE L'HÔPITAL
PONT SULLY
PONT D'AUSTERLITZ
PONT CHARLES DE GAULLE
PONT DE BERCY
PONT NATIONAL
P
Q
R
S

BÂTIR POUR LE ROI
JULES HARDOUIN-MANSART
BÂTIR POUR LE ROI

MARAIS E BASTILLE

O Marais já foi uma região pantanosa e mais tarde um elegante bairro residencial. Depois da Segunda Guerra Mundial entrou em declínio mas, graças à restauração ocorrida no século XX, o brilho do local retornou. O coração do bairro é a Place des Vosges, construída no século XVII e talvez a praça mais bonita do mundo. É certamente a mais antiga de Paris e um exemplo perfeito de urbanismo precoce, ao criar tranquilidade no meio do barulho da cidade. Entre as construções que formam o elegante quadrado está a Maison de Victor Hugo, casa onde morou o grande escritor e hoje um espaço para quem quer explorar o mundo literário do século XIX.

Como a maioria da área, a Bastillle é hoje um bairro vibrante, que sedia a impressionante e moderna Opéra Bastille, instalada na Place de la Bastille. O destaque da praça é a Colonne de Juillet, com uma estátua que representa o espírito alado da Liberdade no alto. A única lembrança dos acontecimentos sangrentos de 14 de julho de 1789, quando a prisão real foi tomada, são as pedras do calçamento, que marcam o contorno da antiga prisão.

A região a oeste é Les Halles, que já foi apelidada de "ventre de Paris" por causa dos mercados de alimentos e hoje é uma moderna área comercial com jardins. Um dos destaques é a linda Fontaine des Innocents, uma fonte em estilo renascentista. Não faltam atrações no Marais, Bastille e Les Halles – de lojas tentadoras a galerias de arte. Perto ergue-se um monumento à arte moderna: o Centre Georges Pompidou, que atrai até os menos curiosos. O Musée Picasso é ideal para apreciar diversas obras do artista espanhol, enquanto o Musée Carnivalet, que ocupa duas construções magníficas, apresenta ao visitante experiências da vida em várias etapas da história de Paris.

Situado no extremo oriental da região, o cimetière Père-Lachaise é famoso em todo o mundo como última morada de diversas celebridades, de Molière a Édith Piaf. A cantora conta com um museu localizado nas proximidades, o Musée Édith Piaf, dedicado à vida e à música da artista.

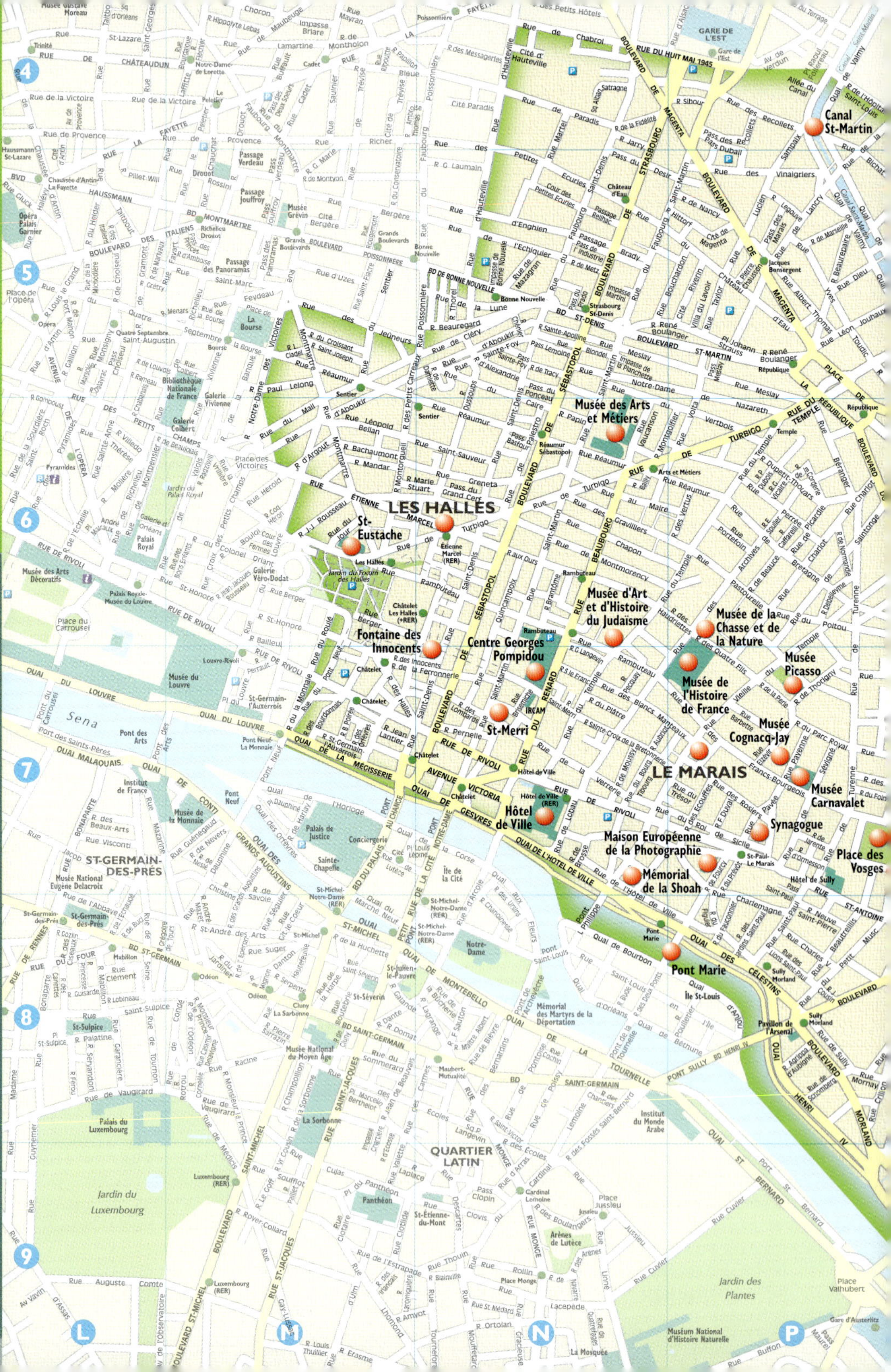
LES HALLES
LE MARAIS
ST-GERMAIN-DES-PRÉS
QUARTIER LATIN
Canal St-Martin
Musée des Arts et Métiers
St-Eustache
Fontaine des Innocents
Centre Georges Pompidou
St-Merri
Musée d'Art et d'Histoire du Judaïsme
Musée de la Chasse et de la Nature
Musée Picasso
Musée de l'Histoire de France
Musée Cognacq-Jay
Musée Carnavalet
Synagogue
Place des Vosges
Hôtel de Ville
Maison Européenne de la Photographie
Mémorial de la Shoah
Pont Marie
Sena
Jardin du Luxembourg
Jardin des Plantes
4
5
6
7
8
9
L
M
N
P

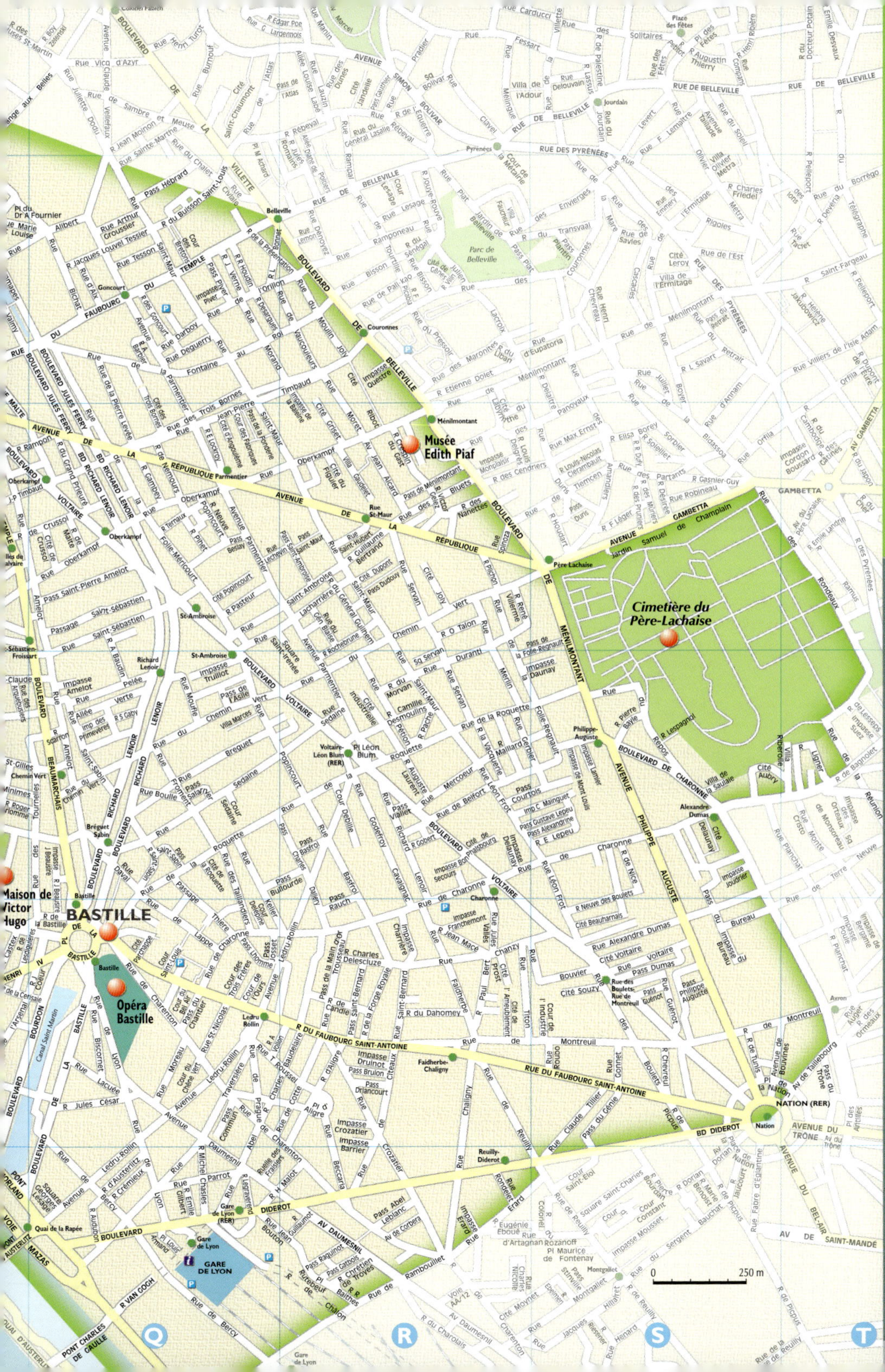
Musée
Edith Piaf
Cimetière du
Père-Lachaise
Maison de
Victor
Hugo
BASTILLE
Opéra
Bastille
Parc de
Belleville
GARE
DE LYON
GAMBETTA
NATION (RER)
BOULEVARD DE BELLEVILLE
BOULEVARD DE MÉNILMONTANT
AVENUE DE LA RÉPUBLIQUE
BOULEVARD VOLTAIRE
BOULEVARD RICHARD LENOIR
BOULEVARD BEAUMARCHAIS
RUE DU FAUBOURG SAINT-ANTOINE
BOULEVARD DE CHARONNE
AVENUE PHILIPPE AUGUSTE
BD DIDEROT
AVENUE GAMBETTA
RUE DE BELLEVILLE
RUE DES PYRÉNÉES
0
250 m
Q
R
S
T

BASTILLE

A movimentada place de la Bastille, hoje repleta de cafés e carros, é testemunha de um evento central da história da França e também do mundo. Em 1789, no local hoje ocupado por skatistas e pedestres, uma multidão de rebeldes atacou a prisão da Bastilha, criando um violento tumulto que deu início à Revolução Francesa.

A Bastilha foi construída em1380. Era uma fortaleza destinada a guardar a entrada leste de Paris. Mais tarde tornou-se uma cadeia para prisioneiros políticos. O marquês de Sade e Voltaire ficaram detidos ali. Não restou nada do antigo edifício, a não ser seu contorno, que é marcado por pedras de calçamento. A Colonne de Julliet (Coluna de Julho) é um lembrete do passado turbulento de Paris. Com 50m de altura, ela fica no centro da place de la Bastille e foi construída em 1840 para celebrar as vítimas de outra revolta, o levante de 1830. A coluna é encimada pela estátua *Espírito da Liberdade*.

A place de la Bastille foi revitalizada e hoje tem uma vida noturna movimentada, com ampla oferta de restaurantes e bares. Durante o dia o turista pode fazer compras nas ruas que saem da Colonne de Juillet. No local há também uma marina, galerias de arte e a ultramoderna Opéra Bastille (▷ 168). Desça a rue de Lyon até o Viaduc des Arts, antigo viaduto por onde passava uma ferrovia, transformado em ateliês de artesanato (9-129 avenue Daumesnil).

Para fugir do barulho e do trânsito da place de la Bastille, desça a rue St--Antoine e vire à direita na tranquila rue de Birague. Visite as lojas de quadros, tapetes e cerâmicas. A seguir, volte no tempo, passando pelo arco que leva à place des Vosges (▷ 169).

INFORMAÇÕES

151 Q8 place de la Bastille e arredores, 75004/75011/75012 Bastille 20, 29, 65, 69, 76, 86, 87, 91 Boa oferta de cafés e restaurantes (▷ 176-7)

Acima *Detalhe da Opéra Bastille*
Página ao lado *O Espírito da Liberdade fica no alto da coluna instalada no meio da movimentada place de la Bastille*

CANAL ST-MARTIN

O Canal St-Martin, na região leste da cidade, oferece uma alternativa aos passeios de barco pelo Sena, e também é possível caminhar por suas margens arborizadas. O canal, inaugurado em 1825, tem 5km de extensão, nove eclusas, duas pontes giratórias e diversas passarelas metálicas. O canal aparece nos filmes *O fabuloso destino de Amélie Poulain*, de 2001, e *Hôtel du Nord*, de 1938.

150 P4 Canal St-Martin République, Jaurès, Jacques Bonsergent, Goncourt 26, 46, 75 Várias empresas oferecem passeios de barco, como a Canauxrama

CENTRE GEORGES POMPIDOU

▷ 156-61.

CIMETIÈRE DU PÈRE-LACHAISE

▷ 155.

FONTAINE DES INNOCENTS

Desde o século XVI a água esguicha desse soberbo chafariz renascentista, que nem sempre esteve nesse local. Originalmente situava-se na esquina da rue St-Denis, mas foi transferido para o local atual no século XVIII, para ocupar o lugar onde havia um cemitério sem espaço. Os 2 milhões de esqueletos foram transferidos para as Catacombes (▷ 73). Após a mudança, o chafariz ganhou um quarto lado, esculpido por Augustin Pajou. A cascata original foi projetada por Pierre Lescot e esculpida por Jean Goujon.

150 N7 square des Innocents, próx. Forum des Halles, 75001 Châtelet, Les Halles 38, 47 (e todos os ônibus que percorrem a rue de Rivoli) Châtelet-Les--Halles Vários em Les Halles À noite, não visite a fonte sozinho

LES HALLES

www.forum-des-halles.com

"O ventre de Paris" (conforme definição do escritor Émile Zola) é uma mistura curiosa do velho e do novo, do pitoresco e do decadente. A área surgiu no século XII para abrigar um mercado de alimentos, papel que desempenhou até 1969, quando os estupendos pavilhões dos anos 1860 foram demolidos. Uma década depois eles foram substituídos pelo Forum des Halles, um imenso shopping subterrâneo.

Visite também a igreja de St-Eustache (▷ 168) e a Fontaine des Innocents (▷ esquerda). A antiga atmosfera de Les Halles sobrevive em algumas ruas ao redor, como a rue Montorgueil.

150 N6 75001 (área delimitada por rue Beaubourg, rue du Louvre, rue Réaumur e rue de Rivoli) Les Halles 29, 38, 47 Châtelet-Les-Halles Au Pied de Cochon, 6 rue Coquillère Les Halles pode ser perigoso à noite, em especial a rue St-Denis

HÔTEL DE VILLE

www.paris.fr

A imponente sede da prefeitura, construída em estilo renascentista no final do século XIX, abriga também a câmara de vereadores. O edifício anterior foi destruído em 1871. A place de l'Hôtel de Ville é um paraíso para os pedestres. Suas fontes absorvem o barulho do trânsito, e daqui é possível admirar com tranquilidade as136 estátuas de personagens históricas que decoram a fachada da prefeitura.

150 N7 place de l'Hôtel de Ville, 75004 01 42 76 40 40 Visitas guiadas semanais, em francês, com reserva; ligue 01 42 76 54 04 ao menos 7 dias antes Visitas guiadas grátis Hôtel de Ville 38, 47, 58, 67, 70, 72, 74, 75, 96

Abaixo *Ponte sobre o Canal St-Martin*

CIMETIÈRE DU PÈRE-LACHAISE

No Père-Lachaise, um cemitério imenso na região leste da cidade, é possível visitar os túmulos de personalidades como Frédéric Chopin, Marcel Proust e Oscar Wilde. O cemitério ocupa 440 mil m² nas encostas de Ménilmontant e contém cerca de 70 mil túmulos. Os caminhos de paralelepípedos, arborizados, são ladeados por lápides e mausoléus ornamentados. Trata-se de um lugar excelente para uma caminhada tranquila em um dia ensolarado.

ORIGENS INGLESAS

O cemitério recebeu o nome do confessor de Luís XIV, o padre (*père*) La Chaise, antigo dono das terras. Ele foi projetado por Brongniart em 1803 com o objetivo de parecer um jardim inglês. A princípio o cemitério não era popular, mas, quando os restos mortais do dramaturgo Molière, do escritor Jean de La Fontaine e dos amantes trágicos Abelardo e Heloísa foram transferidos para lá – exatamente para estimular os parisienses a fazer o mesmo –, ele logo se tornou o melhor local para ser enterrado em Paris.

LOCAL DE DESCANSO DOS FAMOSOS

O Père-Lachaise tornou-se um centro de peregrinação para os turistas – entre as celebridades enterradas ali estão o compositor Georges Bizet; o homem que remodelou Paris, o barão Haussmann; os pintores Amedeo Modigliani e Eugène Delacroix; as cantoras Édith Piaf e Maria Callas; os escritores Marcel Proust, Honoré de Balzac e Oscar Wilde; as atrizes Simone Signoret e Sarah Bernhardt; o ator Yves Montand e a bailarina Isadora Duncan.

Entre os túmulos mais recentes um dos mais visitados é o de Jim Morrison, cantor da banda The Doors, que morreu em Paris em 1971 aos 27 anos, provavelmente de uma overdose de drogas. Os fãs ainda deixam pontas de cigarro, flores e contas, em sinal de respeito. Em agosto de 2003, a atriz francesa Marie Trintignant foi enterrada aqui.

MEMORIAIS

O Mur des Fédérés, na extremidade leste do cemitério, marca o local onde 147 sobreviventes da Comuna de Paris foram executados por um pelotão de fuzilamento, em 1871. Eles foram enterrados no local em que tombaram, em uma sepultura coletiva. O Père-Lachaise também abriga memoriais às vítimas dos campos de concentração nazistas e aos membros da Resistência mortos na Segunda Guerra Mundial.

INFORMAÇÕES

www.pere-lachaise.com
151 S6 boulevard de Ménilmontant, 75020 01 55 25 82 10
Meados mar a início nov seg-sex 8h-18h, sáb 8h30-18h, dom 9h-18h; resto do ano seg-sex 8h-17h30, sáb 8h30-17h30, dom 9h-17h30; última admissão 15min antes de fechar Grátis
Père Lachaise, Gambetta 61, 69
Visitas guiadas em inglês jul, ago sáb 15h (€6) Compre um mapa nos jornaleiros ou nos vendedores de flores próximos às entradas principais (avenue Père Lachaise e boulevard de Ménilmontant). Também é possível pegar o mapa na administração do cemitério, na entrada da Père Lachaise na 16 rue du Repos

DICAS

» Evite o cemitério nos dias de muito vento, pois os galhos podem se soltar das árvores.

» O cemitério é imenso e há placas de localização por toda parte, mas quem quer visitar túmulos específicos deve comprar um mapa antes (ver acima).

Acima *O cemitério Père-Lachaise proporciona um passeio tranquilo*

CENTRE GEORGES POMPIDOU

INTRODUÇÃO

O edifício mais excêntrico de Paris abriga um dos maiores acervos mundiais de arte moderna. Todos os anos, cerca de 6 milhões de visitantes apreciam obras de Pablo Picasso, Andy Warhol, Jackson Pollock e muitos outros. Os visitantes tanto podem amar quanto odiar o projeto arquitetônico do Centre Georges Pompidou, e o mesmo pode ser dito a respeito das obras de arte contemporâneas ali expostas. O centro já nasceu polêmico: um edifício moderno e desproporcionado, que mais parece um aparelho de ar-condicionado, erguido no coração histórico da cidade.

A entrada principal, na animada place Georges Pompidou, conduz ao nível 0, onde se pode pegar uma planta do museu e comprar os ingressos. Para quem deseja visitar o Musée National d'Art Moderne e as exposições temporárias, a melhor opção é o passe integral. Para chegar ao museu, suba a escada rolante até a entrada do nível 4, onde é possível alugar um audioguia. Uma vez dentro do museu, vá para o nível 5, que cobre a primeira metade do século XX, e volte depois ao andar de baixo, onde estão as obras dos anos 1960 até os dias atuais. As exposições temporárias são montadas nos níveis 1 e 6. Se você precisar de uma pausa para descansar, poderá comer e beber alguma coisa no café do nível 1, explorar a livraria do nível 0 ou a loja do nível 1.

O polêmico centro cultural foi uma ideia de Georges Pompidou, presidente da França de 1969 a1974, que imaginava um local onde a população pudesse apreciar a arte contemporânea, com filmes, peças de teatro, espetáculos de dança e música e artes visuais. O estranho complexo levou cinco anos para ser erguido, e sua construção em Beaubourg, então um distrito decadente de casas dos séculos XVIII e XIX, sempre foi controversa. Os arquitetos Renzo Piano e Richard Rogers viraram o prédio do avesso, colocando todo o encanamento do lado de fora. Os canos têm um código de cores: amarelo para eletricidade; azul para o ar-condicionado; verde para a água; e vermelho para os elevadores. Pompidou morreu antes da inauguração do centro, em 1977, mas seu sonho

INFORMAÇÕES

www.centrepompidou.fr

Centre Georges Pompidou

150 N7 place Georges-Pompidou, 75004 01 44 78 12 33 Centre Georges Pompidou: qua-seg 11h-22h. Musée National d'Art Moderne e exposições: qua-seg 11h-21h (venda de bilhetes até 20h), qui até 23h para algumas exposições (venda de bilhetes até 22h). Fechado 1º mai. Biblioteca: seg-sex 12h-22h, sáb-dom 11h-22h Adultos todas as galerias €10-€12, menores de 18 (museu e exposições) grátis. Musée National d'Art Moderne; grátis primeiro dom do mês. Exposições: preços variados Rambuteau, Hôtel de Ville 29, 38, 47, 75 Châtelet--Les-Halles €12 (francês, inglês, alemão, italiano, espanhol, japonês) Audioguia Restaurante Georges no 6º andar, com bonitas vistas; tel 01 44 78 47 99 1º andar Livrarias pisos 0, 4, 6; loja piso 1; correio piso 0

Acima *Esta construção futurista abriga um apreciado museu de arte moderna*
Página ao lado *O destaque da fonte Stravinsky são as obras coloridas*

GUIA DO LOCAL

NÍVEL -1
Eventos ao vivo, Cinema 2

NÍVEL 0
Saguão, balcão de informações, bilheteria, correio, livraria, galeria infantil

NÍVEL 1
Biblioteca, Cinema 1, exposições, café, loja de design

NÍVEIS 2 E 3
Biblioteca

NÍVEIS 4 E 5
Musée National d'Art Moderne

NÍVEL 6
Exposições, restaurante, livraria

mostrou-se acertado, pois o local logo passou a atrair 22 mil visitantes diários, rivalizando em popularidade com o Louvre. Em 1997, o George Pompidou fechou para reformas que levaram dois anos.

Esta galeria de arte "virada do lado do avesso" e centro de performances recebeu o nome do então presidente francês, mas teve grande influência da primeira-dama, Claude. Muitas pessoas acreditam que Georges Pompidou tinha em mente um projeto mais clássico e não aprovou a escolha dos arquitetos. Era sua esposa quem nutria grande interesse por arte moderna, em especial pela obra de Yves Klein, que daria o tom ao grande centro de artes. Claude também apoiou a redecoração do Palace d' Elysée e a inclusão de um visual mais contemporâneo, com paredes da cor de alumínio e móveis assinados pelo designer Pierre Paulin. Claude Pompidou continuou dedicada a seus projetos mesmo depois da morte do marido, em 1974, e até morrer, em 2007, costumava visitar o Centre Georges Pompidou com frequência. "A gente se sente melhor quando sai", dizia ela. "É o lado redentor da arte." Mesmo hoje, com a visita anual de cerca de 6 milhões de pessoas, a popularidade do ousado centro não parece perder intensidade.

DESTAQUES

MUSÉE NATIONAL D'ART MODERNE

O Museu de Arte Moderna parte do ponto no qual o Musée d'Orsay (▷ 80-3) para, com obras que vão de 1905 aos dias atuais. Cerca de 2 mil peças – de um acervo total de 50 mil – ficam expostas ao público, que pode apreciar o Cubismo de Georges Braque e Picasso, a Pop Art de Andy Warhol e a videoarte do artista coreano Nam June Paik. O acesso ao museu é quase tão incomum quanto a arte que ele exibe. Uma escada rolante dentro de um tubo transparente, situado no exterior do edifício, conduz os visitantes ao quarto andar, que cobre o período de 1960 até o presente, com trabalhos dos neorrealistas franceses, fotógrafos, arquitetos e videoartistas. Há também salas dedicadas às artes gráficas e às novas mídias. As peças em exposição mudam a cada outono. Se quiser uma visão cronológica dos trabalhos,

Abaixo *O elevador externo permite apreciar melhor a fachada do local*

comece pelo quinto andar, que o levará de volta à primeira metade do século XX. Nessa seção as peças são trocadas na primavera, e há entre elas obras de Henri Matisse, Picasso, Braque, Juan Gris e Pollock. Os dois andares são inundados pela luz natural, que passa pelas paredes de vidro. Essas também oferecem boas vistas da cidade.

Apesar da imensa área dedicada à exposição das obras de arte, apenas uma parte do acervo é mostrada de cada vez. As peças exibidas são alternadas de acordo com a política de combinar a exposição de novas aquisições com peças do acervo. Essa alteração regular permite que os visitantes apreciem uma boa parte das 60 mil peças, às vezes reunidas por tema ou em uma mostra dedicada a um artista específico. A Sala 40, por exemplo, dedica-se ao Expressionismo Abstrato, corrente que surgiu um Nova York durante a Segunda Guerra Mundial e bastante infuenciada pelos surrealistas, como Joan Miró, Max Ernst e André Masson. Pode-se apreciar a evolução do movimento em trabalhos como os de Jackson Pollock, Mark Rothko e Barnett Newman. Já a Sala 30 exibe as obras doadas ao museu por Sonia e Charles Delaunay em 1964, entre elas algumas obras-primas de Robert Delaunay, como *Paysage au disque* (1906) e o conjunto de *Rythmes* (1930). Estas peças permanecem em exposição permanente neste espaço.

IRCAM

www.ircam.fr

✉ 1 place Igor Stravinsky ☎ 01 44 78 48 16; reservas 01 44 78 12 40 🕒 Pegue um folheto ou consulte o site para obter detalhes sobre os espetáculos

Atelier Brancusi

✉ 55 rue Rambuteau ☎ 01 44 78 12 33 🕒 Qua-seg 14h-18h ✋ Grátis

PANORAMA

Não perca a vista de Paris do alto do edifício. Entre as atrações que podem ser vistas estão a basílica de Sacré-Cœur, a Torre Eiffel, Notre-Dame e o Panthéon.

À esq. *Animada livraria do nível o*
Abaixo *Imagem de Georges Pompidou, dono de um apreço pelas artes que levou à construção do polêmico centro*

EXPOSIÇÕES TEMPORÁRIAS E OUTRAS ATRAÇÕES

As exposições temporárias, no primeiro e no sexto andar, são uma atração tão boa quanto o acervo permanente. Entre os temas recentemente expostos estão "Hitchcock e a arte" e o designer Philippe Starck.

Após a intensa reforma que antecedeu o novo milênio, a Bibliothèque Publique d'Information abriu as portas e ocupa o posto de maior biblioteca da França. Está instalada no segundo e no terceiro andares do Centre Georges Pompidou e abriga 2 milhões de livros, laboratórios de idiomas, equipamentos de audiovisual e jornais e revistas de todo o mundo. O acervo dedicado à mídia inclui 1.200 fitas, documentos sonoros, CD-ROMs e sites de artistas variados, cobrindo 40 anos da história da imagem e do som nos principais movimentos da arte contemporânea, como a performance, *body art*, arte minimalista, conceitual e pós-conceitual. Também oferece espaço para apresentações, um cinema, um auditório e a Galerie des Enfants, que organiza oficinas para crianças (o ingresso é gratuito para menores de 18 anos).

Nas proximidades (1 place Igor Stravinsky), o centro de música experimental IRCAM (Institut de Recherche et Coordination Acoustique Musique) organiza shows, oficinas e palestras. Do outro lado do Pompidou, na rue Rambuteau, fica o Atelier Brancusi, uma reconstrução do estúdio do escultor romeno Constantin Brancusi. Brancusi mudou-se para Paris em 1904, e seu ateliê foi recriado tal qual estava quando o artista morreu, em 1957.

EXTERIOR

Nos dias de sol, a praça recebe a visita de malabaristas, mímicos e engolidores de fogo. A fonte Stravinsky, instalada na place Igor Stravinsky, foi criada por Jean Tinguely e Niki de Saint-Phalle para fazer parte do conjunto do Georges Pompidou. A dupla se inspirou no balé *O pássaro de fogo* e a peça no centro gira e espirra água. Dê uma olhada no mais novo relógio público de Paris, na rue Brantôme, a escultura de bronze e metal *O defensor do tempo*. O defensor luta contra bestas que representam a terra, a água e o ar nas horas cheias, porém as batalhas mais violentas acontecem ao meio-dia, às 18h e às 22h.

Acima *Os dutos de ar-condicionado são pintados de azul*

ARTE MODERNA PARA OS NÃO INICIADOS – UMA EXPLICAÇÃO SOBRE ALGUNS MOVIMENTOS

Expressionismo Abstrato: Surgiu nos EUA e tinha duas vertentes: a *action painting* ("gestualismo") e a *colour field painting* ("pintura de campos de cor"). A primeira se preocupava mais com o ato de pintar do que com o produto acabado. O principal expoente dessa vertente foi Jackson Pollock, que usava gravetos e seringas para despejar tinta nas telas e formar imagens abstratas.

Arte Povera: Literalmente "arte pobre", era um movimento italiano que pregava o uso de materiais do cotidiano na criação de esculturas ou instalações de arte. Os principais artistas do movimento foram Mario Merz e Giuseppe Penone.

Cubismo: Criado por Picasso, Braque, Fernand Léger e Gris no início do século XX, o Cubismo foi, em parte, um movimento contra o Impressionismo. Pessoas e objetos são fragmentados e retratados com o auxílio de formas geométricas.

Fauvismo: Seus adeptos usavam as cores puras, sem matizá-las. Um exemplo está na obra de Matisse.

Fluxus: Movimento lançado nos anos 1960. Rejeitava a definição clássica de obra de arte e se concentrava no efêmero e no cotidiano. Entre os artistas representativos do movimento estão Ben e Joseph Beuys.

Minimalismo: Ênfase na simplicidade e na repetição, como no trabalho de Donald Judd e Brice Marden.

Neorrealismo: Os neo-realistas usavam objetos do cotidiano, que às vezes eram amassados ou queimados. A coleção de máscaras de gás de Arman, intitulada *Lar, doce lar*, é um exemplo do gênero.

Pop Art: Uma apropriação artística da cultura popular e da propaganda. Uma das obras mais famosas é o retrato de Marilyn Monroe feito por Andy Warhol. Claes Oldenburg, Roy Lichtenstein e David Hockney são outros representantes.

Surrealismo: Rejeição da lógica e do realismo em prol de um mundo onírico. O movimento foi popular nos anos 1920 e 1930, com artistas como René Magritte e Salvador Dalí.

Videoarte: Experimentações com vídeos, como, por exemplo, na obra de Nam June Paik.

DICAS

» Se você for um tradicionalista em matéria de arte, aprecie as obras do Museu de Arte Moderna (relativamente) devagar. Comece pelo quinto andar (1905-60) e só depois visite o estonteante quarto andar (1960-hoje).

» Como o museu abre até tarde, jante mais cedo e vá visitá-lo depois (o último ingresso é vendido às 20h; o museu fecha às 21h).

» A população da cidade pode se referir ao Centre Georges Pompidou como Beaubourg.

» O guia oficial tem fotos e informações sobre 150 das obras mais importantes. Vale a pena comprá-lo antes de visitar o Museu de Arte Moderna.

» Depois de um dia inteiro contemplando arte moderna, talvez seja uma boa ideia ver um concerto tranquilizador na igreja St-Merri (▷ 168), nas proximidades. Eles acontecem aos sábados, às 21h, e aos domingos, às 16h.

Abaixo *Mostras temporárias recebem tanto público quanto acervo permanente*

MAISON EUROPÉENNE DE LA PHOTOGRAPHIE

www.mep-fr.org

A Maison Européenne de la Photographie apresenta exposições de fotografia contemporânea. As galerias estão espalhadas por cinco andares do edifício setecentista do Hôtel Hénault de Cantobre, assim como por uma nova ala, inaugurada em1996. Um auditório com capacidade para cem pessoas exibe filmes relacionados às exposições, e há também uma biblioteca e sala de vídeo.

150 P7 · 5-7 rue de Fourcy, 75004 · 01 44 78 75 00 · Qua-dom 11h-19h45 (fecha durante a troca de exposições) · Adultos €6,50, crianças €3,50, menores de 8 grátis · St-Paul · 67, 69, 76, 96 · No subsolo

MAISON DE VICTOR HUGO

www.musee-hugo.paris.fr

A Maison de Victor Hugo evoca de forma vívida o ambiente literário da Paris do século XIX. Ela fica no Hôtel de Rohan-Guéménée, onde o escritor morou com a mulher e os filhos de 1832 a 1848. Ali ele escreveu parte de seu famoso romance *Os miseráveis*, e conheceu companheiros de ofício como Alexandre Dumas e Alphonse de Lamartine.

Ao subir a escada de pedra que conduz aos andares superiores, o visitante encontra uma série de cartazes antigos com anúncios de várias montagens teatrais de *Os miseráveis*. Só o luxuoso papel de parede já compensa a visita ao acervo permanente exposto no segundo andar. O *Salon Chinois* (Sala Chinesa) também é deslumbrante. Na exposição permanente, no segundo andar, as salas são decoradas de modo a evocar o interior das várias residências de Hugo, como a da ilha de Guernsey, na qual se autoexilou. Entre as peças expostas estão um busto do escritor feito por Auguste Rodin e móveis do quarto da atriz Juliette Drouet em Guernsey, alguns entalhados pelo próprio Hugo. Há também uma reconstrução do quarto onde o escritor morreu, em 1885.

As exposições temporárias costumam ser montadas no primeiro andar. No terceiro piso há uma biblioteca, mas só é possível explorá-la com hora marcada.

151 P7 · 6 place des Vosges, 75004 · 01 42 72 10 16 · Ter-dom 10h-18h · Acervo permanente grátis. Exposições temporárias: adultos €8, menores de 14 grátis · Bastille, St-Paul · 20, 29, 65, 69, 96

LE MARAIS

Estendendo-se de oeste a leste entre Les Halles e Bastille, e de norte a sul entre a place de la République e o Sena, o Marais é uma combinação divertida de história, arquitetura pomposa, butiques, restaurantes, bares e galerias de arte modernos e chiques. A área já foi expansão de uma região de pântano (*marais*, em francês), mas hoje abriga pátios de paralelepípedos, ruas medievais, lindas mansões, uma comunidade judia e a praça mais antiga de Paris – a place des Vosges (▷ 169), onde pode-se relaxar e tomar um drinque.

No século XVII, os aristocratas competiam entre si para ver quem construía a mansão mais refinada do local. O Marais passou um período de abandono até que, em 1962, o ministro da Cultura, André Malraux, apontou o valor histórico de vários edifícios, dando início a um programa de restauração.

Atualmente é impossível andar pelo bairro sem tropeçar em obras-primas da arquitetura, mesmo que elas só possam ser admiradas por fora. Várias dessas mansões (que são chamadas de *hôtels*) abrigam museus, como o Musée Picasso (▷ 167), o Musée Carnavalet (▷ 164-5) e o Musée d'Art et d'Histoire du Judaïsme (▷ 163).

150 P7 · Le Marais · St-Paul, Rambuteau, Hôtel de Ville, Bastille · 29, 69, 75, 76, 96

Acima *O histórico bairro do Marais passou por uma ampla recuperação e atraiu uma diversidade de pequenas lojas*

MÉMORIAL DE LA SHOAH

www.memorialdelashoah.org

Inaugurado em janeiro de 2005 para o 60º aniversário da libertação do campo de Auschwitz, o Mémorial abriga o túmulo do mártir judeu desconhecido (na cripta), o Mur des Noms, com o nome dos 76 mil judeus deportados da França, e um museu que conta o destino dos judeus durante a Segunda Guerra Mundial. O centro de pesquisas e informações é o maior do gênero em toda a Europa.

150 N7 · 17 rue Geoffroy-l'Asnier, 75004 · 01 42 77 44 72 · Dom-sex 10h-18h (também o museu qui 10h-22h, Salle des Noms qui 10h-19h30) · Museu, cripta, centro multimídia e sala de leitura: grátis; exposições: adultos €5, crianças €3 · St-Paul, Pont Marie · 67, 69, 76, 96

MUSÉE DES ARTS ET MÉTIERS

www.arts-et-metiers.net/

A arte encontra a ciência neste museu interessante, que tem um acervo fascinante de instrumentos científicos, carros e brinquedos mecânicos antigos. Há ali uma calculadora primitiva inventada por Blaise Pascal, um dos fonógrafos de Thomas Edison e um brinquedo criado para Maria Antonieta. Um carro de Fórmula 1 está exposto na antiga capela.

150 N6 · 60 rue Réaumur, 75003 · 01 53 01 82 00 · Ter-dom 10h-18h (também qui 18h-21h30) · Adultos €6,50, menores de 18 grátis · Arts et Métiers, Réaumur-Sébastopol · 20, 38, 39, 47

MUSÉE D'ART ET D'HISTOIRE DU JUDAÏSME

www.mahj.org

Descubra a rica herança cultural da comunidade judaica da França e de outros locais. Este museu ilustra de forma vívida o desenvolvimento da cultura judaica da Idade Média até o presente, na França e em outros locais. Ele também destaca a contribuição de membros dessa comunidade à vida e à arte europeias. O foco principal do acervo são os judeus franceses, embora também estejam ali expostas peças do restante da Europa e do norte da África.

Um audioguia, incluído no preço do ingresso, orienta o visitante de forma cronológica. Entre os temas estão a Idade Média, a libertação dos judeus após a Revolução Francesa, as conquistas intelectuais e artísticas do século XIX e as tragédias e os triunfos da era moderna. Entre as peças medievais está um raro candelabro de hanucá, anterior à expulsão dos judeus, no século XIV. Entre os itens mais recentes estão um contrato de casamento de 1752 e um traje de casamento argelino do século XIX. Marc Chagall e Amedeo Modigliani são alguns dos artistas representados. Os arquivos do Caso Dreyfus contêm cerca de 3.000 cartas, fotografias, livros e documentos oficiais relacionados ao processo do capitão do exército francês, o judeu Alfred Dreyfus, falsamente acusado de passar segredos para os alemães em 1894.

O museu foi inaugurado em 1998, no Hôtel de St-Aignan, uma mansão restaurada do século XVII, cujo nome é uma homenagem a um antigo proprietário, o duque de St-Aignan. No século XIX, a mansão tornou-se o lar de imigrantes judeus da Europa Oriental, e durante a Segunda Guerra seus residentes foram presos pelos nazistas e enviados aos campos de concentração. Sua lembrança é mantida viva com uma instalação de arte de Christian Boltanski, intitulada *Les habitants de l'Hôtel de Saint-Aignan en 1939* (1998).

150 N6 · Hôtel de St-Aignan, 71 rue du Temple, 75003 · 01 53 01 86 60 · Seg-sex 11h-18h, dom 10h-18h. Fecha sáb · Adultos €6,80, menores de 18 grátis · Rambuteau, Hôtel de Ville · 29, 38, 47, 75 · Audioguia incluso no preço do ingresso · Café · Uma boa livraria

Abaixo Os moradores do l'Hôtel de Saint-Aignan em 1939, *Musée d'Art et d'Histoire du Judaïsme*

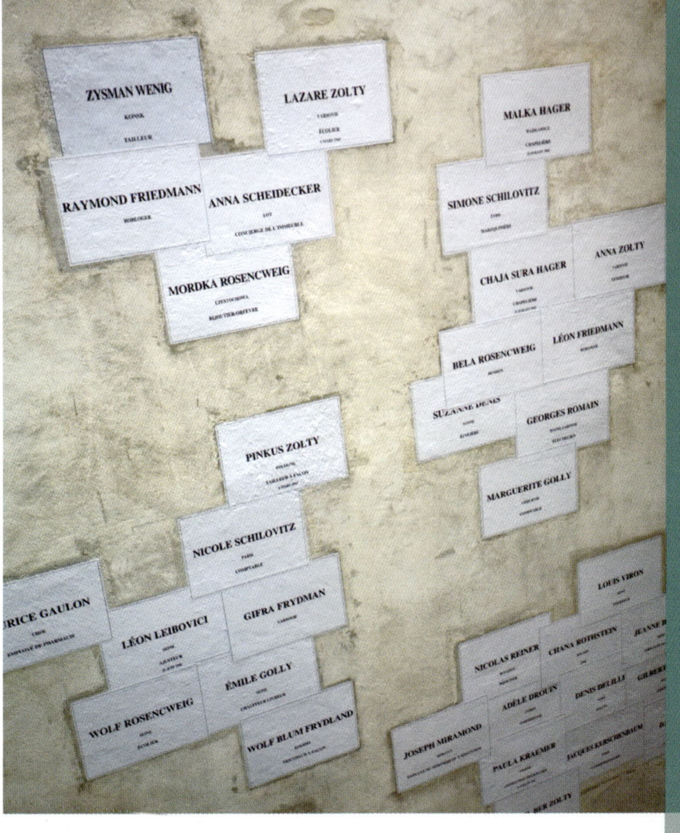

MUSÉE CARNAVALET

INFORMAÇÕES
www.carnavalet.paris.fr
150 P7 23 rue de Sévigné, 75003 (entrada também na rue des Francs-Bourgeois) 01 44 59 58 58 Ter-dom 10h-18h Grátis (exceto exposições temporárias) St-Paul 29, 69, 76, 96 Visitas guiadas em francês e de vez em quando em inglês; informações: 01 44 59 58 31 €9 Livraria com uma ampla oferta de livros de história.

Acima *O gracioso jardim clássico do Musée Carnavalet*

INTRODUÇÃO

Ao entrar nestas mansões contíguas, somos conduzidos a uma intrigante viagem ao passado de Paris. Pinturas, objetos de época e suntuosas recriações de ambientes evocam o espírito da cidade em momentos como a Revolução Francesa e o reinado de Napoleão I. A ideia do museu é transmitir a atmosfera de cada período e não listar fatos históricos. Por isso, quem esperar um relato detalhado de cada fase pode se desapontar. Mas este é o endereço certo para quem deseja ter uma amostra da vida suntuosa no reinado de Luís XV ou dos horrores da Revolução.

O museu ocupa dois palacetes – o Hôtel Carnavalet e o Hôtel Le Peletier de St-Fargeau. Prefira a entrada principal, localizada na rue de Sévigné, à entrada da rue des Francs-Bourgeois (Hôtel Carnavalet). Convém pedir um mapa do museu no balcão de informações, pois se deslocar pelo local sem esse preciso instrumento pode ser complicado. Para chegar ao Hôtel Le Peletier de St-Fargeau, atravesse a galeria do primeiro andar.

A própria construção é histórica – uma mansão construída nos anos 1540 para o presidente do parlamento de Paris, Jacques des Ligneris. O arquiteto François Mansart deixou sua marca no prédio em 1660, quando acrescentou uma nova ala. Logo depois, a célebre dama das letras madame de Sévigné, mudou-se para lá. A ideia de criar um museu da história parisiense foi do barão Haussmann, o homem que repaginou a cidade no século XIX (▷ 40). O Hôtel Carnavalet foi escolhido e o museu abriu as portas em 1880. Mais de um século depois, em 1989, o grande acervo pôde se espalhar para o edifício vizinho, o Hôtel Le Peletier de St-Fargeau.

DESTAQUES

A REVOLUÇÃO FRANCESA

O museu tem um acervo tocante de objetos da Revolução Francesa, instalado no segundo andar do Hôtel Le Peletier de St-Fargeau. A coleção inclui um conjunto de chaves da Bastilha, tirinhas cômicas de Le Sueur e os móveis usados pela família real na prisão. Entre as pinturas há trabalhos de Hubert Robert, que foi preso durante a Revolução, e um retrato do líder revolucionário Robespierre, mais tarde também morto na guilhotina. Uma coleção de ventiladores, pratos, relógios e móveis mostra que os lemas do movimento revolucionário se infiltraram até entre os utensílios domésticos.

COMO A OUTRA METADE VIVIA

Havia um universo de distância entre os horrores da Revolução Francesa e o estilo de vida dos moradores ricos de Paris. O cotidiano luxuoso da alta sociedade parisiense ao longo dos anos ressurge através de recriações vívidas dos ambientes em que circulavam.

No andar térreo do Hôtel Carnavalet, o Grand Salon de l'Hôtel d'Uzès evoca a opulência dos dias que antecederam o levante, com uma profusão de objetos de ouro, espelhos e lustres. O arquiteto Claude-Nicolas Ledoux projetou o salão original em 1767.

No primeiro andar, as salas 21, 22 e 23 são dedicadas à moradora mais famosa da mansão, a senhora de Sévigné; existem ali dois retratos dela. As salas de 27 a 48 mostram Paris durante o reinado de Luís XV (1715-74). A vida literária e teatral estão representadas na sala 47, com as estatuetas de madeira pintada do Théâtre Séraphin. O reinado de Luís XVI (1774-93) é apresentado nas salas 49 a 64. Não perca o encantador Boudoir Circulaire, na sala 51, e o soberbo papel de parede em todo o primeiro andar, fabricado nas oficinas Gobelins (▷ 117) e baseado em padronagens do século XVIII.

SÉCULOS XIX E XX

Na área destinada à era napoleônica, os destaques são a maleta de piquenique do imperador, com mais de 110 peças, e sua máscara mortuária (no andar térreo do Hôtel Le Peletier de St-Fargeau). Entre as reconstruções localizadas no primeiro andar do Hôtel Le Peletier de St-Fargeau estão o elegante interior art nouveau da famosa joalheria Fouquet (1900) e o salão de baile Rainha de Sabá, dos anos 1920, pertencente à senhora Wendel. Também vale a pena conferir a recriação do quarto de Marcel Proust, que era revestido de cortiça para proteger o escritor dos ruídos indesejáveis.

DICAS

» Quando faltam funcionários, algumas salas são fechadas.

» Só há painéis explicativos em francês, por isso pode ser uma boa ideia comprar o guia antes de iniciar a visita.

GUIA DA GALERIA HÔTEL CARNAVALET

Térreo: Da Idade Média ao século XVI. Também Grand Salon de l'Hôtel d'Uzès.
1º andar: Séculos XVII e XVIII (até o fim do reinado de Luís XVI).

HÔTEL LE PELETIER DE ST-FARGEAU

Térreo: Século XIX, de Napoleão I a 1848.
1º andar: Séculos XIX e XX (a partir de Napoleão III).
2º andar: Revolução Francesa.

ORANGERIE

As origens de Paris, da pré-história até a ocupação romana.

À esq. e abaixo *Peças em exposição no Musée Carnavalet*

MUSÉE DE LA CHASSE ET DE LA NATURE

www.chassenature.org

Instalado em duas mansões muito bem restauradas – o Hôtel de Guénégaud e o Hôtel de Mongelas – no coração do Marais, este museu, recentemente renovado, está cheio de animais, armas de caça, pinturas e objetos de arte decorativa. Não se trata de um museu que interesse a todos, mas dedica-se a uma atividade praticada desde tempos imemoriais. No acervo, armas da pré-história ao século XIX. Algumas peças serviam à perseguição de animais grandes e há suvenires do fundador do museu, François Sommer. Há ainda pinturas com temas relacionados à caça, entre elas obras de François Desportes (artista na corte de Versailles), Jean-Baptiste-Siméon Chardin, Carle Vernet e uma tela criada por dois grandes artistas: Rubens e Jan Brueghel (o Velho).

150 P6 Hôtel Guénégaud, 60 rue des Archives, 75003 01 53 01 92 40 Ter-dom 11h-18h Adultos €6, menores de 18 grátis Rambuteau, Hôtel de Ville 29, 75

MUSÉE COGNACQ-JAY

www.paris.fr

O Musée Cognacq-Jay é bastante discreto, e seu encanto excede em muito as instalações pequenas. Parte de seu apelo vem do próprio edifício, uma mansão decorada ao estilo do século XVIII. Escadas e corredores estreitos levam a salas acolhedoras, repletas de pinturas, porcelanas, esculturas e objetos de arte.

O acervo foi reunido no início do século XX por Ernest Cognacq e sua mulher, Louise Jay, fundadores da loja de departamentos La Samaritaine. Os bustos dos dois estão expostos perto da recepção.

Em 1990 a coleção foi transferida para o Hôtel Donon, um edifício do século XVI situado no Marais. Obras de Rembrandt, Jean Honoré Fragonard e Giovanni Battista Tiepolo estão entre as peças ali expostas. As cenas venezianas de Canaletto são notáveis. Há também um jardim (aberto apenas no verão) e uma pequena livraria.

Se você sabe francês, poderá se informar sobre o acervo nas fichas espalhadas pelo museu. Caso contrário, aproveite a atmosfera refinada – uma amostra da vida dos parisienses abastados no século XVIII.

150 P7 Hôtel Donon, 8 rue Elzévir, 75003 01 40 27 07 21 Ter-dom 10h-18h. O jardim abre meados mai-meados set (com tempo bom) 10h-12h15, 16-17h35 Grátis St-Paul 29, 69, 76, 96

MUSÉE ÉDITH PIAF

A conhecida cantora francesa na verdade se chamava Edith Giovanna Gassion. Nasceu em 1915, cresceu em um bairro operário do leste de Paris e começou a carreira cantando nos bares e cafés locais. Embora tenha alcançado sucesso mundial nos anos 1930, quando participou de peças e filmes, é mais conhecida pelas canções *La vie en rose* e *Non, je ne regrette rien.*

Este pequeno museu tem muitas lembranças de Piaf, como cartazes, cartas, fotografias, vestidos e sapatos. Vale a pena visitá-lo nem que seja apenas para ouvir as gravações originais, que fazem o fundo musical. Perto do museu fica o Cimetière du Père-Lachaise (▷ 155), onde o corpo da cantora está enterrado. Em 1963, milhares de pessoas assistiram ao funeral da artista.

151 R6 5 rue Crespin du Gast, 75011 01 43 55 52 72 Visitas com hora marcada, ligue antes. Geralmente abre seg-qua 13h-18h Grátis (aceita doações) Ménilmontant 96

MUSÉE DE L'HISTOIRE DE FRANCE (HÔTEL DE SOUBISE)

A principal atração do Museu da História da França é o ambiente. O Hôtel de Soubise, no Marais, foi construído por Delamair no início do século XVIII para a princesa de Soubise, ao mesmo tempo que erguia o Hôtel de Rohan, na rue Vieille du Temple, que viria a ser do filho dela, o futuro cardeal de Rohan.

Delamair incorporou ao projeto a entrada do século XIV que ficava na rue des Archives, remanescente de um solar medieval. O apartamento do príncipe (*appartement du prince*), no andar térreo, é luxuosamente decorado com quadros de pintores como Carle van Loo e François Boucher. As obras de arte também estão presentes no andar de cima, no apartamento da princesa (*appartement de la princesse*).

O acervo do museu, que ocupa as duas mansões, é constituído basicamente de documentos, e talvez não seja de muito interesse para quem não fala francês. Nas exposições temporárias, ele se abastece no Arquivo Nacional, que tem, entre outras preciosidades, cartas escritas por Carlos Magno e Joana d'Arc, os testamentos de Luís XIV e Napoleão I e a última carta de Maria Antonieta antes da execução na guilhotina.

150 P7 Hôtel de Soubise, 60 rue des Francs-Bourgeois, Hôtel de Rohan, 87 rue Vieille du Temple, 75003 01 40 27 60 96 Seg e qua-sex 10h-12h30, 14h-17h30, sáb-dom 14h-17h30 Adultos €3, menores de 18 grátis Rambuteau, Hôtel de Ville 29, 75, 96 Loja de presentes, livraria

À esq. *Detalhe do teto do Salon Ovale do Hôtel de Soubise, onde funciona o Musée de l'Histoire de France*

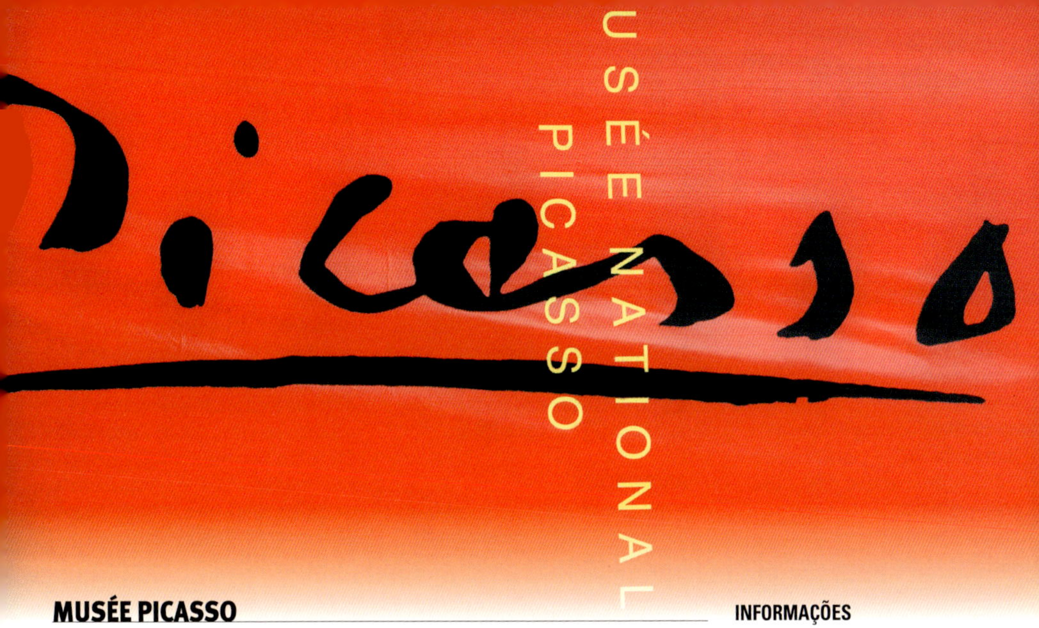

MUSÉE PICASSO

A inauguração deste museu, em 1985, pôs um ponto final em 11 anos de disputas envolvendo os impostos de transmissão dos bens de Pablo Picasso (1881-1973). Graças a uma lei que permite o pagamento do tributo com obras de arte, o Estado francês recebeu um quarto de todo o acervo produzido pelo destacado artista. Essa coleção, que compreende 203 pinturas, 158 esculturas, 16 colagens e mais de 1.500 desenhos e gravuras, foi ampliada posteriormente com a morte da última mulher de Picasso, em 1990. O museu também expõe a coleção particular do artista espanhol, composta de obras de mentores e contemporâneos, como Paul Cézanne, Pierre-Auguste Renoir, Joan Miró, Georges Braque e Henri Matisse.

AS OBRAS

Os trabalhos estão dispostos em sequência cronológica a partir das fases Azul e Rosa, do início dos anos 1900, passando pelo período de experimentação cubista com Georges Braque, até os anos 1930. Preste atenção sobretudo na tela *Três mulheres na fonte* (1921), instalada no alto da escada à esquerda, e na escultura *Babuíno e filhote* (1951), na sala 18, cuja cabeça é feita com dois carrinhos de brinquedo.

Os outros destaques são *Autorretrato* (1901) na sala 1; *A cabra* (1950), na sala 16; *As banhistas* (1918) e *Duas mulheres correndo na praia* (1922), na sala 6; e o trágico e comovente *Velho sentado* (1970-1), na sala 20. O acervo capta o frescor e a inventividade presentes na longa vida artística de Picasso.

A CONSTRUÇÃO

O museu está instalado no Hôtel Salé, uma mansão do século XVII situada no Marais. Em 1962 ela foi comprada pela cidade de Paris e em 1976 o arquiteto Roland Simounet começou a transformar seu interior para receber o Musée Picasso. Os lustres e os móveis foram desenhados por Diego Giacometti. A mansão precisou passar por uma reforma profunda e cara antes de ser aberta ao público. Uma sala pequena, dedicada a contar a história do Hôtel Salé, mostra fotografias em preto e branco e informações sobre o edifício e todas as pessoas que viveram ali ao longo do tempo. O apelido "Salé" (salgado) se refere ao gosto extravagante do primeiro proprietário, que enriqueceu graças ao imposto cobrado sobre o sal.

INFORMAÇÕES

www.musee-picasso.fr (em francês)
150 P7 Hôtel Salé, 5 rue de Thorigny, 75003 01 42 71 25 21 Qua-seg 9h30-17h30; última admissão 45min antes de fechar. Fechado 1º jan, 25 dez Adultos €8,50, 18-25 €6,50, menores de 18 grátis para exposição permanente; grátis para todos no primeiro dom do mês St-Paul, Filles du Calvaire 29, 69, 75, 96 Visitas guiadas set-fim jun seg e sex 14h30 (€6,30) €3 Café do jardim, meados abr a meados out Livraria e loja de presentes

DICA

» Em todas as salas, placas fornecem detalhes das obras em inglês e francês.

Acima *O acervo do Musée Picasso reúne um quarto das obras do artista, além de sua coleção particular*

OPÉRA BASTILLE

www.opera-de-paris.fr

A fachada de mármore geométrica desta ópera domina a place de la Bastille (⊳ 153), e o auditório de 2.700 lugares recebe produções prestigiadas (⊳ 175). O edifício impunha sua presença altiva mesmo antes de ser construído. O projeto, defendido pelo presidente Mitterrand no início dos anos 1980, gerou controvérsia por ter sido entregue a um arquiteto relativamente desconhecido, Carlos Ott, escolhido em meio a 700 concorrentes. A ópera também recebeu críticas pelo tamanho e pelo custo, mas ficou pronta para o bicentenário da Revolução Francesa, em 1989.

151 Q8 place de la Bastille (bilheteria: 120 rue de Lyon), 75012 01 40 01 19 70 (informações); 0892 89 90 90 (reservas) Bilheteria: seg-sáb 10h-18h30 Visitas guiadas: adultos €11, crianças (menores de 19) €6; ligue para obter mais detalhes Bastille 20, 29, 69, 76

PLACE DES VOSGES

⊳ 169.

PONT MARIE

Esta ponte de pedra que liga a Île St-Louis à margem direita surgiu em meio a controvérsias. Um dos desenvolvedores imobiliários da ilha, Christophe Marie, sugeriu a ponte em 1605, mas sua construção só foi concluída em 1635, devido a objeções das autoridades de Notre-Dame. Na primavera de 1658, sobreveio o desastre. A cheia causada pelo degelo engoliu dois arcos da ponte, as casas e as lojas que ficavam em cima dela, além de seus ocupantes. A ponte foi totalmente reconstruída, mas dessa vez sem casas.

150 P8 quai des Célestins/ Île St-Louis Pont Marie 67

RIVE DROITE

A margem direita (*rive droite*) do rio Sena é maior e por isso muito mais difícil de definir do que a margem esquerda (*rive gauche*), ao sul. Foi na margem direita que os reis construíram seus palácios, o barão Haussmann criou as grandes artérias e cada monarca deixou pelo menos um monumento. Ficam nesta parte do rio o Musée du Louvre, o Centre Georges Pompidou e duas importantes casas de ópera; bairros mais novos como Bercy e La Villette; e regiões mais antigas porém revitalizadas, como o Marais. A margem direita abriga também o centro financeiro e comercial da cidade, e, no extremo norte, o bairro de Montmartre.

Ao norte do rio Sena

ST-EUSTACHE

www.st-eustache.org

A segunda maior igreja de Paris fica no movimentado bairro Les Halles (⊳ 154), perto do moderno Forum des Halles. A estrutura gótica perde em tamanho apenas para a catedral de Notre-Dame, na qual foi inspirada. Sua construção teve início em 1532 e demorou mais de cem anos. Desde então, a igreja vem desempenhando um papel de destaque: recebeu a cerimônia da primeira comunhão de Luís XIV, o batismo do cardeal Richelieu e as *premières* da *Grande missa*, de Liszt, e do *Te Deum*, de Berlioz.

A reputação musical da igreja é cultivada com concertos regulares, como os recitais de órgão aos domingos (17h30-18h).

150 M6 2 rue du Jour, place du Jour, 75001 01 42 36 31 05 Seg-sáb 9h-19h, dom 8h15-12h30, 14h30-19h Grátis Les Halles 29, 67, 74, 85 RER linhas A, B, D, Châtelet-Les-Halles

ST-MERRI

A igreja St-Merri, situada a poucos metros do Centre Georges Pompidou, tem o nome do santo padroeiro da margem direita. Datada do século XVI, sua arquitetura é um exemplo soberbo do estilo gótico *flamboyant*. Ela tem o sino mais antigo de Paris. Fabricado em 1331, é remanescente da capela medieval que ficava no local. Os vitrais retratam José no Egito, são Nicolau de Mira, santa Inês e o mercador parisiense Étienne Marcel. O púlpito foi entalhado em 1753 pelo escultor P. A. Slodtz, que, junto com o irmão, trabalhou na igreja no século XVIII.

O compositor de *Carnaval dos animais*, Camille Saint-Saëns, foi organista da igreja nos anos 1850. Atualmente há concertos grátis geralmente aos sábados, às 21h, e aos domingos, às 16h.

150 N7 78 rue St-Martin, 75004 Informações sobre os concertos: 01 42 71 40 75 Diariam 15h-19h Grátis Hôtel de Ville 38, 47 RER linhas A, B, D, Châtelet-Les-Halles

SYNAGOGUE

A sinagoga fica no coração do bairro judeu de Marais (⊳ 162). Foi construída em 1913 segundo o projeto de Hector Guimard, mais conhecido por suas originais entradas de metrô. Guimard foi uma das principais vozes do movimento Art Nouveau na França e produziu muito entre 1895 e 1910. O arquiteto continuou trabalhando até 1930, mas, perseguido pelos nazistas, emigrou com a esposa, que era judia, para os Estados Unidos, onde morreu em 1942.

150 P7 10 rue Pavée, 75004 01 48 87 21 54 Visitas com autorização. Telefone dom-qui entre 10h e 16h Grátis St-Paul 69, 76, 96

Acima *Ampla igreja de St-Eustache*

PLACE DES VOSGES

A praça mais antiga de Paris é um ótimo local para passar algumas horas em um café ao ar livre ou junto das fontes. A pitoresca place des Vosges, situada a alguns minutos do movimentado e moderno bairro de Bastille, está impregnada de história. Ela é um bom exemplo de um fenômeno tipicamente parisiense: num minuto estamos numa rua lotada de carros e pessoas e no minuto seguinte nos achamos numa praça gramada e tranquila, em nada condizente com a pressa do século XXI. Na place de Vosges você pode visitar lojas, antiquários e galerias de arte ou beber um chocolate quente em um dos diversos cafés.

PLACE ROYALE

O local já abrigou um palácio real, demolido no século XVI por Catarina de Médici, quando o marido, Henrique II, foi assassinado ali. Anos depois, Henrique IV encomendou a construção da simétrica place Royale, um dos primeiros frutos do planejamento urbano em Paris. A praça foi inaugurada em 1612, com uma grande comemoração. Em 1800, passou a se chamar place des Vosges em homenagem ao primeiro departamento francês a pagar os novos impostos.

SIMETRIA

A praça é formada por 36 casas de tijolo aparente, nove de cada lado, com arcadas no térreo e telhados íngremes. As construções circundam um jardim com fontes, árvores, caminhos de cascalho, playground, postes ornamentados de uma estátua de Luís XIII. As fachadas norte e sul ainda conservam algo da realeza, visto que em ambas a casa do meio é maior, respectivamente o *Pavillon de la Reine* (Pavilhão da Rainha) e o *Pavillon du Roi* (Pavilhão do Rei). No primeiro funciona um hotel quatro estrelas (▷ 179).

MORADORES FAMOSOS

A praça já teve muitos moradores famosos. Princesas, duquesas, amantes oficiais, o cardeal Richelieu, o duque de Sully, o escritor Alphonse Daudet e, mais recentemente, o pintor Francis Bacon e o arquiteto Richard Rogers tiveram a oportunidade de admirar regularmente sua simetria perfeita. Outro escritor francês, Victor Hugo, escreveu diversos manuscritos no número 6, onde viveu entre 1832 e 1848. Hoje a casa é um museu (▷ 162).

INFORMAÇÕES

150 P7 · place des Vosges, 75004 · Bastille, St-Paul, Chemin Vert · 29, 96

DICAS

» As tardes de domingo são um bom momento para visitar esta praça, pois os parisienses saem para dar uma volta, ao som dos músicos de rua.

» Para saber mais sobre Paris no apogeu da place des Vosges, visite o Musée Carnavalet (▷ 164-5), nas imediações.

Abaixo *Imponente e elegante, a place des Vosges é a praça mais antiga de Paris*

PASSEIO A PÉ

LESTE DO MARAIS

O Marais é um dos bairros mais bonitos do centro de Paris, com suas elegantes mansões (conhecidas como *hôtels*), ruas medievais, imensos portões com aldravas enfeitadas, lindos jardins e praças, um agitado bairro judaico e a praça mais velha de Paris, a place des Vosges.

O PASSEIO
Distância: 3km
Tempo: 2 horas
Início/Fim estação de metrô St Paul-Le Marais

COMO CHEGAR
Vá de metrô até a estação St-Paul ou pegue os ônibus 69, 76 ou 96.

★Saia da estação de metrô St Paul-Le Marais no sentido leste pela rue St-Antoine, passando pela impressionante fachada da igreja de St-Paul-St-Louis (1627-41) à direita. No número 62, à sua esquerda, fica o Hôtel de Sully.

❶ Esta magnífica mansão do século XVII já foi a casa do ministro-chefe de Henrique IV, o duque de Sully. Hoje abriga a sede do Centre des Monuments Nationaux.

Vire à esquerda na tranquila rue de Biragué que leva até a place des Vosges (▷ 169).

❷ Esta pitoresca praça foi encomendada por Henrique IV e concluída em 1612. No século XVII abrigou importantes figuras, como o cardeal Richelieu, o hipocondríaco ministro de Luís XIII, e o dramaturgo Molière. No século XIX, o escritor Victor Hugo mudou-se para cá. Sua casa, no número 6, hoje é um museu (▷ 162).

Continue dando a volta pela praça, andando sob as arcadas, passando por restaurantes, galerias e lojas. Olhe a entrada ajardinada do número 28, o *Pavillon de la Reine*, que abriga um hotel (▷ 179). Se tiver vontade de tomar um drinque, pare em um dos cafés instalados sob as arcadas.

Saia da praça pela rue des Francs-Bourgeois. À sua direita fica o Musée Carnavalet (▷ 164-5), construído em 1548 e última residência da escritora madame de Sévigné. Ao passar diante dele, você verá o belo pátio e os jardins.

❸ O Musée Carnavalet, situado em duas casas contíguas, é centrado na história de Paris, da pré-história ao século XX. Entre os temas que aborda estão a Revolução, Napoleão Bonaparte e interiores art nouveau.

Vire à direita na rue Payenne. Os jardins à direita e os pátios à esquerda são em típico estilo Marais do século XVII. Note os elaborados portões de madeira do Hôtel de Chatillon, à sua esquerda, no número 13.

Página ao lado *Pátio interno de uma das lindas mansões erguidas no Marais, gracioso bairro medieval*

Siga a rue du Parc Royal à esquerda, dê a volta na place de Thorigny e vire à direita na rue de Thorigny, para alcançar o Hôtel Salé, de 1656, sede do Musée Picasso (▷ 167).

❹ Aqui você pode ver uma vasta coleção de obras de Pablo Picasso – mais de 250 pinturas, 160 esculturas e 1.500 desenhos. Também há trabalhos de seus contemporâneos, como Paul Cézanne, Joan Miró, Georges Braque e Henri Matisse.

Vire à esquerda pela rue Debelleyme, passando por galerias de arte contemporânea, e depois de novo à esquerda pela rue Vieille du Temple. À esquerda você verá os lindos jardins do Musée Picasso. A meio caminho, à sua direita, no número 87, destacam-se os portões entalhados do Hôtel de Rohan e, na esquina da rue des Francs-Bourgeois, a pequena torre (1510), muito pitoresca, da Maison de Jean Hérouët. Vire à direita aqui, passando por mais elegantes mansões e pelo Crédit Municipal ("penhor municipal") no número 55, à sua esquerda. À direita fica o pátio do Hôtel de Soubise.

Acima *Le Petit Fer à Cheval, um dos cafés traditionais do Marais, instalado na rue Vielle du Temple*

❺ Esta mansão foi construída entre 1705 e 1708 e hoje é sede dos Arquivos Nacionais e do Musée de l'Histoire de France (▷ 166).

Vire à esquerda na rue des Archives e pegue a próxima à esquerda entrando na rue des Blancs Manteaux. Isso traz você de volta à rue Vieille du Temple. Vire à direita e depois de andar um pouco vire à esquerda para seguir pela rue des Rosiers.

❻ Esta agitada rua é o eixo principal do bairro judaico, repleto de lojas especializadas até a rue Pavée. Butiques chiques e lojas de mobília moderna ficam lado a lado com bancas de comida judaica tradicional, cafés e livrarias.

Vire à direita na rue Pavée. À esquerda você vai passar pela sinagoga, projetada por Hector Guimard (▷ 168).

Continue para o sul para voltar à estação de metrô St Paul-Le Marais.

QUANDO IR

Durante o dia, quando as lojas e museus estão abertos.

ONDE COMER

A place des Vosges tem muitos cafés. O Ma Bourgogne, no número 19, e o L'Ambroise, no número 9, oferecem mesas ao ar livre sob as arcadas.

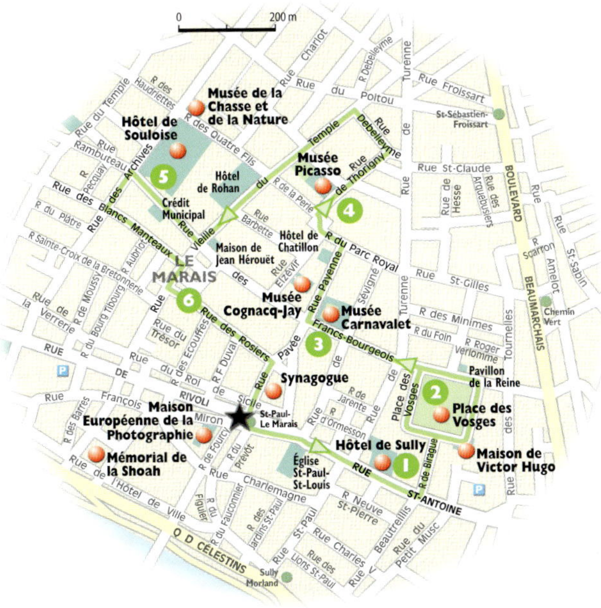

PASSEIO A PÉ

OESTE DO MARAIS

Este agradável trajeto permite explorar a parte leste do bairro do Marais até chegar a Les Halles e suas muitas lojas, e inclui ainda algumas das maiores instituições de Paris.

O PASSEIO
Distância: 2,2km
Tempo: 1h40min
Início/Fim: Hôtel de Ville

COMO CHEGAR
Vá de metrô até o Hôtel de Ville ou pegue o ônibus 38, 47, 58, 67, 70, 62, 74, 75 ou 96.

★Comece o passeio na saída do metrô Hôtel de Ville, que dá acesso à animada place de l'Hôtel de Ville, em frente à prefeitura (▷ 154).

❶ A primeira coisa que se vê na praça em frente ao Hôtel de Ville varia de acordo com a época do ano, mas em geral não faltam grupos numerosos de turistas e alguns parisienses curtindo o local. No verão funciona ali uma quadra de tênis e uma área para diversão para as crianças, ou às vezes um telão transmitindo o torneio aberto de tênis ou outro evento esportivo importante. No apogeu da estação de calor, a beira do rio é transformda em parte da Paris Plage (▷ 44), uma praia recriada que inclui areia, redes, espreguiçadeiras e palmeiras, além de barracas que vendem bebidas. Quando chega o inverno, a praça acomoda um rinque de patinação. A sede da prefeitura (Hôtel de Ville), erguida a partir de 1871 em estilo neorrenascentista, é usada para atividades administrativas desde o século XIV.

A partir do Hôtel de Ville, siga rumo a oeste pela rue de Rivoli, uma elegante área de compras. À esquerda, pouco antes da esquina com o boulevard de Sebastopol, ergue-se a Tour Saint-Jacques.

❷ Construída entre 1508 e 1522 e com 52m de altura, a torre é tudo o que restou de uma igreja do século XVI. Antes de ser destruída após a Revolução, a igreja servia de parada para os peregrinos que seguiam para Santiago de Compostela, no norte da Espanha. A parte interna da torre lembra o trabalho do cientista Blaise Pascal (▷ 163), que realizou aqui algumas experiências para aperfeiçoar seus estudos para a criação do barômetro.

Ao atravessar a rue de Rivoli saindo da Tour Saint-Jacques, cruze o boulevard de Sebastopol e siga por uma via que sai da rue St-Denis, a rue des Halles. Caminhe por ela rumo ao Forum des Halles (▷ 154).

❸ Desde a época medieval até o início do século XVI, esta região foi ocupada por um grande mercado, especializado em alimentos. Em meados do século XX, o tradicional reduto fornecedor de carnes, frutas e verduras foi totalmente destruído e transferido para Rungis, longe do centro, para deixar a cidade mais disponível para os carros. Tudo o que restou foi uma área ampla, apelidada de "buraco" (*trou*), depois transformada na paisagem que o visitante encontra hoje – uma ampla área verde que cobre um shopping subterrâneo, que reúne museus, restaurantes, casas noturnas e cinemas.

Atravesse o jardim que fica na extremidade noroeste, onde se destaca a igreja de St-Eustache (▷ 168).

Página ao lado *A igreja de St-Eustache foi erguida no século XVI*

❹ A construção da Église de St-Eustache começou no século XIII, a princípio uma capela dedicada a santa Agnes, uma religiosa romana, mas foi outro mártir, santo Eustáquio, que deu seu nome à igreja quando o local foi reerguido, em 1532. Segunda maior igreja da cidade, destacou-se por sediar o batismo de muitos reis, políticos e músicos. Ganhou fama musical por servir de palco para as apresentações de obras de Liszt e Berlioz. Apesar de atingida durante a Revolução, ainda exibe um número significativo de pinturas de Rubens.

Com a igreja à esquerda e Les Halles à direita, siga pela rue Rambuteau.

❺ A rue Rambuteau acomoda uma ampla variedade de lojas e se prolonga da Église St-Eustache e Les Halles até o Centre Georges Pompidou e o bairro do Marais. Esta via, aberta durante o reinado pós-revolucionário de Luís Felipe (▷ 40), no século XVIII, foi a primeira a chegar até a parte medieval da cidade.

Depois de percorrer cerca de dois terços da extensão da rue Rambuteau, afaste-se um pouco das lojas e vire à direita na rue de Renard, onde ergue-se o moderno e ousado Centre Georges Pompidou (▷ 156-61).

❻ Em geral, quem entra no Centre Georges Pompidou ama ou odeia o que encontra, mas ninguém fica indiferente a esta estrutura ultramoderna e "virada do avesso". Na praça em frente ao centro, a animação fica por conta dos malabaristas, músicos, mímicos e engolidores de fogo. Para explorar a parte interna é preciso contar com bem mais tempo do que apenas uma parada em um passeio pelo bairro, mas vale a pena entrar para apreciar a estrutura. A instituição abriga o maior acervo de mundo de arte moderna. O cenário em que as obras são expostas não tem igual.

Volte até a rue Rambuteau e siga até o cruzamento com a rue du Temple. À esquerda, ergue-se o Musée d'Art et d'Histoire de Judaïsme (▷ 163).

❼ Este museu está instalado no Hôtel de St-Aignan, uma linda mansão do século XVII, relacionada com a história da comunidade judaica de Paris desde o século XIX. Na parte interna, o acervo conta a trajetória dos judeus na cidade, na França e sua contribuição para a cultura ocidental. Além de objetos e documentos fascinantes, como todos os registros do polêmico caso Dreyfus (▷ 163), o museu abriga também peças de arte, tecidos, manuscritos e um auditório com capacidade para 82 pessoas.

Na parte de fora do museu, a rue du Temple permite chegar direto no Hôtel de Ville. Se ainda tiver tempo, continue o passeio pela rue Rambuteau antes de seguir rumo à estação de metrô.

QUANDO IR

Este passeio é agradável para o meio de uma manhã de primavera ou verão, momento em que as lojas estão abertas. Quem termina o trajeto no Hôtel de Ville na hora do almoço, encontra a praça cheia de parisienses aproveitando a beleza da paisagem.

ONDE COMER

Para uma refeição memorável aposte no Georges, restaurante instalado no alto do Centre Georges Pompidou (▷ 156-61). É caro, mas esbanja elegância e proporciona vistas maravilhosas para o coração de Paris.

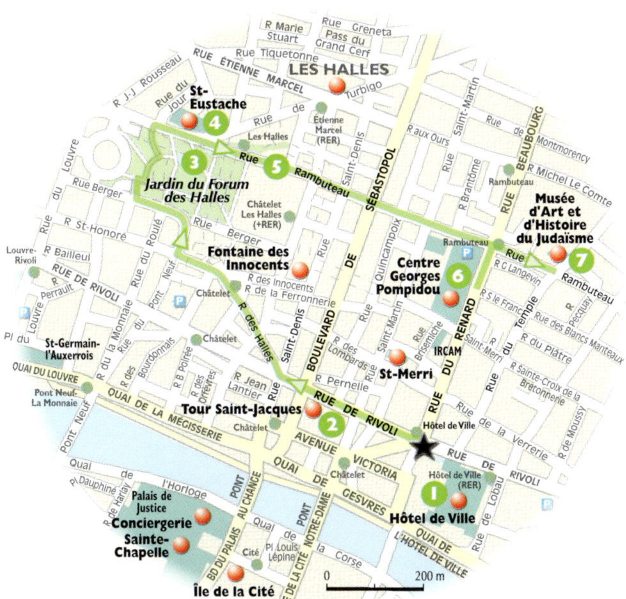

ARTE, COMPRAS, DIVERSÃO E NOITE

Acima *Casa de chá Mariage Frères*

COMPRAS

ANTIK BATIK

Aqui você encontra o melhor étnico-chique: blusas bordadas de algodão ou seda, longos xales de batik, bolsas e lingerie. Também há roupas para crianças.

180 P7 · 18 rue de Turenne, 75004 · 01 44 78 02 00 · Ter-sáb 11h-19h, dom-seg 14h-19h · Hôtel de Ville

ANTOINE ET LILI

www.antoineetlili.com

Objetos de decoração do mundo todo, produtos de beleza do Oriente e roupas em tecidos exuberantes: aqui é o reino do hippie-chique. São duas lojas – uma de roupas, outra de presentes – e tem também um restaurante com vista para o quai de Valmy.

180 P4 · 95 quai de Valmy, 75010 · 01 40 37 41 55 · Ter-sáb 10h-19h · Jacques Bonsergent, Gare de l'Est

BARBARA BUI

www.barbarabui.com

As linhas são limpas, originais e com um toque sexy, mas sem serem provocativas. A coleção é voltada para a mulher moderna de classe e feminina.

180 N6 · 23 rue Étienne Marcel, 75001 · 01 40 26 43 65 · Diariam 10h30-19h30 · Étienne Marcel

BHV

www.bhv.fr

O bazar da prefeitura da cidade vem operando desde 1856 e vende quase tudo o que você pode precisar.

180 N7 · 14 rue du Temple, 75001 · 01 42 74 90 00 · Seg-ter, qui-sáb 9h30-19h30, qua 9h30-21h · Hôtel de Ville

LA DROGUERIE

www.ladroguerie.com

Vende tudo o que você precisa para fazer suas próprias bijuterias, tricotar ou dar um toque pessoal à sua casa.

180 M6 · 9 and 11 rue du Jour, 75001 · 01 45 08 93 27 · Ter-sáb 10h30-18h45, seg 14h-18h45 · Les Halles

ISABEL MARANT

www.isabelmarant.fr

Presença regular nas passarelas, Isabel Marant deu um toque atual de boemia burguesa à elegância parisiense. Camisas de seda, blusas transpassadas de lã: o melhor do casual chique.

181 Q8 · 16 rue de Charonne, 75011 · 01 49 29 71 55 · Seg-sáb 10h30-19h30 · Bastille

JEAN-CLAUDE MONDERER

Instalada na peculiar rue des Francs-Bourgeois, esta loja oferece peças para homens e mulheres que apreciam calçados elegantes. Bons materiais, acabamento superior e desenhos criativos são a marca de Monderer.

180 P7 · 22 rue des Francs-Bourgeois, 75004 · 01 48 04 51 41 · Ter-sáb 10h30-19h30, dom 14h-19h, seg 10h30-19h · St-Paul

KILIWATCH

A Kiliwatch oferece o que há de melhor em peças retrô, todas cuidadosamente escolhidas num estilo clássico, lavadas e passadas antes de serem postas à venda, de ótima qualidade e geralmente a preços altos.

180 M6 · 64 rue Tiquetone, 75002 · 01 42 21 17 37 · Ter-sáb 11h-19h, seg 14h-19h · Étienne Marcel

MARIAGE FRÈRES

www.mariagefreres.com

Fundada em 1854, esta casa de chá é uma instituição parisiense. Oferece centenas de chás do mundo todo. O museu do chá mostra objetos raros do século XVII em diante e há uma seleção de cópias à venda.

180 N7 · 30 rue du Bourg-Tibourg, 75004 · 01 42 72 28 11 · Diariam 10h30-19h30 · Hôtel de Ville

DIVERSÃO E NOITE

CAFÉ BEAUBOURG

Este café-restaurante moderno e com estilo tem um terraço que se projeta sobre a piazza Beaubourg. Um dos melhores pontos de Paris para olhar as pessoas. As receitas são simples e bem executadas.

180 N6 43 rue St-Merri, 75004 01 48 87 63 96 Dom-qui 8h-1h, sex-sáb 8h-2h Rambuteau

DUC DES LOMBARDS

Uma instituição parisiense, este clube intimista recebe regularmente os mais prestigiosos músicos de jazz. As apresentações costumam terminar em memoráveis *jam sessions.*

180 N7 42 rue des Lombards, 75001 01 42 33 22 88 Apresentações: seg-sáb 21h €19-€25 Châtelet

FORUM DES IMAGES

www.forumdesimages.net

Este complexo oferece quatro projeções de filmes por dia (algumas na língua original) abordando vários temas, além de retrospectivas sobre Paris. Também promove matinês para crianças, e uma ampla seleção de filmes sobre Paris que podem ser vistos em telas individuais.

180 M6 2 Grande Galerie, Porte St-Eustache, Forum des Halles, 75001 01 44 76 63 00 and 01 44 76 62 00 Ter-dom 13h-21h (ter até 22h) Ingresso para o dia: adultos €9, crianças €5 Les Halles, Châtelet

JAVA

Bandas latinas costumam tocar aqui. Salsa e outros ritmos latinos, comandados por talentosos DJs, mantêm você dançando até altas horas. Édith Piaf estreou aqui.

181 Q5 105 rue du Faubourg du Temple, 75010 01 42 02 20 52 Shows: 20h30 Goncourt

LIZARD LOUNGE

www.cheapblonde.com

Bar agitado, com chope e interior de madeira. Há shows no porão.

181 N7 18 rue du Bourg-Tibourg, 75004 01 42 72 81 34 Diariam 12h-2h Hôtel de Ville

OPÉRA BASTILLE

www.operadeparis.fr

Este imenso e moderno auditório foi inaugurado em 1989 (▷ 168). Óperas e orquestras sinfônicas se beneficiam de sua acústica excepcional, e há também espetáculos de balé.

181 Q8 120 rue de Lyon, 75012 0892 89 90 90 €7-€160 Bastille

THÉÂTRE DE LA BASTILLE

www.theatre-bastille.com

Antigo cinema, este local apresenta peças de vanguarda e espetáculos de dança com novos talentos e nomes consagrados.

181 Q7 76 rue de la Roquette, 75011 01 43 57 42 14 Apresentações: ter-sáb 19h30, 21h, dom 17h €20 Bastille

THÉÂTRE MOLIÈRE—MAISON DE LA POÉSIE

www.maisondelapoesie-moliere.com

O Teatro Molière, de 1791, abriga a Casa da Poesia, que promove leituras, às vezes com música e dança.

180 N6 157 rue St-Martin, 75003 01 44 54 53 00 €5-€20 Rambuteau

THÉÂTRE MUSICAL PARIS CHÂTELET

www.chatelet-theatre.com

Construída em 1862, esta casa de espetáculos é famosa por sua grandiosidade, com candelabros e molduras douradas. Atrai apreciadores de música clássica que gostam de se vestir bem para ver concertos e espetáculos de balé e ópera.

180 M7 2 rue Edouard Colonne, 75001 01 40 28 28 40 Apresentações: Diariam. (concertos 20h/ópera 19h30) €20-€23 Châtelet

THÉÂTRE DE LA VILLE

www.theatredelaville-paris.com

Local permanentemente associado a Sarah Bernhardt, que se apresentava aqui no início do século XX, este amplo teatro (acomoda mil espectadores) sedia peças e dança moderna.

180 M7 2 place du Châtelet, 75004 01 42 74 22 77 Apresentações: diariam (concertos 20h, ópera 19h30) €16-€26 Châtelet

ESPORTES E ATIVIDADES

PARIS À VÉLO C'EST SYMPA

www.parisvelosympa.com

Passeios guiados de bicicleta em francês e inglês: Heart of Paris, Paris at Dawn e Unusual Paris. Você também pode alugar uma bicicleta e pedalar onde quiser.

181 Q6 22 rue Alphonse-Baudin, 75011 01 48 87 60 01 Passeios: mai-set sex, dom, seg 10h sáb 10h, 20h30; abr, out sex-seg 10h; nov-mar sáb-dom 10h €34 para um passeio de 3 horas Richard-Lenoir

RANDONNÉE EN ROLLERS

Em parceira com a loja de esportes Nomades, a Rollers and Coquillages Society organiza passeios de patins in-line por Paris todo domingo à tarde. O circuito de 3 horas muda regularmente.

181 Q8 Saída de frente da loja Nomades: 37 boulevard Bourdon, 75004 01 44 54 07 44 Dom 14h30 Grátis Bastille

SAÚDE E BELEZA

LES BAINS DU MARAIS

www.lesbainsdumarais.com

Neste *hammam* (banho turco) e spa, os clientes também podem apreciar um chá de menta. A casa oferece massagens e outros tratamentos.

180 N7 31-3 rue des Blancs--Manteaux, 75014 01 44 61 02 02 Mulheres: Seg, ter, qua varia de 10h-19h a 11h-23h. Homens: Qui-sex. Unissex: Qua 19h-23h, sáb 10h-20h, dom 11h-23h *Hammam* €30; massagem €60 St-Paul

PARA CRIANÇAS

FORUM DES HALLES

▷ 154.

MUSEE DE LA POUPÉE

www.museedelapoupeeparis.com

Gracioso acervo com mais de 500 bonecas francesas criadas entre 1800 e 1919, muito bem expostas. Oferece um hospital de bonecas e contação de estórias.

180 N6 Impasse Berthaud, 75003 01 42 72 73 11 Ter-dom 10h-18h Adultos €7, crianças (3-11) €3 Rambuteau

ONDE COMER

Acima *O tempo recua na Brasserie Flo*

PREÇOS

Os preços são para almoço (A) de dois pratos para uma pessoa e jantar (J) de três pratos para uma pessoa, sem bebida. O preço do vinho é o da garrafa mais barata.

Legenda dos símbolos ▷ 2.

AMBASSADE D'AUVERGNE

www.ambassade-auvergne.com

O Ambassade d'Auvergne serve a melhor culinária regional do Auvergne, preparada com ingredientes como foie gras, cogumelos e lentilhas para acompanhar as carnes, que incluem pato, galinha-d'angola e vitela. A decoração combina um serviço de mesa formal com um toque rústico nas paredes. É uma excelente opção para quem está cansado dos modernos bistrôs e quer pratos franceses autênticos e substanciosos.

180 N6 22 rue du Grenier St-Lazare, 75003, Les Halles 01 42 72 31 22 Diariam 12h-14h, 19h30-último pedido às 22h A €28, J €35, vinho €16 Rambuteau

AU PIED DE COCHON

www.pieddecochon.com

Esta instituição parisiense é uma bênção para quem curte a noite. Fica aberta 24 horas, todos os dias da semana, desde 1946. Escolha um assento no elegante salão, arregale os olhos com os afrescos nas paredes e a bela iluminação, e depois o paladar com um dos pratos especiais da cozinha regional francesa. Os vegetarianos vão evitar o pé de porco, prato característico da casa. Mas há muitos frutos do mar e a deliciosa sopa francesa de cebola.

180 M6 6 rue Coquillère, 75001, Les Halles 01 40 13 77 00 Diariam 24 horas A €25, J €40, vinho €17 Châtelet

LE BAR À SOUPES

www.lebarasoupes.com

Neste local pintado com cores vivas no moderno bairro da Bastille você pode escolher entre sete variedades de sopa todos os dias – as opções incluem tomate cremoso e pimentão vermelho, abóbora com bacon, ervilhas ao estilo oriental e leite de coco com cenoura. Dentro é uma cantina simples e charmosa, com mesas e cadeiras simples e grandes pinturas de legumes e verduras.

181 Q8 33 rue de Charonne, 75011, Bastille 01 43 57 53 79 Seg-sáb 12h-15h, 18h30-23h Tigela de sopa, pão e salada €10 Bastille, Ledru Rollin

BISTROT L'OULETTE

www.l-oulette.com

Um bistrô honesto, sem luxo, mas tipicamente parisiense, que serve bons pratos franceses, como escargots da Borgonha, conservas e torta de maçã fresca, tudo preparado com ingredientes do sudoeste da França. Os proprietários, Marcel Baudis e sua mulher, Marie-Noëlle, também administram o sofisticado l'Oulette, no 12º *arrondissement*. É muito procurado pelos parisienses que querem boa comida a bom preço, e aqueles que viajam com um orçamento limitado não vão se decepcionar.

181 Q7 38 rue des Tournelles, 75011, Bastille 01 42 71 43 33 Seg-sex 12h-14h15, 19h-24h; sáb 19h-24h A €30, J €40, vinho €13 Bastille

BISTROT DU PEINTRE

Este belo bistrô art nouveau, fundado em 1903, tem painéis de madeira, luz suave e grandes espelhos. Como era de esperar, o "bistrô do pintor" exibe muitos quadros, incluindo um óleo de La Goulue, a famosa dançarina de cancã. Você pode comer no bar, no salão do andar de cima ou no pequeno terraço quando a temperatura

está amena. A cozinha francesa de alta qualidade inclui salada de chicória, bacon picado e ovo cozido, pato à l'orange e steak tartare.
181 R8 116 avenue Ledru-Rollin, 75011, Bastille 01 47 00 34 39 Diariam 12h-24h A €25, J €40, vinho €11 Ledru Rollin

BOFINGER

www.bofingerparis.com

Esta elegante brasserie, que proclama ser a mais antiga de Paris (inaugurada em 1860), tem luxuoso interior art nouveau com um belíssimo teto em vitral, espelhos, muita madeira entalhada e plantas. Os pratos franceses clássicos, sempre muito bem preparados, incluem lagosta, ostras, pato e steak tartare.
181 Q8 5-7 rue de la Bastille, 75004, Bastille 01 42 72 87 82 Seg-sex 12h-15h, 18h30-1h; sáb-dom 12h-1h A €25, J €40, vinho €22 Bastille

BRASSERIE FLO

www.floparis.com

Esta uma instituição parisiense, inaugurada em 1886, fica em um edifício histórico com um maravilhoso interior do início do século XX, com painéis em vitrais, reservados de couro verde e painéis de madeira no teto. A atriz Sarah Bernhardt era cliente regular. O cardápio inclui bife, frutos do mar e pratos alsacianos como o sauerkraut. Na sobremesa, prove as profiteroles ou vacherin (sorvete e merengue).
180 N5 7 cour des Petites Écuries, 75010, Grands Boulevards 01 47 70 13 59 Diariam 12h-15h, 19h-1h30 A €28, J €42, vinho €25 Château-d'Eau

CHEZ JENNY

www.chez-jenny.com

Chez Jenny deriva seu nome do alsaciano Robert Jenny, que fundou o restaurante em 1930, não muito longe da place de la République. Oferece vários tipos de choucroute – incluindo um com champanhe –, além de frutos do mar e pratos especiais como a salada de salsichas saveloy. Como sobremesa você pode provar o gugelhupf (bolo) gelado com cobertura de ovo.
A decoração também se inspira na região nordeste da França, com afrescos que mostram suas paisagens e marchetaria do artista regional Charles Spindler.
180 P6 39 boulevard du Temple, 75003, République 01 44 54 39 00 Dom-qui 12h-24h, sex-sáb 12h-1h A €25, J €55, vinho €18 République

CHEZ PRUNE

Seu terraço oferece linda vista do Canal St-Martin. O interior reflete o entusiasmo do dono em resgatar peças de brechó. É um bistrô perfeito para um drinque ou lanche (tente uma travessa de queijo e carne fria) ou mesmo um brunch, com croissants, ovos mexidos, bacon, salmão, suco de laranja e chá ou café.
180 P5 36 rue Beaurepaire, 75010, République 01 42 41 30 47 Seg-sáb 8h-2h, dom 10h-2h Tábua de queijos ou frios €8, brunch €15, cerveja €2 Jacques Bonsergent, République

LES GRANDES MARCHES

Les grandes marches (os grandes degraus) referem-se aos degraus da Opéra Bastille, embora esta casa de dois andares também tenha uma bela escadaria. Do andar de cima vê-se a place de la Bastille. A decoração moderna inclui superfícies em aço e iluminação sutil. No menu, inovadores pratos franceses, como o frango Loué com pistache e suco de mostarda, monkfish (tamboril) com cobertura de caramelo e sucos de manteiga de laranja. O restaurante é renomado também por suas travessas de frutos do mar.
181 Q8 6 place de la Bastille, 75012, Bastille 01 43 42 90 32 Diariam 12h-15h, 19h-23h A €21, J €45, vinho €18 Bastille

JOE ALLEN RESTAURANT

www.joeallenrestaurant.com

Em uma rua pequena no agitado bairro de Les Halles fica esse famoso restaurante e bar norte-americano que também tem filiais em Nova York, Londres e Miami. Suas paredes de tijolo são cobertas com quadros e você pode jantar à luz de velas à noite. O local é um sucesso entre o pessoal de artes e espetáculos desde sua inauguração, em 1972, em parte devido ao excelente barman, mas também pela alta qualidade da comida norte-americana.
180 N6 30 rue Pierre Lescot, 75001, Les Halles 01 42 36 70 13 Diariam 12h-1h (bar até 2h) A €21, J €28, vinho €19 Etienne-Marcel

LE PAMPHLET

A excelente cozinha do sudoeste da França, preparada pelo chef Alain Carrère, tem caráter regional. Prove o peixe assado com cenoura, aspargos e molho com aroma de camarão, seguido pelo versão de Carrère do pot de chocolat Guanaja, com crosta de chocolate e um rico creme de chocolate. O cardápio de preço fixo não é caro e muda todo dia.
180 P6 38 rue Debelleyme, 75003, Le Marais 01 42 72 39 24 Ter-sex 12h-14h, 19h-23h30, sáb, seg 19-23h30 A €35, J €50, vinho €19 Filles du Calvaire

LE PHARAMOND

Este restaurante, fundado em 1832, fica em um edifício histórico. Ele tem um extravagante interior art nouveau com murais de cerâmica, lajotas no piso, enormes espelhos, mosaicos e uma bela escada em espiral. Serve comida tradicional da região da Normandia, como tripa no estilo Caen com sidra, calvados (aguardente de maçã) e batatas, e bolo de chocolate que derrete na boca. Trata-se de uma instituição parisiense, à altura da melhor tradição de Les Halles.
180 N6 24 rue de la Grande-Truanderie, 75001, Les Halles 01 40 28 45 18 Seg-sáb 12h-14h30, 19h30-22h30 A €25, J €60, vinho €18 Les Halles

LE TRAIN BLEU

www.le-train-bleu.com

Entrar neste histórico restaurante é fazer uma viagem de volta a 1900, quando foi inaugurado. A culinária francesa clássica inclui linguado à meunière, cordeiro assado com batata gratinada e crème brûlée.
181 Q9 Gare de Lyon, 75012, Bastille 01 43 43 09 06 Diariam 11h30-15h, 19h-23h A €45, J €80, vinho €28 Gare de Lyon

ONDE FICAR

Acima *Os móveis de época são comuns*

PREÇOS

Os preços são para quarto duplo, por noite. O café da manhã está incluído na diária, salvo indicação ao contrário. Os hotéis em geral aceitam cartões de crédito – as exceções estão indicadas. Os preços variam muito, de acordo com a época do ano.

Legenda dos símbolos ▷ 2.

AUBERGE INTERNATIONALE DES JEUNES

www.aijparis.com

Estes alojamentos são os mais baratos. Os quartos são limpos e o ambiente é acolhedor. Os de quatro camas têm banheiro separado com chuveiro e os para duas ou três pessoas têm um banheiro por andar. Há acesso à internet. Fornece-se roupa de cama e cobertores.

181 R8 10 rue Trousseau, 75011, Bastille 01 47 00 62 00 Jul-ago €20 por pessoa; mar-jun €19; set-out €18, nov-fev €16 100 quartos; 250 camas Ledru Rollin, Bastille

AUBERGE DE JEUNESSE JULES FERRY

www.fuaj.org/Paris-Jules-Ferry

Bem perto do Canal St-Martin, este albergue da juventude tem dormitórios com seis camas, e alguns quartos para casais. Tem lavanderia, fechaduras eletrônicas e pontos para internet. Serve só café da manhã, sem outros serviços de cozinha.

181 Q6 8 boulevard Jules Ferry, 75011, Canal St-Martin 01 43 57 55 60 €22,50 por pessoa 99 camas République

BOURG TIBOURG

www. hotelbourgtibourg.com

O astro do design Jacques Garcia misturou estilos ao projetar este charmoso hotel-butique no coração do Marais. O hóspede pode escolher entre temas como o Oriente, romantismo ou barroco, já que todos os dormitórios são muito bem mobiliados e acolhedores. Inclui um saguão gracioso e um pequeno porém bonito jardim interno.

180 N7 19 rue Tibourg, 75004, Le Marais 01 42 78 47 39 €230-€360, sem café da manhã 30 Hôtel de Ville

CASTEX HÔTEL

www.castexhotel.com

Situado na divisa dos históricos bairros de Marais e Bastille, este três-estrelas tem ênfase deliberada em seus aspectos do século XVII: mobília da época na recepção e nos quartos e pitoresca sala de café da manhã com paredes de pedra e teto com vigas aparentes. Os quartos têm estilo e são equipados com telefone, TV a cabo e cofre.

180 P8 5 rue Castex, 75004, Marais 01 42 72 31 52 €95-€150, sem café da manhã 30 Bastille

CORAIL HÔTEL

www.corailparishotel.com

Este hotel três-estrelas é popular entre o pessoal de negócios, pois fica perto da Gare de Lyon, com seus serviços de metrô, RER e trens principais. O agitado bairro da Bastille também fica perto. Talvez falte um pouco de personalidade aos quartos, mas eles têm secador, cofre, telefone, internet sem fio e TV a cabo.

181 Q9 23 rue de Lyon, 75012, Gare de Lyon 01 43 43 23 54 €84-€96, sem café da manhã 50 Nas áreas comuns Gare de Lyon

HÔTEL BELLEVUE ET DU CHARIOT D'OR

www. hotelbellevue75.com

Erguido em meados do século XIX, tem uma fachada grandiosa e um estilo que lembra Haussmann, quase contradizendo a simplicidade dos

quartos. Hotel duas-estrelas confortável e com preços razoáveis, ao norte do Centre Georges Pompidou e perto do Forum des Halles. Todos os quartos têm banheiro privativo.
180 N6 39 rue de Turbigo, 75003, Le Marais 01 48 87 45 60 €70-€72, sem café da manhã 59 Châtelet-Les Halles, Réaumur-Sebastopol

HÔTEL DES CHEVALIERS

www.chevaliers-paris-hotel.com

Bem pertinho da place des Vosges, este pequeno três-estrelas passou por uma reforma completa em 2008. O teto com abóbadas ainda tem partes da construção original, do século XVII, mas os quartos são amplos e com toques modernos. Na recepção, no saguão e no bar, pisos de madeira e detalhes de pedra.
180 P7 30 rue de Turenne, 75003, Le Marais 01 42 72 73 47 €104-€190, sem café da manhã 24 St-Paul, Chemin Vert

HÔTEL LOUVRE RIVOLI

www.paris-hotel-rivoli.com

Este hotel três-estrelas, a uma curta distância a pé do Louvre, da Notre-Dame e do Centre Georges Pompidou, tem um saguão acolhedor, um jardim de inverno com uma fonte e uma sala abobadada do século XVI para o café da manhã.
180 M7 7 rue Jean Lantier, 75001, Châtelet 01 42 33 45 38 €90-€130, sem café da manhã 30 Châtelet

HÔTEL MURANO

www.muranoresort.com

Um bar ao estilo pop-art, o mármore branco e as estruturas contemporâneas de vidro e aço numa construção clássica erguida no século XIX fazem daqui um hotel diferente. Descrito como um "resort urbano", costuma agradar aos hóspedes mais novos, com um bar animado, ambiente descolado e muita luz. Os quartos são amplos e decorados com tons que variam do laranja com lilás ao azul com verde. Algumas suítes incluem minipiscinas ou lareiras a gás. Para entrar nos ambientes, a identificação é feita por meio da leitura das digitais. O Murano pertence aos mesmos proprietários do Kube, de Montmartre.
180 P6 13 boulevard du Temple, 75003, Le Marais 01 42 71 20 00 €440-€2,500, sem café da manhã 49 quartos, 2 suítes Filles du Calvaire

HÔTEL DU PETIT MOULIN

www. hoteldupetitmoulin.com

O local já acomodou a padaria mais antiga de Paris (onde Victor Hugo comprava *baguettes*), mas a construção do século XIX foi transformada em uma vitrine do designer Christian Lacroix. Os 17 quartos exibem a marca do criador, com visuais que variam do rústico ao zen, do tradicional ao divertido. Os corredores parecem cobertos de grama e as portas laqueadas constrastam com os móveis modernos e as lindas peças de arte assinadas pelo estilista.
180 P6 29 rue du Poitou, 75003, Le Marais 01 42 74 10 10 €190-€350, sem café da manhã 17 St-Sébastien Froissart

HÔTEL ST-MERRY

www.hotelmarais.com

Se você escolher o quarto 9 deste hotel três-estrelas vai dormir sob um arco em abóbada! O hotel foi construído na Renascença como presbitério da igreja de St-Merri. Seu interior originalíssimo tem ainda vários detalhes em estilo gótico tardio, como esculturas, entalhes em madeira e tetos com vigas.
180 N7 78 rue de la Verrerie, 75004, Le Marais 01 42 78 14 15 €160-€230, sem café da manhã 11 quartos, 1 suíte Hôtel-de-Ville, Châtelet

HÔTEL ST-PAUL LE MARAIS

www.hotel-paris-marais.com

Um antigo convento do século XVII abriga hoje este hotel três-estrelas perto do Musée Carnavalet, reformado recentemente. O bar e o salão exibem tapetes da Borgonha e muito mogno. Os quartos têm TV a cabo, telefone e máquina para fazer chá e café, e o café da manhã é servido em uma sala em abóbada.
180 P7 8 rue de Sévigné, 75004, Le Marais 01 48 04 97 27 €195-€253, sem café da manhã 28 St-Paul

HÔTEL SAINTONGE

www.hotel-saintonge.com

Este três-estrelas de pequenas dimensões fica em uma rua calma do bairro do Marais, numa antiga residência do século XVII. Vigas, entalhes em pedra e teto em abóbadas acrescentam um charme rústico. Os quartos não são grandes, mas, para compensar, são iluminados e exibem uma decoração cuidadosa. O café da manhã (não incluso) é servido no antigo porão.
180 P6 16 rue Saintonge, 75003, Le Marais 01 42 77 91 13 €115; suítes €170, sem café da manhã 23 République, Filles du Calvaire

LES JARDINS DU MARAIS

www.homeplazza.com

Capaz de proporcionar o raro equilíbrio entre paz e tranquilidade em uma região em geral bastante agitada e disputada por turistas (proximidades do Musée Picasso), o Les Jardins du Marais foi totalmente reformado em 2009, mas preservou os detalhes mais marcantes da versão original, da década de 1930. Oferece todas as comodidades da vida moderna, inclusive acesso para portadores de deficiência.
181 Q7 228 rue Amelot, 75011, Marais 01 40 21 20 00 €180-€350, sem café da manhã 255 St-Sébastien Froissart

PAVILLON DE LA REINE

www.pavillon-de-la-reine.com

Seria difícil achar local mais perfeito para um hotel quatro-estrelas do que este edifício do século XVII na histórica place des Vosges. Aqui era a casa de Ana da Áustria, esposa de Luís XIII, e o exótico interior preserva muito da mobília da época, com uma imponente lareira na sala. A adega em abóbada, onde você pode tomar o café da manhã, tem tapeçarias nas paredes. Os quartos têm TV a cabo, conexão de internet sem fio, robes e chinelos e alguns possuem cama com dossel.
181 P7 28 place des Vosges, 75003, Le Marais 01 40 29 19 19 €460-€490, sem café da manhã 22 quartos, 14 suítes Bastille, St-Paul

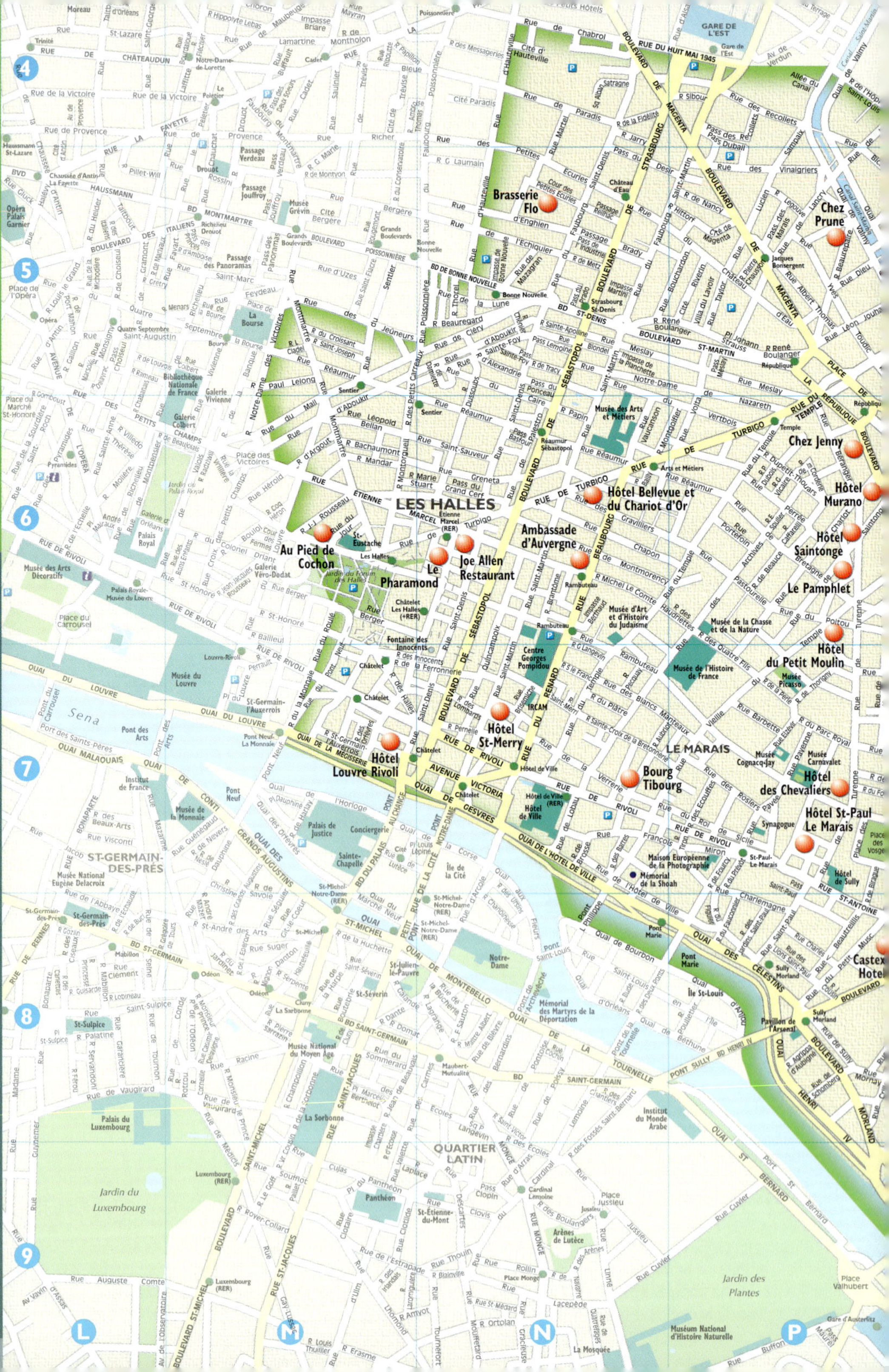
Brasserie Flo
Chez Prune
Chez Jenny
Hôtel Murano
Hôtel Bellevue et du Chariot d'Or
Ambassade d'Auvergne
Hôtel Saintonge
Le Pamphlet
Au Pied de Cochon
Le Pharamond
Joe Allen Restaurant
LES HALLES
Hôtel du Petit Moulin
Hôtel St-Merry
Hôtel Louvre Rivoli
LE MARAIS
Bourg Tibourg
Hôtel des Chevaliers
Hôtel St-Paul Le Marais
Castex Hotel
ST-GERMAIN-DES-PRÉS
QUARTIER LATIN
Sena
Jardin du Luxembourg
Jardin des Plantes
Gare de l'Est
Centre Georges Pompidou
Musée du Louvre
Notre-Dame
Île de la Cité
Île St-Louis
La Sorbonne
Panthéon
Palais Royal
Musée Picasso
Musée Carnavalet
Place des Vosges
Muséum National d'Histoire Naturelle
Institut du Monde Arabe
4
5
6
7
8
9
L
M
N
P

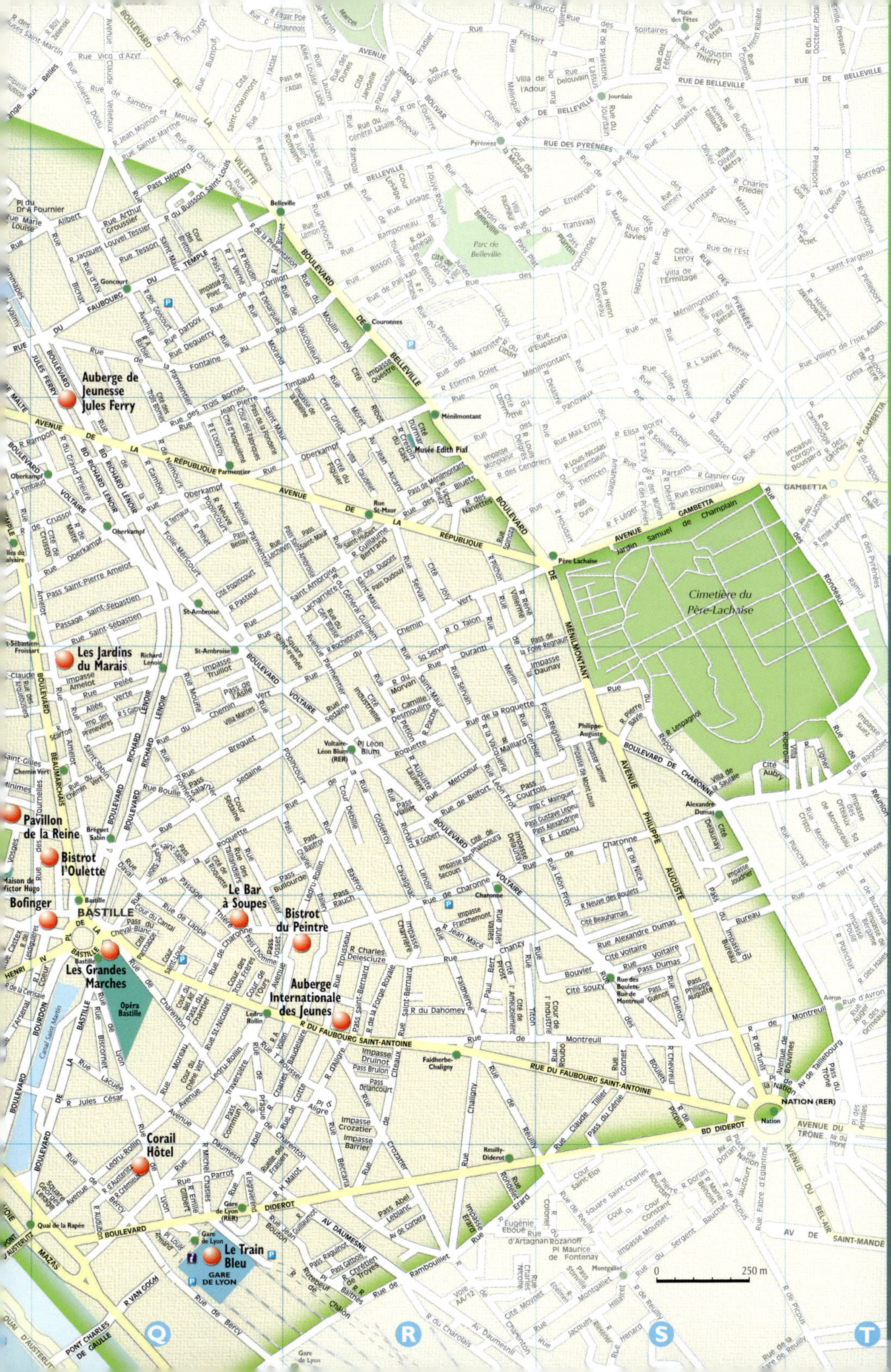
Auberge de Jeunesse Jules Ferry
Les Jardins du Marais
Pavillon de la Reine
Bistrot l'Oulette
Bofinger
Le Bar à Soupes
Bistrot du Peintre
Les Grandes Marches
Auberge Internationale des Jeunes
Corail Hôtel
Le Train Bleu
BASTILLE
Opéra Bastille
Cimetière du Père-Lachaise
Parc de Belleville
Musée Edith Piaf
GARE DE LYON
NATION (RER)
BOULEVARD DE BELLEVILLE
AVENUE DE LA RÉPUBLIQUE
BOULEVARD DE MÉNILMONTANT
AVENUE PHILIPPE AUGUSTE
RUE DU FAUBOURG SAINT-ANTOINE
BOULEVARD VOLTAIRE
BD DIDEROT
250 m
Q
R
S
T

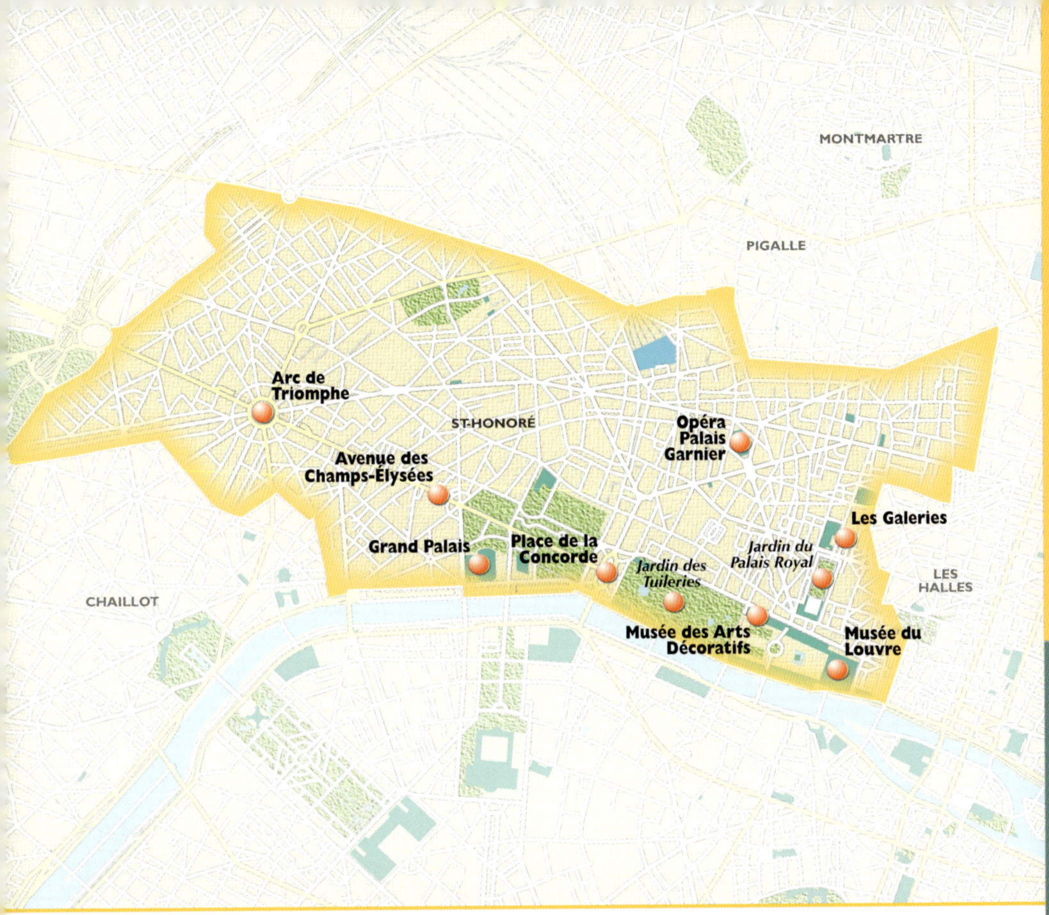

LOUVRE E CHAMPS-ÉLYSÉES

Para muitos, esta é a região mais exuberante de Paris – além de elegante, reúne vários dos monumentos e construções importantes da capital francesa, sem falar no maior museu do mundo: o Louvre. O Arco do Triunfo e os Champs-Élysées formam um conjunto imponente, com a avenida mais famosa da cidade e o arco. Erguido para representar o poderio da França, ainda é ponto importante para as principais comemorações do país. Já a avenida, com 2km de extensão, em 1616 era uma simples via de tráfego, mas hoje está sempre ocupada por turistas e parisienses fazendo compras.

Outra parte que agrada quem aprecia belas vitrines são as Galeries, um conjunto de quatro galerias construídas no século XIX e situado nas proximidades do Jardin du Palais Royal. Perto fica o museu do Louvre e de um jardins mais famosos da cidade, o Jardin des Tuileries. Também nas proximidades está o Musée des Arts Décoratifs, com um acervo de artes decorativas que inclui peças medievais. Outros museus de destaque são o Musée Cernuschi, com um acervo de arte oriental antiga, e o Musée Fragonard, onde se pode explorar a história do perfume.

Instalada em um palácio opulento, a Bibliothèque National de France–Site Richelieu funciona como biblioteca oficial da França desde o início do século XVIII. Um pouco mais ao norte situa-se a bolsa de valores, chamada de La Bourse, e também a Opéra Palais Garnier, imperdível teatro que se destacou por seu tamanho (era o maior do mundo) quando foi inaugurado, em 1875. A Place de la Concorde, por si só uma imponente atração com um obelisco no meio, é a maior da cidade e permite ter uma ideia do panorama geral de Paris. Da praça, dá para ver os Champs--Élysées, o Arco do Triunfo, as Tuileries, o museu do Louvre, a igreja La Madeleine, a Pont de la Concorde e o Palais Bourbon, sede da Assemblée Nationale.

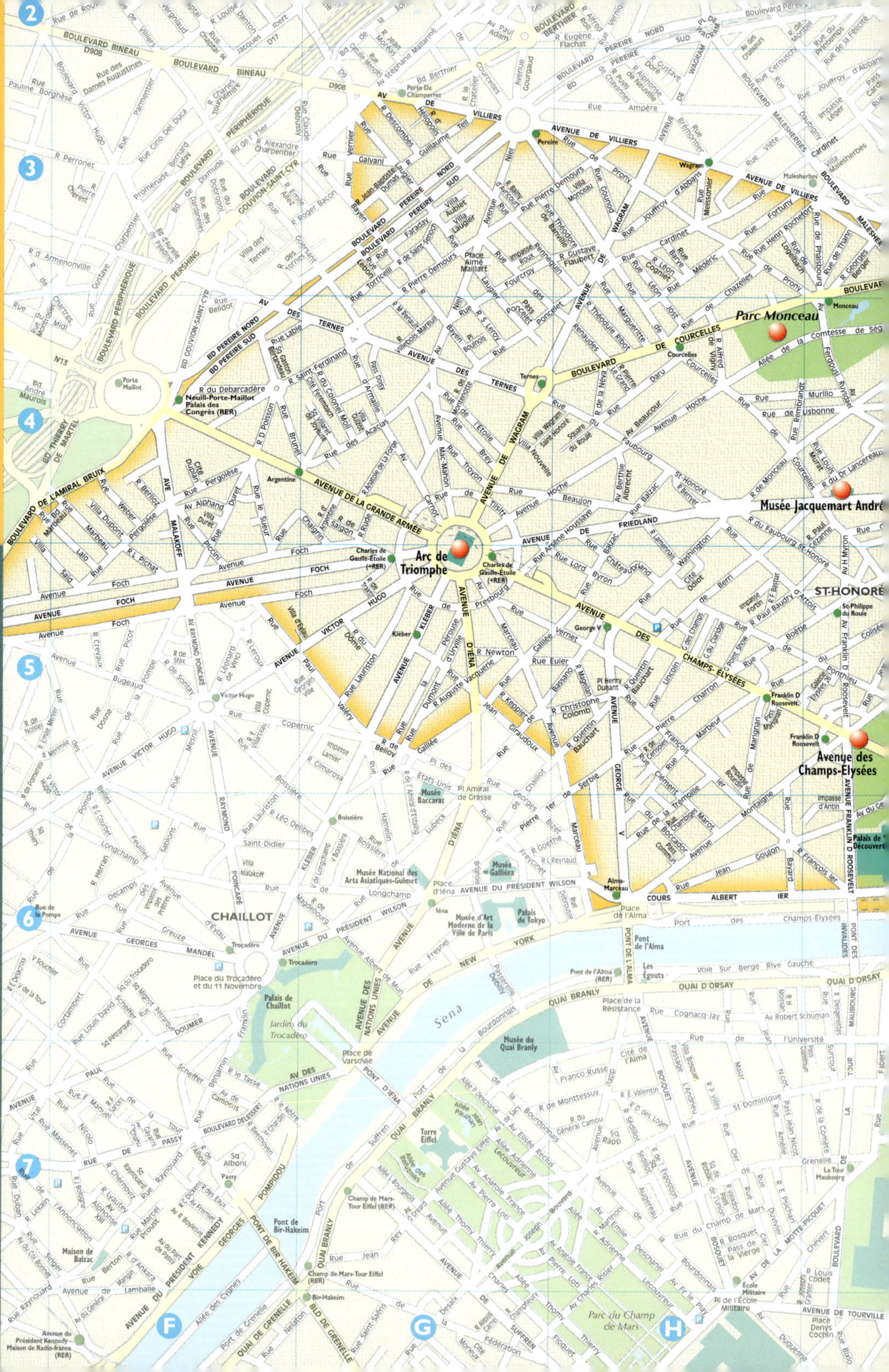
Parc Monceau
Musée Jacquemart André
Arc de Triomphe
Avenue des Champs-Elysées
ST-HONORÉ
CHAILLOT
Sena
Torre Eiffel
Parc du Champ de Mars
Palais de Chaillot
Jardins du Trocadéro
Musée du Quai Branly
Musée National des Arts Asiatiques-Guimet
Musée d'Art Moderne de la Ville de Paris
Palais de Tokyo
Musée Galliera
Musée Baccarat
Maison de Balzac
Pont de Bir-Hakeim
Pont de l'Alma
Pont d'Iéna
Porte Maillot
Palais des Congrès (RER)
AVENUE DE LA GRANDE ARMÉE
AVENUE FOCH
AVENUE DE WAGRAM
AVENUE DES CHAMPS-ÉLYSÉES
AVENUE KLÉBER
AVENUE D'IÉNA
AVENUE DU PRÉSIDENT WILSON
AVENUE DU PRÉSIDENT KENNEDY
BOULEVARD DE COURCELLES
AVENUE DE VILLIERS
AVENUE VICTOR HUGO
AVENUE DE FRIEDLAND
COURS ALBERT IER
QUAI BRANLY
QUAI D'ORSAY
BOULEVARD PÉRIPHÉRIQUE
École Militaire

MONTMARTRE
PIGALLE
Musée Cernuschi
Musée Nissim de Camondo
GARE ST-LAZARE
Passage Verdeau
Drouot
Passage Jouffroy
Musée Grévin
Opéra Palais Garnier
Place de la Madeleine
Passage des Panoramas
Musée Fragonard
La Bourse
Place Vendôme
Bibliothèque Nationale de France
Galerie Vivienne
Galerie Colbert
Place des Victoires
Grand Palais
Place de la Concorde
Jeu de Paume
Jardin du Palais Royal
Orangerie
Jardin des Tuileries
Musée des Arts Décoratifs
Galerie Véro-Dodat
Musée du Louvre
St-Germain-l'Auxerrois
Champs-Élysées
Petit Palais
Palais de l'Élysée
Sena
ST-GERMAIN-DES-PRÉS
INVALIDES
BOULEVARD HAUSSMANN
BOULEVARD DES BATIGNOLLES
AVENUE DES CHAMPS-ÉLYSÉES
COURS LA REINE
QUAI DES TUILERIES
QUAI DU LOUVRE
QUAI VOLTAIRE
QUAI MALAQUAIS
QUAI D'ORSAY
RUE DE RIVOLI
0 250 m
J
K
L
M

HERVE MORIN
1914 1918

ARCO DO TRIUNFO E CHAMPS-ÉLYSÉES

INTRODUÇÃO

A ampla e arborizada avenue des Champs-Élysées ocupa papel central na nação francesa, tendo testemunhado eventos importantes como a libertação dos nazistas, comandada por Charles de Gaulle em 1944, e a comemoração pela conquista da Copa do Mundo de futebol de 1998. Apesar da reputação de grandiosa, prepare-se para enfrentar intensos congestionamentos de carros e de pessoas, além de cinemas e lojas um tanto afetados.

Se o seu principal objetivo for ver o Arco do Triunfo (Arco do Triunfo), vá de metrô até a estação Charles-de-Gaulle-Étoile, que fica em frente. Porém, caso não se importar de caminhar 20 minutos, comece pela estação Champs-Élysées-Clemenceau. Ao sair do metrô, observe o imponente Grand Palais, na avenue Winston Churchill (▷ 192), e caminhe na direção da place Charles de Gaulle. O Arco do Triunfo se erguerá, majestoso, bem à sua frente. As árvores são abundantes até a Rond-Point des Champs-Élysées, a partir da qual o lado comercial da avenida predomina. Use a passagem inferior para cruzar o arco e dali suba os 284 degraus até o alto. A vista é deslumbrante. De volta ao chão, coma alguma coisa em um dos diversos cafés do entorno ou volte ao metrô e siga até a estação Concorde para ver o ponto onde a avenida começa. O local é guardado por réplicas dos cavalos de Marly – os originais estão no Louvre.

A avenue des Champs-Élysées surgiu em 1616, quando Maria de Médici transformou a área em uma passagem de veículos. Posteriormente, o paisagista André

INFORMAÇÕES

www.monuments-nationaux.fr

Arco do Triunfo

184 G5 place Charles-de-Gaulle, 75008 01 55 37 73 77 Abr-fim set diariam 10h-23h; resto do ano diariam 10h-22h30. Fechado 1º jan, 1º mai, 8 mai, 14 jul e 11 nov à tarde, 25 dez Grátis para andar na base. Mirante: adultos €8, menores de 18 grátis Charles de Gaulle-Étoile 22, 30, 31, 52, 73, 92 RER linha A, Charles de Gaulle-Étoile Loja de presentes €8 Para mais informações sobre visitas guiadas, ligue para Centre de Monuments Nationaux 01 44 54 19 30 Cerimônia diária no Túmulo do Soldado Desconhecido, às 18h30

Acima *O Arco do Triunfo à noite* **Página ao lado** *Túmulo do Soldado Desconhecido*

Avenue des Champs-Élysées
184 J5 75008 Charles de Gaulle-Étoile, Georges V, Franklin D. Roosevelt, Champs-Élysées-Clemenceau 32, 42, 73 e outros Charles de Gaulle-Étoile Diversos Muitas lojas

DICAS

» É necessário ao menos meia hora para atravessar a avenue des Champs-Élysées de uma ponta a outra. Se preferir, pegue o metrô; a Linha 1 (amarela) percorre toda a avenida.

» A maioria dos cafés e dos restaurantes fica no lado do Arco do Triunfo, mas há estabelecimentos melhores nas ruas laterais.

» A melhor hora para tirar fotos do alto do arco é logo depois que ele abre, pois a luz é mais intensa, ou pouco antes do pôr do sol.

Le Nôtre (que fez Versailles) acrescentou aleias e jardins, que inspiraram o nome atual, "Campos Elíseos". Calçamento e chafarizes surgiram em 1824, e a avenida ficou repleta de cafés e restaurantes, que recebiam uma clientela refinada.

Napoleão encomendou o Arco do Triunfo em 1806, exigindo um memorial para o exército francês. Em 1810, para celebrar o casamento do imperador com Maria Luísa, foi instalada uma versão de madeira, mas o verdadeiro arco só ficou pronto em 1836, 15 anos após a morte de Napoleão. Vários arquitetos e escultores trabalharam no monumento, inspirado no Arco Romano de Tito e no Arco de Sétimo Severo. Seu papel simbólico foi confirmado após a Segunda Guerra, quando as tropas vitoriosas passaram marchando sob o famoso arco.

Acima, à esq. *A loja da Louis Vuitton é uma das muitas nos Champs-Élysées*
Acima, à dir. *Escultura* La Marseillaise, *de François Rude, no Arco do Triunfo*

DESTAQUES

ARCO DO TRIUNFO

Napoleão concebeu o Arco do Triunfo como símbolo de seu poderio militar, inspirado nos arcos triunfais da Roma Antiga – especificamente o Arco de Tito –, só que bem mais alto (com 50m de altura). Dois séculos depois, o monumento ainda é uma imagem representativa do orgulho da nação. O arco é palco de importantes comemorações nacionais, como o Dia da Vitória (8 de maio), o Dia da Bastilha (14 de julho) e o Dia da Lembrança (11 de novembro). No local há também o Túmulo do Soldado Desconhecido, construído em 1920, além da significativa Chama Memorial, acrescentada três anos depois.

O acesso ao Arco do Triunfo é pelas escadas que ficam no canto norte da Champs-Élysées. Do alto as vistas são lindas, mas é preciso subir 234 degraus. Na parte que funciona como museu do Arco do Triunfo, que foi bastante modernizada e perdeu um pouco da composição original (ver No ar, ▷ ao lado), o visitante pode apreciar as 12 avenidas que saem da estrela (Étoile), muitas com nomes que fazem referência às famosas batalhas travadas (e vencidas) por Napoleão Bonaparte, como Friedland e Wagram. Do alto pode-se admirar o projeto similar a uma teia idealizado pelo barão Haussmann e examinar o Grand Axis (▷ ao lado) até a place de la Concorde de um lado e o Grande Arche do outro lado. À noite, as luzes da cidade encantam. Há ainda uma pequena loja e um museu.

No térreo, observe a magnífica fachada esculpida, trabalho de três artistas diferentes. Não perca a Liberdade, a figura alada da escultura *La Marseillaise*, de François Rude, que convoca os franceses a defender sua pátria (no pilar mais ao norte, de frente para a avenue des Champs-Élysées). No pilar sudeste, Napoleão é retratado como um imperador romano vitorioso. Os 30 escudos que guarnecem a parte superior do arco estampam o nome de batalhas vencidas durante a Revolução ou o Império.

AVENUE DES CHAMPS-ÉLYSÉES

Esta avenida célebre e agitada é repleta de cinemas, lojas e cafés. Embora ela esteja no alto da lista de atrações da maioria dos turistas, também se veem por ali parisienses com câmeras a tiracolo. A avenida é arborizada e tem 2km de comprimento por 71m de largura, estendendo-se entre dois dos mais ilustres monumentos da cidade: o Arco do Triunfo e o obelisco egípcio da place de la Concorde. Um pequeno desvio conduz a outros edifícios importantes, entre os quais o Grand Palais (▷ 192) e o Palais de l'Élysée, residência oficial do presidente francês.

Os franceses fazem suas comemorações nessa avenida, como a festa pela conquista da Copa do Mundo de futebol e a recepção dos ciclistas da Volta da França. A avenida já viu passar o cortejo fúnebre do escritor Victor Hugo, em 1885, a marcha da libertação do general De Gaulle, em 1944, e a celebração do bicentenário da Revolução Francesa, em 1989. O dia 14 de julho é uma boa data para visitá-la. Nesse dia há desfile do exército. Outro bom momento para ir ao local é entre novembro e dezembro, por causa da iluminação especial de Natal.

GRAND AXIS

O Arco do Triunfo é um dos monumentos do Grand Axis, um eixo imaginário que atravessa a cidade do Arc de Triomphe du Carrousel, no Louvre, até o Grande Arche de La Défense (▷ 254). Para enfatizar a progressão dessa rota, o Grande Arche é duas vezes mais alto que o Arco do Triunfo, que por sua vez é duas vezes mais alto que o Arc de Triomphe du Carrousel.

ÉTOILE

A rotatória do Arco do Triunfo, sempre escondida pelo trânsito, ainda é conhecida como *Étoile* (estrela), apesar de o nome oficial ser agora Charles de Gaulle. Ela foi batizada de *Étoile* porque 12 avenidas se irradiam dali como as pontas de uma estrela, um traçado criado pelo barão Haussmann no século XIX. Do alto do Arco do Triunfo ela impressiona, mas lá embaixo a sensação é a de que todos os carros da cidade estão ali!

NO AR

Em 2008, um processo de modernização alterou um pouco das características pré-Segunda Guerra que predominavam no interior do arco (importantes fatos históricos agora são expostos em telas interativas). Mas o visitante fica sabendo mais sobre a construção do monumento, sua arquitetura e decoração. Uma das novidades é o filme "em templo real" projetado no chão, dando ao espectador a impressão de estar voando.

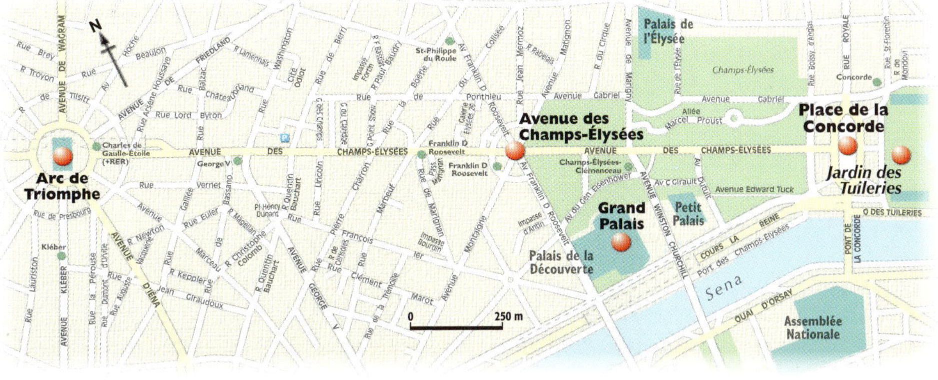

BIBLIOTHÈQUE NATIONALE DE FRANCE–SITE RICHELIEU

www.bnf.fr

Até o início do século XVIII, este palácio recentemente reformado era a única sede. Situado nas proximidades do Louvre e do Palais Royal, já foi a de residência ao cardeal Mazarin, primeiro-ministro de Luís XIII. Em 1996, com a transferência de parte de seu acervo para a unidade François Mitterrand (▷ 111), este espaço passou a se concentrar em manuscritos, mapas, partituras, fotos e moedas. O acesso à sala de leitura só é permitido a quem comprovar que está fazendo pesquisa, mas os turistas podem ver as exposições temporárias na Galeria Mansart (fotografias), na Galeria Mazarin e na cripta. A Galeria Mazarin exibe um lindo teto pintado.

185 M6 · 58 rue de Richelieu, 75002 · 01 53 79 53 79; visitas guiadas 01 53 79 86 87 · biblioteca: seg 14h-19h, ter-sáb 9h-19h; Galeria Mansart, Galeria Mazarin e cripta: ter-sáb 10h-19h, dom 12h-19h (apenas durante as exposições) · Adultos €3,30 passe de um dia; €7 passe de três dias · Bourse · 20, 29, 39, 48, 67, 74, 85 · Visitas guiadas na primeira ter do mês

LA BOURSE

www.euronext.com

A Bolsa de Valores de Paris fica no Palais de la Bourse. Projetada pelo arquiteto Alexandre Brongniart, esta criação neoclássica foi construída entre 1808 e 1826. Em1902 e 1907, duas alas foram acrescentadas, dando ao edifício a forma de uma cruz. Depois de mais de 150 anos de reivindicações, em 1987 o local foi informatizado e o silêncio predominou no Palais Brongniart. Recintos de vidro e vários painéis que informam as cotações dos papéis contribuem para o peculiar clima do local.

185 M5 · Palais Brongniart, rue Vivienne, 75002 · 01 49 27 55 55 · Visitas guiadas entre 9h e 16h30, seg-sex. Reserve com antecedência · Adultos €8,50, crianças €5,50 · Bourse · 20, 29, 39, 74, 85

À dir. *Estátua de Jean-Paul Sartre, em frente à Bibliothèque Nationale de France*
Página ao lado *Galerie Vivienne*

DROUOT

www.drouot.fr

A principal casa de leilões de Paris foi fundada no século XIX com o nome do conde de Drouot, ajudante de ordens de Napoleão. Em suas 16 salas, os leilões são realizados em francês, em geral a partir das 14h. Os artigos podem ser vistos das 11h às 18h no dia anterior ao leilão e das 11h às 12h no dia da venda. Mais detalhes no site e na *Gazette de l'Hôtel Drouot*, publicada semanalmente.

185 M5 · 9 rue Drouot, 75009 · 01 48 00 20 20 · Set-fim de jul seg-sáb 11h-18h, dom horários variam · Grátis · Richelieu-Drouot, Le Peletier · 20, 39, 42, 48, 67, 74, 85

LES GALERIES

▷ 191.

GRAND PALAIS

▷ 192.

JARDIN DU PALAIS ROYALE

▷ 193.

JARDIN DES TUILERIES

▷ 194.

JEU DE PAUME

www.jeudepaume.org

O Jeu de Paume é parte do Centre National de la Photographie, e junta forças com a Site Sully, instalada no edifício seiscentista do Hôtel de Sully, no Marais, para exibir a arte da fotografia do século XIX ao XXI através de exposições temporárias.

O edifício neoclássico do Jeu de Paume fica no idílico Jardin des Tuileries (▷ 194) e foi encomendado por Napoleão III como uma quadra coberta de "jogo de péla" (tradução literal de *jeu de paume*), precursor do tênis. Quando o tênis de grama se popularizou, essa quadra passou a ser usada em exposições de arte, tornando-se um dos melhores museus impressionistas do mundo após a Segunda Guerra. Em 1986, o precioso acervo foi transferido para o Musée d'Orsay.

185 K6 · 1 place de la Concorde, 75008 · 01 47 03 12 50 · Ter-sex 12h-19h, sáb-dom 10h-19h, também ter 7h-21h · €6 · Concorde · 24, 42, 52, 72, 73, 84, 50 · Fechado entre as exposições temporárias; programa disponível em 01 47 03 12 50 (informação gravada)

LES GALERIES

Entre o final do século XVIII e o início do século XIX, a Rive Droite (margem direita) ganhou uma série de galerias, das quais restam menos de 30 (eram 140). Diversas foram restauradas; outras não passam de uma pálida lembrança do passado.

DESTAQUES

A elegante Galerie Vivienne, construída em 1823, é talvez a mais bonita, com seus portões de ferro fundido, teto de vidro, lustres e piso em mosaico. Ela abriga a Legrand – uma das melhores casas de vinho de Paris –, uma loja de brinquedos, uma livraria fundada em1826, lojas refinadas e uma elegante casa de chá com mesas espalhadas sob o teto alto.

Paralela a ela encontra-se a Galerie Colbert, que data de 1826 e hoje é um anexo da Bibliothèque Nationale. Ela tem lojas interessantes e um restaurante sofisticado, o Grand Colbert. Às vezes ela abriga exposições. A Passage des Panoramas, construída em 1800, transformou-se em um centro de lojas especializadas e tem ainda uma casa de chá e um restaurante italiano.

A pitoresca Galerie Véro-Dodat, de 1826, tem o nome de dois açougueiros e foi uma das primeiras ruas de Paris a receber iluminação a gás. Atualmente, seu piso preto e branco, suas jardineiras e suas molduras de madeira compõem um ambiente harmonioso para um restaurante do velho mundo, antiquários e galerias. A Passage Jouffroy e a Verdeau também merecem uma visita.

ORIGENS

As galerias, muitas vezes chamadas apenas de "passages", surgiram no início do século XIX e anteciparam a ideia dos modernos shopping centers. A proposta de reunir lojas e cafés em locais de passagem parece ter sido inspirada nos mercados (*souks*) árabes, e elas davam aos elegantes parisienses o conforto de escolher suas compras protegidos do sol e da chuva e longe dos respingos de lama provocados pelas charretes nas ruas. Quando surgiram a lojas de departamento as galerias perderam público, mas recuperaram o brilho no século XX.

INFORMAÇÕES

http://parisinconnu.com/passages

Galerie Vivienne 185 M6 4 rue des Petits-Champs/6 rue Vivienne/5 rue de la Banque, 75002 Bourse

Galerie Colbert 185 M6 6 rue des Petits-Champs, 75002 Bourse

Passage des Panoramas 185 M5 11 boulevard Montmartre/10 rue St-Marc, 75002 Grands Boulevards

Galerie Véro-Dodat 185 M6 19 rue Jean-Jacques Rousseau, 75001 Palais-Royal-Musée du Louvre

Passage Jouffroy 185 M5 10 boulevard Montmartre, 75009 Grands Boulevards

Passage Verdeau 185 M5 31 bis rue du Faubourg-Montmartre, 75009 Le Peletier

DICAS

» As *galeries* são um bom passeio em um dia de chuva. Entre nas lojas, olhe as vitrines ou simplesmente aprecie a arquitetura do local, com seu teto de vidro e piso decorativo.

» Quando seus pés estiverem doendo, descanse em um café e deixe que o ambiente o transporte até a Paris do século XIX.

INFORMAÇÕES

Grand Palais
www.rmn.fr/galeriesnationalesdugrandpalais
185 J6 avenue Winston-Churchill, 75008 (entrada na avenue du Général Eisenhower) 01 44 13 17 17; reservas 0892 684 694 Qui-seg 10h-20h, qua 10h-22h Depende da atração (geralmente €11) Champs-Élysées-Clemenceau 42, 73, 83, 93 Depende da exposição Audioguias (€5) Livraria

Palais de la Découverte
www.palais-decouverte.fr
184 J6 avenue Franklin D. Roosevelt, 75008 01 56 43 20 21 Ter-sáb 9h30-18h, dom 10h-19h Adultos €7, crianças (5-18) €4,50, €3,50 extra para o planetário Champs-Élysées-Clemenceau 28, 42, 72, 73, 83, 93

Petit Palais
185 J6 avenue Winston Churchill, 75008 01 53 43 40 00 Ter-sáb 10h-18h Grátis Champs-Élysées-Clemenceau 28, 42, 72, 73, 83, 93

GRAND PALAIS

O Grand Palais e seu elevado teto de vidro e ferro ocupam uma localização de destaque entre o Sena e a avenue des Champs-Élysées. Ele foi construído para a Exposição Universal de 1900 junto com a Pont Alexandre III e o Petit Palais, seus vizinhos. O objetivo era formar um eixo de prestígio entre Les Invalides e a Champs-Élysées. Colossal, o Grand Palais é uma mistura dos estilos art nouveau e neoclássico; vale a pena apreciar seu exterior antes de aventurar-se por seus salões. Há frisos deslumbrantes nas fachadas leste e oeste do Grand Palais.

DENTRO DO GRAND PALAIS

O palácio abriga o Musée des Beaux-Arts de la Ville (Museu Municipal de Belas Artes) que oferece um acervo eclético das principais pinturas do século XIX. A oeste fica o Palais de la Découverte, um museu de ciências destinado principalmente às crianças, equipado também com um planetário (a visita pode não interessar a crianças que não falam francês). Os temas abordados vão das alterações climáticas ao funcionamento do coração humano. Mesmo que não queira visitar o museu de ciências dê uma olhada em seu *foyer*, que tem piso em mosaico e cúpula de vidro. Além do museu de ciências e da principal área de exposições, alguns espaços sediam mostras específicas, como eventos de moda ou ligados ao mundo do automobilismo.

RESTAURAÇÃO

O Grand Palais é a maior estrutura do mundo construída em vidro e ferro, título que até então pertencia ao Palácio de Cristal de Londres, que incendiou em 1936. Em 1993, um dos painéis de vidro caiu e o local ficou fechado por mais de dez anos – só reabriu em 2007, após uma reforma que custou €100 milhões. Além de recuperar o teto, os trabalhos restauraram algumas obras de arte. Do outro lado da rua ergue-se o Petit Palais, que recentemente passou por uma renovação estimada em €264 milhões. Do lado de fora destaca-se uma estátua de Winston Churchill, retratado com o semblante um tanto carrancudo.

JARDIN DU PALAIS ROYAL

Este jardim tranquilo é o local perfeito para recarregar as baterias depois de visitar o Louvre. Trata-se de um enclave florido, isolado do século XXI por um cordão de galerias do século XVIII. As galerias abrigam *salons de thé*, as tradicionais casas de chá, e lojas que vendem de obras de arte, bijuterias, roupas a canos, prataria e soldadinhos de brinquedo.

Quando o tempo está bom, os jardins recebem muitos parisientes, que ficam ali lendo, descansando ou jogando *boules*. Os canteiros de flores são vibrantes, e uma estátua e uma fonte acrescentam certa elegância à calma do lugar. As crianças andam de patins em volta das colunas cinzentas e brancas do Cour d'Honneur, uma área adicionada em 1986 pelo artista Daniel Buren em meio a muita controvérsia.

O PALÁCIO

O Palais Royal foi encomendado pelo conselheiro de Luís XIII, o cardeal Richelieu, no século XVII, e chamava-se Palais-Cardinal. Molière e sua trupe de atores costumavam se apresentar no Théâtre du Petit Cardinal, que ficava na extremidade sul do palácio. Foi ali, em 1673, que o ilustre dramaturgo caiu doente, ironicamente durante uma apresentação da peça *O doente imaginário*. Molière morreu algumas horas depois. A Comédie Française, situada nas proximidades, ainda encena suas peças.

Luís XIV passou parte da infância no Palais Royal, e os escritores Colette e Jean Cocteau moraram na propriedade. Atualmente o edifício abriga o Ministério da Cultura francês e não é aberto ao público.

LEVANTE

As arcadas e os apartamentos que circundam o jardim do palácio foram construídos no século XVIII. Apenas alguns anos depois, em 12 de julho de 1789, Camille Desmoulins fez um discurso inflamado no jardim, que deflagrou um levante que culminou no ataque à Bastilha dois dias depois (▷ 37), dando início à Revolução Francesa.

INFORMAÇÕES

185 M6 · place du Palais-Royal, 75001 (entra-se nos jardins por um arco à esquerda do Palais Royal) · Jun-fim ago diariam 7h-23h; abr-fim mai diariam 7h-22h15; set diariam 7h-21h30; out-fim mar diariam 7h30-20h30 · Grátis · Palais Royal/ Musée du Louvre · 21, 48, 67, 69, 72, 81 · Restaurantes e casas de chá do lado de fora, inclusive a casa de chá Muscade (▷ 215) · Várias lojinhas nas galerias

Acima *Fonte com curiosas* boules *instalada na Cour d'Honneur*
Página ao lado *O Grand Palais*

INFORMAÇÕES

185 K6 place de la Concorde, 75001 01 40 20 90 43 Abr-fim set diariam 7h-21h; resto do ano diariam 7h30-19h Grátis Tuileries, Concorde 24, 68, 72, 73, 84, 94 €7 Cafés ao ar livre Livraria do lado da estação Concorde Proibido entrar com cães

DICAS

» As crianças podem brincar com modelos de barco no lago, do lado do Louvre.

» Há visitas guiadas nos meses de verão. Para obter mais informações, veja os quadros de aviso ou ligue para 01 49 96 19 33.

Acima *Um jardim clássico francês entre o Louvre e a place de la Concorde, o Jardin des Tuileries proporciona belas vistas*

JARDIN DES TUILERIES

Dominado de um lado pela agitada place de la Concorde e do outro pelo imponente Louvre, este parque não é do tipo que nos faz esquecer que estamos no centro da cidade. No entanto, o que falta a esta área em matéria de tranquilidade é compensado pela oportunidade de tirar fotos maravilhosas do Louvre, da Torrre Eiffel, do Arco do Triunfo, do Musée d'Orsay e do obelisco egípcio. O jardim, que já foi considerado o mais bem conservado da Europa, estende-se ao lado do rio Sena.

ARTE E NATUREZA

A melhor maneira de entrar no Jardin des Tuileries é pelos portões do lado da estação Concorde. Essa entrada leva diretamente a um dos lagos (o outro fica em outra parte do jardim), em cuja margem se pode ler um livro com calma. Há duas galerias de arte nos terraços de cada lado desse lago, a Jeu de Paume (▷ 190) e a Orangerie (▷ 197). Procure a *Figura reclinada* (1951), de Henry Moore, instalada perto dos degraus que levam à Orangerie.

Siga pela ampla avenida central até o Louvre. Você verá que o cascalho da porção ocidental do jardim dá lugar a um gramado e a canteiros de flores bem tratados, e poderá apreciar estátuas alegóricas, cafés ao ar livre e playgrounds para as crianças. No final do jardim, o neoclássico Arc du Carrousel funciona como portão simbólico do Louvre, além de ser o primeiro arco do Grand Axis, a linha imaginária que passa pelo Louvre, pelo Arco do Triunfo e pelo Grande Arche.

ORIGENS ITALIANAS

O Jardin des Tuileries foi encomendado por Catarina de Médici, que queria um jardim em estilo italiano para complementar o Palácio das Tulherias, construído em 1564. Os bailes e os concertos luxuosos, com fogos de artifício, mantinham o local sempre cheio. A configuração atual data de 1649, quando Luís XIV pediu ao seu paisagista preferido, André Le Nôtre, que o restaurasse em estilo francês. Le Nôtre adicionou a avenida central e dois caminhos elevados de cada lado, e o jardim logo se tornou um belo local de passeio. O palácio foi incendiado pela Comuna, em 1871, mas o jardim sobreviveu. Após anos de abandono e poluição no século XX, o local foi reformado para o início do século XXI.

MUSÉE DES ARTS DÉCORATIFS

A Union Centrale des Arts Décoratifs (UCAD) foi fundada no final do século XIX por um grupo de industriais cujo objetivo era mostrar a arte utilitária. Atualmente a UCAD é composta de uma biblioteca de arte decorativa, três escolas e quatro museus. Três dos museus, inclusive o Musée des Arts Décoratifs, estão instalados no Pavillon de Marsan e na ala Rohan do Louvre.

ACERVO

O Musée des Arts Décoratifs tem mais de 150 mil peças, que cobrem quase todos os aspectos da arte decorativa: cerâmicas, vidro, bordado, objetos de madeira e de metal. O acervo inclui peças da Idade Média e da Renascença, do Art Nouveau, do Art Déco, da Arte Moderna e Contemporânea, além de cinco departamentos especializados: vidro, brinquedos, desenhos, papel de parede e uma deslumbrante exposição de 1.200 joias da Idade Média à atualidade.

A coleção art nouveau contém várias peças de mobiliário de Emile Gallé, um dos mestres do gênero. As galerias da Renascença e da Idade Média contêm uma rica coleção que mostra a arte religiosa e a vida doméstica entre os séculos XIII e XVI. A Galerie des Retables dispõe de uma soberba coleção de retábulos europeus entalhados em madeira e pedra. As tapeçarias estão expostas na Salle de la Vie Rurale dans la Tapisserie, ao passo que a Salle du Maître de la Madeleine contempla esculturas e pinturas medievais. O Cabinet de Travail, uma deliciosa sala de época, é decorado com painéis refinadamente marchetados. A Salle des Vitraux expõe mobília francesa e italiana, tapetes flamengos, vitrais e objetos de arte do século XVI.

OUTRAS COLEÇÕES

O Musée Nissim de Camondo, uma grande coleção de arte reunida pelo conde de Camondo no fim do século XVIII, fica em uma mansão particular do início do século XIX (▷ 197).

INFORMAÇÕES

www.ucad.fr

185 L6 107 rue de Rivoli, 75001 01 44 55 57 50 Ter-sex 11h-18h (qui 18-21), sáb-dom 10h-18h. Fecha feriados Adultos €8, menores de 18 Grátis; €16,50 para todos os quatro museus Palais-Royal/Musée du Louvre, Tuileries 21, 27, 39, 48, 69, 72, 81, 95 ligue antes para se informar sobre visitas guiadas: 01 44 55 59 26 Livraria e loja de presentes

Abaixo *Cadeiras famosas expostas no Musée des Arts Décoratifs*

MUSÉE CERNUSCHI

www.paris.fr

Nos anos 1870, o banqueiro Henri Cernuschi fez uma viagem de volta ao mundo em 18 meses e voltou para casa com uma maravilhosa coleção de objetos de arte da China e do Japão. Ele morreu em 1896 e deixou o acervo para a cidade, junto com sua mansão neoclássica, perto do Parc Monceau (▷ 205).

Desde então, novas peças foram acrescentadas à coleção, como uma pintura do século XVIII muito valorizada, chamada *Chevaux et palefrenier (Cavalos e cavalariço)*. Estatuetas antigas, objetos de jade e cerâmicas ficam expostos ao público, assim como pinturas chinesas. O acesso ao museu é muito bonito, seja ele pelo Parc de Monceau seja pelos portões dourados que dão para a avenue Vélasquez, que sai do boulevard Malesherbes.

185 J4 · 7 avenue Vélasquez, 75008 · 01 53 96 21 50 · Ter-dom 10h-17h40 · Grátis (exceto exposições temporárias: adultos €7,50, menores de 14 grátis) · Monceau, Villiers · 30, 94

MUSÉE FRAGONARD

www.fragonard.com

Este museu conta a história da fabricação do perfume ao longo de 3.000 anos, do Antigo Egito até o presente. Ele está dividido em duas partes, em dois edifícios perto do Opéra Palais Garnier. O Musée du Parfum fica em uma casa do século XIX na rue Scribe, e o Théâtre-Musée des Capucines está instalado em um teatro de 1895. Ambos têm um acervo fascinante de peças relacionadas à perfumaria, de vidros a maçaricos, pinturas e fotografias. O visitante aprende como o perfume é fabricado, sendo apresentado até às matérias-primas. No Musée des Capucines, uma fábrica em miniatura com equipamento de destilação do século XIX, demonstram-se os métodos de extração.

A Fragonard fabrica perfumes desde 1926, combinando métodos tradicionais e modernos. As lojas do museu vendem alguns dos produtos a preço de fábrica.

Acima *A loja do Musée Fragonard vende perfumes da prestigiosa marca a preços de fábrica*

185 L5 · Musée du Parfum: 9 rue Scribe, 75009. Théâtre-Musée des Capucines: 39 boulevard des Capucines, 75002 · Musée du Parfum: 01 47 42 04 56. Théâtre-Musée des Capucines: 01 42 60 37 14 · Seg-sáb 9h-18h (Musée du Parfum também abre meados mar-meados out dom 9h30-16h) · Grátis · Opéra · 21, 27, 42, 68

MUSÉE GRÉVIN

www.grevin.com

Se você tem a esperança de encontrar uma ou duas celebridades em Paris, por que não pegar um atalho e visitar o museu de cera? Ali você vai andar no meio de Sean Connery, Julia Roberts e Bruce Willis, conhecerá George W. Bush, a rainha Elizabeth II e Vladimir Putin, podendo ainda observar Auguste Rodin e Salvador Dalí em seus estúdios. Os onipresentes Elvis Presley e Marilyn Monroe também estão entre os 300 modelos de cera, assim como Lara Croft.

Quando se cansar do século XXI, pare para apreciar o passado turbulento de Paris. A Revolução Francesa foi recriada com muito sangue, e o visitante também pode assistir ao assassinato de Henrique IV e conhecer Napoleão e Luís XIV. O Musée Grévin (conhecido simplesmente como Grévin) é a resposta parisiense ao célebre museu de cera Madame Tussaud, de Londres, e foi criado em 1882 pelo artista Alfred Grévin e pelo jornalista Arthur Meyer. Desde 2001, um grupo de jornalistas conhecidos como Académie Grévin se reúne duas vezes ao ano para decidir quem será imortalizado em cera. Nos últimos tempos chegaram ao museu o filósofo francês Bernard-Henri Lévy, a senadora Hillary Clinton, a cantora Céline Dion, o chef Alain Ducasse e a primeira dama francesa Carla Bruni-Sarkozy.

185 M5 · 10 boulevard Montmartre, 75009 · 01 47 70 85 05 · seg-sex 10h-18h30, sáb-dom 10h-19h (último visitante 1 hora antes de fechar) · Adultos €19,50, crianças (6-14) €11,50, menores de 6 grátis · Grands Boulevards · 20, 39, 48, 74, 85 · É possível comprar ingressos na FNAC, no Carrefour, na Auchan, na Virgin Megastore e no Centro de Informação Turística

MUSÉE JACQUEMART ANDRÉ

www.musee-jacquemart-andre.com

O banqueiro Édouard André e sua mulher, a pintora Nélie Jacquemart, colecionadores de obras de arte europeias, acabaram por reunir um acervo muito importante. Em 1875 eles construíram uma mansão para exibir sua coleção. O edifício continha um salão de baile, uma galeria de quadros e uma escada glamourosa. Nélie sobreviveu ao marido, mas, quando morreu, respeitou o desejo dele e deixou a casa e tudo o que havia dentro dela para o Institut de France. A residência reabriu como museu em 1913.

Mais de 90 anos depois, os visitantes podem andar pela galeria de quadros, pelo salão de música, pelo grand salon e por outros cômodos da mansão, onde estão expostas pinturas, esculturas e tapeçarias. O teto da antiga sala de jantar (hoje um café) foi pintado por Giovanni Battista Tiepolo. As paredes são decoradas com tapeçarias do século XVII. O acervo inclui obras de artistas italianos (como Canaletto, Botticelli e Della Robbia), flamengos e holandeses (Van Dyck, Rembrandt e Hals) e franceses (Boucher, David e Fragonard). Além do acervo permanente, o museu apresenta exposições temporárias de muito sucesso.

O audioguia está incluso no preço do ingresso.

184 J4 158 boulevard Haussmann, 75008 01 45 62 11 59 Diariam 10h-18h Adultos €10, crianças €7,50, menores de 7 grátis Diariam 10-6 St-Philippe-du-Roule, Miromesnil 22, 28, 43, 52, 80, 83, 84, 93 RER linha A, Charles-de-Gaulle-Étoile

MUSÉE DU LOUVRE

▷ 198-203.

MUSÉE NISSIM DE CAMONDO

www.ucad.fr

A elegância dos móveis e dos enfeites expostos aqui escondem uma história familiar trágica. Moïse de Camondo doou a casa e a coleção para o Estado após sua morte, em 1935, estipulando que o museu deveria receber o nome do filho, Nissim, morto em combate na Primeira Guerra. Menos de dez anos após o falecimento de Moïse, sua filha e toda a família foram mortos em Auschwitz.

A mansão foi projetada ao estilo do século XVIII e contém um refinado acervo de arte decorativa, basicamente da segunda metade do século XVIII. Vasos que pertenceram a Maria Antonieta se encontram em exposição, assim como uma baixela de prata da imperatriz Catarina II da Rússia.

Apesar da decoração setecentista, a mansão foi construída no início dos anos 20, inspirada no Petit Trianon de Versailles.

185 J4 63 rue de Monceau, 75008 01 53 89 06 50 Qua-dom 10h-17h30 (qui 17h30-21) Adultos €6, menores de 18 grátis. Ingresso combinado com o museu Rivoli €10,50 Villiers, Monceau 30, 84, 94

OPÉRA PALAIS GARNIER

▷ 204.

ORANGERIE

Originalmente a grandiosa Orangerie era uma estufa, mas hoje o edifício abriga um museu que se orgulha de incluir em seu acervo oito telas de Monet da célebre série Ninfeias. A Orangerie foi construída em 1852, no estilo do Segundo Império, para abrigar as laranjeiras do Jardin des Tuileries (▷ 194) durante o inverno. Ela foi transformada em museu no início do século XX e hoje abriga a coleção Walter-Guillaume, com 144 trabalhos impressionistas e pinturas do século XX. Encontram-se ali obras de Pierre-Auguste Renoir, Paul Cézanne e Pablo Picasso.

185 K6 Jardin des Tuileries, 75001 01 44 77 80 07 Qua-qui, sáb-seg 12h30-17h, sex 12h30-21h Adultos €7,50, menores de 18 grátis (mais €2 para exposições temporárias) Concorde 24, 42, 52, 72, 73, 84, 94

Abaixo *A série* Ninfeias, *de Claude Monet, pode ser vista na Orangerie*

MUSÉE DU LOUVRE

INTRODUÇÃO

O Louvre é um dos museus mais famosos do mundo e cobre um grande período da produção artística mundial, de cerca de 7000 a.C. a 1848. É impossível ver as 35 mil obras ali expostas em apenas um dia, por isso o visitante precisa ser seletivo. Se você não sabe por onde começar, considere a possibilidade de fazer uma das visitas guiadas *Visite-Découverte*. O mapa do museu é oferecido gratuitamente no balcão de informações e destaca as principais obras.

A entrada principal é pela pirâmide de vidro de I. M. Pei, situada no meio do pátio Napoleão. Dali as escadas rolantes descem até o *foyer* de mármore, onde há banheiros, balcão de informações e as entradas das três alas principais do museu: Richelieu, Sully e Denon. Quem já tem o ingresso ou um passe pode entrar pela passagem Richelieu, na rue de Rivoli, onde as filas costumam ser menores. Os outros pontos de acesso são a área de compras do Carrousel du Louvre e a Porte des Lions (fechada às sextas). O museu oferece vários cafés e restaurantes. Outra opção é sair dali e sentar-se em um dos cafés dos arredores, pois o ingresso permite uma nova entrada no mesmo dia.

O edifício data do século XIV, quando Carlos V transformou a fortaleza de Philippe-Auguste, do século XII, em um castelo medieval. Quase dois séculos depois, o rei francês Francisco I promoveu uma grande reforma e deu início à coleção de arte do Louvre, levando para o país a Mona Lisa e seu criador, Leonardo da Vinci. Vários reis fizeram melhorias no castelo até Luís XIV levar a corte para Versailles, no século XVII. Durante a Revolução Francesa, foi aberto ao público um museu na Grand Galerie.

Em 1810, Napoleão celebrou seu casamento com Marie-Louise no Louvre e passou a morar no Palácio das Tulherias, que ficava ao lado. Imediatamente o imperador se pôs a criar um pátio central que foi chamado de Arc du Carrousel, mandou construir uma nova ala e mais andares nas alas que já existiam. Suas numerosas vitórias além-mar e o produto das pilhagens contribuíram de forma significativa para aumentar o acervo do Louvre.

As últimas reformas no local, realizadas nos anos 1980 e 1990, trouxeram à luz a pirâmide de vidro criada por I. M. Pei e contemplaram uma grande remodelação das galerias. O novo Departamento de Arte Islâmica está previsto para entrar em atividade em 2010 em uma galeria do pátio Visconti, onde serão expostos 2.000 objetos relacionados à criação islâmica em 13 séculos.

O Louvre já é o maior museu do mundo, mas não pretende parar por aqui. A instituição tem planos para abrir unidades no norte da França, na cidade de Lens, e em Abu Dhabi, nos Emirados Árabes Unidos (as obras devem terminar em 2012). A entrada da França na atividade de "exportação de cultura" desagradou aos mais tradicionalistas, que acusam o museu de "prostituição cultural". O mesmo espírito purista despertado pela megaexposição "Picasso e os mestres", promovida em 2008 no Louvre, Grand Palais e Musée d'Orsay, considerada um "produto para consumo das massas". O debate entre puristas e modernizadores prossegue, mas a intenção da atual diretoria de renovar a vocação histórica do Louvre como museu universal tem encontrado boa aceitação por parte do público. O número de visitantes hoje chega a 8 milhões por ano, 60% a mais do que em 2001. Em 1989, quando foi instalada, a pirâmide de vidro de M. Pei causou grande polêmica. Vinte anos depois, esta notável obra de arquitetura conquistou a aprovação da maioria, e representa a bem-sucedida fusão dos elementos clássicos e modernos.

Embaixo da pirâmide, o pátio Napoleão é o ponto de partida da trilha descrita no livro *O código Da Vinci* – diante da imensa demanda, foi criado um audioguia especial. É divertido recriar os passos do "simbologista" Robert Langdon e da "criptologista" Sophie Neveu, principais personagens do livro e do filme.

INFORMAÇÕES

www.louvre.fr

185 M7 · 99 rue de Rivoli, 75001 · 01 40 20 50 50. Informações em francês e inglês: 01 40 20 53 17. Auditório: 01 40 20 55 55 · qui, sáb-seg 9h-18h, qua e sex 9h-22h (último visitante 45min antes de fechar). Algumas salas fecham em sistema de rodízio. · Adultos €9 (€6 após 18h qua e sex), menores de 18 grátis. Exposições temporárias no Hall Napoléon €11, ingressos combinados para o Hall Napoléon e exposições permanentes €14. O ingresso vale para o dia todo, de modo que se pode entrar e sair várias vezes. Há ingressos integrados com passagem de trem. O museu é grátis no primeiro domingo do mês e no dia 14 de julho (exceto nas exposições temporárias) · Palais Royal/Musée du Louvre · 21, 24, 27, 39, 48, 68, 69, 72, 76, 81, 95 · Châtalet-Les-Halles · Há diversas visitas guiadas em inglês e francês, como a Visite-Découverte (Visita de Descoberta), em inglês às 11h, 14h e 15h45 (11h30 apenas dom, exceto primeiro dom do mês) e em francês às 11h30. Há audioguias em francês, inglês, alemão, espanhol, italiano e japonês. Pegue-os nas entradas das três alas do museu (€6). Quem tem dificuldade de locomoção dispõe de esquemas especiais. Há também uma galeria de esculturas para os deficientes visuais. Peça o folheto explicativo no balcão de informações · Diversos audioguias. Folheto grátis no balcão de informações · Cafés e restaurantes · Livraria grande

Página ao lado *Parte inferior da pirâmide de vidro do Louvre*

DADOS E NÚMEROS

» O Louvre conta com 1.100 seguranças vestidos com uniformes criados por Balenciaga e uma brigada de 42 "bombeiros" a postos 24 horas.

» A obra mais antiga do museu é uma reprodução de figura humana com 9.000 anos de existência, encontrada na Jordânia. A mais recente é uma pintura que retrata os cadáveres da rebelião ocorrida em Paris em 1848.

» Os fatos situados no Louvre citados no livro e no filme *O código Da Vinci* ocorrem na ala Denon (homenagem a Dominique--Vivant Denon, diretor do museu entre 1802 e 1815).

Acima *Papiro que retrata o transporte de um morto para a vida eterna, levado pelos deuses Toth e Khepri*

À parte as questões sobre a veracidade do relato, a obra de Dan Brown apresenta o Louvre em uma nova faceta e fornece grande quantidade de informações, algumas sem grande preocupação com a precisão. Na época da inauguração da pirâmide de vidro, um rumor afirmava que a obra era formada por 666 painéis de vidro, o mesmo número atribuído à Besta no livro da Revelação, no Novo Testamento. Mas o número "satânico" não procede: a pirâmide reúne 673 painéis com forma tringular ou de diamante, sem contar as portas.

DESTAQUES

MONA LISA

Quando Leonardo da Vinci armou o cavalete em Florença, no início do século XVI, para pintar a Mona Lisa, não tinha ideia de que estava para criar uma das mais famosas obras de arte do mundo. O quadro diminuto (tem apenas 77cm por 53cm), fica no primeiro andar da ala Denon, cercado por vidros à prova de bala e por uma multidão de admiradores. Não se sabe ao certo a identidade da mulher, mas uma das hipóteses é que seja a esposa de Francesco del Giocondo, daí o retrato ser conhecido também como La Gioconda. Da Vinci pintou o quadro entre 1503 e 1506. Francisco I adquiriu a pintura pouco depois de ela ser concluída. Desde então ela já passou um tempo em Versalles e no antigo Palácio das Tulherias. Chegou até a enfeitar o quarto de Napoleão. Em 1911 um italiano roubou o retrato com o objetivo de devolvê-lo a Florença. O quadro foi recuperado dois anos depois, após uma caçada policial que trouxe imensa fama à obra.

VÊNUS DE MILO E *VITÓRIA ALADA DA SAMOTRÁCIA*

A serena *Vênus de Milo* (andar térreo, Sully) é a mais famosa antiguidade grega do Louvre. Ela foi descoberta na ilha de Melos em 1820. Como Afrodite, a deusa do amor, ela é a imagem grega da beleza perfeita. A estátua de mármore foi criada em cerca de 100 a.C., no período helenístico, embora tenha a simplicidade da escultura grega clássica.

Entre as outras antiguidades gregas do Louvre, não deixe de ver a *Vitória alada da Samotrácia* (patamar do primeiro andar, Denon), que tem 3m de altura. A estátua foi esculpida em 190 a.C. para celebrar uma vitória marítima e mostra a deusa Vitória na proa de um barco. O entalhe fluido dá a impressão de que o vestido e as asas da deusa são agitados pela brisa do mar. A escultura foi remontada a partir dos 300 fragmentos encontrados na ilha da Samotrácia, em 1863.

ARTE ETRUSCA E ROMANA

Enquanto os antigos gregos floresciam, os etruscos construíam sua própria civilização no norte da Itália. Entre os pontos altos de sua arte destacam-se um sarcófago de terracota (*c.* 530 a.C.) que retrata um homem e sua esposa reclinados em odres de vinho (andar térreo, Denon). Ambas as figuras ostentam o sorriso característico da escultura etrusca. O acervo de arte romana do Louvre (andar térreo, Denon) inclui mosaicos, esculturas, pratos, vasos e sarcófagos.

A COLEÇÃO EGÍPCIA

As salas egípcias dão ao visitante um panorama cativante da vida na época dos faraós, cerca de 5.000 anos atrás. A coleção do Louvre é a maior do

DICAS

» Não perca a Galerie d'Apollon (Denon, 1º andar) reaberta no final de 2004. Encomendada por Luís XIV, ela inspirou a Galeria dos Espelhos de Versailles e durante 200 anos foi adornada por artistas como Le Brun e Delacroix. Hoje expõe as joias da coroa.

» Às quartas e às sextas, o ingresso passa a custar €6 após as 18h.

» Em geral, o museu lota menos às quartas e sextas à tarde, quando funciona até às 22h.

» Para evitar filas, use o *Paris Museum Pass* (▷ 279) ou reserve seu ingresso por telefone, pela internet, na FNAC (01 41 57 32 28; com um pequeno acréscimo) ou em algumas lojas de departamentos incluindo Auchan, Bon Marché, Galeries Lafayette e Virgin. Dessa forma você poderá entrar pela passagem Richelieu.

Abaixo *O Louvre abriga um magnífico acervo de esculturas*

DICAS

» Várias pinturas e peças do Louvre podem ser vistas no site do museu. A visita virtual é uma boa maneira de decidir antecipadamente o que ver no museu real.

» Nos balcões de informação há mapas gratuitos, essenciais para programar a visita e saber o que está fechado.

» Quando os funcionários faltam, algumas salas ficam fechadas. Se há obras específicas que você deseja ver no Louvre, verifique no site a grade de salas disponíveis.

» Prefira comprar o ingresso antes. Ao sair do metrô (saída do Carrousel), há máquinas automáticas na entrada sinalizada como Carrousel du Louvre (99 rue de Rivoli, 75001). Outros locais que vendem o ingresso são as joalherias Cécile Jeanne.

» O ingresso do Louvre vale para visitar o acervo permanente ou as exposições temporárias do Musée National Eugène Delacroix (▷ 120) no mesmo dia.

» Não é permitido fotografar no museu.

» O melhor lugar para comer no museu é o Café Richelieu (primeiro piso da ala Richelieu). Na parte externa, basta caminhar um pouco para chegar ao bar e restaurante Le Fumoir (6 rue de l'Amiral Coligny; www.lefumoir.com).

Acima, à esq. *A* Mona Lisa, *de Da Vinci, é uma das obras mais famosas*
Acima, à dir. *Escultura do museu*

gênero fora do Egito. São 55 mil itens, dos quais em torno de 5.000 ficam expostos. Há esfinges e estátuas dos poderosos faraós, mas as peças menores, como espelhos, pentes, colares e colheres entalhadas para a aplicação de maquiagem, são igualmente fascinantes. Não deixe de ver a Grande Esfinge. Esculpida em granito rosa, parte leão e parte faraó, ela guardava os corredores de um templo sagrado (andar térreo, Sully). Não se sabe ao certo a sua idade, mas alguns detalhes do estilo indicam que ela pode ter mais de 4.600 anos.

As coleções são apresentadas no andar térreo da ala Sully e divididas por temas, como pesca, funerais e escrita. No primeiro andar a mostra é cronológica: começa na pré-história, segue pelo reinado dos faraós e termina imediatamente antes da chegada dos romanos, em 333 a.C. Para ver como a cultura egípcia se desenvolveu sob Roma, siga para o andar inferior da ala Denon.

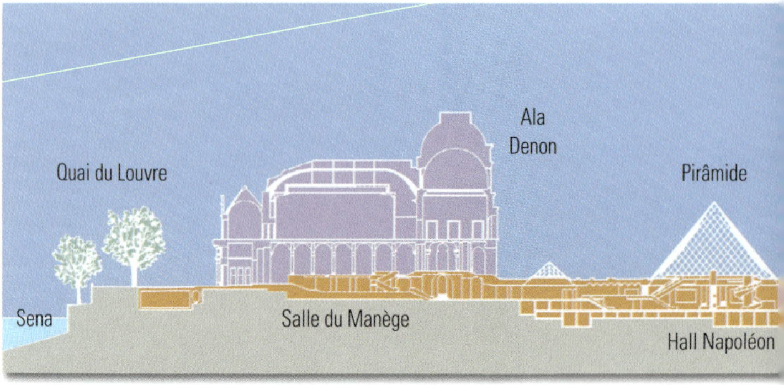

PINTURAS FRANCESAS HISTÓRICAS/ALEGÓRICAS

Estas pinturas imensas, expostas no primeiro andar da ala Denon, atraem nossa atenção não apenas por seu tamanho, mas também pelos detalhes vívidos das cenas. Alguns dos temas eram perturbadoramente contemporâneos quando as telas foram reveladas. *A jangada da medusa* (1819), por exemplo, de Théodore Géricault, retrata o polêmico naufrágio de um navio francês perto do Senegal, mas três anos antes. Apenas 15 dos 150 tripulantes sobreviveram, agarrando--se a uma jangada que eles mesmos construíram, e há relatos de canibalismo e traição. Os primeiros a ver a cena ficaram chocados com seu realismo.

Também há cadáveres na tela de Eugène Delacroix intitulada *A liberdade guiando o povo* (1830), embora a presença da figura alegórica da Liberdade dê uma sensação de triunfo em meio à destruição e ao caos. A pintura retrata o levante de 1830. *A coroação de Napoleão I*, pintura neoclássica de Jacques-Louis David, parece um tanto fria se comparada à paixão presente nos trabalhos de Delacroix e Géricault. Com quase 10m de largura, ela foi encomendada pelo próprio imperador e concluída em 1807.

OUTROS DESTAQUES

- *A rendeira*, de Jan Vermeer (1670-1; Richelieu, 2º andar)
- *O escravo moribundo*, de Michelangelo (1513-5; Denon, térreo)
- *Os cavalos de Marly*, de Coustou (1743-5; Richelieu, Cour Marly)
- *Cour Khorsabad* (Richelieu, térreo)
- *As bodas de Caná*, de Veronese (1562-3; Denon, 1º andar)
- *Fortificações medievais* (subsolo)

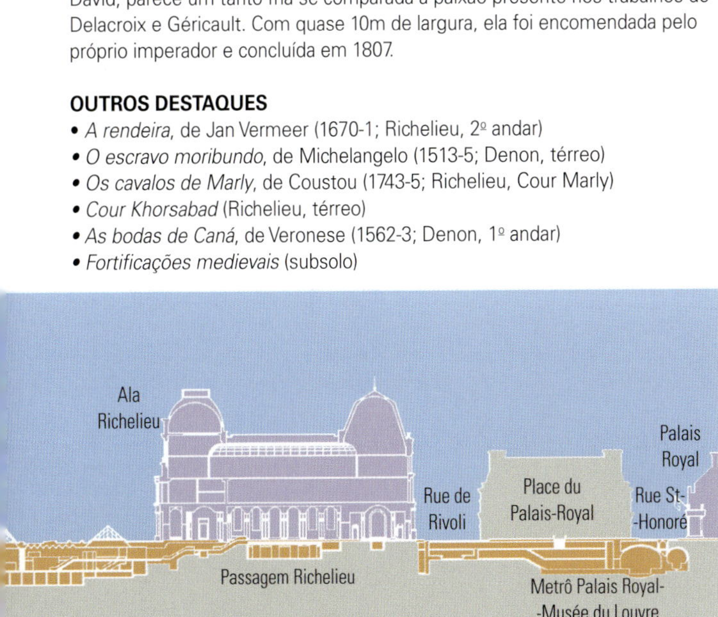

GUIA DA GALERIA

O mapa do Louvre tem um código de cores muito útil:

Antiguidades egípcias (verde): O acervo principal fica no térreo e no primeiro andar da ala Sully; as peças romanas e as egípcias coptas, no andar inferior da ala Denon.

Antiguidades gregas, etruscas e romanas (azul): Térreo e primeiro andar da ala Sully, térreo da ala Denon. Grécia pré-clássica no andar inferior da ala Denon.

Antiguidades orientais (amarelo) e arte do islã (verde-escuro): andar inferior da ala Richelieu. O Cour Khorsabad fica no térreo da ala Richelieu; Antigo Irã e Levante, no térreo da ala Sully.

Pinturas (vermelho): As pinturas de Flandres, França, Holanda e Alemanha ficam no segundo andar das alas Richelieu e Sully; as grandes telas francesas, no primeiro andar da ala Denon. Os pintores espanhóis e os italianos se encontram no primeiro andar da ala Denon; os ingleses, no primeiro andar da ala Sully.

Desenhos e gravuras (rosa): Desenhos franceses no segundo andar da ala Sully; alemães, flamengos e holandeses, no segundo andar da ala Richelieu; italianos no primeiro andar da ala Denon.

Objetos de arte (lilás): Primeiro andar das três alas.

Esculturas (bege): francesas no térreo e nos andares inferiores da ala Richelieu; italianas no térreo e no andar inferior da ala Denon.

História do Louvre (marrom): Restos da fortaleza medieval no piso inferior da ala Sully.

Arte da África, da Ásia, da Oceania e das Américas (branco): térreo da ala Denon (empréstimo do Musée du Quai Branly, ▷ 84).

Acima *O elaborado teto do Louvre foi instalado quando o local era um palácio real, entre os séculos XV e XVII*

INFORMAÇÕES

www.opera-de-paris.fr
185 L5 place de l'Opéra, 75009
01 40 04 24 93. Bilheteria: 08 92 89 90 90. Museu: 01 40 01 22 63
Diariam 10h-18h; 10h-13h quando há matinês. Fecha 1º jan, 1º mai, quando há matinês e eventos especiais. O auditório fecha durante os ensaios e os espetáculos Adultos €8, crianças (10-19) €4, menores de 10 grátis Opéra 20, 21, 22, 27, 29, 42, 52, 53, 66, 68, 81, 95 visitas guiadas de 1h30 a €12 (crianças €6); em francês qua, sáb, dom 11h30 e 15h30; em inglês qua, sáb, dom às 11h30 e 14h30. Ligue antes. €7
Loja de presentes

Abaixo *Comparada a um bolo de casamento, a Opéra Palais Garnier foi inaugurada em 1875*

OPÉRA PALAIS GARNIER

O suntuoso Opéra Palais Garnier foi encomendado por Napoleão III e inaugurado em 1875. Charles Garnier venceu mais de 170 concorrentes em um concurso para o projeto do edifício. As obras foram concluídas 15 anos depois da aprovação do imponente projeto, prejudicadas pela descoberta de Charles Garnier da existência de águas subterrâneas no local. Este lago profundo serviu de inspiração para o escritor Gaston Leroux, autor de *O fantasma da Ópera*. A elaborada fachada foi comparada muitas vezes a um bolo de casamento. Observe as provocativas estátuas de Carrier-Belleuse e a reprodução da obra *A dança*, de Jean-Baptiste Carpeaux, situada à direita da arcada frontal (o original de 1869 pode ser apreciado no Musée d'Orsay).

DENTRO DA OPÉRA PALAIS GARNIER

Durante algum tempo, o Palais de Garnier foi o maior teatro do mundo (11 mil m^2), um epitáfio adequadamente excessivo à arquitetura do Segundo Império. O palco tem capacidade para acomodar 450 artistas, e o auditório, opulento, acomoda 2.200 espectadores sob uma cúpula pintada por Marc Chagall em 1964. Em formato de ferradura, o auditório é decorado em estilo italiano, em vermelho e dourado, e tem um imenso lustre de cristal (pesando 8 toneladas). Uma pequena biblioteca-museu conta a história da ópera com pinturas, fotografias e objetos. As exposições temporárias são realizadas o ano todo. Atualmente, diversos espetáculos de ópera são encenados na Opéra Bastille (▷ 168). O Opéra Palais Garnier recebe quase que exclusivamente grupos de balé (▷ 213).

PARC MONCEAU

www.paris.fr

Vale a pena visitar este parque a nordeste do Arco do Triunfo, com suas ruínas falsas, o lago arborizado e os magníficos portões de ferro batido. No fim de semana o parque é mais interessante, pois se enche de visitantes. O lago é margeado por colunas romanas falsas, uma pirâmide, uma rotunda, diversas estátuas e uma variedade de árvores e flores. As crianças podem aproveitar os passeios de pônei, os balanços e um carrossel. Os jardins foram projetados em 1783, em estilo inglês, por Thomas Blaikie, transformando-se em um parque público em 1861. Há outros pontos turísticos nas proximidades, como o Musée Cernuschi (▷ 196) e o Musée Nissim de Camondo (▷ 197).

184 H4 boulevard de Courcelles, 75008 Informações da prefeitura de Paris 3975 Abr-fim out diariam. 8h-20h30 ou 21h30; resto do ano diariam 8h-17h30 ou 18h Grátis Monceau 30, 84, 94

PLACE DE LA CONCORDE

▷ 206.

PLACE DE LA MADELEINE

A colossal igreja de La Madeleine (aberta diariam 9h-19h) domina esta praça. Com seus 52 imensos pilares coríntios, ela lembra um templo grego. O frontão triangular tem um friso esculpido com o Juízo Final. Sua construção começou em 1764, mas só foi concluída em 1842. Por pouco a igreja não foi transformada em estação ferroviária, bolsa de valores e mais um templo para Napoleão. Hoje ela realiza muitas cerimônias de casamento e funerais da alta sociedade. Já passaram por ali os ataúdes de notáveis como Frédéric Chopin e Marlene Dietrich.

Depois de subir a escadaria da entrada principal, vire-se e admire a vista da rue Royale: o obelisco, na place de la Concorde (▷ 206); o Palais Bourbon (▷ 73), do outro lado da ponte; e a cúpula dourada de Les Invalides (▷ 74-5).

Quem gosta de cozinhar deve visitar a Fauchon, um empório exclusivo sinônimo da melhor comida francesa. A praça tem outras lojas especializadas e também alguns restaurantes, além de um pequeno mercado de flores.

185 K5 place de la Madeleine, 75008 Madeleine 24, 42, 52, 84, 94

PLACE VENDÔME

www.paris.fr

A majestosa place Vendôme é o símbolo máximo da elegância de Paris. É preciso uma conta bancária robusta para se aventurar por suas joalherias exclusivas e seus hotéis (o Ritz está entre os mais bem conceituados do mundo). Entre os moradores ilustres da praça estão Frédéric Chopin, que morreu no número 12, e Anton Mesmer, fundador do Mesmerismo, que realizava suas experiências no número 16. Marcel Proust, Ernest Hemingway e Coco Chanel se hospedavam no Ritz, onde Diana, a princesa de Gales, jantou antes do acidente de carro que a matou, em agosto de 1997.

Luís XIV encomendou essa praça clássica em 1685 ao arquiteto de Versalles, Hardouin-Mansart, que o impressionara com o projeto da place des Victoires (veja ao lado). No centro da praça havia uma estátua do rei, mas ela foi derrubada por manifestantes durante a Revolução Francesa. Em 1810 foi substituída por uma coluna de bronze de 44m de altura inspirada na coluna de Trajano, de Roma, mas ela também tombou, dessa vez durante a Comuna, em 1871. Reconstruída, a coluna agora sustenta uma estátua de Napoleão. O bronze veio dos canhões capturados na Batalha de Austerlitz.

Por causa do passado turbulento da cidade, a praça trocou de nome várias vezes: place des Conquêtes, place Louis le Grand, place des Piques e place Internationale.

Preste atenção nos carros enquanto estiver admirando a praça, pois, apesar dos paralelepípedos, ela não é exclusiva para pedestres.

185 L5 place Vendôme, 75001 Opéra, Tuileries 21, 27, 29, 68, 72, 81, 95

Acima *Napoleão observa o movimento da place Vendôme do alto da coluna*

PLACE DE LA CONCORDE

A movimentada place de la Concorde, antigamente uma região pantanosa, vive hoje repleta de pessoas e automóveis. Ela fica na interseção de dois grandes eixos urbanos, e de seu centro podemos ter uma visão impressionante de Paris. A oeste ficam a avenue des Champs-Élysées (▷ 189) e o Arco do Triunfo (▷ 188-9); a leste, os portões ornamentados do Jardin des Tuileries (▷ 194) e o Louvre (▷ 198-203). Ao norte, seguindo pela rue Royale, está a igreja de La Madeleine (▷ 205); ao sul, do outro lado da Pont de la Concorde, a colunata do Palais Bourbon, sede da Assembleia Nacional. (▷ 73).

PROJETO REAL

A praça foi projetada por Jacques-Ange Gabriel e construída entre 1755 e 1775 para acomodar uma estátua equestre do monarca reinante, Luís XV. Gabriel projetou as duas construções que ladeiam a rue Royale – o Hôtel Crillon e o Hôtel de la Marine –, além dos pedestais de pedra em cada esquina da praça, que é octogonal. Cada pedestal tem um figura feminina para representar as cidades de Lille, Strasbourg, Lyon, Marselha, Bordeaux, Nantes, Brest e Rouen.

OS HORRORES DA REVOLUÇÃO

No início a praça se chamava place Louis XV, mas ela foi rebatizada de place de la Révolution durante a Revolução Francesa. A estátua de Luís XV foi removida e a guilhotina foi instalada em seu lugar. Entre 1793 e 1795 mais de 1.300 pessoas foram decapitadas ali, inclusive Luís XVI e a rainha Maria Antonieta. Com o esfriamento das tensões, em 1795 a praça recebeu o nome que perdura até hoje, na esperança de que o futuro fosse menos turbulento. Logo depois, os magníficos *Chevaux de Marly* (*Cavalos de Marly*; 1743-5), de Guillaume I Coustou, foram incorporados na entrada da Champs-Élysées. Atualmente os cavalos originais estão no Louvre, e os que se veem na praça são réplicas.

OBELISCO EGÍPCIO

Em 1833 Mohammed Ali, vice-rei do Egito, presenteou o rei Luís Filipe com um obelisco de granito de 230 toneladas e 23m de altura. Com cerca de 3.300 anos, ele tem hieróglifos e era usado para medir a sombra do Sol no Templo de Tebas.

INFORMAÇÕES

185 K6 · place de la Concorde, 75008 · Grátis · Concorde · 24, 42, 72, 73, 84, 94

DICAS

» Use a faixa de pedestres para chegar ao meio da praça, mas tenha cuidado, pois nem sempre os carros param.

» Aprecie com calma as vistas que a praça oferece, especialmente dos Champs-Élysées.

Acima *Uma das duas fontes com temas marinhos criadas por Jacques-Ignace Hittorff*

PLACE DES VICTOIRES

www.paris.fr

A elegante e circular place des Victoires fica escondida no final de uma movimentada rua comercial, a rue Étienne Marcel. Suas mansões curvilíneas abrigam lojas de grife como Kenzo, Cacharel e outros nomes famosos. A praça surgiu em 1685 pelas mãos do arquiteto Jules Hardouin-Mansart, que também trabalhou em Versailles, e encomendada pelo marechal De la Feuillade para comemorar as vitórias do "Rei Sol", Luís XIV. Uma estátua do rei foi destruída durante a Revolução Francesa e posteriormente substituída por uma escultura equestre de Bosio. Na rue Catinat, preste atenção ao imponente edifício do Banque de France.

185 M6 place des Victoires, 75002 Bourse, Sentier 29

ST-GERMAIN-L'AUXERROIS

Quando moravam no Louvre, os reis frequentavam a igreja St-Germain-l'Auxerrois. Os bancos exclusivos, próximos ao púlpito, ainda estão lá. Outros pontos altos da igreja são os belos vitrais, o anteparo entalhado do coro e o órgão do século XVIII, que veio da Sainte-Chapelle em 1791.

A ligação do local com a religião data de 500 d.C., quando ali havia um oratório. Posteriormente crianças ameaçadas pelas enchentes passaram a ser batizadas no local. O edifício atual foi construído entre os séculos XIII e XVI, mas deixou de ter funções religiosas durante a Revolução Francesa e serviu, durante um período, como delegacia de polícia, sede da prefeitura, celeiro e gráfica. Viollet-le-Duc restaurou o edifício no século XIX.

O sino da igreja (1529) sinalizou o início dos ataques do Massacre de São Bartolomeu, em 1572 (▷ 31).

A igreja é uma parada agradável após uma visita ao Louvre (▷ 198-203). Sente-se nos bancos espalhados pelo gramado em frente e admire a fachada do museu.

185 M7 2 place du Louvre, 75001 01 42 60 13 96 Diariam 8h-19h. Visitas proibidas durante os serviços (missa: seg-sáb 8h20, 12h15, 18h30; dom 10h, 11h15, 17h30, 21h15) Grátis Louvre-Rivoli, Pont Neuf 21, 67, 69, 74, 85

Abaixo *Vitral da igreja de St-Germain-l'Auxerrois*

PASSEIO A PÉ

RIVE DROITE

Um passeio relaxante que combina tranquilos jardins com lojas chiques.

O PASSEIO
Distância: 3,5km
Tempo: 2 horas
Início/Fim: place de la Concorde

COMO CHEGAR
Vá de metrô até Concorde ou pegue o ônibus 24, 42, 72, 73, 84 ou 94.

★Atravesse com cuidado o fluxo de trânsito que passa pela place de la Concorde para ver o obelisco no centro desta praça histórica.

❶ A Place de la Concorde (⊳ 206), que foi chamada de place de la Révolution no período de dois anos e meio em que ali funcionou a famosa guilhotina, tinha a forma de um octógono aberto. Somente a parte norte abriga construções. O obelisco de granito rosado que se destaca a praça veio de Luxor, no Egito, na década de 1830.

Cruze os enfeitados portões do Jardin des Tuileries e explore esse belo jardim público.

❷ As Tuileries (⊳ 194) são um dos mais antigos jardins públicos de Paris e oferecem fabulosas vistas do Louvre, da Torre Eiffel, da place de la Concorde e do Arco do Triunfo. Os parisienses vêm aqui para relaxar junto aos dois grandes lagos quando o sol aparece ou passear pelos terraços dos dois lados do parque.

No final do parque, vire à esquerda para chegar à rue de Rivoli. Vire à direita nela e passeie junto ao Louvre.

❸ Muitos governantes franceses deixaram sua marca no Louvre (⊳ 198-203), incluindo Carlos V, Francisco I e Napoleão. A fortaleza medieval original virou um castelo no século XIV, depois um palácio real, até por fim assumir seu papel atual de um dos mais prestigiosos museus do mundo.

Atravesse a rue de Rivoli e entre na place du Palais Royal. Daqui, cruze a rue St-Honoré e siga pela esquerda, em direção à Comédie Française. Entre no Jardin du Palais Royal por um discreto arco à esquerda do palácio.

❹ Este jardim (⊳ 193) fica a apenas alguns minutos do trânsito e das multidões da rue de Rivoli, mas sua atmosfera é totalmente diferente. Você entra por um pátio decorado com curiosas minicolunas de listras cinzas e brancas, criadas pelo artista Daniel Buren em 1986. O jardim, com seus coloridos canteiros, é rodeado por elegantes arcadas do século XVIII cheias de lojas.

Ande até o final do jardim e saia pelo lado esquerdo, depois do histórico restaurante Le Grand Véfour – veja pela janela o belo teto pintado. Isso leva você até a rue de Beaujolais. Vire à direita aqui, entre à esquerda na rue Vivienne e de novo à esquerda na rue des Petits Champs. Você vai passar pela Bibliothèque Nationale de France ao caminhar por esta rua.

❺ Este edifício (⊳ 190) já foi o palácio do cardeal Mazarin, primeiro-

Página ao lado *Detalhe de uma das fontes da place de la Concorde*

–ministro no século XVII, mas abriga a Biblioteca Nacional da França desde o século XVIII. Na década de 1990 a coleção ficou maior que o local e em 1996 uma biblioteca (▷ 111) foi inaugurada no 13º *arrondissement*, e ganhou o nome do ex-presidente François Mitterrand.

Continue até alcançar a avenue de l'Opéra. Atravesse a avenida e ande em direção ao Opéra.

❻ O suntuoso Opéra Palais Garnier (▷ 204) foi projetado por Charles Garnier e inaugurado em 1875. É uma extravagância de mármore, ouro e esculturas, e já foi a maior casa de ópera do mundo.

Logo depois da place de l'Opéra, vire à esquerda na rue de la Paix, com suas elegantes joalherias. Isso leva até a ainda mais exclusiva place Vendôme (▷ 205).

❼ Joalherias chiques e o mundialmente famoso Ritz Hotel ficam na place Vendôme. Cuidado com o trânsito enquanto você admira a arquitetura – as pedras dão a falsa impressão de que a praça é apenas para pedestres.

Atravesse a praça e siga pela rue de Castiglione, com suas elegantes arcadas comerciais. Vire à direita na rue de Rivoli, o que o levará de volta à place de la Concorde. Na volta, não perca a vista do Arco do Triunfo pela avenue des Champs-Élysées.

QUANDO IR

A melhor hora é durante o dia, quando as lojas estão abertas e o Jardin des Tuileries está em seu esplendor. Se decidir passear à noite, evite o Jardin des Tuileries e vá pela rue de Rivoli.

ONDE COMER

Para refeições, tente a chique e tradicional brasserie Le Grand Colbert, no número 4 da rue Vivienne, perto do Jardin du Palais Royal (▷ 214-5). Tome chá com bolo no Muscade, dentro do jardin, no nº 36 da rue Montpensier (▷ 215).

À esq. *Flores no gracioso Jardin du Palais Royal*

PASSEIO PELO RIO

AO LONGO DO SENA

Um cruzeiro pelo Sena é uma ótima maneira de apreciar algumas das principais atrações de Paris de um ponto de vista diferente. Também é ideal se você estiver sem tempo – em uma hora pode-se ver vários marcos famosos.

PASSEIO DE BARCO
Distância: 11km
Tempo: Cerca de 1 hora
Início/Fim: praça du Vert-Galant, Pont Neuf

COMO CHEGAR
Pegue o metrô até a estação Pont Neuf, ou os ônibus 24, 27, 58, 67, 70, 72, 74 ou 75. Da estação de metrô atravesse a Pont Neuf. Na metade da travessia, à direita, fica uma placa onde se lê "Vedettes du Pont Neuf". Desça a escada até a praça du Vert-Galant, na Île de la Cité, e vire à direita. A plataforma de embarque fica bem em frente.

★O barco sai da linda praça du Vert-Galant e vai para oeste. A primeira ponte sob a qual você vai passar é a de pedestres, Pont des Arts. Foi construída em 1804 e substituída em 1984. É uma das pontes mais românticas de Paris e também um ponto de reunião de artistas. Na Margem Direita você pode ver o Museé du Louvre.

❶ O Louvre (▷ 198-203), um dos maiores museus do mundo, já foi residência dos reis e rainhas da França. Hoje ele abriga uma notável coleção de arte, desde a antiguidade até o século XIX.

Depois de passar sob a Pont du Carrousel e a Pont Royal você verá a fachada do Musée d'Orsay na margem esquerda.

❷ O museu (▷ 80-3), na antiga estação de trem Orsay, expõe quadros e arte aplicada de 1848 a 1914. Ele tem uma das melhores coleções do mundo sobre Impressionismo.

As duas próximas pontes são a Passerelle de Solférino, que corta o rio entre o Jardin des Tuileries e o Musée d'Orsay, e a Pont de la Concorde, construída com pedras da prisão da Bastilha, que foi destruída durante a Revolução Francesa. Na Margem Esquerda fica a sede da Assemblée Nationale, o Palais Bourbon do século XVIII (▷ 73), e na Margem Direita fica a place de la Concorde.

❸ A Place de la Concorde (▷ 206), construída entre 1755 e 1775, é a maior praça de Paris. No seu centro fica o mais antigo monumento da cidade, um obelisco egípcio de 23m de altura e com cerca de 3.300 anos de idade.

O barco passa sob a ornada Pont Alexandre III, construída para a Exposition Universelle de 1900 e dedicada à aliança franco-russa. Na margem direita você vê o Grand Palais e o Petit Palais (▷ 192) e na margem esquerda, a distância, fica Les Invalides.

❹ Em Les Invalides (▷ 74-5) você vai encontrar o Musée de l'Armée, com fascinante acervo de arte e equipamento militar. O túmulo de Napoleão fica na Église du Dôme.

Página ao lado *Um* bateau mouche *passa embaixo da Pont des Arts*

Depois de passar sob a Pont des Invalides, a Pont de l'Alma e a Passerelle Debilly, o barco faz uma curva e você é agraciado com uma espetacular vista da Torre Eiffel na margem esquerda.

❺ A Torre Eiffel (▷ 90-5), símbolo de Paris, foi construída entre 1887 e 1889, tem 324m de altura e recebe cerca de 7 milhões de visitantes por ano. As vistas do alto da torre são espetaculares.

A Pont d'Iéna cruza o rio entre a Torre Eiffel na margem esquerda e os Jardins du Trocadéro na margem direita. O barco passa sob esta ponte antes de fazer a volta e retornar na direção oposta até a Île de la Cité. Conforme navega, observe as casas-barcos e os restaurantes-balsas pintados em cores vivas e ancorados ao longo das margens do Sena. Você verá a grande cúpula do Institut de France à direita antes de passar sob o lado sul da Pont Neuf.

❻ A "ponte nova" (*Pont Neuf*) é na realidade a mais antiga de Paris, datando do século XVII. Foi a primeira ponte sobre o Sena a ser construída sem casas sobre ela.

As duas pontes seguintes são a Pont St-Michel, que leva ao Quartier Latin e à Universidade Sorbonne (▷ 135), e a Petit Pont, a menor ponte de Paris. Na Île de la Cité você pode ver a bela Catedral de Notre-Dame.

❼ Notre-Dame (▷ 124-7) foi construída entre os séculos XII e XIV e é uma obra-prima de arquitetura gótica. Note seus imensos arcobotantes e sua espira, com 96m de altura.

Há várias pontes de distância ao longo do rio; à sua direita, fica o Institut du Monde Arabe (▷ 116) e as esculturas ao ar livre do Musée de la Sculpture en Plein Air. O barco neste ponto vira e circula a pitoresca Île St-Louis (▷ 116). Depois de mais três pontes, incluindo a romântica Pont Marie, você pode ver a prefeitura de Paris e o Hôtel de Ville (▷ 154), na margem direita do Sena.

Conforme o barco navega de volta ao longo do outro lado da Île de la Cité (e por baixo de outras três pontes), você passará pelo mais antigo hospital da cidade, o Hôtel-Dieu, e pela Conciergerie.

❽ Originalmente parte de um palácio real, a Conciergerie (▷ 112-3) tornou-se mais tarde uma prisão. Mais de 2.600 pessoas detidas aqui durante a Revolução foram mandadas para a guilhotina, incluindo a rainha Maria Antonieta. Procure o relógio do século XVI, a Tour de l'Horloge, na fachada da Conciergerie.

O barco passa de novo sob a Pont Neuf e o cruzeiro termina no ponto em que começou.

INFORMAÇÕES

www.vedettesdupontneuf.com
☎ 01 46 33 98 38 ⏲ Meados mar-fim de out diariam 10h30, 11h15, 12h e a cada meia hora das 13h30 às 19h, depois 20h, 21h, 21h30, 22h e 22h30; resto do ano seg-qui 10h30, 11h15, 12h, 14h, 14h45, 15h30, 16h15, 17h, 17h45, 18h30, 20h e 22h, sex-dom 10h30, 11h15, 12h e a cada meia hora a partir das 14h até 18h30, depois 20h, 21h, 21h30, 22h e 22h30. Horários podem variar 💶 Adultos €12, crianças (4-12) €6, menores de 4 grátis 📖 Pegue grátis um mapa do trajeto na plataforma de embarque

QUANDO IR

É muito bom fazer esta viagem à noite, quando os monumentos estão iluminados. De dia ou de noite, tente ir quando fizer bom tempo, para que você possa sentar no deque e apreciar melhor as vistas.

ONDE COMER

Há um pequeno bar na plataforma de embarque e máquinas a bordo com refrigerantes e sanduíches. No Bateaux les Vedettes, funciona o Captain´s Bar.

ARTE, COMPRAS, DIVERSÃO E NOITE

Acima *A Fauchon vende alimentos de luxo*

COMPRAS

CHANEL

www.chanel.com

Clássicos, sexy e femininos, os modelos Chanel, realçados por seus perfumes exclusivos, traduzem bem a elegância parisiense.

219 K5 31 rue Cambon, 75001 01 42 86 28 00 Seg-sáb 10h-19h Madeleine, Concorde

COLETTE

www.colette.fr

Venha aqui para design de primeira linha de um nome em ascensão, ou produtos de beleza importados. Um water bar oferece mais de cem marcas diferentes de água.

219 L6 213 rue St-Honoré, 75001 01 55 35 33 90 Seg-sáb 11h-19h Tuileries, Pyramides

FAUCHON

www.fauchon.fr

O melhor da cozinha francesa tem estado disponível aqui desde 1886. Caviar Beluga, as melhores bebidas de todas as partes do mundo, e muitas outras delícias exóticas.

219 K5 26 and 30 place de la Madeleine, 75008 01 70 39 38 00 seg-sáb 8h-19h (nº 26); seg-sáb 9h-20h (nº 30) Madeleine

GALERIES LAFAYETTE

www.galerieslafayette.com

O prédio principal desta grande loja de departamentos de 1912 tem uma impressionante abóbada com vitrais, sacadas e balaustradas douradas. Um cenário luxuoso para as centenas de marcas vendidas.

219 L5 40 boulevard Haussmann, 75009 01 42 82 34 56 seg-qua, sex-sáb 9h30-19h30, qui 9h30-21h Chaussée d'Antin

JAMIN PUECH

www.jamin-puech.com

Bolsas com detalhes únicos. Jamin Puech trouxe a joalheria para o artesanato de couro e é hoje um dos destaques da cena parisiense.

219 pela M4 61 rue d'Hauteville, 75010 01 40 22 08 32 Ter-sex 10h-19h, seg, sáb 11h-19h Poissonnière, Bonne Nouvelle

LAVINIA

www.lavinia.fr

Nos três andares desta loja você vai encontrar mais de 5.000 vinhos e mil destilados. Também há um bar e um restaurante, onde os melhores vinhos da França são vendidos em taça.

219 K5 3-5 boulevard de la Madeleine, 75001 01 42 97 20 20 Seg-sex 10h-20h, sáb 9h-20h Madeleine

LENÔTRE

www.lenotre.fr

A Lenôtre é famosa há muitos anos por suas comidas e doces finos, mas o lançamento do *macarré*, um *macaroon* quadrado, deixou-a mais na moda ainda. Entre as variedades incomuns estão o de chocolate-cereja e de jabuticaba com anis.

219 J3 15 boulevard de Coucelles, 75008 01 45 63 87 63 Diariam 9h-21h Villiers

LOUIS VUITTON

www.vuitton.com

Quadriculado bege e marrom e iniciais LV entrelaçadas são a marca da casa e o símbolo do chique por excelência.

218 H5 101 avenue des Champs-Élysées, 75008 0810 810 010 Seg-sáb 10h-20h, dom 11h-13h, 14h-19h George V

MARCHÉ AUX TIMBRES

Aficionados por selos, tanto profissionais como amadores, encontram-se toda semana nesta área descolada.

219 J5 Na esquina da avenue de Marigny com avenue Gabriel, 75008 Qui, sáb-dom 9h-19h Champs-Élysées-Clemenceau

LE PRINTEMPS
www.printemps.com
Sob a bela cúpula de vitrais de seu prédio principal há seis andares de roupas e acessórios para mulheres e a maior seção de perfumaria da Europa. Ela tem também uma loja de artigos masculinos e uma seção dedicada à decoração.
219 L5 64 boulevard Haussmann, 75009 01 42 82 50 00 Seg-qua, sex-sáb 9h35-19h, qui 9h35-22h Havre-Caumartin

DIVERSÃO E NOITE

BAR HEMINGWAY
www.ritzparis.com
Dentro do hotel Ritz, este bar presta homenagem ao celebrado escritor. O próprio Hemingway costumava aproveitar a elegante atmosfera, os uísques e champanhes.
219 L6 Hôtel Ritz, 15 place Vendôme, 75001 01 43 16 30 50 Seg-sáb 18h30-2h Opéra, Madeleine

BARRAMUNDI
www.barramundi.fr
O estilo é meio Índia, meio África, com *world music* relaxante. Faz sucesso entre o povo da moda, que vem beber ou provar a cozinha fusion.
219 L5 3 rue Taitbout, 75009 01 47 70 21 21 Seg-sex 12h-15h30, 18h30-2h, sáb 19h-5h Richelieu-Drouot

BUDDHA BAR
www.buddha-bar.com
Bar e restaurante da moda onde você vê celebridades, ouve música e admira a decoração. O lugar vive cheio, e o atendimento pode ser indiferente, a não ser que você também seja famoso.
219 K5 8 rue Boissy d'Anglas, 75008 01 53 05 90 00 Bar e restaurante: seg-sex a partir de 12h; sáb-dom a partir de 16h Concorde

CRAZY HORSE
www.lecrazyhorseparis.com
Esta instituição parisiense data de 1951. Seu show Taboo apresenta dançarinos quase nus. O jantar é servido durante o show.
218 H6 12 avenue George V, 75008 01 47 23 32 32 Show: dom-sex 20h30, 23h, sáb 19h30, 21h45, 23h50 Show e jantar: €135; show e dois drinques €65 Alma-Marceau, George V

L'ÉTOILE
www.letoileparis.com
Vá muito bem vestido para garantir o direito de entrar neste templo da noite parisiense. O som é disco, dance e techno, a decoração é belíssima e o terraço oferece uma vista soberba do Arco do Triunfo.
218 G5 12 rue de Presbourg, 75016 01 45 00 78 70 Seg-sáb 23h-5h Grátis Charles de Gaulle-Étoile

HARRY'S NEW YORK BAR
www.harrys-bar.fr
Centenas de coquetéis são preparados por barmen de alto nível.
219 L5 5 rue Daunou, 75002 01 42 61 71 14 Diariam 10h-4h Opéra

LIDO DE PARIS
www.lido.fr
Este tradicional cabaré apresenta um famoso show de topless, o Bluebell Girls. Inclui um afamado restaurante de culinária francesa,comandado pelo chef Phillipe Lacroix.
218 H5 116 bis avenue des Champs-Élysées, 75008 01 40 76 56 10 Show: Diariam 19h30 Show: €45-€120 (o preço mais alto inclui champanhe). Show e jantar: €140-€280 George V

OPÉRA PALAIS GARNIER
www.opera-de-paris.fr
Esta obra-prima de arquitetura (▷ 204) abriga uma casa de espetáculos de luxo e prestígio para companhias de ópera, balé e orquestras vindas do exterior.
219 L5 place de l'Opéra, 75009 0892 89 90 90 €7-€160 Opéra

PARIS STORY
www.paris-story.com
Este show multimídia de 45 minutos ilustra a história de Paris nos últimos 2.000 anos, com música de Lully, Berlioz, Gounod e Saint-Saëns I.
219 L5 11 bis rue Scribe, 75009 01 42 66 62 06 Diariam 9h-19h, de hora em hora; disponível em 12 línguas por fones de ouvido Adultos €10, crianças €6, família €26 Opéra

QUEEN
www.queen.fr
Este clube da moda atrai tanto héteros como gays. Som house e garage é mixado por DJs internacionais.
218 H5 102 avenue des Champs-Élysées, 75008 0892 70 73 30 Diariam meia-noite-7h €15 seg-qui e dom, €20 sex-sáb George V

ESPORTES E ATIVIDADES

MONTGOLFIÈRES AVENTURES
www.montgolfieres-aventures.fr
Aprecie vistas incríveis dos arredores de Paris em um balão de ar quente. Ao aterrissar você é recebido com champanhe e com um certificado de primeiro voo.
219 K5 6 place de la Madeleine, 75008 01 40 47 61 04 O ano todo; reserve antes €220-€250 por pessoa Madeleine

SAÚDE E BELEZA

BASTIEN GONZALEZ HOTEL LE BRISTOL DAY SPA
www.bastiengonzalez.com
Podólogo das estrelas, Bastien Gonzalez tem uma técnica especial que é capaz de fazer as unhas dos pés brilharem por até três meses.
218 J5 108 rue de Faubourg St-Honoré, 75008 01 42 66 24 22 Com hora marcada €130 St-Philippe du Roule

VILLA THALGO
www.thalgo.fr
A sessão de sete horas inclui esfregar o corpo, envolvê-lo com algas marinhas, balneoterapia, jato de água, hidromassagem e massagem.
218 H4 218-220 rue du Faubourg St-Honoré, 75008 01 45 62 00 20 Seg, ter, qui 8h30-20h30, qua, sex 8h30-19h, sáb 9h-19h 60min de tratamento, cerca de €75, 30-min €40 Ternes, Charles de Gaulle-Étoile

PARA CRIANÇAS

MUSÉE GRÉVIN
▷ 196.

PALAIS DE LA DÉCOUVERTE
▷ 192.

PARC MONCEAU
▷ 205.

ONDE COMER

Acima *Nesta região não faltam opções*

PREÇOS

Os preços são para almoço (A) de dois pratos para uma pessoa e jantar (J) de três pratos para uma pessoa, sem bebida. O preço do vinho é o da garrafa mais barata.

Legenda dos símbolos ▷ 2.

6 NEW YORK

Este restaurante, com o nome de seu endereço, lembra uma elegante sala de jantar de Manhattan. O interior contemporâneo tem uma ótima vista da Torre Eiffel. No cardápio, culinária fusion como lagosta e risoto de tomate seco, mil-folhas de chocolate branco e preto, e pratos tradicionais

218 H6 6 avenue de New York, 75016, Champs-Élysées 01 40 70 03 30 seg-sex 12h30-14h, 18h-23h, sáb 18h-23h A €35, J €60, vinho €23 Alma Marceau

L'ALSACE

www.restaurantalsace.com

Este pequeno pedaço do leste da França é parte integral da paisagem parisiense. O cardápio é no estilo brasserie, com várias opções de frutos do mar, chucrute, strudel de maçã e gugelhupf (bolo) gelado. O interior também é regional e há um agradável terraço para os dias de primavera e verão.

218 H5 39 avenue des Champs-Élysées, 75008, Champs-Élysées 01 53 93 97 00 Diariam 24 horas A €30, J €50, vinho €17 Franklin D. Roosevelt

L'APPART

www.l-appart.com

O salão foi feito para parecer um apartamento, mas assemelha-se mais com uma biblioteca confortável cheia de prateleiras de livros. A comida é inventiva, com sotaque mediterrâneo, como a vitela assada na panela com molho cremoso de mostarda e cogumelos. Antes do brunch de domingo, há um brunch para crianças com uma oficina de doces.

218 H5 9-11 rue du Colisée, 75008, Champs-Élysées 01 53 75 42 00 Diariam 12h-14h30, 19h-22h30, brunch de dom 12h-15h A €29, J €50, vinho €20 Franklin D. Roosevelt

CAFÉ MARLY

Esta elegante brasserie oferece lindas vistas da pirâmide do Louvre. Tem poltronas de linhas sóbrias e painéis de madeira preta com bordas douradas. No cardápio comida típica de brasserie, como atum em crosta de gergelim ou steak tartare.

219 L6 93 rue de Rivoli, 75001, Louvre/Palais Royal 01 49 26 06 60 Diariam 8h-2h A €40, J €55, vinho €22 Palais-Royal/Musée du Louvre, Tuileries

LE GRAND CAFÉ

www.legrandcafe.com

Inaugurado em 1875, este restaurante fica aberto dia e noite. O interior é lindo, art nouveau, com um espetacular teto em vitral e mobília extravagante. O peixe reina aqui e é servido grelhado, cozido ou à meunière (com limão e manteiga). O cardápio inclui também alguns pratos de carne franceses, como o filé de gado charolês com pimenta em grão ou grelhado com molho béarnaise.

219 L5 4 boulevard des Capucines, 75009, Grands Boulevards, 01 43 12 19 00 Diariam 24 horas A €32, J €55, vinho €18 Opéra

LE GRAND COLBERT

www.legrandcolbert.fr

Esta brasserie chique, que data de 1830, tem teto alto, piso de cerâmica branca e preta, luminárias no estilo Café de Paris e uma equipe de garçons muito profissionais trajando o tradicional uniforme branco e preto. O menu inclui travessas de frutos do mar e filés.

219 M6 2 rue Vivienne, 75002, Louvre/Palais Royal 01 42 86 87 88 Diariam 12h-3h (últimos pedidos 1h) A €25,50, J €41,50, vinho €20 Bourse, Palais-Royal/Musée du Louvre

GUY SAVOY

ww.guysavoy.com

No cardápio do Guy Savoy delícias como pombo e miúdos cozidos, grelhados em mil-folhas de beterraba e cogumelos, ou os lagostins com frutas cítricas e ervilhas. É uma bela experiência culinária.

218 G4 18 rue Troyon, 75017, Champs-Élysées 01 43 80 40 61 Seg-sex 12h-14h, 19h-22h30, sáb 19h-22h30 A €200, J €300, vinho €90 Charles de Gaulle-Étoile

MARKET

www.jean-georges.com

O cardápio tem um tom despojado e oferece um *raw bar*, com destaque para uma ampla escolha de ostras, e culinária fusion a cargo do chef Jean-Georges Vongerichten. Prove a pizza de trufas pretas ou a "travessa preta", uma seleção de hors d'oeuvre que inclui camarão no espeto, enrolado de lagosta com gengibre, atum cru e codorna apimentada.

219 J5 15 avenue Matignon, 75008, Champs-Élysées 01 56 43 40 90 Diariam 12h-15h, 19h30-24h30 (dom-seg até 23h30). Sáb-dom brunch 12h-16h A €34, J €60, vinho €30 Franklin D. Roosevelt, Champs-Élysées-Clemenceau

MAXIM'S

www.maxims-de-paris.com

Este restaurante belle époque, criado em 1893 pelo garçom Maxime Gaillard e comprado em 1981 pelo estilista Pierre Cardin, é um reduto da vida social parisiense. Fez tanto sucesso que foram abertos outros Maxim's ao redor do mundo. Serviço atencioso, cozinha francesa refinada e localizações em pontos bem escolhidos, tudo contribui para um toque de classe.

219 K6 3 rue Royale, 75008, Concorde 01 42 65 27 94 Ter-sex 12h30-14h, 19h30-22h, sáb 19h30-22h A €130, J €175, vinho €40 Concorde

MUSCADE

www.muscade-palais-royal.com

Este lugar de alta classe tem localização excepcional nos jardins do Palais Royal e um interior elegante, com lajotas brancas e pretas no piso e cadeiras Regência. No Muscade o pessoal adora bolos, que você saboreia como sobremesa ou como parte do tradicional chá da tarde. Este inclui bolinhos de chocolate, pastilla com caramelo de figo e açafrão (um doce do Oriente Médio), bolo de gengibre e limão, muffins e bolo de chocolate.

219 L6 36 rue Montpensier, 75001, Louvre/Palais Royal 01 42 97 51 36 Salão de chá: diariam 15h-19h. Restaurante: seg-sáb 10h-22h30 (dom até 19h) Chá €4, fatia de bolo €6 Pyramides, Palais-Royal/Louvre

PIERRE GAGNAIRE

www.pierre-gagnaire.fr

Este chef três-estrelas da região de Lyon faz a delícia dos gourmets com sua ilimitada criatividade e ingredientes simples. Entre os pratos estão a compota de cebola-doce, vitela e foie gras com figos e presunto cru salgado, pasta de laranja amarga e cenoura e purê de pastinaga e chocolate.

218 H5 6 rue Balzac, 75008, Champs-Élysées 01 58 36 12 50 Seg-sex 12h-13h30, 19h30-21h30; dom 19h30-21h30 A €80, J €110, vinho €60 George V

POMZE

www.pomze.com

Uma butique, um restaurante e um bar dedicados a maçãs! A inventiva cozinha de Stéphane Oliver se baseia neste ingrediente universal e a loja oferece uma ampla escolha de sidras, geleias, chutneys, além de seis sucos naturais, cada um feito de uma única variedade.

219 J4 109 boulevard Haussmann, 75008, Grands Boulevards 01 42 65 65 83 Seg-sex 8h-23h, sáb 10h-23h A €34, J €45, vinho €21 St-Augustin

SPOON

www.spoon.tm.fr

A decoração combina linhas enxutas e paredes roxas, que contrastam com os tons pastel das almofadas das cadeiras. A mesma criatividade está presente na cozinha, onde o festejado chef Alain Ducasse inventa cardápios altamente personalizados – você escolhe molho e acompanhamento das suas refeições. O cardápio combina influências francesas, americanas e asiáticas e muitas opções para os vegetarianos. Surpreendentemente, a carta de vinhos é focada em rótulos americanos e do Novo Mundo, e alguns são vendidos por taça.

218 H5 14 rue de Marignan, 75008, Champs-Élysées 01 40 76 34 44 Seg-sex 12h-14h, 19h-23h A €44, J €55, vinho €24 Franklin D. Roosevelt

LA TAVERNE

www.taverne.com

O menu tem toque alsaciano, com pratos como sauerkraut, tamboril na cerveja e tarte tatin com creme. Os painéis de madeira clara e os lustres dão um toque de classe ao restaurante, e objetos como relógios enormes na fachada e no interior evocam mais uma taverna. Há combinação de jantar com show, em parceria com os teatros próximos.

219 L5 24 boulevard des Italiens, 75009, Grands Boulevards 01 55 33 10 00 Diariam 11h30-14h, 19h30-23h A €28, J €36, vinho €12 Richelieu-Drouot, Opéra

VILLA SPICY

www.spicyrestaurant.com

Pratos inventivos, como as courgettes (abobrinhas) marinadas no azeite e servidas com queijo de leite de cabra com infusão de tomate; salmão no vapor servido com macarrão chinês, molho de soja e hortelã fresca; ou pudim de pão de especiarias com molho de manteiga caramelada e sorvete de baunilha. O interior tem estilo de uma vila Mediterrânea.

218 J5 8 avenue Franklin D. Roosevelt, 75008, Champs-Élysées 01 56 59 62 59 Diariam 12h-15h, 19h-24h A €20, J €29, vinho €20 Franklin D. Roosevelt

PREÇOS

Os preços são para quarto duplo, por noite. O café da manhã está incluído na diária, salvo indicação ao contrário. Os hotéis em geral aceitam cartões de crédito – as exceções estão indicadas. Os preços variam muito, de acordo com a época do ano.

Legenda dos símbolos ▷ 2.

CROWNE PLAZA PARIS CHAMPS-ÉLYSÉES

www.crowneplazaparischampselysees.com

Réplicas de afrescos do Renascimento enfeitam o teto dos quartos deste quatro-estrelas, situado nas proximidades da place de l'Étoile. Integrante da rede hoteleira Intercontinental Hotels, é apreciado por quem viaja a negócios. Oferece serviço de quarto 24h, conexão grátis com internet e um fitness center. Se agendar antes, o hóspede pode fazer uma massagem com direito a champanhe na casa ao lado.

218 G5 64 avenue Marceau, 75017, Champs-Élysées 01 44 43 36 36 €600-€1600 56 Charles de Gaulle-Étoile

HÔTEL ASTRID

www.hotel-astrid.com

Este hotel três-estrelas fica em uma tranquila travessa perto dos Champs-Élysées. Os quartos de duas camas têm estilos variados – do romântico (cabeceira de metal, lustre e cortinas cor-de-rosa) ao campestre (móveis de pinho contrastando com papel de parede azul). Os quartos possuem cofre, secador, conexão à internet e TV por satélite. Há locais para estacionar por perto.

218 G4 27 avenue Carnot, 75017, Champs-Élysées 01 44 09 26 00 €152-€164, sem café da manhã 40 Charles de Gaulle-Étoile

HÔTEL DU BOIS

www.hoteldubois.com

O interior deste hotel três-estrelas lembra uma elegante mansão inglesa. A mobília é em estilo georgiano e em tons púrpura no salão de café da manhã, e com tecidos padronizados nos quartos. Os quartos têm secador, TV a cabo, cofre e frigobar. O hotel fica em um bairro elegante.

218 G5 11 rue du Dôme, 75016, Champs-Élysées 01 45 00 31 96 €245-€275, sem café da manhã 39 Kléber, Charles de Gaulle-Étoile

HÔTEL COSTES

www.hotelcostes.com

Estabelecimento apreciado por diversas celebridades, mas bastante acolhedor. Mobiliário discreto e esforços para fazer o hóspede se sentir em casa são destaques deste cinco-estrelas, ideal para quem quer ver e ser visto em Paris. O restaurante não fica atrás em luxo. Instalado no coração de um bairro badalado, começou a funcionar como hotel em 1991.

219 K6 239 rue St-Honoré, 75001, Concorde 01 42 44 50 00 €550-€790, sem café da manhã 82 quartos, 3 suítes Concorde

HÔTEL ÉLYSÉES CÉRAMIC

www.elysees-ceramic.com

Por trás da opulenta e histórica fachada art nouveau, na qual se destacam entalhes de cerâmica pintados, oculta-se um gracioso ambiente belle époque – e tudo muito perto do Arco do Triunfo, dos Champs-Élysées e das luxuosas lojas do Faubourg Saint-Honoré. A sensação de estar em outra época felizmente não procede no que se refere às comodidades do hotel, que oferece banheiros moderníssimos.

218 G4 34 avenue de Wagram, 75008, Arco do Triunfo 01 42 27 29 30 €220-€230 57 Ternes

Acima *Salon Cambon, no Ritz*

HÔTEL FRANKLIN ROOSEVELT

www.hroosevelt.com

Este hotel fica perto dos Champs-Élysées e da avenue Montaigne, com seus ateliês de alta-costura mundialmente famosos. Dentro, há luz suave, grossos tapetes, tecidos vermelhos e madeira escura. Se você quer um pouco de luxo, a suíte no sexto andar tem uma cama king-size e uma banheira. O hotel oferece ainda um bar, sala de leitura e jardim de inverno.

218 H5 18 rue Clément Marot, 75008, Champs-Élysées 01 53 57 49 50 €195-€235, sem café da manhã 48 Franklin D. Roosevelt, Alma Marceau

HÔTEL LAUTREC OPÉRA

www.paris-hotel-lautrec.com

O nome deste hotel três-estrelas presta homenagem ao célebre pintor Henri Toulouse-Lautrec, que viveu aqui. É classificado como monumento histórico e tem uma bela fachada do século XVIII. Dentro, o toque é mais contemporâneo, com mobília de madeira clara e forrações em azul e amarelo; alguns quartos têm paredes de tijolo aparente e todos têm TV a cabo.

219 M5 8-10 rue d'Amboise, 75002, Opéra 01 42 96 67 90 €151-€165, sem café da manhã 59 Richelieu-Drouot

HÔTEL QUEEN MARY

www.hotelqueenmary.com

A elegância é a marca deste hotel três-estrelas, perto do Opéra Palais Garnier. O salão tem teto moldado e tapetes decorados, e na grande sala de jantar você encontra uma pintura *tromp-l'oeil*. Os espaçosos quartos são decorados com mogno e tecidos da Borgonha. Há um pequeno terraço e nos quartos as facilidades usuais, como TV, conexão de internet sem fio, cofre, secador e frigobar.

219 K5 9 rue Greffulhe, 75008, Opéra 01 42 66 40 50 €185-€239, sem café da manhã 35 quartos, 1 suíte Madeleine, Havre-Caumartin

HÔTEL RESIDENCE FOCH

www.foch-paris-hotel.com

Um charmoso residencial três-estrelas, com quartos bem decorados com móveis de boa qualidade e um toque tradicional francês. Há um bar no térreo desta elegante mansão, e o hotel ainda tem um pátio ajardinado particular, onde se pode tomar o café da manhã ou um drinque.

218 F4 10 rue Marbeau, 75116, Champs-Élysées 01 45 00 46 50 €180-€200, sem café da manhã 25 Porte Dauphine

HÔTEL SPLENDID ÉTOILE

www.hsplendid.com

Preços interessantes a se considerar a magnífica localização. As instalações do Splendid Étoile são ótimo exemplo da época das construções de Haussmann, por volta de 1880. Oferece todas as comodidades que o hóspede moderno espera.

218 G4 1 bis avenue-Carnot, 75017, Arco do Triunfo 01 45 72 72 00 €230-€350 para os quartos com vista para o Arco do Triunfo 54 quartos, 3 suítes Charles de Gaulle-Étoile

HÔTEL TILSITT

www.tilsitt.com

Este três-estrelas perto do Arco do Triunfo é um achado na sua faixa de preço. A decoração mistura um estilo minimalista escandinavo com um toque do clássico grego, dentro de um edifício de estilo francês. Os móveis têm uma aparência luxuosa, mas os quartos são um tanto apertados. Todos contam com TV de tela grande, cofre, frigobar e acesso à internet sem fio. O bar no lounge fica aberto 24 horas e há estacionamento (não incluso na diária).

218 G4 23 rue Brey, 75017, Champs-Élysées 01 43 80 39 71 €135-€180, sem café da manhã 38 Charles de Gaulle-Étoile; RER: Charles de Gaulle-Étoile

HÔTEL DE VENDÔME

www.hoteldevendome.com

Com localização privilegiada para visitar as principais atrações da Rive Droite, e perto do Ritz (ao lado), o Hôtel de Vendôme é uma joia mobiliada com o melhor estilo decorativo francês, apesar do ar internacional. Construído em 1832, foi reformado na década de 1990 e recuperou a grandiosidade original. Inclui um piano-bar, um restaurante e um espaço para eventos.

219 L6 1 place Vendôme, 75001, Opéra 01 55 04 55 00 €380-€690, sem café da manhã 19 Opéra

HÔTEL WASHINGTON OPÉRA

www.hotelwashingtonopera.com

Madame de Pompadour, amante de Luís XV, viveu aqui. Sua casa é agora um luxuoso hotel quatro-estrelas. Os quartos têm mobília no estilo Directoire e banheiros de mármore; alguns quartos incluem cama com dossel.

219 L6 50 rue de Richelieu, 75001, Palais Royal 01 42 96 68 06 €215-€275, sem café da manhã 36 Palais-Royal/Musée-du-Louvre

LE MEURICE

www.lemeurice.com

Hotel histórico, criado no século XIX especialmente para atrair visitantes ingleses, o Le Meurice esbanja luxo. Tem restaurante e todas as comodidades, inclusive internet sem fio. Certamente caro demais para os mortais, mas vale a pena conhecer.

219 L6 228 rue de Rivoli, 75001, Tuileries 01 44 58 10 10 €625-€805, sem café da manhã 115 quartos, 23 suítes Spa Tuileries

RITZ

www.ritzparis.com

Desde a inauguração, em 1898, este hotel mundialmente famoso é sinônimo de luxo e elegância. Coco Chanel, Ernest Hemingway e Marcel Proust eram hóspedes regulares. O suntuoso interior é decorado com antiguidades e lustres. O Ritz tem um clube, vários restaurantes e bares, espaços para eventos e uma afamada escola de culinária gourmet, a Ritz-Escoffier.

219 L5 15 place Vendôme, 75001, Opéra 01 43 16 30 30 €730-€810, sem café da manhã 103 quartos, 56 suítes Tuileries, Pyramides, Madeleine, Concorde

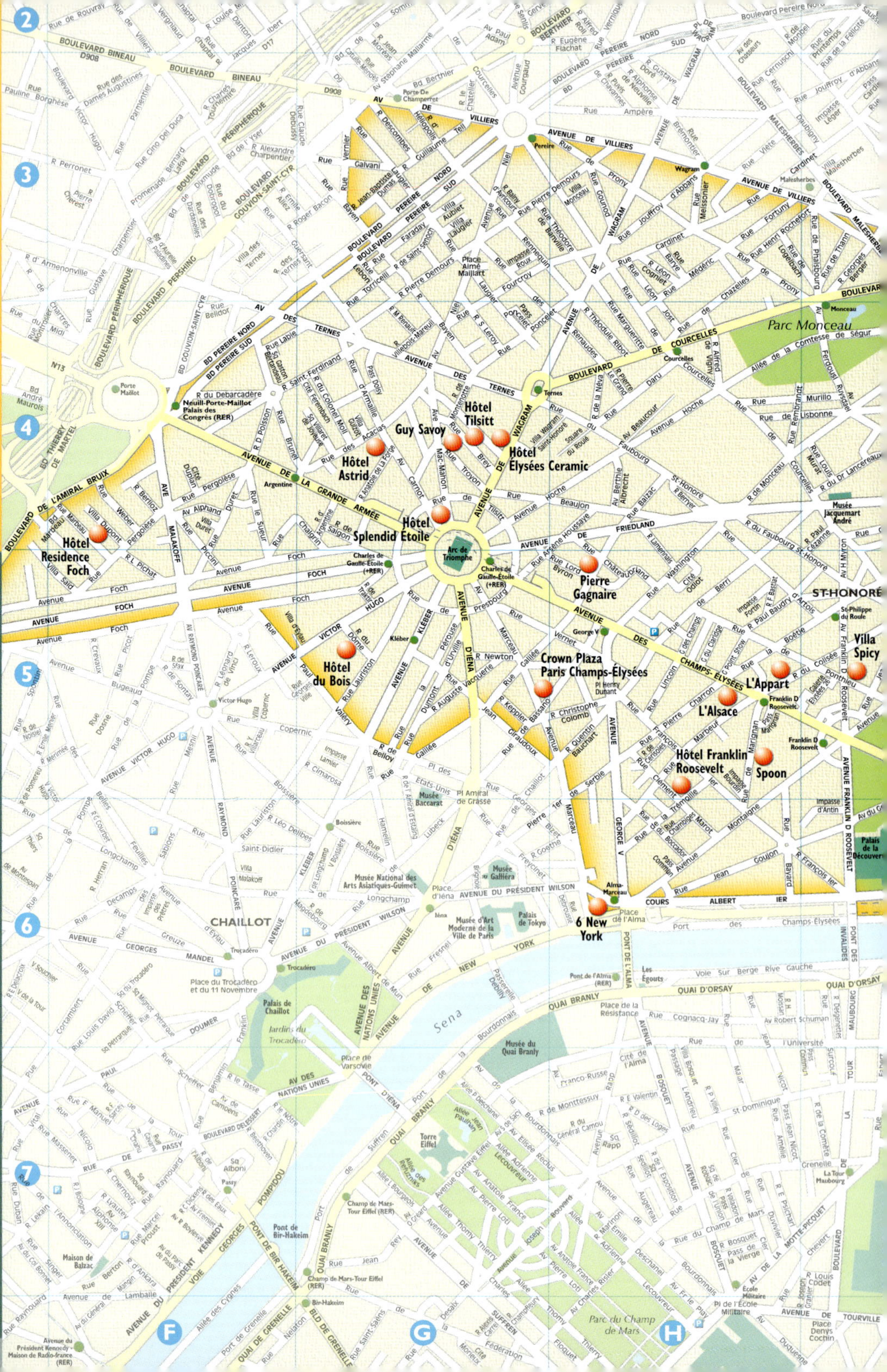
Hôtel Tilsitt
Guy Savoy
Hôtel Astrid
Hôtel Élysées Ceramic
Hôtel Splendid Étoile
Hôtel Residence Foch
Pierre Gagnaire
Villa Spicy
Crown Plaza Paris Champs-Élysées
Hôtel du Bois
L'Appart
L'Alsace
Hôtel Franklin Roosevelt
Spoon
6 New York
Parc Monceau
ST-HONORÉ
CHAILLOT
Arc de Triomphe
Sena
Torre Eiffel
Parc du Champ de Mars
Palais de Chaillot
Jardins du Trocadéro
AVENUE DES CHAMPS-ÉLYSÉES
AVENUE DE LA GRANDE ARMÉE
AVENUE FOCH
AVENUE KLÉBER
AVENUE D'IÉNA
AVENUE MARCEAU
AVENUE GEORGE V
AVENUE DE WAGRAM
AVENUE HOCHE
AVENUE DE FRIEDLAND
BOULEVARD DE COURCELLES
AVENUE DES TERNES
AVENUE DU PRÉSIDENT WILSON
QUAI BRANLY
QUAI D'ORSAY
BOULEVARD PÉRIPHÉRIQUE

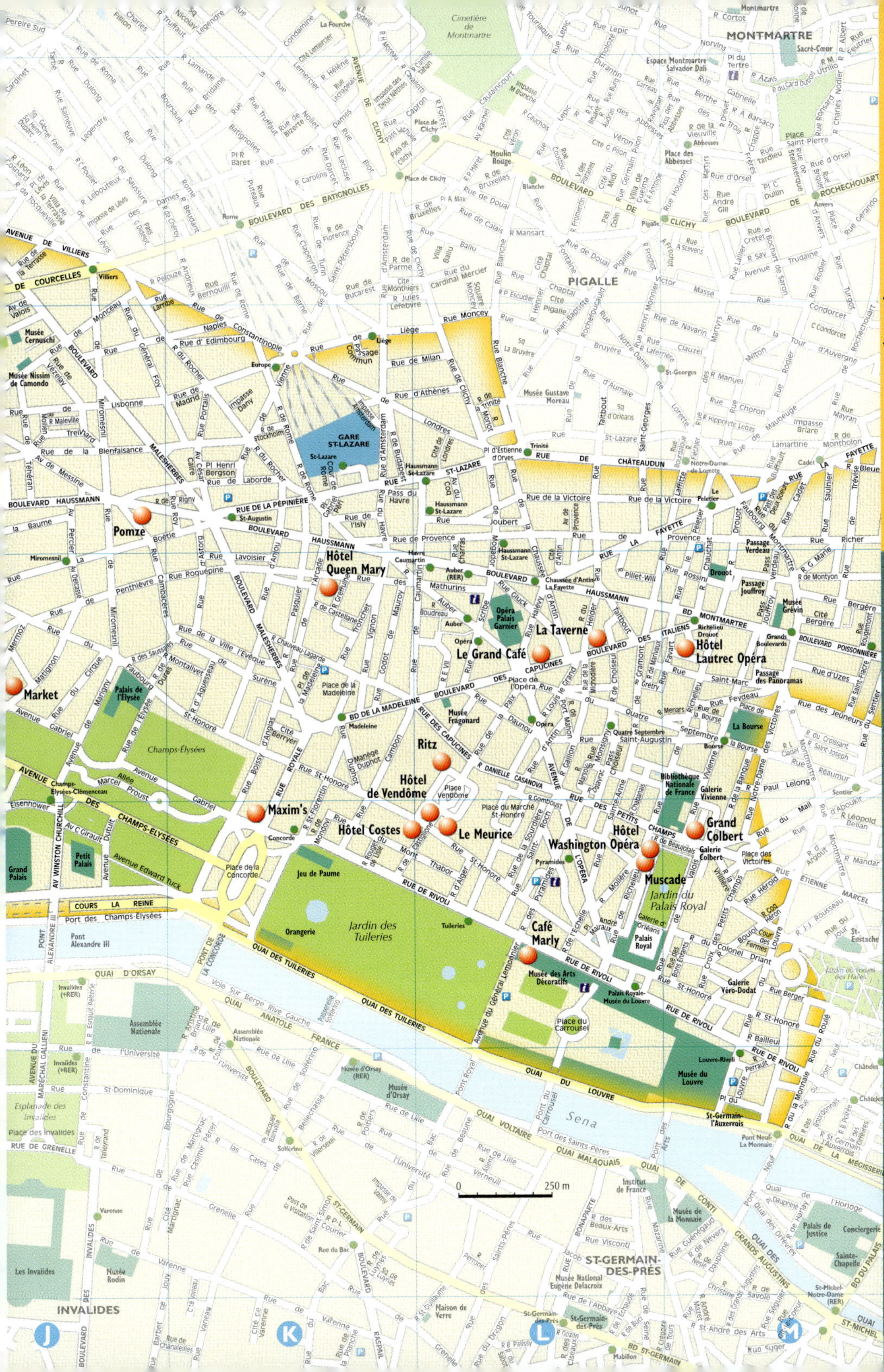
MONTMARTRE
PIGALLE
Cimetière de Montmartre
GARE ST-LAZARE
Pomze
Hôtel Queen Mary
La Taverne
Le Grand Café
Hôtel Lautrec Opéra
Market
Ritz
Hôtel de Vendôme
Maxim's
Hôtel Costes
Le Meurice
Washington Opéra
Hôtel Muscade
Grand Colbert
Café Marly
Champs-Élysées
Jardin des Tuileries
Jardin du Palais Royal
Musée du Louvre
Musée d'Orsay
Sena
ST-GERMAIN-DES-PRÉS
INVALIDES
250 m

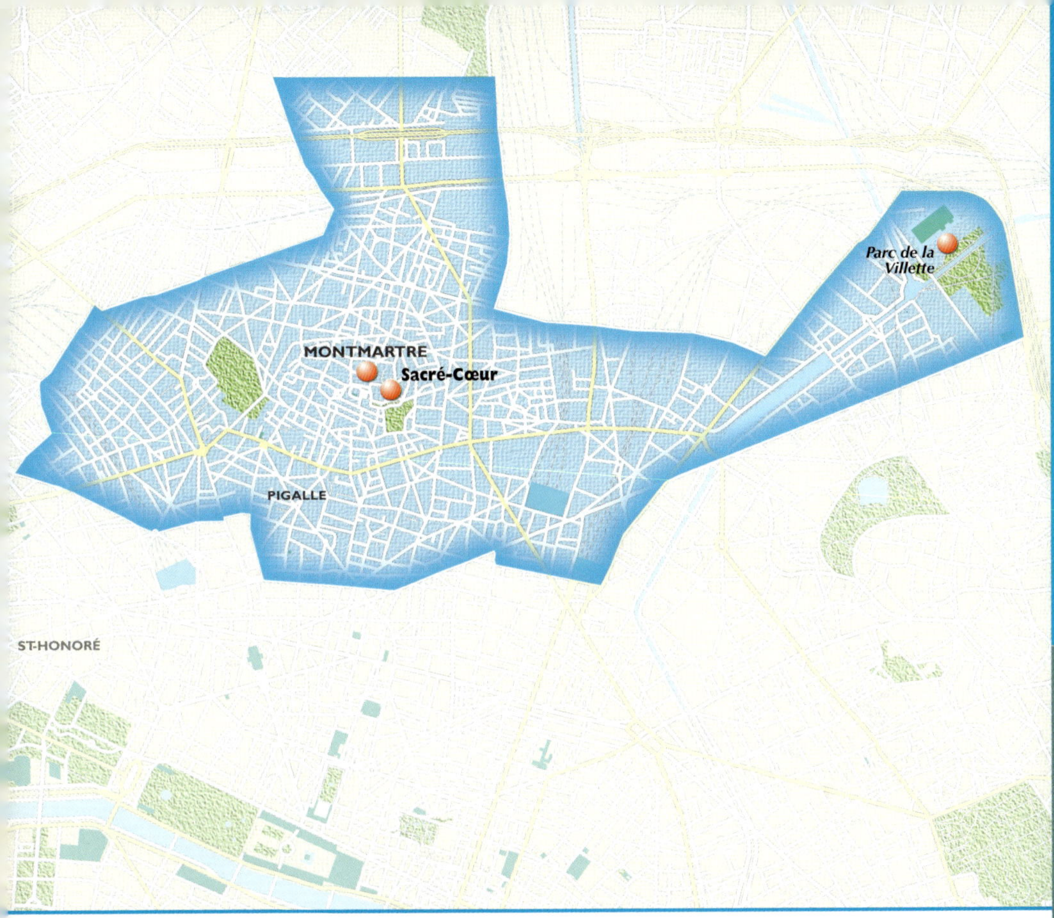

MONTMARTRE

Montmartre é uma das pérolas entre a rica oferta de atrações culturais, românticas e de diversão encontradas na cidade de Paris. A forte personalidade local faz do bairro quase um vilarejo, caracterizado por ruas pavimentadas com pedras e um ambiente incrivelmente acolhedor.

Depois da Torre Eiffel, o ponto mais alto de Paris é a imensa cúpula da imponente basílica de Sacré-Cœur, instalada no alto de Montmartre e da qual se tem vistas até uma distância de 50km. Além de se destacar como uma das marcas mais visíveis (e belas) da capital francesa, a basílica também abriga uma parte interna impressionante, que tem como destaque um lindíssimo mosaico em tons dourados.

O Moulin Rouge, famoso cabaré da cidade e no passado local frequentado por artistas como Toulouse-Lautrec, também é um dos símbolos de Montmartre – e por isso bastante procurado por muitos visitantes. O mesmo ocorre com o cemitério do bairro, o cimetière de Montmartre, onde repousam várias celebridades, e com o Marché aux Puces de St-Ouen, uma imensa feira de antiguidades. Na colina de Montmartre fica a place du Tertre, que no passado abrigou uma colônia de artistas, e ainda há remanescências desses ilustres moradores. O Espace Montmartre–Salvador Dalí reúne o maior acervo da França do famoso pintor catalão, e o Musée Gustave Moreau é uma combinação de ateliê e museu que permite apreciar a vida do artista no século XIX nas proximidades de Pigalle, região famosa pelo "comércio do amor".

Quem se interessar pela história do bairro pode conhecer suas origens e sua trajetória no Musée de Montmartre. Já quem procura um sabor de modernidade deve se dirigir ao futurístico Parc de la Villette, imensa área com atrações inovadores instalada nas duas margens do Canal de l'Ourcq. A variedade de atividades oferecidas no prestigiado parque incluem um museu dedicado à ciência, um complexo musical, um cinema instalado em uma esfera gigante, espaço para exposições e para a realização de espetáculos.

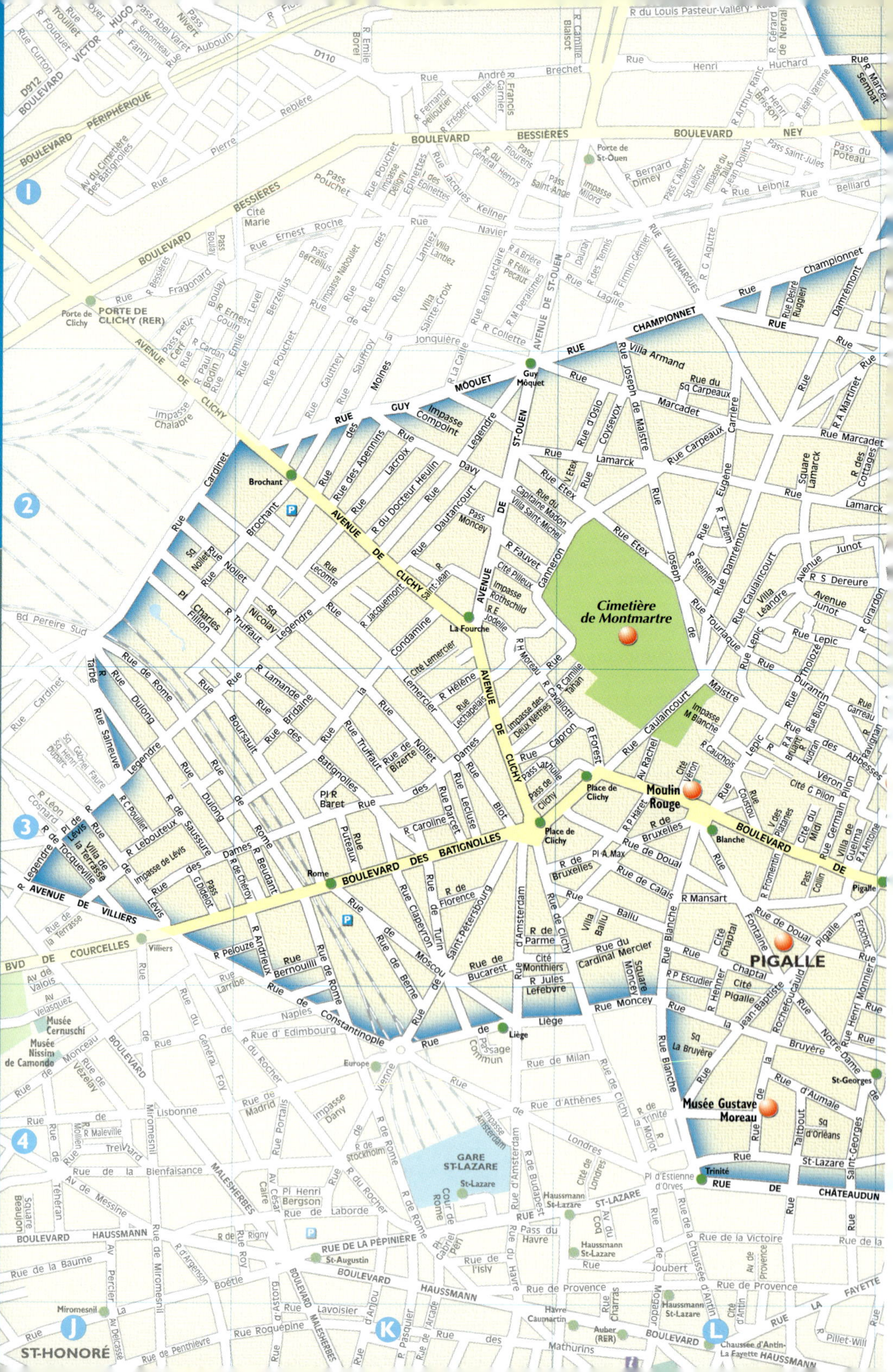
Cimetière de Montmartre
Moulin Rouge
PIGALLE
Musée Gustave Moreau
GARE ST-LAZARE
BOULEVARD PÉRIPHÉRIQUE
BOULEVARD BESSIÈRES
BOULEVARD NEY
AVENUE DE CLICHY
AVENUE DE ST-OUEN
BOULEVARD DES BATIGNOLLES
BOULEVARD DE CLICHY
BOULEVARD HAUSSMANN
BOULEVARD MALESHERBES
AVENUE DE VILLIERS
BVD DE COURCELLES
RUE DE LA PÉPINIÈRE
RUE DE CHÂTEAUDUN
RUE CHAMPIONNET
RUE GUY MÔQUET
PORTE DE CLICHY (RER)
Place de Clichy
La Fourche
Brochant
Guy Môquet
Rome
Villiers
Europe
Liège
Blanche
Pigalle
St-Georges
Trinité
St-Lazare
St-Augustin
Miromesnil
Porte de St-Ouen
Musée Cernuschi
Musée Nissim de Camondo
ST-HONORÉ
1
2
3
4
I
J
K
L

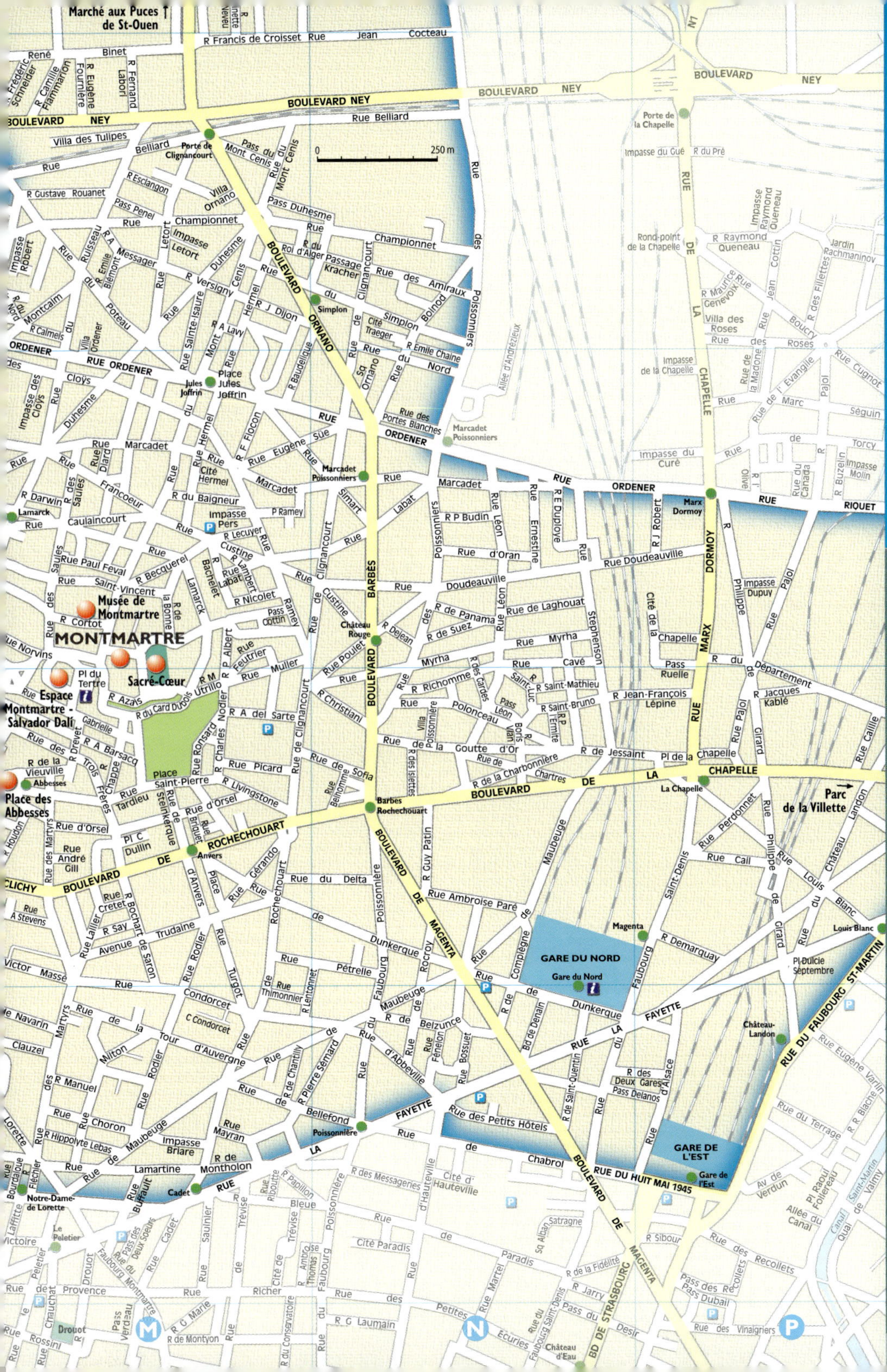
Marché aux Puces de St-Ouen
BOULEVARD NEY
Porte de Clignancourt
Porte de la Chapelle
0 250 m
BOULEVARD ORNANO
Simplon
Jules Joffrin
Place Jules Joffrin
RUE ORDENER
Marcadet Poissonniers
Rond-point de la Chapelle
RUE DE LA CHAPELLE
Marx Dormoy
RUE MARX DORMOY
Lamarck
Musée de Montmartre
MONTMARTRE
Sacré-Cœur
Pl du Tertre
Espace Montmartre - Salvador Dalí
Place des Abbesses
Abbesses
Château Rouge
BOULEVARD BARBÈS
Barbès Rochechouart
BOULEVARD DE LA CHAPELLE
La Chapelle
Parc de la Villette
BOULEVARD DE ROCHECHOUART
Anvers
CLICHY
BOULEVARD DE MAGENTA
GARE DU NORD
Gare du Nord
Magenta
Louis Blanc
RUE LA FAYETTE
Château-Landon
RUE DU FAUBOURG ST-MARTIN
Poissonnière
Cadet
Notre-Dame-de Lorette
Le Peletier
GARE DE L'EST
Gare de l'Est
RUE DU HUIT MAI 1945
BD DE STRASBOURG
Château d'Eau
Drouot

MOULIN ROUGE
DU

CIMETIÈRE DE MONTMARTRE

O cimetière de Montmartre está repleto de túmulos de pessoas famosas, como os músicos Hector Berlioz e Jacques Offenbach, os escritores Henri Stendhal e Alexandre Dumas e os artistas Edgar Degas e Jean-Baptiste Greuze. O imponente túmulo de Émile Zola fica próximo da rotatória florida perto da entrada principal, mas os restos mortais do escritor foram transferidos para o Panthéon (▷ 128) em 1906. No cemitério, criado em 1798, repousa Louise Weber, a dançarina do Moulin Rouge conhecida como La Goulue, que foi retratada por Toulouse-Lautrec. Os fãs do jazz visitam o túmulo do inventor do saxofone, Adolphe Sax.

Um painel de avisos na entrada mostra os horários e as datas das visitas guiadas.

222 L2 20 avenue Rachel, 75018 01 53 42 36 30 Meados mar a meados out seg-sáb 8h-18h, dom 9h-18h; restante do ano seg-sáb 8h30-17h30, dom 9h-17h30 (última admissão 15min antes de fechar) Grátis Place de Clichy/ Blanche 30, 54, 74, 80, 95

ESPACE MONTMARTRE–SALVADOR DALÍ

www.daliparis.com

Este museu surrealista exibe mais de 300 obras estranhas e maravilhosas do grande artista catalão Salvador Dalí (1904-89), que foi morar em Paris no final dos anos 1920. O desconcertante interior preto funciona como eficiente pano de fundo para as esculturas e ilustrações que formam o maior acervo de Dalí na França.

223 M3 11 rue Poulbot (em frente à place du Tertre), 75018 01 42 64 40 10 Diariam 10h-18h Adultos €10, crianças €6, menores de 8 Grátis. Audioguia €2 Abbesses, Anvers 50, 80, Montmartrobus

MARCHÉ AUX PUCES DE ST-OUEN

www.parispuces.com

Compre uma peça da Paris antiga – ou uma imitação barata – naquela que se autointitula a maior feira de antiguidades do mundo. Ela se espalha por mais de 70 mil m² ao norte de Montmartre, logo depois da Périphérique. Mesmo que você não tenha a intenção de comprar nada verá objetos fascinantes, que variam de espelhos Luís XV e luxuosos lustres do século XIX a móveis excêntricos dos anos 1970.

Não se assuste com as bancas feiosas no caminho. Passe por elas, debaixo do viaduto, e depois decida qual das 13 áreas oficiais você visitará primeiro. Existem cerca de 2.000 lojas e bancas. Tenha cuidado com os trombadinhas e lembre-se de que os preços variam muito, por isso esteja preparado para regatear. A feira fica especialmente cheia nas tardes de domingo. Se quiser espaço para respirar, chegue cedo.

Fora do mapa 223 M1 Porte de Clignancourt, 75018 (saindo da estação do metrô, entre à direita na avenue de la Porte de Clignancourt e passe pelas bancas não oficiais. Siga por baixo do viaduto; a feira fica à esquerda) 0892 705 765 Sáb-seg 9h-19h (algumas barracas abrem mais cedo; muitas fecham de 1-15 ago) Grátis Porte de Clignancourt 56, 85 Cafés e restaurantes na rue des Rosiers Cuidado com trombadinhas

MONTMARTRE

▷ 226-7.

MOULIN ROUGE

www.moulin-rouge.com

Este é o símbolo mais famoso de Montmartre. No início, sua reputação de decadência foi alimentada pelos cartazes de Toulouse-Lautrec e em 2001 pelo filme *Moulin Rouge*. O "moinho vermelho" jamais foi um moinho de fato. Fundado em 1889, logo se tornou conhecido pelos espetáculos apimentados com dançarinas pouco vestidas. Ao longo do tempo muitos astros e estrelas aqui se apresentaram: Édith Piaf, Frank Sinatra, Liza Minnelli, Elton John. O local ainda apresenta espetáculos de cancã ao vivo, a preços elevados.

222 L3 82 boulevard de Clichy, 75018 01 53 09 82 82 Shows 21h e 23h; jantar 19h jantar e show €150-€180; apenas espetáculo €92-€102 (todos os preços incluem meia garrafa de champanhe por pessoa) Blanche 30, 54, 68, 74

Página ao lado *O lendário Moulin Rouge*
Acima *Banca do Marché aux Puces de St-Ouen*

MONTMARTRE

Acima *Cartazes em homenagem aos famosos ex-moradores de Montmartre*

INFORMAÇÕES

www.montmartrenet.com
223 M2 75018 Anvers, Abbesses, Blanche, Lamarck
Montmartrobus; 30, 31, 54, 68, 74, 80, 85 param em pontos perto de Montmartre La Maison Rose, rue de l'Abreuvoir; tel 01 42 57 66 75 (abre 12h-15h, 19h-23h; fecha qua no almoço e ter e qui no jantar). Há diversos cafés e restaurantes na área, muitos cheios de turistas. Diversas

INTRODUÇÃO

O bairro de Montmartre fica no norte de Paris, no alto do único morro da cidade. Tem locais que atraem muitos turistas, como a place du Tertre e os degraus de Sacré-Cœur, mas também tranquilas ruas de paralelepípedos, chalés caiados de branco e a atmosfera de uma aldeia. O metrô chega aos arredores do bairro, mas, para visitar as principais atrações, é preciso tomar o Montmartrobus, que faz um itinerário circular entre a place Pigalle e a estação de metrô Jules Joffrin, ao norte, passando por Sacré-Cœur. Para não ter de enfrentar a escadaria da basílica, tome o funicular na praça Villette (custa o mesmo que um bilhete de metrô para ir e outro para voltar).

No início Montmartre era um local de culto, algo muito distante da reputação de hedonista que ganhou com o tempo. Os romanos construíram ali um templo dedicado a Mercúrio, batizando a colina de Mons Mercurii. Mais tarde, após o assassinato do primeiro bispo de Paris, são Dionísio, no século III, ela passou a ser chamada de Mont des Martyrs. Diz a lenda que o bispo pegou a própria cabeça decapitada e lavou-a em uma fonte antes de cair (veja a estátua dele na praça Suzanne-Buisson).

A ligação de Montmartre com a religião foi renovada no século XII, quando Luís VI fundou ali um mosteiro beneditino. Graças aos monges, o local logo se encheu de vinhedos. No final do século XVII havia cerca de 30 moinhos na colina, produzindo vinho, farinha e gesso para a cidade lá embaixo. As escavações para a produção do gesso foram interrompidas no início do século XIX, pois o morro ameaçava desabar. No final do século XIX Montmartre ficou conhecido por seus cabarés. Hoje o bairro não é mais o centro da vida noturna parisiense, mas os turistas vão a La Butte (a colina) para saborear a boemia do passado.

DESTAQUES

A MONTMARTRE DOS TURISTAS

A colina de Montmartre é coroada pela basílica de Sacré-Cœur (▷ 232-5), um edifício neobizantino cujos domos e torreões contrastam vivamente com o céu azul. Dali a vista da cidade é magnífica. A place du Tertre (*tertre* significa "outeiro") é o ponto mais alto de Paris e fica repleta de turistas e artistas de rua. O restaurante La Mère Catherine, no número 6, foi fundado em 1793 e teria dado origem ao termo bistrô. Diz a lenda que, em 1814, soldados russos que frequentavam o restaurante gritavam *bistro* ("rápido") para apressar a chegada dos pratos (▷ 39). Às vezes o local serve vinho de Montmartre, produzido com as uvas do único vinhedo que restou, situado na rue des Saules.

A ALDEIA

A place du Tertre é o ponto mais "turístico" de Montmartre, mas a alguns minutos dali existem ruas calmas, como a rue de l'Abreuvoir, a rue des Saules e a rue Girardon. Reserve tempo para perambular pelo lado menos conhecido de Montmartre (veja Passeio a pé, ▷ 236-7). Nele você irá descobrir paralelepípedos, escadarias românticas e até dois moinhos. Você terá até alguma dificuldade para lembrar que está na capital da França. No número 22 da rue des Saules fica o pequeno e lendário cabaré Au Lapin Agile, que era frequentado por Picasso e ainda apresenta espetáculos. Nas proximidades, no número 12 da rue Cortot, fica o Musée de Montmartre (▷ 228), onde se pode aprender mais sobre a história do bairro. A poucos metros de distância, perto da rue Lepic, ergue-se um dos dois moinhos remanescentes de Montmartre, o Moulin de la Galette, construído em 1622 e antes conhecido como Le Moulin du Blute-fin. Segundo a lenda, em 1814 um de seus trabalhadores foi colhido pelas pás ao tentar deter uma invasão de cossacos, mas o mais provável é que ele tenha sido morto por uma bala perdida. Já no século XIX a família Debray transformou o moinho em um concorrido salão de baile ao ar livre, proporcionando inspiração para diversos artistas, entre os quais, Renoir e Vincent van Gogh. O Moulin Radet, hoje parte de um restaurante chamado Moulin de la Galette (▷ 241), fica nas imediações.

MONTMARTRE DOS ARTISTAS

No final do século XIX, graças à sua comunidade de artistas e à vida noturna libertina, Montmartre ganhou uma aura quase mítica. Toulouse-Lautrec imortalizou as bailarinas do célebre cabaré Moulin Rouge (▷ 225), ao passo que Renoir captou a exuberância de um baile no Moulin de la Galette. No século XX, o grupo de artistas que frequentava Montmartre incluía Picasso e Georges Braque, que criaram o Cubismo no estúdio Bateau-Lavoir, na place Emile-Goudeau. A construção original, de madeira, incendiou-se em 1970 e foi substituída por um estúdio de concreto, hoje fechado ao público. Para ver um pouco de arte do século XX, visite o surrealista Espace Montmartre-Salvador Dalí (▷ 225).

DICAS

» Le Petit Train de Montmartre (Promotrain) faz um passeio de 40 minutos pelas principais atrações do bairro. O trem sai da place Blanche e faz uma parada na place du Tertre (10h-18h; até a meia-noite nos fins de semana e durante os meses de julho e agosto; adultos €6, crianças €3,50). O Montmartrain percorre um itinerário semelhante.

» O cimetière de Montmartre (▷ 225) vale uma visita. Lá estão os túmulos de Hector Berlioz, Jacques Offenbach, Émile Zola e outros compositores e escritores.

Abaixo, à esq. *Fachada em estilo art nouveau de uma padaria de Montmartre*
Abaixo *Túmulo de Alexandre Dumas no cimetière de Montmartre*

MUSÉE GUSTAVE MOREAU

www.musee-moreau.fr

Este museu-estúdio em Pigalle oferece uma visão intrigante da vida de um artista no século XIX. Nos andares inferiores estão os ateliês do pintor simbolista Gustave Moreau (1826-98), professor de Henri Matisse. Nos andares de cima foi feita uma recriação de seu apartamento, onde o visitante pode ver os quadros, os objetos e os móveis de que ele se cercava. Entre as pinturas que adornavam suas paredes havia obras de Edgar Degas e Théodore Chassériau.

Moreau queria que sua casa fosse transformada em um museu e o local hoje abriga 800 pinturas e desenhos do artista, muitos deles com temática bíblica e mitológica.

222 L4 14 rue de la Rochefoucauld, 75009 01 48 74 38 50 Qua-seg 10h-12h45, 14-17h15 Adultos €5, menores de 18 grátis; grátis para todos no 1º dom do mês Trinité, St-Georges Livraria

MUSÉE DE MONTMARTRE

A história de Montmartre é a mais encantadora entre a de todos os bairros de Paris: o santo que anda com a cabeça cortada, moinhos prósperos e vida noturna infame. E você pode descobrir mais no despretensioso Musée de Montmartre, instalado em uma mansão do século XVII, antiga residência de Rose de Rosimond, membro da trupe de Molière. A casa, atrás do único vinhedo remanescente do bairro, mais tarde recebeu o pintor Pierre-Auguste Renoir.

223 M2 12 rue Cortot, 75018 01 49 25 89 37 Ter-dom 11h-18h Adultos €7, crianças €5,50, menores de 10 grátis Lamarck-Caulaincourt Montmartrobus; 80

PARC DE LA VILLETTE

▷ 230-1.

PIGALLE

O nome Pigalle é sinônimo de "comercialização do sexo", um negócio que floresce ali há décadas. No entorno do boulevard Rochechouart há bares, *sex shops* e *peep shows*. No século XIX, os pintores Pierre-Auguste Renoir e Henri de Toulouse-Lautrec eram visitantes assíduos de Pigalle. Eles buscavam modelos para seus quadros entre as dançarinas.

223 L3 Sul de Montmartre da place d'Anvers até a place de Clichy, 75009/75018 Pigalle 30, 54, 67; Montmartrobus

PLACE DES ABBESSES

A place des Abbesses é menos turística que a place du Tertre, localizada no alto do morro de Montmartre, e por isso é um local mais tranquilo para tomar um café.

A praça tem uma estação de metrô (a mais profunda da cidade, 40m abaixo do solo) com uma bela entrada art nouveau. A igreja de St-Jean-de-Montmartre (1904) acompanha o estilo art nouveau, com janelas decorativas que alegram o feioso acabamento de tijolo. A praça recebeu esse nome por causa da abadia que havia no local. Dizem as más-línguas que Henrique de Navarra, mais tarde coroado Henrique IV, manteve um caso amoroso com a abadessa em 1590.

Procure o *Mur des Je t'Aime* (▷ 24), uma parede na qual a frase "eu te amo" aparece escrita em 311 idiomas.

223 M3 place des Abbesses, Montmartre, 75018 Abbesses Montmartrobus Diversas

Página ao lado *Detalhe de uma obra do Musée Gustave Moreau*
Abaixo *Entrada do metrô Abbesses, criada por Hector Guimard em estilo art nouveau*

PARC DE LA VILLETTE

INFORMAÇÕES
www.villette.com
Fora do mapa 223 P3 211 avenue Jean-Jaurès, 75019 01 40 03 75 75 Porte de la Villette 75, 152, PC2, PC3

Cité des Sciences et de l'Industrie
www.cite-sciences.fr
www.lageode.fr
Fora do mapa 223 P3 30 avenue Corentin-Cariou, 75019 01 40 05 80 00 (informação gravada) Exposições Explora: ter-sáb 10h-18h, dom 10h-19h. Planetário: ter-dom, sessões a cada hora de 11h-17h (exceto 13h). Aquário: ter-sáb 10h-18h, dom 10h-17h. Géode: ter-sáb 10h30-20h30, dom 10h30-19h30 (horários variam seg e feriados). Argonaute: ter-sex 10h30-17h30, sáb-dom 10h-18h30. Cinaxe: ter-dom, sessões a cada 15min de 11h-13h e 14h-17h (horários variam nos feriados) Exposições Explora: adultos €8, crianças €6, menores de 7 grátis. Planetário: adultos €3 (mais ingresso para Explora), menores de 7 grátis. Cité des Enfants: €6 por pessoa, sessão de 90min. Aquário: Grátis. Géode: €11, crianças €9,50. *Argonaute*: €3. Cinaxe: €5,40, crianças €4,80 Porte de la Villette 75, 152, PC2, PC3 a Canauxrama organiza passeios de barco até o Parc de la Villette, ▷ 264 Exposições Explora: audioguias (€3,80) em várias línguas. Géode: no posto de informações há fones de ouvido 7 *Le Hublot*, 2º piso Presentes e livros Crianças menores de 3 não podem entrar no Géode, no *Argonaute*, no Cinaxe, no planetário e na Cité des Enfants

INTRODUÇÃO

O ultramoderno Parc de la Villette nos leva diretamente ao futuro. São 550 mil m² (a maior área verde de Paris) de paisagens criativas, com de atividades culturais e de lazer, entre as quais, um museu de ciências, um complexo de música, um cinema 180 graus, uma sala de exposições e uma sala de concertos.

O parque fica a nordeste do centro da cidade e é facilmente alcançado de metrô. Para visitar a Cité des Sciences et de l'Industrie, pegue a linha 7 até Porte de la Villette. Para ver a Cité de la Musique, pegue a linha 5 até Porte de Pantin. Uma passarela coberta atravessa todo o parque, interligando as duas atrações. A caminhada demora cerca de 15 minutos. Os balcões de informação da Cité des Sciences et de l'Industrie atendem em diversas línguas. Também é possível pegar um programa dos espetáculos, dos filmes e dos shows realizados no complexo. Faça reservas para as apresentações assim que chegar à Cité des Sciences et de l'Industrie, pois eles são muito concorridos.

O Parc de la Villette, criado nos anos 1980, foi projetado pelo arquiteto Bernard Tschumi. Ele transformou o antigo matadouro em um complexo com espelhos d'água, jardins temáticos, playground, centros culturais, cafés e áreas para espetáculos. O parque se estende em torno do Canal de l'Ourcq e é decorado com estruturas de metal vermelho. O matadouro da cidade funcionou ali de 1867 a 1974, e o local onde o gado era reunido foi transformado no Grande Halle, que hoje abriga feiras de negócios e espetáculos. A Cité des Sciences et de l'Industrie foi inaugurada em 1986, no mesmo dia em que o cometa Halley passou pela Terra. Sua estrutura de concreto, aço e vidro, cercada por um fosso, foi projetada por Adrien Fainsilber. A Cité de la Musique, com projeto de Christian de Portzamparc, foi incorporada ao Parc de la Villette recentemente, tendo sido inaugurada em 1995.

DESTAQUES

CITÉ DES SCIENCES ET DE L'INDUSTRIE

Este espaço gigante e futurístico, dedicado à ciência e à tecnologia, tem muitas peças high-tech que podem ser manuseadas, além de shows, apresentações audiovisuais, ilusões de óptica e experiências interativas. As exposições Explora, nos níveis 1 e 2, abrangem cinco temas: Universo; Água e Terra; Desafios dos Seres Vivos; Indústria; e Comunicações. Há um planetário no nível 2 e a excelente Cité des Enfants (Cidade das Crianças) no nível 0. O novo Nouvelle Cité des Enfants agrada os pequenos (2 a 7 anos). Ali, jogos e experiências divertidas estimulam o aprendizado infantil. O cinema Louis Lumière, no nível 0, exibe filmes em 3D, e o aquário, no nível -2, tem mais de 200 espécies do Mediterrâneo. A

Cité des Sciences et de l'Industrie conta também com uma Médiathèque (biblioteca multimídia), um centro de saúde (que oferece informações), um centro de acesso à internet e a Cité des Métiers (que orienta sobre as profissões).

LA GÉODE, L'ARGONAUTE E LE CINAXE

Ao sul da Cité des Sciences, do outro lado do fosso, ergue-se o cinema Géode. Trata-se de uma esfera gigante, de 36m de diâmetro com o exterior revestido de triângulos de aço escovado, que compõem um espetacular espelho que distorce as formas. Em seu interior, os filmes são exibidos em uma tela de 180 graus e mil m^2 – as imagens aparecem dez vezes maiores do que em uma tela de cinema comum. Perto do Géode os visitantes podem explorar o *Argonaute*, um submarino militar que foi lançado ao mar em 1957 e serviu à esquadra de Toulon durante 24 anos. Na parte oeste da Cité des Sciences ergue-se o Cinaxe. Com capacidade para 56 pessoas, é o maior cinema simulador do mundo. Ele se move em sincronia com o filme. A aventura fica ainda mais radical com os óculos 3D.

CITÉ DE LA MUSIQUE

O ponto alto é o Musée de la Musique, um museu fascinante com acervo de 900 instrumentos musicais que datam da Renascença até o presente. Um audioguia infravermelho toca os instrumentos que estão à frente do visitante. Estão também em exposição pinturas, esculturas e belos modelos de salas de concerto. Os espetáculos de música são apresentados no anfiteatro, que conta com um órgão barroco. A cidade tem ainda instalações para pesquisa, uma biblioteca multimídia, salas com informações sobre dança e música e o Conservatoire National Supérieur de Musique de Paris.

Na margem leste do parque, uma área de 6.000 lugares, chamada Zénith, recebe shows de rock e música pop. Também há shows de música no Grande Halle, que tem 15 mil lugares.

Cité de la Musique
www.citedelamusique.fr
Fora do mapa 223 P3 221 avenue Jean-Jaurès, 75019 01 44 84 44 84 (informações e reservas) Ter-sáb 12h-18h, dom 10h-18h (horários dos shows variam), a bilheteria fecha 45 minutos antes do início dos concertos Museu: Adultos €6,50, menores de 18 grátis Porte de Pantin 75, PC2, PC3 Café de la Musique Livraria e loja de presentes

Página ao lado *A Cité de la Musique é uma das muitas opções culturais e de lazer oferecidas no Parc de la Villette*

SACRÉ-COEUR

INTRODUÇÃO

Localizada no alto da colina de Montmartre, a basílica de Sacré-Cœur é um dos marcos mais proeminentes de Paris. Seu domo, em estilo oriental, é o segundo ponto mais alto da cidade. Do alto da basílica a vista alcança até 50km, e é esse panorama que atrai boa parte dos turistas, que formam uma pequena multidão na escadaria. No entanto, o interior, especialmente durante a missa, oferece uma experiência mais espiritual.

Como fica no norte da cidade, longe do metrô, a basílica não é exatamente um lugar muito acessível. Pegue o metrô até as estações Anvers ou Abbesses e caminhe até a praça Villette, onde um funicular (ou uma imensa escadaria, para os mais dispostos) leva até o alto do morro. Entre na basílica pela porta da frente, na place du Parvis du Sacré-Cœur. Se houver missa seus movimentos serão restringidos, mas se a igreja estiver vazia você poderá andar por ela à vontade. Para subir ao domo ou conhecer a cripta, saia da igreja, vire à direita e entre pela porta lateral. Os ingressos são vendidos em uma máquina.

A basílica de Sacré-Cœur surgiu para expiar a morte de 58 mil pessoas durante a guerra franco-prussiana de 1870-1 e os eventos sangrentos da Comuna (▷ 41). O dinheiro foi doado por cidadãos de toda a França, e a pedra fundamental foi assentada em 1875.

INFORMAÇÕES

www.sacre-coeur-montmartre.com
223 M2 place du Parvis du Sacré-Cœur 01 53 41 89 00 Basílica: diariam 6h-22h30. Domo e cripta: diariam 9h-17h45 (também 17h30-19h no verão) Basilica: grátis. Domo: Adultos/ crianças €5 Anvers/Abbesses, então vá até o funicular Montmartrobus €5 (em francês, inglês, alemão, espanhol e italiano) Cafés e restaurantes em Montmartre (▷ 240-1) Livraria pequena, loja de presentes Há um elevador no número 35 da rue du Chevalier de la Barre para os deficientes físicos

Acima e ao lado *A basílica de Sacré-Cœur destaca-se no alto de Montmartre*

DICAS

» A Sacré-Cœur está a 10min a pé das estações Abbesses e Anvers do metrô. Outra opção é tomar o Montmartrobus até o funicular.

» O funicular custa um bilhete de metrô em cada trecho (quando veem todos os degraus que é preciso subir até a basílica, os visitantes em geral acham que a opção vale a pena).

» Tente visitar a basílica um pouco antes da missa (os horários estão no site), pois vazia ela é um pouco sombria.

Acima *Pérola do estilo neobizantino, Sacré-Cœur levou 39 anos para ficar pronta*

A basílica foi projetada por Paul Abadie, aluno de Viollet-le-Duc, mas seis outros arquitetos trabalharam nela nos 39 anos de sua construção. Vários problemas dificultaram a execução da obra, como o terreno instável, e a basílica só ficou pronta em 1914. Por causa da Primeira Guerra Mundial, a consagração só aconteceu em 1919. Os vitrais foram destruídos pelas bombas em 1944. Apesar dos contratempos – e do fluxo ininterrupto de visitantes –, a basílica continua a ser um local de culto. Mais de 130 anos depois de jurar construir Sacré-Cœur, os padres se revezam nas orações contínuas para que os horrores da guerra sejam perdoados.

DESTAQUES

PANORAMA

Mesmo que você não faça questão de conhecer a Sacré-Cœur, a visita vale a pena por causa da vista. Escolha um dia claro, pois assim você terá uma visão mais ampla da cidade lá embaixo e poderá apreciar o contraste do domo branco da igreja contra o céu azul. Se você não dispuser de muito tempo, a vista do terraço central será suficiente para manter sua máquina fotográfica ocupada. Do alto da basílica dá para ver Notre-Dame, a cúpula dourada de Les Invalides e a Tour Montparnasse. Se quiser enxergar a Torre Eiffel, dirija-se à esquina da rue Azaïs.

Se você estiver com tempo (e energia), vale à pena subir até o domo. A entrada, a mesma da cripta, fica na fachada oeste, na rue du Cardinal Guibert. Uma escada em espiral íngreme de 234 degraus leva à colunata, de onde se tem uma vista vertiginosa da basílica e da cidade. A estátua de bronze situada na frente da colunata mostra são Miguel matando um demônio. Atrás do domo fica a torre principal, que abriga um dos maiores sinos de igreja do mundo e o maior de Paris, um La Savoyarde de 19 toneladas.

Para ter uma visão melhor da basílica em si vá até a place St-Pierre, mais embaixo. Dali os torreões e as torres se erguem majestosos, parecendo preencher o espaço entre o céu e a terra. Se quiser outras vistas, dê uma volta pela parte de trás da basílica (Passeio a pé, ⊳ 237).

MOSAICO

No interior da basílica de Sacré-Cœur, o imenso mosaico dourado acima do coro chama a atenção de quem entra. Com 475m^2, é um dos maiores do gênero e foi criado por Olivier Merson entre 1900 e 1922. Cristo está no centro, com os braços estendidos e um coração dourado. Ao redor, a Virgem Maria, Joana d'Arc, são Miguel, o papa e uma figura que representa a França olham para ele com ar reverente.

Mais à esquerda, as figuras da fileira inferior representam a igreja terrena; acima estão os membros da igreja celestial, entre os quais, são Pedro e são Paulo. À direita, a fileira inferior retrata os construtores da basílica; acima surgem os santos franceses, como são Luís e santa Genoveva. Deus e o Espírito Santo estão representados no teto. Embaixo do mosaico, uma inscrição em latim diz: "Ao mais sagrado coração de Jesus, França, fervorosa, penitente e agradecida".

ESCULTURAS

Joana d'Arc e são Luís guardam a entrada da basílica, montados a cavalo, de bronze. Uma estátua de Cristo, de pedra, destaca-se acima deles, em um nicho. As histórias do Evangelho são retratadas nas portas de bronze. No interior, procure a estátua *Nossa Senhora da Paz*, na Capela da Virgem, de autoria de Georges Serraz. Entre as outras esculturas estão um Cristo de prata, *O sagrado coração*, de Eugène Benet, e *A Virgem e o Menino*, também de prata, feita por Paul Brunet. Há mais esculturas na cripta, como a do cardeal Guibert, que em 1872 aprovou a construção da basílica, e uma *Pietà* de Jules Coutan.

DADOS E NÚMEROS

» Como a basílica de Sacré-Cœur fica no alto de um morro, a torre do sino e o domo são o segundo ponto mais alto de Paris, perdendo apenas para a Torre Eiffel. A torre tem 84m de altura, 67cm mais que o domo.

» Como o terreno era instável, os pilares foram enterrados a 33m de profundidade.

» O sino Savoyarde toca em dó, enquanto os sinos menores – Félicité, Louise, Elisabeth e Nicole – tocam em dó, ré, mi e fá.

À esq. *Em tons dourados, um magnífico mosaico retrata Jesus Cristo*
Abaixo *A basílica vista pelo relógio da estação que abriga o Musée d'Orsay*

PASSEIO A PÉ

MONTMARTRE

Existem muito mais coisas em Montmartre do que a imponente basílica de Sacré-Cœur. Este passeio mostra o lado menos conhecido deste bairro de Paris, situado no alto de um morro, com seus pitorescos chalés, ruas de pedra e vistas panorâmicas.

O PASSEIO
Distância: 3km
Tempo: 2 horas
Início: place Blanche
Fim: place des Abbesses

COMO CHEGAR
Pegue o metrô até Blanche ou ônibus 30, 54, 68 ou 74.

★Saindo da place Blanche, siga para oeste pelo boulevard de Clichy, passando pelo Moulin Rouge à sua direita.

❶ Quando o Moulin Rouge (▷ 225) abriu suas portas em 1889, suas animadas dançarinas de cancã fizeram sucesso imediato. O local ainda apresenta shows de cabaré, agora voltados para turistas.

Vire à direita entrando na avenue Rachel e siga até a entrada do cimetière de Montmartre

❷ No cimetière de Montmartre (▷ 225) você pode procurar os túmulos do escritor Stendhal, do compositor Hector Berlioz e do inventor do saxofone, Adolphe Sax.

Saia do cemitério pela avenue Rachel e suba os degraus à direita até a rue Caulaincourt (um viaduto). Vire à direita nesta rua e ande até a junção com a rue Joseph de Maistre. Vire à direita e depois de alguns minutos vire totalmente à esquerda e entre na rue Lepic. Van Gogh morou no número 54 desta sinuosa rua de 1886 a 1888.

Siga a curva até chegar à junção com a rue Tholozé. Olhe para a esquerda, passando o arco verde, e verá o Moulin de la Galette. Mais adiante, na esquina com a rue Girardon, fica o Moulin Radet.

❸ O Moulin de la Galette (literalmente o "moinho do biscoito") virou um salão de baile no século XIX e inspirou Pierre-Auguste Renoir a pintar o quadro *O baile no Moulin de la Galette* (1876). O moinho é hoje propriedade particular. O Moulin Radet hoje faz parte de um restaurante, chamado indevidamente de Moulin de la Galette.

Vire à esquerda na rue Girardon, atravesse a avenue Junot e entre na agradável praça Suzanne-Buisson, à esquerda.

❹ A praça tem o nome da heroína da resistência na Segunda Guerra Mundial. A macabra estátua é do bispo são Dênis, do século III, que foi decapitado pelos romanos. Diz a lenda que ele pegou sua cabeça de volta e lavou o sangue em uma fonte que havia neste local.

De frente para a estátua, vire à direita, saia da praça e entre na place Casadesus, na rue Simon Dereure. Vire à direita na allée des Brouillar-

Página ao lado *Moulin de la Galette*
À dir. *Visitantes mais dispostos sobem as escadarias que levam até Sacré-Cœur*

ds. Renoir morou numa das casas à esquerda na década de 1890. A mansão do século XVIII à direita já foi salão de baile e abrigo de artistas.

Continue até a praça Dalida, que tem o nome da cantora e atriz falecida em 1987, e depois suba a rue de l'Abreuvoir, uma rua de pedra. Antiga alameda rural, a rua deriva seu nome de um bebedouro (*abreuvoir*) que ficava na altura do número 15. O número 14 atraía muitos artistas de Montmartre quando aqui ficava o Café de l'Abreuvoir, enquanto o número 12 foi a casa de Camille Pissarro de 1888 a 1892. Se você sentir fome, pare para almoçar na La Maison Rose.

Vire à esquerda depois da La Maison Rose e desça a íngreme rua de pedra chamada rue des Saules até o lendário cabaré Au Lapin Agile (▷ 238).Vire à direita (leste) ao longo da rue St-Vincent, passando pelo vinhedo de Montmartre à sua direita. Cruze a rue du Mont Cenis, que já foi a casa de Hector Berlioz (número 22), e suba o morro até a rue de la Bonne. Ela leva até o escondido Parc de la Turlure.

5 Este parque tranquilo, fora da rota dos turistas, oferece magníficas vistas de Paris, além de uma vista incomum da Sacré-Cœur.

Passeie pelo parque, depois saia pela rue du Chevalier de la Barre. Continue pela rue du Cardinal Guibert até a entrada para a Sacré-Cœur, na place du Parvis du Sacré-Cœur.

6 A neobizantina basílica de Sacré-Cœur (▷ 232-5) foi encomendada como reparação após a Guerra Franco-Prussiana (1870-1). A construção levou quase 40 anos.

Saia da Sacré-Cœur e pegue à direita a rue Azaïs, com suas belíssimas vistas da cidade. Vire à direita subindo a rue St-Eleuthère até a St-Pierre-de-Montmartre.

7 Mais humilde que sua grande companheira, esta tranquila igreja era originalmente parte da abadia beneditina de Montmartre, do século XII.

Entre na turística place du Tertre (▷ 227) e saia pela rue Norvins, cheia de lojinhas. Vire a segunda à esquerda, pela place Jean-Baptiste Clément. Entre à direita na rue Ravignan e continue à esquerda, entrando na arborizada place Émile Goudeau.

8 No lado direito da praça, procure o Bateau Lavoir, onde Pablo Picasso, Juan Gris e Georges Braque tinham seus estúdios e onde o Cubismo nasceu. O combalido edifício de madeira original sofreu um incêndio em 1970, mas foi reconstruído.

Saia da praça descendo um pequeno lance de escadas e siga pela rue Ravignan até a rue des Abbesses. Aqui vire à esquerda até a place des Abbesses.

9 Antes de parar para um drinque na place des Abbesses (▷ 228), dê uma olhada na entrada art nouveau do metrô e na incomum fachada da igreja de St-Jean-l'Evangeliste-de-Montmartre (1904), apelidada de St-Jean-des-Briques por sua profusão de tijolos vermelhos.

QUANDO IR

Durante o dia, quando as lojas e museus estão abertos.

ONDE COMER

Vá ao La Maison Rose ou a um dos cafés da place des Abbesses.

DICA

» Para apreciar toda a beleza de Sacré-Cœur, siga da place des Abbesses até rue Yvonne Le Tac, na base do funicular.

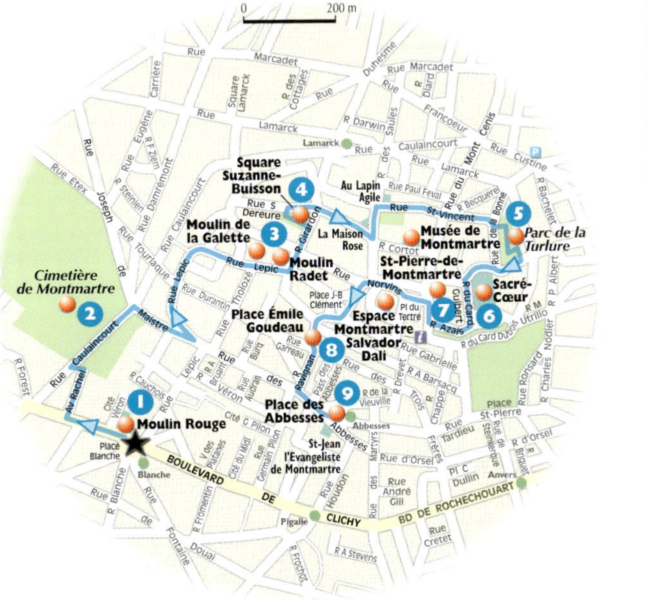

ARTE, COMPRAS, DIVERSÃO E NOITE

Acima *O famoso Moulin Rouge*

COMPRAS

JUDITH LACROIX

www.judithlacroix.com

Esta jovem estilista começou a firmar seu nome com sua apreciada linha infantil – principalmente ao usar um tecido que parecia uma página de lição de casa. Depois que seu trabalho foi distribuído em lojas de ponta como a Barneys de Nova York, ela abriu sua própria butique em 2002 e ampliou a linha para incluir roupa feminina.

244 L4 3 rue Henri Monnier, 75009 01 48 78 22 37 Seg-sáb 10h-19h St-Georges

MARCHÉ BARBÈS

Repleto de cores aos sábados, este mercado é disputado por imigrantes africanos com seus trajes (*boubous*), árabes com suas túnicas e por quem procura artigos étnicos.

245 P3 boulevard de la Chapelle, 75018 Sat 7-3, Wed 7-2.30 Barbès-Rochechouart

DIVERSÃO E NOITE

AU LAPIN AGILE

www.au-lapin-agile.com

Este cabaré de Montmartre é um ponto de encontro de artistas há 150 anos. Nas paredes há muitas lembranças de seu passado glorioso. Cantores e poetas franceses aqui se apresentam de terça a domingo em uma atmosfera íntima e cordial. Não aceita cartão de crédito.

245 M2 22 rue des Saules, 75018 01 46 06 85 87 Show: ter-dom 21h-2h Show e drinque: €24 Lamarck-Caulaincourt

LA BOULE NOIRE/LA CIGALE

www.laboule-noire.fr

www.lacigale.fr

Muitos nomes famosos já tocaram na La Boule Noire, esta casa minúscula no centro de Pigalle, entre eles Franz Ferdinand, Jamie Cullum, Metallica e The Dandy Warhols. Está associado ao grande e antigo teatro La Cigale, hoje modernizado com fortes tons de preto e vermelho, que sedia musicais, rock, pop e festivais.

245 M3 120 boulevard Rochechouart, 75018 01 49 25 81 75 Pigalle, Anvers

CHAO BA CAFÉ

Esta é uma ilha de exotismo no meio do bairro de prostituição de Paris. Mobília de ratã e bambu, iluminação indireta e música calma levam você a uma viagem visual e auditiva. Tem um DJ nos fins de semana.

244 L3 22 boulevard de Clichy, 75018 01 46 06 72 90 Dom-qui 8h30-2h, sex-sáb 8h30-5h Pigalle

CINÉMA DES CINÉASTES

No local de um antigo cabaré desenhado por Gustave Eiffel, este complexo de três salas mostra filmes de vanguarda, geralmente na língua original. Bar-restaurante no local.

244 K3 7 avenue de Clichy, 75017 0892 68 97 17 Diariam 13h30-22h30 Adultos €8,70, crianças €6,90 Place de Clichy

LE DIVAN DU MONDE

www.divandumonde.com

Esta pequena casa de shows promove noites temáticas, com ênfase para a world music. Também acolhe novos talentos. Há animadas noites de sábado com nomes como Groovy People Party.

245 M3 75 rue des Martyrs, 75018 01 42 52 02 46 A partir de €6,30 Pigalle, Abbesses

ÉLYSÉE MONTMARTRE

www.elyseemontmartre.com

Com mais de um século, este estabelecimento manteve seu interior

original e hoje abriga os melhores shows de rock. É famoso também por seus bailes e noites de techno.
245 M3 72 boulevard Rochechouart, 75018 01 44 92 45 47 Cerca de €15 Anvers

FOLIES PIGALLE
www.folies-pigalle.com
Casa noturna emblemática do bairro de prostituição de Paris e um dos redutos favoritos da comunidade gay. Uma turma jovem dança ao som de house em uma atmosfera carregada. Aos domingos, a variedade de ritmos é o destaque.
244 L3 11 place Pigalle, 75009 01 48 78 55 25 Seg-qui 24h-6h, sex-sáb 12h-6h, dom 18h-6h €20 (inclui um drinque), dom €7 Pigalle

FOURMI
Com o nome inspirado em uma fábula de La Fontaine (*fourmi* significa "formiga"), este alegre local – popular entre a turma das artes – tem um belo estilo retrô, com um grande bar, mesas de madeira e paredes ocre. A sala de concertos La Cigale (▷ 238) fica próxima.
245 M3 74 rue des Martyrs, 75018 01 42 64 70 35 Seg-qui 8h-2h, sex-sáb 8h-4h, dom 10h-2h Pigalle

LE FREQUENCE CAFÉ
www.frequencecafe.com
Paredes de um rosa brilhante, enormes espelhos e cadeiras de plástico vermelho fazem a eclética decoração desta casa inesquecível. Você pode jantar antes de ir para a pista de dança em uma das várias noites temáticas animadas por um DJ.
244 L4 56 rue Notre Dame de Lorette, 75009 01 42 82 95 06 Ter-dom 21h-2h Menus a partir de €26, entrada para o *night-club* incluída St-Georges

LA LOCO
www.laloco.com
Três andares com pista de dança oferecem música pop e eletrônica, além de *house club* e *gay club*. Aos sábados, é realizada a noite "Revenge", com shows ao vivo.
244 L3 90 boulevard de Clichy, 75018 01 53 41 88 89 Seg-qua, dom 23h-5h, qui-sáb 23h-6h Seg-qui €12 (sem drinque), €14 (inclui um drinque). Entrada grátis para mulheres depois da 1h. Sex-sáb depois da 1h €10 (sem drinque), €13 (com drinque); antes da 1h €16 (sem drinque), €20 com drinque Blanche

MADAME ARTHUR
Atores fazem imitações de cantoras francesas famosas, como Sheila e Sylvie Vartan. Um pouco de cancã dá um tempero especial ao seu jantar, e a dança vai até altas horas.
245 M3 75 bis rue des Martyrs, 75018 01 42 54 15 92 Show: diariam 21h €47 (fins de semana e feriados €63) Pigalle

MOULIN ROUGE
www.moulin-rouge.fr
O "Moinho Vermelho" foi inaugurado em 1889 e é instituição parisiense (▷ 225). Comida excelente servida enquando se assiste ao show *Féerie*.
244 L3 82 boulevard de Clichy, 75018 01 53 09 82 82 Shows: diariam 21h, 23h Show: €92-€102. Show e jantar: €150-€180. Todos os preços incluem meia garrafa de champanhe por pessoa Blanche

NO STRESS CAFÉ
No tranquilo bairro Nouvelle-Athènes, logo ao sul de Pigalle, este café porporciona um ambiente acolhedor. As mesas são colocadas na pequena praça assim que o sol nasce.
244 L4 2 place Gustave-Toudouze, 75009 01 48 78 00 27 Diariam 11h30-1h30; dez-fim de mar fecha às seg St-Georges

THÉÂTRE FONTAINE
Antigo salão de danças, este teatro hoje acomoda 650 espectadores, que vêm aqui apreciar peças clássicas e contemporâneas
244 L3 10 rue Fontaine, 75009 01 48 74 74 40 Apresentações: ter-sex 21h, sáb 18h, 21h €16-€32 Blanche, St-Georges, Pigalle

THÉÂTRE DE LA VILLE–SALLE DES ABBESSES
www.theatredelaville-paris.com
Este auditório oferece peças contemporâneas e dança.
244 L3 31 rue des Abbesses, 75018 01 42 74 22 77 Apresentações: Ter-sáb 20h30, dom 15h €16-€26 Abbesses

ESPORTES E ATIVIDADES

CERCLE CLICHY–MONTMARTRE
www.academie-billard.com
Instalada em uma antiga confeitaria erguida em 1880, esta sala permite jogar bilhar francês, americano, *snooker* e *pool*.
244 L3 84 rue de Clichy, 75009 01 48 78 32 85 Diariam 11h-6h30 Cerca de €10 por hora. É preciso apresentar identidade Place de Clichy

CLUB MONTMARTROIS
www.club-montmartrois.fr
Entre as 30 atividades que oferece estão *cardiotraining*, ioga, alongamento e dança. Oferece sauna.
245 M2 50 rue Duhesme, 75018 01 42 54 49 88 Seg-sex 8h-21h30, sáb 8h30-19h, dom 9h-17h30 €15 por dia Jules Joffrin, Lamarck, Simplon

SQUASH MONTMARTRE
www.slot-montmartre.com
As instalações deste animado clube de squash incluem quatro quadras, uma academia, sauna, solarium, *clubhouse* e restaurante.
244 L2 14 rue Achille Martinet, 75018 01 42 55 38 30 Seg-sex 10h-22h30, sáb-dom 10h-19h €10 por 30 min, €14 por 45 min Lamarck-Caulaincourt

SAÚDE E BELEZA

INDRAJIT GARAI
Indrajit Garai aplica massagens indianas ayurvédicas. Trabalha aliado a fisioterapeutas para uma abordagem terapêutica. Não aceita cartões de crédito.
244 K3 10 place de Clichy, 75009 01 48 78 21 39 Somente com hora marcada Place de Clichy

PARA CRIANÇAS

PROMOTRAIN
www.promotrain.fr
Descanse as pernas e, pelo preço de um bilhete de metrô, suba de funicular até o alto de Sacré-Cœur.
245 N1 131 rue de Clignancourt, 75018 01 42 62 24 00 Simplon

ONDE COMER

Acima *Aprecie bons vinhos em Montmartre*

PREÇOS

Os preços são para almoço (A) de dois pratos para uma pessoa e jantar (J) de três pratos para uma pessoa, sem bebida. O preço do vinho é o da garrafa mais barata.

Legenda dos símbolos ▷ 2.

A. BEAUVILLIERS

www.abeauvilliers.com

Com um nome que homenageia o nobre que trabalhava como chef da rainha Maria Antonieta, Antoine Beauvilliers, este estabelecimento refinado guarda toques dos excessos do século XVIII. Dizem que Beauvilliers, conde da Provença, tinha excelente gosto e sua fama sobreviveu ao trágico destino de sua senhora. O espaço reúne três ambientes românticos e um terraço repleto de flores. No cardápio, alta culinária.

245 M2 · 52 rue Lamarck, 75018, Montmartre · 01 42 55 05 42 · Ter-sex 12h-14h30, 7h-22h · A €20, J €35, vinho €68 · Lamarck

AU CLAIR DE LA LUNE

www.auclairdelalune.com

A decoração deste restaurante tipo taberna (confortável, disputado e situado nas proximidades da place du Tertre) é dominada pelos painéis que retratam o apogeu do bairro, além dos móveis ao estilo Luís Felipe. A administração fica por conta de dois irmãos, que servem cozinha clássica francesa. Inesperado para um lugar tão perto de um centro turístico, atrai clientela basicamente local.

245 M2 · 9 rue Poulbot, 75018, Montmartre · 01 42 58 97 03 · Seg-sex 12h-14h30, 19h-22h30, sáb 7h-22h30 · A €32, J €45, vinho €28 · Abbesses

AU PIED DU SACRÉ-COEUR

Como o nome sugere, fica ao é da igreja de Sacré-Coeur. Tons quentes realçados por luz indireta e por mobília de madeira definem o interior aconchegante. Quando a temperatura permite, pode-se comer no terraço. Serve de pratos tradicionais, como o foie gras na frigideira ou o filé grelhado em molho de pimentão, a criações mais inventivas, como o frango recheado com camarão. Usa os melhores ingredientes franceses.

244 L2 · 85 rue Lamarck, 75018, Montmartre · 01 46 06 15 26 · Ter-dom 12h-14h30, 19h-24h, seg 19h-22h30 · A €20, J €35, vinho €15 · Lamarck-Caulaincourt

AU POULBOT GOURMET

Cenário *fin de siecle* para um restaurante gracioso, esta cantina afamada, situada em plena *butte* (colina) de Montmartre, proporciona lindas vistas para a cidade. O cassoulet (cozido de feijão com carnes). Outros itens que agradam são o assado de carne de caça e a charlotte de maçã quente com creme de calvados.

245 M2 · 39 rue Lamarck, 75018, Montmartre · 01 46 06 86 00 · Seg-sáb 12h-15h, 19h-22h30 · A €28, J €35, vinho €17 · Lamarck-Caulaincourt

AU VIRAGE LEPIC

Reserve com antecedência para comer neste bistrô acolhedor. Além dos pratos principais à base de carne, oferece saborosas sobremesas e boa carta de vinhos. No verão, há mesas do lado de fora.

244 L2 · 61 rue Lepic, 75018, Montmartre · 01 42 52 46 79 · Qua-seg 19h-23h30 · J €25, vinho €15 · Blanche/Abbesses

AUX CADET DE GASCOGNE

www.cadet-de-gascogne.com

Restaurante tradicional porém algo turístico, em pleno coração de Montmartre e procurado por artistas. Pode servir de refúgio para um almoço quando a lotação da praça

estiver excessiva. Prove o abacate com camarões (€10,80) ou a salada Auvergnate, preparada com nozes, presunto e blue cheese.
245 M3 4 place du Tertre, 75018, Montmartre 01 46 06 71 73 Diariam 12h-14h30, 19h30-22h30 A €26, J €35, vinho €20 Abbesses

LA BONNE FRANQUETTE
www.labonnefranquette.com
Com mais de quatro séculos de existência (o nome original, Aux Billards en Bois, fazia referência a um jogo antigo), serve pratos típicos franceses. Poucos resistem à tradicional combinação de sopa de cebolas de entrada seguida de escargôs à Burgundy. A parte interna guarda um sabor do século XIX, quando o estabelecimento era um ponto de encontro dos artistas de Montmartre.
245 M2 18 rue Saint-Rustique, 75018, Montmartre 01 42 52 52 02 Diariam 12h-14h30, 19h30-22h30 A €25, J €35, vinho €20 Abbesses

LA CREMAILLERE 1900
www.cremaillere1900.com
Instalado no alto da place du Tertre, este restaurante também funciona como cabaré e serve uma boa seleção de pratos tradicionais franceses e internacionais. Como o nome sugere abriga um interior ao estilo belle époque e, apesar da procura por turistas, atrai diversos moradores locais. O jardim, agradável no verão, é coberto e aquecido no inverno.
245 M3 15 place du Tertre, 75018, Montmartre 01 46 06 58 59 Diariam 9h-12h30 A €18, J €30, vinho €20 Abbesses

GEORGETTE
Agradável aos olhos e também ao bolso, este pequeno bistrô situado na extremidade sul de Montmartre deve o ambiente "anos 60" às mesas forradas de fórmica. O cardápio é variado e costuma contemplar diversos paladares, com opções simples (presunto de Auvergne com ovo pochê) e clássicas, como o croustillant de veau pommes sautées. Quem aprecia doces vai aprovar o pudim servido como sobremesa.
244 L4 29 rue St-Georges, 75009, Montmartre 01 42 80 39 13 Seg-sex 11h30-22h30 A €25, J €35, vinho €19 Notre-Dame-de-Lorette

LE MOULIN DE LA GALETTE
www.lemoulindelagalette.fr
Instalado no que restou de um dos moinhos remanescentes na colina de Montmartre (quando a região ainda era afastada, havia mais de 30 moinhos por aqui), Le Moulin de la Galette foi retratado em diversas obras de grandes artistas, como Van Gogh e Toulouse-Lautrec. Hoje, o restaurante que preserva o nome do famoso moinho se orgulha de sua herança artística e da qualidade dos pratos preparados em sua cozinha. Vale a pena pagar um pouco mais do que os menus a preço fixo para provar opções diferentes, como os aspargos com entrecôte.
244 L2 83 rue Lepic, 75018, Montmartre 01 46 06 84 77 Diariam 12h-23h A €25, J €40, vinho €20 Notre Dame-de-Lorette

L'ORIENTAL
www.loriental-restaurant.com
Embora situado perto do turístico Montmartre, não muito longe do famoso Moulin Rouge, aqui você se sente em outro mundo. Lanternas, mosaicos, cortinas, espelhos e uma fonte autêntica importada de Marrakesh criam um luxuoso ambiente de palácio marroquino. A cozinha é do norte da África, com pastillas (pratos à base de folhados), sofisticados tagines (carne cozida em um prato cônico de terracota), como cordeiro com figos, amêndoas e tâmaras, o essencial cuscuz e chá de menta para terminar.
245 M3 47 avenue Trudaine, 75009, Montmartre 01 42 64 39 80 Diariam 12h-14h30, 19h30-22h A €25, J €35, vinho €21 Pigalle

PÉTRELLE
Menos badalado e conhecido, o Pétrelle já recebeu a visita de Madonna, há alguns anos. Na verdade, o local atrai celebridades em busca de cenários diferentes dos restaurantes convencionais. O tournados Rossini é uma especialidade. Não é para todos os gostos, mas muitos apreciam detalhes como cardápio escrito à mão.
245 M3 34 rue Pétrelle, 75009, Montmartre 01 42 82 11 02 Ter-sex 12h-14h30, 19h30-22h30, sáb 19h30-22h30, dom 12h-14h30 A €30, J €70, vinho €30 Anvers

LA POUTRE
www.restaurantlapoutre.fr
Quem chega a este gracioso restaurante sente-se tentado a provar uma tradicional fondue, em geral deliciosa e em harmonia com o ambiente. Clientes horrorizados com os preços cobrados nos restaurantes mais turísticos talvez sintam alívio aqui.
245 M3 10 rue des Trois Frères, 75009, Montmartre 01 42 57 45 04 Seg-sex 12h-14h30, 19h30-22h30, sáb 7h30-22h30, dom 12h-14h30 A €15,50, J €30, vinho €18 Anvers

ROSE BAKERY
Esta casa em estilo inglês baseou seu sucesso na qualidade de seus produtos orgânicos e em suas receitas saudáveis e deliciosas. Elas incluem sopas, saladas e, é claro, doces, que você pode comer aqui ou levar para casa. Há um cardápio para brunch de fim de semana e uma quitanda (City Organic) na rue Milton, perto daqui.
245 M4 46 rue des Martyrs, 75009, Montmartre 01 42 82 12 80 Ter-sex 9h-19h, sáb-dom 10h-17h. Almoço servido a partir de 12h. A €12,50, vinho €3,50 a taça Notre-Dame-de-Lorette

SPRING
www.springparis.fr
Quando o americano Daniel Rose chegou em Paris para estudar já pensava em abrir um restaurante na capital da gastronomia, hoje uma casa elogiada. Não tem cardápio, apenas uma sequência de quatro pratos preparada com os ingredientes disponíveis no dia (todos fresquíssimos), servida pontualmente às 20h30.
245 M4 28 rue de la Tour d'Auvergne, 75009, Montmartre 01 45 96 05 72 Ter-sáb 20h30-21h (chegue na hora) J €42, vinho €18 Anvers, Poissonnière, Cadet

ONDE FICAR

PREÇOS

Os preços são para quarto duplo, por noite. O café da manhã está incluído na diária, salvo indicação ao contrário. Os hotéis em geral aceitam cartões de crédito – as exceções estão indicadas. Os preços variam muito, de acordo com a época do ano.

Legenda dos símbolos ▷ 2.

AUBERGE DE JEUNESSE CITÉ DES SCIENCES

www.hihostels.com

Albergue da juventude em um moderno edifício perto do Parc de la Villette (▷ 230-1). Os quartos têm quatro ou seis camas e fechadura eletrônica, pontos para internet, terraço, sala de TV, lavanderia, aluguel de bicicletas e cozinha para os hóspedes.

Fora do mapa 245 P3 24 rue des Sept Arpents, 93310 Le Pré St-Gervais, La Villette 01 48 43 24 11 €21 por pessoa 185 camas Hoche

AUBERGE DE JEUNESSE LÉO LAGRANGE

www.hihostels.com

Albergue na periferia noroeste, com quartos para duas a seis pessoas, sala de TV, lavanderia, fechaduras eletrônicas, internet e um bar-restaurante (funciona só no verão).

Fora do mapa 244 J1 107 rue Martre, 92110, Clichy 01 41 27 26 90 €22 por pessoa 329 camas Mairie de Clichy

BLANCHE HÔTEL

Este duas-estrelas agrada aos orçamentos limitados, com a vantagem de situar-se nas proximidades da lanchonete do filme *Amélie Poulain* e das muitas outras atrações da área. Quartos compactos porém limpos, com banheiro privativo com secador de cabelos, televisão e telefone. Não inclui restaurante mas pode servir café da manhã. Na região, não faltam opções para comer sem gastar muito .

244 L3 69 rue Blanche 75019, Pigalle 01 48 74 16 94 €75-€150, sem café da manhã 54 Blanche

HÔTEL AMOUR

www.hotelamour.com

Simpático, o Hotel Amour está localizado na badalada região hoje chamada de SoPi ("sul de Pigalle"). Pertence a um grupo de artistas locais, o que explica a decoração de alguns quartos, assinada por amigos dos donos. O local tem um ambiente que remete aos anos 1970, além de ar jovial, com mobiliário disposto de uma forma quase caótica. Inclui um bom restaurante, disputado por moradores e por turistas, que se acomodam na parte aberta quando as condições do tempo permitem.

245 M4 8 rue Navarin, 75019, Pigalle 01 48 74 14 09 €140-€165, sem café da manhã 20 St-Georges

HÔTEL DAMRÉMONT

www.hotel.damremont@wanadoo.fr

Situado na parte norte de Montmartre, este duas-estrelas fica a uma distância que permite que seus hóspedes cheguem a pé às principais atrações da região, além de estar a apenas 15 minutos de metrô de pontos como a place Madeleine, Opéra, Galeries Lafayette e dos Champs-Élysées. O hotel oferece instalações básicas, mas com conforto e em uma localização tranquila.

244 L2 100 rue Damrémont, 75018, Montmartre 01 42 64 25 75 €75-€140, sem café da manhã 35 Jules Joffrin

HÔTEL ELDORADO

www. eldoradohotel.fr

Fora do centro turístico de Montmartre, mas ainda perto das grandes atrações do bairro, o Eldorado aparece entre as opções a preços moderados disponíveis em Paris.

Acima *Montmartre oferece uma ampla variedade de opções de hospedagem*

Tente ficar em um quarto na ala do jardim. O Bistrot des Dames é uma opção para comer sem precisar sair do hotel. A falta de instalações de luxo é compensada pelo preço das diárias, incomuns na cidade.
244 K3 18 rue des Dames, 75017, Montmartre 01 45 22 35 21 €45-€80, sem café da manhã 33 Place de Clichy

HÔTEL ERMITAGE
www.ermitagesacrecoeur.fr
Este duas-estrelas tem o ambiente de uma hospedaria do interior. O edifício de dois andares foi erguido em 1870 para acomodar uma mansão ao estilo Napoleão III. Alguns quartos ainda preservam as vigas de madeira à vista, o que reforça a impressão de estalagem. Há cômodos com candelabros, mas a decoração com flores predomina em todos, e o jardim bem cuidado é um destaque. Oferece conexão com a internet, mas não aceita cartões de crédito.
245 M2 24 rue Lamarck, 75018, Montmartre 01 42 64 79 22 €96-€100 28 Lamarck-Caulaincourt

HÔTEL KUBE
www.kubehotel.com
Perto da estação de metrô La Chapelle, acomodado em meio a pequenas ruas e a apenas cinco minutos do terminal de trens da Gare du Nord, este hotel pode ser definido como um paraíso para os amantes da tecnologia. Abriga o primeiro "bar de gelo" aberto em Paris, com a recepção instalada dentro de um cubo imenso. Como se pode supor pelos preços das diárias, o Hôtel Kube oferece quartos chiquérrimos, todos equipados com as últimas novidades da tecnologia.
245 P2 1 passage Ruelle, 75018, Gare du Nord 01 42 05 20 00 €300-€325, sem café da manhã 41 La Chapelle

HÔTEL PRIMA LEPIC
www.hotel-paris-lepic.com
Este hotel duas-estrelas, situado perto da Sacré-Cœur e da place du Tertre, passou por ampla reforma em 2001. Os quartos em cores vivas foram mobiliados com bom gosto, e cinco deles oferecem vistosas camas com dossel. Todos têm TV, secador e conexão com a internet. O hotel disponibiliza ainda três suítes com capacidade para acomodar até quatro pessoas.
244 L3 29 rue Lepic, 75018, Montmartre 01 46 06 44 64 €130-€150, sem café da manhã 35 quartos, 3 suítes Blanche, Abbesses

IBIS HÔTEL SACRÉ-COEUR
Acomodado em uma rua de Montmartre aos pés da colina, a algumas centenas de metros da linda basílica de Sacré-Coeur, esta filial da rede hoteleira Ibis não oferece grandiosidade, mas sim localização privilegiada sem estourar a conta bancária. O atendimento cordial e dedicado é um dos destaques. Todos os quartos priorizam a funcionalidade em detrimento do estilo, mas são confortáveis e incluem acesso à internet. Serve café da manhã a partir das 4h, mas não é possível fazer refeições (no bar, são servidos apenas lanches), o que não é um problema no bem servido bairro de Montmartre. O hotel não tem estacionamento próprio; quem chega de carro pode acomodar o veículo em um estacionamento (pago) situado nas proximidades.
245 M3 100 boulevard Rochechouart, 75018, Montmartre 01 46 06 99 17 €100-€150, sem café da manhã 68 Anvers, Pigale

MERCURE MONTMARTRE
www.accor.com
Este moderno três-estrelas não consegue competir com o charme do velho mundo oferecido por outros da região, mas compensa com boa estrutura e localização agradável. O bar do hotel, L'Atelier, funciona entre 17h e 1h. Os quartos com vistas para a basílica de Sacré-Coeur ao norte e a Torre Eiffel ao sul, além de frigobar, têm cofre, rádio, TV a cabo, telefone com sistema de mensagens e internet.
244 L3 3 rue Caulaincourt, 75018, Montmartre 01 44 69 70 70 €215-€285, sem café da manhã 305 Place de Clichy

PREMIUM HOTEL MONTMARTRE
www.hotelpremiummontmartre.com
Originalmente uma acomodação para as dançarinas do Moulin Rouge que serviam de modelo para Toulouse-Lautrec, este três-estrelas fica entre a basílica de Sacré-Cœur e o Moulin Rouge. Quartos acom acesso à internet, telefone, cofre e televisão. Os hóspedes que se acomodam nos quartos do sexto andar conseguem as melhores vistas.
244 L2 5 rue Tholozé, 75018, Montmartre 01 46 06 30 52 €75-€140, sem café da manhã 50 Blanche

ROMA SACRÉ-CŒUR
www. hotelroma.fr
Esta é uma pérola "duas-estrelas", já que quatro quartos situados no sétimo (e último) andar foram inspiradas nas obras de Georges Braque, que morou aqui em 1913. Instalado no coração da colina de Montmartre, é considerado uma das melhores opções nesta categoria de hotéis. Não oferece restaurante próprio, mas mantém convênio com o Chez Ginette, perto daqui. Pode-se chegar a pé a todas as atrações de Montmartre e há metrô bem perto.
245 M2 101 rue Caulaincourt, 75018, Montmartre 01 42 62 02 02 €95-€145, sem café da manhã 57 Lamarck-Caulaincourt

VILLA ROYALE
www.villa-royale.com
Este é o melhor lugar para sentir o gosto da vida da Belle Époque. Até mesmo a televisão com tela de plasma, as banheiras e as lareiras modernas foram instaladas de forma a não perturbar essa impressão "de passado". Quartos muito bem equipados e que exibem nomes de personagens da história da França, com alguns detalhes como cortinas de veludo e espelhos com molduras douradas. As vistas que o hotel propicia são impressionantes, assim como a excelente localização para quem quer percorrer as atrações do bairro de Montmarte a pé.
244 L3 2 rue Deperré, 75009, Pigalle 01 55 31 78 78 €139-€410 34 Pigalle

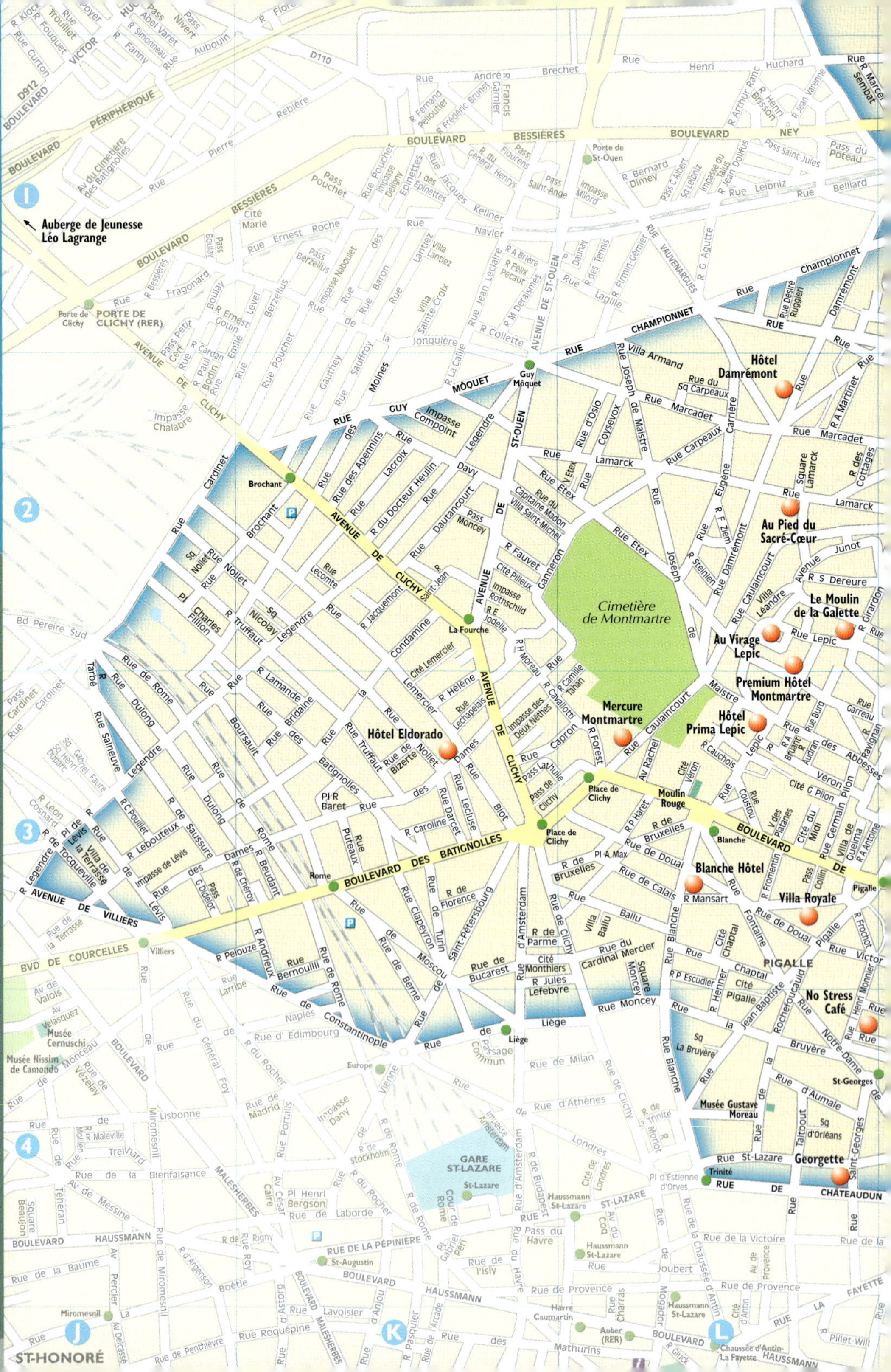
Auberge de Jeunesse Léo Lagrange
Hôtel Damrémont
Au Pied du Sacré-Cœur
Le Moulin de la Galette
Au Virage Lepic
Premium Hôtel Montmartre
Hôtel Prima Lepic
Mercure Montmartre
Hôtel Eldorado
Blanche Hôtel
Villa Royale
No Stress Café
Georgette
Cimetière de Montmartre
Moulin Rouge
PIGALLE
GARE ST-LAZARE
Musée Gustave Moreau
Musée Cernuschi
Musée Nissim de Camondo
BOULEVARD DES BATIGNOLLES
AVENUE DE CLICHY
BOULEVARD DE CLICHY
RUE CHAMPIONNET
BOULEVARD BESSIÈRES
BOULEVARD NEY
Place de Clichy
La Fourche
Guy Môquet
Brochant
Porte de Clichy
Porte de St-Ouen
Rome
Villiers
Liège
Europe
St-Lazare
Blanche
Pigalle
St-Georges
Trinité
ST-HONORÉ

BOULEVARD NEY
Porte de Clignancourt
Porte de la Chapelle
0 250 m
Simplon
Jules Joffrin
Marcadet Poissonniers
Marx Dormoy
Lamarck
A Beauvilliers
Roma Sacré-Cœur
Au Poulbot Gourmet
Hôtel Ermitage
Musée de Montmartre
La Bonne Franquette
MONTMARTRE
Au Clair de la Lune
Sacré-Cœur
Espace Montmartre Salvador-Dalí
La Cremaillere 1900
Aux Cadet de Gascogne
Château Rouge
Hôtel Kube
Abbesses
La Poutre
Barbes Rochechouart
La Chapelle
Auberge de Jeunesse Cite des Sciences
Anvers
Pétrelle
Ibis Hôtel Sacré-Cœur
BOULEVARD DE ROCHECHOUART
BOULEVARD DE MAGENTA
BOULEVARD BARBES
BOULEVARD ORNANO
L'Oriental
GARE DU NORD
Gare du Nord
Magenta
Louis Blanc
Hôtel Amour
Spring
Rose Bakery
Château-Landon
RUE LA FAYETTE
Poissonnière
GARE DE L'EST
Gare de l'Est
RUE DU HUIT MAI 1945
RUE DU FAUBOURG ST-MARTIN
Cadet
Notre-Dame-de Lorette
Le Peletier
Drouot
BD DE STRASBOURG
Château d'Eau

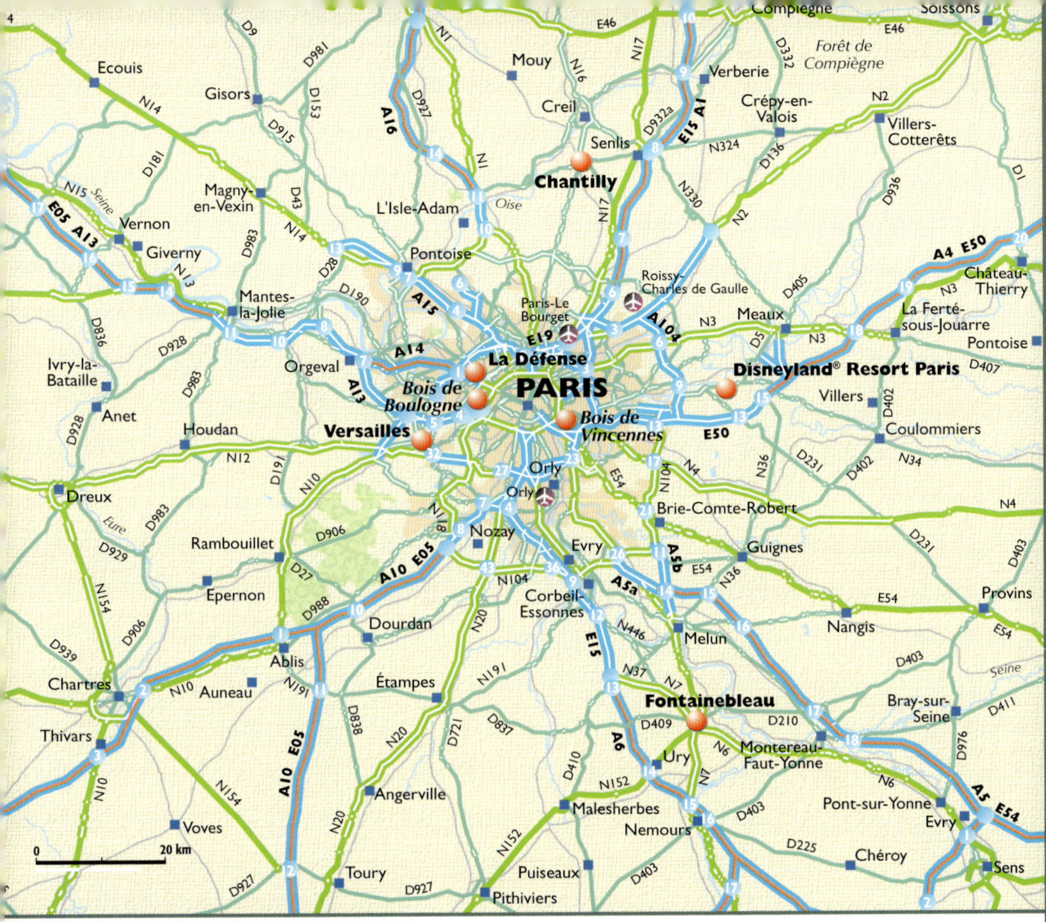

EXCURSÕES

Paris é uma cidade que oferece opções para passar dias, semanas ou meses na cidade, mas é importante lembrar que também existem tesouros fora dos limites da metrópole. Entre as diversas atrações situadas nos arredores, o Bois de Boulogne, na parte oeste, é o que restou da floresta que no passado cercava a capital francesa. Antigo território de caça, hoje recebe parisienses em busca de descanso à beira dos lagos, jardins floridos e cachoeiras, espalhados por mais de 845 mil m². Quem gosta de corridas de cavalo não deve deixar de conhecer Longchamp e Auteuil, que atraem turistas o ano inteiro. Situado nos arredores da cidade, na região leste, o Bois de Vincennes é o maior parque de Paris (inclui três lagos, um parque florido e um castelo). Assim como o Bois de Boulogne, também já foi uma reserva real de caça e hoje funciona como espaço de contato com a natureza e descanso. É fácil chegar ao Bois de Vincennes de metrô ou de ônibus. Se o visitante procura um castelo saído dos contos de fadas, basta percorrer cerca de 40km rumo ao norte para chegar ao Château de Chantilly, cercado por magníficas áreas verdes e dono de um ótimo acervo de arte. Em La Défense, região empresarial nos arredores de Paris, a maior atração é o grandioso Grande Arche, um arco de 110m de altura e capaz de cobrir até a catedral de Notre-Dame.

Se a ideia for se afastar um pouco mais, após um trajeto de cerca de uma hora de trem chega-se ao Château de Fontainebleau, opulenta testemunha da história da França. A bela construção conta com 1.900 cômodos, cercada de mais de 16 mil hectares de florestas nas quais a realeza costumava passear, caçar e se dedicar à arte do cavalheirismo. A importância histórica de Fontainebleau rivaliza mas não supera Versailles, situada a apenas meia hora de trem de Paris. É o mais notável dos palácios da França, com jardins magníficos, fontes exuberantes, cômodos luxuosos e espelhos impressionantes.

Finalmente, quem viaja com crianças raramente consegue deixar de ir à Disneyland® Resort Paris, que reúne cinco "terras" diferentes, além de lojas e restaurantes. É diversão garantida.

HAUTE-
NORMANDIE
CENTRE
Gisors
Les-Thilliers-
en-Vexin
Lierville
Magny-
en-Vexin
L'Isle-Adam
Vernon
Giverny
Pontoise
Rosny
sur Seine
Mantes-
la-Jolie
Orgeval
La Défense
Bois de
Boulogne
PARIS
Ivry-la-
Bataille
Anet
Houdan
Pontchartrain
Versailles
Dreux
Orly
Nozay
Limours
Rambouillet
Parc Nationale Rég
de la Haute Vallée
Epernon
Arpajon
Dourdan
Ablis
Auneau
Chartres
Étampes
Thivars
Angerville
Voves
Seine
Oise
Eure
E05 A13
A16 E401
A15
A14
A13
E19
A10 E05 E50
A11 E50
A10 E05
N14
N15
N13
N12
N10
N1
N118
N104
N20
N191
N154
D181
D915
D153
D43
D983
D28
D190
D836
D928
D906
D929
D191
D27
D988
D939
D838
D721
D837
D927

Verberie
Creil
Crépy-en-Valois
Villers-Cotterêts
Senlis
Chantilly
La Ferté-Milon
PICARDIE
Luzarches
Château-Thierry
Roissy-Charles de Gaulle
Paris-Le Bourget
Meaux
La Ferté-sous-Jouarre
Marne
Pontoise
Disneyland® Resort Paris
Lagny
Villers
Bois de Vincennes
Coulommiers
ILE DE FRANCE
Vaudoy en Brie
Brie-Comte-Robert
Evry
Guignes
Corbeil-Essonnes
Provins
Nangis
Melun
Seine
Barbizon
Fontainebleau
Bray-sur-Seine
Montereau-Faut-Yonne
Ury
BOURGOGNE
Loing
Malesherbes
Pont-sur-Yonne
Evry
Nemours
0
20 km
A1
E15
N17
D932a
D332
N2
N324
D136
N330
D936
D1
A4
E50
N3
A104
D104
D405
D5
D407
D402
A199
N34
D231
N36
N104
E54
N4
D403
A5b
A5a
N36
N446
A5
D411
N37
N7
D409
D210
N6
A6
D976
D410
N152
D403

COMO CHEGAR

O Bois de Boulogne fica a 4km a oeste do centro de Paris Porte Maillot, Porte Dauphine, Porte d'Auteuil

LUGARES PARA VISITAR

PARC DE BAGATELLE

route de Sèvres à Neuilly, 75016 01 53 64 53 80 Diariam, horários variam segundo a época do ano. Jul-ago: 9h30-20h Grátis, exceto em exposições temporárias: adultos €3, crianças (7-25) €1,50, menores de 7 grátis Pont de Neuilly, depois ônibus 43 ou 93; Porte Maillot, depois ônibus 244

JARDIN D'ACCLIMATATION

www.jardindacclimatation.fr
boulevard des Sablons 01 40 67 90 82 Jun-set: diariam 10h-19h; resto do ano: diariam 10h-18h €2,70, menores de 3 grátis Les Sablons

JARDIN SHAKESPEARE

Pré-Catelan Horários variam €1 Porte Maillot, depois ônibus 244

JARDIN DES SERRES D'AUTEUIL

3 avenue de la Porte d'Auteuil 01 40 71 75 60 Diariam 10h-17h (até 18h no verão) Adultos 75c, crianças 35c. Exposições temporárias: Adultos €1,50, crianças 75c Porte d'Auteuil

BOIS DE BOULOGNE

O Bois de Boulogne é o pulmão da zona oeste de Paris, com 845 mil m² de área de parques, lagos, jardins floridos e cachoeiras, além das quadras de tênis de Roland-Garros e das famosas pistas de corridas de cavalo de Longchamp.

Assim como o Bois de Vincennes, situado na parte leste da cidade (▷ 251), na Idade Média o Bois de Boulogne era uma área destinada à caça; sob Luís XIV tornou-se uma região de construção de embarcações e no século XVIII ganhou a condição de área de lazer da nobreza. Napoleão III e seu criador de projetos urbanísticos, o barão Haussmann, deram ao local as feições atuais.

ÁREAS VERDES

O Bois de Boulogne fica junto da via *Périphérique* (anel viário) e atrai adeptos das corridas, ciclistas e pessoas que querem fugir da cidade por uma ou duas horas. Tem cafés e restaurantes, dois lagos ligados por cachoeiras, atrações, trilhas, um teatro ao ar livre, duas pistas de corridas e mais de 140 mil árvores.

Um dos destaques é o Parc de Bagatelle, no lado noroeste. Seu pequeno castelo, construído em 1775, fica de frente para um romântico parque projetado pelo paisagista Thomas Blaike. Há mais de 700 tipos de rosas.

Mais ao norte, o Jardin d'Acclimatation encanta as crianças com seus playgrounds, minigolfe, teatro de marionetes, trenzinho e o Explor@dome.

Mais para o sul, o Jardin Shakespeare tem um teatro ao ar livre que encena produções em francês e inglês, além de um jardim com flores, plantas e árvores mencionadas nas peças e nos sonetos de Shakespeare.

No Jardin des Serres d'Auteuil, na parte sul, estufas do século XIX abrigam plantas tropicais. A uma curta caminhada fica Roland-Garros, local do Aberto de Tênis da França.

O total de ciclovias que percorrem o Bois de Boulogne chega a 35km. É possível alugar uma bicicleta em frente à entrada principal do Jardin d'Acclimatation (meados out a meados abr diariam; resto do ano qua, sáb-dom e feriados).

Não convém permanecer na região do Bois de Boulogne depois do anoitecer, pois a região tem reputação perigosa.

BOIS DE VINCENNES

É fácil ir de metrô até o Bois de Vincennes, o antídoto perfeito para os males da cidade. O local inclui três lagos, um castelo repleto de história, um lindo parque com flores e um dos maiores zoológicos da França, além de um hipódromo, pistas para corridas de bicicleta e espaços para jogos de futebol e de rúgbi. Em dias ensolarados, pode ser difícil abandonar o local e voltar para a cidade.

O Bois de Vincennes era uma rica área real de caça no século XII, cortada por um dos muros de Felipe-Augusto. No reinado de Luís XV foi uma área popular para passeios e no século XIX o barão Haussmann remodelou-a para uso da classe trabalhadora da zona leste de Paris. Os bosques sofreram sérios danos nas tempestades de 1999. As masmorras (*donjons*) do Château foram abertas depois de 12 anos em reforma. Construídas originalmente por Carlos V em 1365, nelas ficaram prisioneiros famosos, como o marquês de Sade.

CHÂTEAU DE VINCENNES

O Château de Vincennes não teve uma trajetória tranquila, apesar de seus arredores calmos. Luís XIV passou a lua de mel aqui, Winston Churchill esteve em uma conferência de guerra no subsolo e os alemães executaram prisioneiros nos pátios durante a ocupação de Paris.

Hoje, você pode andar pela área e tentar montar o quebra-cabeça de estilos arquitetônicos da fortaleza medieval do século XIV, ao clássico Pavillon du Roi e Pavillon de la Reine do século XVII e ao Pavillon des Armes do século XIX. A fortaleza foi restaurada e pode-se fazer um passeio guiado pelos aposentos de Carlos V e pela capela, inspirada na Sainte-Chapelle de Paris. Na parte interna o destaque é o segundo sino mais antigo de Paris, o sino Vincennes, de 700kg, encomendado para a fortaleza por Carlos V em 1369. Partes inteiras das janelas da capela foram destruídas durante as tempestades de 1999, mas a impressionante rosácea sobreviveu intacta.

PARC ZOOLOGIQUE DE PARIS

O zoológico, parte do Muséum National d'Histoire Naturelle (▷ 121), abriga cerca de 1.200 animais. Um dos destaques é a *Grand Rocher* (grande rocha), uma pequena montanha feita pelo homem, com 65m de altura, com cabras subindo e descendo por suas encostas.

PARC FLORAL

Os jardins florais são um belo lugar para passear depois de uma visita ao Château de Vincennes. As mostras de flores são excepcionais e entre as atrações para crianças estão minigolfe, *quad-bike* e o Théatre pour Enfants (só alguns dias). O parque tem um belíssimo jardim de dálias, um jardim de íris, plantas medicinais, um Vale das Flores e bosques de azaleias. Também abriga a coleção nacional francesa de camélias e gerânios. Um festival de jazz anima o local do início de junho ao final de julho e há concertos de música clássica em agosto e setembro.

INFORMAÇÕES

www.boisdevincennes.com

COMO CHEGAR

O Bois de Vincennes fica 6km a leste do centro de Paris

Château de Vincennes para o château e o Parc Floral

46, 56, 115, 118, 124, 318, 325 para o château; 46, 112 para o Parc Floral

LUGARES PARA VISITAR

CHÂTEAU DE VINCENNES

www.monuments-nationaux.fr

Avenue de Paris, 94300 Vincennes

01 48 08 31 20 Abr-set: seg-sex 10h-18h, sáb-dom 10h15-18h30; out-mar: seg-sex 10h-17h, sáb-dom 10h30-17h30. última admissão 45min antes de fechar

Jardins: grátis. passeio de 45min €4,60 (menores de 18 grátis); passeio de 1h15 €6,10 (menores de 18 grátis). Château: €7,50 (menores de 18 grátis)

PARC ZOOLOGIQUE DE PARIS

www.mnhn.fr

53 avenue de St-Maurice, 75012

01 44 75 20 14 Fechado para reforma até 2012

PARC FLORAL

www.parcfloraldeparis.com

route de la Pyramide, perto da esplanade du Château, 75012 01 49 57 15 15 9h30-20h no verão; 9h30-17h no inverno Adultos €3, crianças €1,50 Dois cafés, abertos diariam no verão, qua, sáb-dom no inverno

DICA

» Se o seu francês não é muito bom, pense duas vezes antes de fazer o passeio guiado.

Acima *Barcos no Bois de Vincennes*
Página ao lado *Passeio no Bois de Boulogne*

CHANTILLY

INFORMAÇÕES
www.chantilly-tourisme.com

COMO CHEGAR
Chantilly fica 40km ao norte de Paris
Gare du Nord até Chantilly-Gouvieux (30min). É preciso andar cerca de 30min entre a estação de trem e o castelo, mas há ônibus ou táxis fora da estação (cerca de €8)
Pegue a rodovia du Nord (A1) e saia dela em Survilliers-St-Witz. Uma alternativa é pegar a N16 ou a N17

Acima *Imponente Château de Chantilly*

INTRODUÇÃO

A cidade de Chantilly é um dos principais centros de treinamento para cavalos de corrida da Europa e sedia uma corrida mundialmente famosa e também um museu sobre cavalos, o Musée Vivant du Cheval. Chantilly é famosa na culinária por duas delícias – o creme batido e açucarado conhecido como chantilly e Vatel, o grande chef do século XVII. François Vatel teve uma morte trágica em 1671, quando cometeu suicídio porque não havia peixe suficiente para oferecer ao rei Luís XIV e sua corte, que estavam de visita.

O Château de Chantilly é um castelo de conto de fadas renascentista, cercado por um fosso e situado em um belo parque. Abriga um impressionante acervo de arte. É um dos castelos mais pitorescos da região, com o charme da proximidade da floresta de Chantilly.

DESTAQUES

CHÂTEAU DE CHANTILLY

Chantilly foi fundada por um romano de nome Cantilius, mas foi o famoso chefe do exército francês, alto condestável Anne de Montmorency, que teve papel decisivo no desenvolvimento do local no século XVI. Ele decidiu transformar o castelo medieval em um castelo renascentista e acrescentou o Petit Château, que sobrevive até hoje. Chantilly passou às mãos da poderosa família Condé em meados do século XVII e o príncipe, conhecido como Grand Condé, convocou o paisagista de Versailles André Le Nôtre para criar o Grand Canal, lagos, cascatas, tanques ornamentais e um labirinto. O château virou um local popular para festivais e outras reuniões, e entre os literatos que o frequentaram estão Jean de La Fontaine e Molière.

Durante a Revolução grande parte do Grand Château foi pilhada e destruída e o edifício foi usado como prisão. Por volta de 1830, Henri d'Orléans, duque de Aumale, herdou a propriedade, e encomendou então a Honoré Daumet uma grande restauração em 1875. Em 1886 o duque deu Chantilly ao Institut de France, estipulando que suas coleções de arte deviam ser preservadas e que o castelo deveria ficar aberto ao público. O Musée Condé foi inaugurado em abril de 1898, menos de um ano após sua morte.

MUSÉE CONDÉ

As obras de arte e a mobília expostas aqui datam do período entre a Renascença e o século XIX. As galerias de quadros têm obras de pintores franceses, italianos, holandeses, ingleses, flamengos e espanhóis, além de porcelana de Chantilly do século XVIII e renda de Chantilly do século XIX. Procure obras de Rafael, Jean Fouquet, Fra Angelico, Eugène Delacroix e Camille Corot. Em uma sala com luz natural chamada A Tribuna há obras-primas de Antoine Watteau, Eugène Delacroix e Jean Auguste Dominique Ingres. A Galeria Psyche tem 42 vitrais cinza do século XVI e o Santuário exibe as *Três graças* (1500-5) de Rafael e 40 miniaturas de Jean Fouquet (1445). A biblioteca tem uma vasta coleção de livros raros e importantes – não perca uma reprodução da iluminura de um manuscrito medieval *Horas de riqueza do duque de Berry* (século XV). A capela tem belos vitrais de Ecouen, e a palavra *L'Espérance* (esperança) decora o teto.

Passeios pelos Grandes Apartamentos incluem o Dormitório do Príncipe, a Sala de Música e a Galeria da Vitória do Grand Condé. Com suntuosa mobília, os Pequenos Apartamentos do duque e da duquesa de Aumale (só com passeios guiados) foram decorados no século XIX com painéis de madeira, mobília marchetada, cortinas de brocado e retratos de família. A Pequena Galeria dos Macacos, pintada no século XVIII, é coberta de painéis decorativos com motivos de macacos.

O PARQUE

O terreno cobre cerca de 115 mil m^2 e é ideal para passeios. As atrações incluem o grande canal, a cascata, o jardim anglo-chinês do século XVIII, os jardins franceses de Le Nôtre, do século XVII, a Maison de Sylvie e o romântico Jardim Inglês com sua Ilha do Amor, Lago do Cisne, Templo de Vênus e a cascata Beauvais. Há também o Castelo Enghien, uma área para as crianças brincarem, um cercado para canguru e Le Hameau (aldeia), construída em 1774 para o príncipe de Condé.

Na primavera e no verão você pode velejar pelos fossos e canais num barco elétrico, fazer um passeio nostálgico numa carruagem puxada a cavalos ou dar um passeio no trenzinho.

MUSÉE VIVANT DU CHEVAL

As cavalariças (Grandes Écuries), com sua impressionante fachada, foram construídas por Louis-Henri, duque de Bourbon, no século XVIII. Segundo a lenda, ele acreditava que iria reencarnar como cavalo após sua morte. As cavalariças, com 186m de comprimento, podiam abrigar até 240 cavalos e mais de 400 cães para caçadas de veado e javali. Hoje elas abrigam o Musée Vivant du Cheval (Museu Vivo do Cavalo). Criado em 1982 por Yves Bienaimé, este museu de renome internacional é considerado o maior e mais bonito da sua categoria. Você pode ver cavalos de diferentes raças, obras de arte, exposições e demonstrações de equitação. As salas do museu estão fechadas para reforma até 2011, mas o estábulo, o domo e a galeria continuam abertos à visitação (qua-seg 14h-17h).

DICAS

» Há textos informativos em várias línguas em cada quarto do Musée Condé.
» Quem tem um *Paris Museum Pass* (▷ 279) pode entrar de graça no Musée Condé.

ONDE COMER

Château de Chantilly: o restaurante e salão de chá La Capitainerie (aberto o ano todo; fecha ter e à noite; tel 03 44 57 15 89).

Le Hameau: o restaurante Les Goûters Champêtres, de pratos regionais (mar a nov; tel 03 44 57 46 21).

Parque: o La Courtille, no Jardim Inglês, serve lanches, drinques e sorvetes (mar a nov; tel 03 44 57 46 21).

LUGARES PARA VISITAR
CHÂTEAU DE CHANTILLY—MUSÉE CONDÉ

www.chateaudechantilly.com
✉ BP 70243, 60631 Chantilly ☎ 03 44 27 31 80 🕑 Museu e parque: abr-fim nov qua-seg 10h-18h (parque jul-fim ago diariam até 20h); resto do ano qua-seg 10h30-17h ✋ Museu e parque: adultos €11, menores de 18 grátis. Parque: adultos €5, menores de 18 grátis
☞ Passeios guiados precisam ser agendados com antecedência; audioguias €2 📖 Diversos à escolha; preços variam
🎁 Loja de presentes ? Os Pequenos Apartamentos só podem ser visitados com passeios guiados. Ingressos na loja de presentes

MUSÉE VIVANT DU CHEVAL

www.musee-vivant-du-cheval.fr
✉ Grandes Écuries, BP 60242, 60631 Chantilly ☎ 03 44 57 40 40; escritório de turismo 03 44 67 37 37 🕑 O novo espetáculo equestre "Os príncipes de Chantilly" dura uma hora e é apresentado na parte da tarde. A venda de ingressos começa às 13h, mas é possível fazer reservas pela internet ✋ Adultos €20, crianças €15,50. Pass Domaine Chantilly (entrada para ambas as atrações, incluindo espetáculo e parque): adultos €28,50, crianças €15,50

INFORMAÇÕES
www.ladefense.fr

COMO CHEGAR
La Défense fica a 6km a oeste do centro de Paris
Grande Arche de La Défense
RER linha A, La Défense
Nº 73 do centro de Paris

DICAS
» A melhor vista do Arco do Triunfo não está no topo do Grande Arche, mas no alto dos 54 degraus de mármore que levam aos elevadores.
» Para conhecer a agitação da área comercial de La Défense, visite a região em um dia útil.

LUGARES PARA VISITAR
GRANDE ARCHE
www.grandearche.com
1 parvis de la Défense, 92044
01 49 07 27 27 Abr-fim ago diariam 10h-20h; 27 set-fim mar diariam 10h-19h; último visitante 30min antes de fechar Adultos €9, crianças (6-17) €7,50 €6 Restaurante no último andar, sem vista Pequena livraria e loja de presentes no último andar

Página ao lado e acima *O Grande Arche é o grande marco de La Défense*

LA DÉFENSE

Nada contrasta mais com o centro histórico de Paris do que este distrito de arranha-céus comerciais na região oeste da cidade. Além dos prédios de escritórios, o turista encontra também o complexo de compras Les Quatre Temps e o edifício do CNIT (Centro de Novas Indústrias e Tecnologias), que parece uma concha virada, e é um dos monumentos mais impressionantes de Paris.

A maior atração para os turistas é o imponente Grande Arche, que tem 110m de altura e fica na praça Le Parvis. Dos degraus de mármore deste gigante de 300 mil toneladas, as pessoas que andam pela praça parecem anões. O Grande Arche foi a última tentativa bem-sucedida de encontrar um núcleo para La Défense, nos anos 1970. Em 1983 o projeto do arquiteto dinamarquês Johan Otto von Spreckelsen foi finalmente escolhido, e a empreitada tornou-se um dos *Grand Projets* (▷ 43).

GRANDE ARCHE

O melhor ponto para observar o Grande Arche é embaixo dele, de onde se vê o imenso vão, maior que a altura da Notre-Dame ou toda a largura da Champs--Élysées. O futurístico monumento e prédio de escritórios foi projetado como um portão simbólico a oeste de Paris e centro do novo bairro comercial, La Défense. As obras terminaram em 1989, a tempo das comemorações do bicentenário da Revolução Francesa.

PARA NERVOS FORTES

Ficar embaixo do Grande Arche é uma experiência intimidadora: são 300 mil toneladas de concreto, mármore e vidro acima de sua cabeça, a 110m do chão. Se isso já lhe parecer assustador, espere até subir pelo elevador panorâmico através do arco, que mais parece um andaime. Quando chegar ao topo, é bem possível que se pergunte se a aventura terá valido a pena. O elevador despeja os visitantes em uma área fechada, sem as janelas que se poderiam esperar em um local a essa altura. Para ver a cidade é preciso se encaminhar para o exterior, em uma plataforma alguns degraus acima.

A vista é parcialmente obstruída pelo gradeamento dos prédios de escritório de La Défense. Se você for subir em apenas uma estrutura alta de Paris, não escolha o Grande Arche. Mas se você já subiu na Torre Eiffel e no Arco do Triunfo, o Grande Arche oferecerá uma perspectiva diferente da cidade. Em um dia claro pode-se ver todo o Grand Axis (▷ 189), até o Arco do Triunfo. Mais à direita dá para avistar a Torre Eiffel e a Tour Montparnasse bem atrás – à primeira vista a Torre Eiffel parece cercada de andaimes. Na parte interna há um restaurante, uma exposição permanente e espaço para mostras temporárias.

DISNEYLAND® RESORT PARIS

INFORMAÇÕES

www.disneylandparis.com BP 100, Marne-la-Vallée, 77777 CEDEX 4 01 60 30 60 30 ou, para quem está na França, 08 25 30 60 30 Disneyland® Park: horários variam, mas geralmente seg-sex 10h-19h, sáb-dom 10h-22h Walt Disney Studios® Park: horários variam, mas geralmente diariam 10h-19h Bilhete de 1 dia/ 1 parque: adultos €52, crianças (3-11) €44, menores de 3 grátis. 1 dia/2 parques Hopper ticket: adultos €65, crianças €57. 2 dias/2-parques Hopper ticket: adultos €111, crianças €94. Preços variam de acordo com a temporada Diversas lojas €8 por dia; grátis para quem está hospedado no hotel do Disneyland Resort Paris Há restrições de altura e idade em alguns brinquedos. Horários, preços e informações estão sujeitos a mudança sem aviso prévio.

Acima *Castelo da Bela Adormecida*
Página ao lado *Ponte suspensa em Adventureland*

INTRODUÇÃO

Experimente a magia da Disneyland – parada obrigatória para crianças de todas as idades. É fácil chegar na Disneyland Resort Paris e quem viaja com crianças garante um dia de muita animação.

O Disneyland Resort Paris atrai milhões de visitantes para seus dois Parques – o Disneyland Park e o Walt Disney Studios Park. O resort, na área de Marne-la-Vallée a leste de Paris, foi inaugurado em 1992 em meio a muita publicidade. Era o quarto Parque da Disney, depois dos da Califórnia, Flórida e Tóquio. O Parque Walt Disney Studios abriu em 2002. Outras atrações incluem o complexo de diversões Disney® Village, sete hotéis e um campo de golfe de 27 buracos.

DESTAQUES

PARQUE DISNEYLAND®

Você pode visitar cinco diferentes "terras" nos 56 mil m² do Parque Disneyland, cada uma delas com suas atrações temáticas, restaurantes e lojas. O Main Street, USA leva você às nostálgicas cenas de uma cidade americana na virada do século XIX. Desfiles mostram ao vivo cenas dos desenhos animados da Disney, com bailarinos e, é claro, os famosos personagens Disney (veja horários no site). A Fantasyland, especialmente popular entre as crianças mais novas, inclui o Castelo da Bela Adormecida, o passeio pelo mundo em miniatura e o encantador cruzeiro pelo Canal do Pays de Contes de Fées. A Adventureland mostra os Piratas do Caribe, a Ilha da Aventura e o passeio em alta velocidade Indiana Jones e o Templo da Perdição. A Frontierland, com seus cânions, rios e minas de ouro, oferece duas atrações para quem gosta de fortes emoções – o trem da Montanha do Grande Trovão e o assustador Phantom Manor. A Discoveryland foi inspirada nas visões futurísticas de Júlio Verne, e o passeio Mistério do Náutilus é baseado no filme *20 mil léguas submarinas*.

Alcançando velocidades de até 68km/h, a montanha-russa Space Mountain: Mission 2 é para quem tem o coração forte. O espetacular simulador de voo Star Tours mergulha a plateia em uma viagem interplanetária.

Outra atração que tem provocado longas esperas foi baseada no filme *Toy Story 2* e fica em Discoveryland. Entre os novos espetáculos, apresentações baseadas em *O rei leão* e *Mogli*.

PARQUE WALT DISNEY STUDIOS®

O Parque Walt Disney Studios é baseado no conceito dos famosos estúdios Disney–MGM na Flórida. Está dividido em quatro áreas, e cada uma cria uma atmosfera de um estúdio de filmagem de verdade. A caixa d'água de 33m, com as inconfundíveis orelhas do Mickey, domina o Pátio Frontal. O Studio 1 nesta área dá uma visão do que corre pelos bastidores do mundo do cinema. No Animation Courtyard você pode ver o show Animagique 3D em um local para 1.100 pessoas. Outra opção é deixar-se levar pelo Tapete Voador no passeio Agrabah. O Production Courtyard oferece o emocionante passeio Catastrophe Canyon, e no Backlot você pode experimentar a excitação da montanha-russa Rock'n'Roller Coaster Starring Aerosmith ou o incrível Moteurs...Action Stunt Show Spectacular® com carros, motos e jet skis. Dê uma olhada na apavorante Torre do Terror (um passeio pela quarta dimensão) e teste seus nervos na montanha-russa Crush's Coaster, inspirada no filme *Procurando Nemo*.

DISNEY® VILLAGE

O complexo de diversões Disney Village fica entre os parques e os hotéis Disney®. A Village, aberta até tarde, é cheia de restaurantes temáticos, bares, lojas, artistas de rua e cinemas de várias salas. Você pode encerrar o dia com o popular jantar-espetáculo Buffalo Bill's Wild West Show ou dançar a noite toda no clube Hurricanes.

COMO CHEGAR

O Disneyland Resort Paris fica 32km a leste de Paris

A linha A da RER vai de Châtelet--les-Halles e da Gare de Lyon até Marne-la-Vallée/Chessy (cerca de 40min). A estação fica a 100m das entradas para os dois parques

Pegue a rodovia A4 (Autoroute de l'Est), sentido Metz/Nancy. Pegue a saída 14, para Parcs Disneyland

DICAS

» Procure os pontos de informações (City Hall no Parque Disneyland e o Studio Services no Parque Walt Disney Studios), que também fornecem horários e mapas.

» O sistema gratuito FASTPASS está disponível em alguns dos mais populares passeios do Disneyland Park, reduzindo o tempo de espera.

ONDE COMER

Há dúzias de restaurantes à escolha e a culinária vai da francesa, italiana e inglesa até a bávara, mexicana e, é claro, norte-americana. Há restaurantes com serviço à la carte e outros self-service, além de uma série de lanchonetes. Se estiver planejando ir a algum dos restaurantes mais populares é bom fazer reserva com antecedência (tel 01 60 30 40 50).

FONTAINEBLEAU

INFORMAÇÕES

www.musee-chateau-fontainebleau.fr
✉ Château de Fontainebleau, Fontainebleau, 77300 ☎ 01 60 71 50 70
🕒 Quartos Renascentistas, Aposentos Reais e a Suíte Imperial de Napoleão I: jun-fim set qua-seg 9h30-18h; resto do ano qua-seg 9h30-17h. Última admissão 45min antes de fechar. Pequenos Apartamentos e Museu Napoleão I: só passeios guiados (tel 01 60 71 50 60 para agendar). Museu Chinês: horários variam. Jardins: mai-fim set diariam 9h-19h; out diariam 9h-18h; nov-fim fev diariam 9h-17h; mar-fim abr diariam 9h-18h
💶 Adultos €8, menores de 18 grátis; grátis para passear pelos jardins. Grátis 1º dom do mês. Pequenos Apartamentos e Museu Napoleão I adultos €12,50, menores de 14 anos grátis. O ingresso inclui o château e os jardins. ☞ Veja os horários no mural da bilheteria. Os audioguias são em francês, inglês, italiano e japonês, e custam €1 a mais no preço do ingresso ℹ 4 rue Royale (perto do ponto de ônibus do Château de Fontainebleau); tel 01 60 74 99 99

Acima *O castelo de Fontainebleau disputa com Versailles, mas recebe menos visitas* **Página ao lado** *A magnífica Galerie François I é o principal exemplo da arte decorativa renascentista na França*

INTRODUÇÃO

O Château de Fontainebleau compete com Versailles (▷ 260-3) em riqueza e interesse histórico, mas tem a vantagem de não ser tão cheio de gente. É transbordante de esplendor real e imperial, com 1.900 quartos luxuosos e jardins ricamente trabalhados.

Fontainebleau testemunhou grandes momentos da história francesa, incluindo o nascimento de Luís XIII em 1601 e a abdicação de Napoleão, assinada por ele em 1814. O local era popular entre a realeza desde o século XII, quando os reis caçavam nos 17 mil ha de bosques. A fortaleza no Pátio Oval é o que restou de um castelo medieval dessa época.

O período crucial de Fontainebleau foi o século XVI, quando Francisco I encomendou uma luxuosa residência real, estimulado pelas oportunidades de caça. Ele recrutou a nata de artistas e artesãos italianos para decorar o interior do palácio e dotou o jardim de lagos e canais.

Um século mais tarde, os jardins foram remodelados por André Le Nôtre, o homem responsável pelos majestosos canteiros de Versailles. Os governantes subsequentes deixaram sua marca no palácio com numerosas modificações, incluindo Napoleão, que o escolheu como uma base majestosa adequada e mandou reformá-lo completamente em 1804.

DESTAQUES

QUARTOS RENASCENTISTAS

Francisco I quis deixar Fontainebleau repleta de obras de arte prestigiosas e isso se reflete na luxuosa decoração das Salles Renaissance.

O destaque é a Salle de Bal, salão cerimonial de baile, que foi palco de muitas ocasiões especiais. O impressionante saguão de 30m é decorado com painéis de madeira e afrescos ilustrando cenas mitológicas e de caça. Grandes janelas banham o ambiente de luz e permitem belas visões do Pátio Oval de um lado e do Grand Parterre do outro. Uma imponente lareira de Philibert Delorme fica no final. Música renascentista ambiente ajuda você a imaginar as festas que eram realizadas aqui. Na Galeria Francisco I você pode ver afrescos pintados pelo artista florentino Rosso, discípulo de Michelangelo. Durante anos eles ficaram escondidos atrás de outras pinturas e só foram redescobertos no século XX.

APOSENTOS REAIS

Os Grands Appartements des Souverains são ainda mais luxuosos do que os Quartos Renascentistas. Praticamente não há um centímetro das paredes ou do teto que tenha escapado da intricada decoração. Não deixe de ver as imensas tapeçarias no Salon François I e no vizinho Quarto de Tapeçarias, criado na fábrica de Gobelins. A cama ornamentada no Dormitório da Imperatriz foi feita para Maria Antonieta, embora ela nunca tenha dormido nela.

Napoleão Bonaparte converteu o antigo dormitório do rei na Salle du Trône (Sala do Trono) em 1808. Este extravagante quarto é uma mistura dos estilos Luís XIII, XIV e XV.

SUÍTE IMPERIAL DE NAPOLEÃO I

Estes quartos oferecem uma visão fascinante de alguns aspectos mais íntimos da vida de Napoleão, embora não sejam seus apartamentos privados (Pequenos Apartamentos) – só podem ser vistos com passeios guiados. Seu dormitório cerimonial é luxuoso, enquanto a Petite Chambre à Coucher de l'Empereur é mais humilde, com uma cama de campanha. Este quarto servia também como escritório de Napoleão, como podemos ver pela grande escrivaninha. O Salon Particulier de l'Empereur testemunhou um momento-chave da história da França, em 6 de abril de 1814, quando Napoleão assinou seu termo de abdicação na mesa redonda deste quarto.

OS TERRENOS

Os terrenos de Fontainebleau são impressionantes e quando faz tempo bom deve-se reservar pelo menos uma hora para conhecê-los. Para um passeio autoguiado (8km), pegue o folheto do *circuit découverte* no guichê de informações.

Um bom local para começar é o majestoso Cour du Cheval Blanc (Pátio do Cavalo Branco), na entrada do castelo. Napoleão deu adeus à sua Guarda Imperial na escadaria em ferradura em 1814, antes de seu exílio na ilha de Elba. O pátio também é conhecido como Cour des Adieux em sua memória.

À direita do pátio (de frente para o castelo) fica o Jardin Anglais (Jardim Inglês), do início do século XIX. À esquerda fica o Jardin de Diane. Daqui, um agradável passeio em volta do castelo leva ao elegante Grand Parterre, com seu lago central quadrado. Depois fica o canal de 1,2km, criado em 1606 por Henrique IV. Dê a volta pelo grande Lago de Carpas, que separa o Jardin Anglais do Grand Parterre e que era usado para competições na água. Quando faz tempo bom, os reflexos na água são maravilhosos.

COMO CHEGAR

Fontainebleau fica a 55km ao sul do centro de Paris

🚆 Gare de Lyon até Fontainebleau-Avon, a cada hora mais ou menos, na linha Transilien (cerca de 45min). Da estação Fontainebleau-Avon o ônibus A/B leva você ao castelo em cerca de 15min

🚗 Na Porte d'Orléans pegue a A6 e siga até a saída para Fontainebleau.

DICAS

» A Gare de Lyon é uma grande estação e pode ser difícil encontrar a plataforma certa para Fontainebleau. Note que as plataformas indicadas por letras ficam na área principal de confluência, enquanto as plataformas numeradas ficam nas extremidades da plataforma A. Para o horário dos trens para Fontainebleau-Avon, pergunte na bilheteria dos trens da RER e do metrô.

» Está à venda também uma combinação de bilhete de trem e ingresso.

» Quem possui um *Paris Museum Pass* (▷ 279) entra de graça no castelo.

» O Jardin Anglais fecha uma hora antes que os demais jardins.

ONDE COMER

Não há café, por isso traga lanche e água. Pode-se fazer piquenique no parque, mas não nos jardins. Há restaurantes e cafés na cidade.

VERSAILLES

INFORMAÇÕES

www.chateauversailles.fr

Versailles, 78000 · 01 30 83 78 00 · Apartamentos de Estado: abr-fim out ter-dom 9h-18h30; resto do ano ter-dom 9h-17h30 (última admissão 30min antes de fechar). Grand e Petit Trianon: abr-fim out diariam 12h-18h30; resto do ano diariam 12h-17h30. Jardins: diariam 9h-anoitecer (18h ou 20h30, dependendo do mês). Fontes: fim abr-fim set sáb-dom 11h-12h, 15h30-17h (também em outros dias ocasionais). Parque: diariam 7h-anoitecer no verão, 8h-anoitecer no inverno. Nos feriados, ligue antes para verificar o horário · veja Acostume-se, ▷ 263 · La Flottille (tel 01 39 51 41 58) e La Petite Venise (tel 01 39 53 25 69) · Café na Cour de la Chapelle. Há duas lanchonetes no local · Oferecem-se passeios guiados. Agende às 9h. Os audioguias para os Apartamentos de Estado (h4.50) vêm em oito línguas. É preciso deixar um documento · A entrada H é para deficientes. Há um elevador para os Aposentos de Luxo

INTRODUÇÃO

Versailles foi o último palácio real da França, um luxuoso monumento ao ego do "Rei Sol", Luís XIV. Mais parecido com uma cidade do que com um castelo, foi sede do poder francês por mais de cem anos, mantendo os membros da família real protegidos de seus súditos parisienses – até a invasão da turba revolucionária sedenta de sangue. Hoje os invasores são visitantes, que vêm ver os luxuosos aposentos reais e os majestosos jardins cheios de fontes.

Versailles teve um início mais humilde, como alojamento de caça de Luís XIII. Em 1661, Luís XIV decidiu transferir a corte para o então brejo deserto a 20km a sudoeste de Paris, como recurso para isolar a nobreza e os ministros, sem deixar de vigiar a capital do País. Ele contratou os maiores arquitetos da época, Louis Le Vau e Jules Hardouin-Mansart, e a construção prosseguiu até sua morte em 1715. Nascia uma cidade para acomodar a corte, e os palácios menores do Grand Trianon e do Petit Trianon foram criados mais tarde como alcovas amorosas reais. O projeto de construção pressionou muito as finanças da França, mas o palácio continuou como sede do poder até 1789, quando um movimento revolucionário prendeu Luís XVI e o forçou a voltar a Paris.

DESTAQUES

APOSENTO DE ESTADO DO REI

O Appartement du Roi, parte dos Grands Appartements, é um luxuoso santuário ao poder e à grandeza de Luís XIV. Os tetos são pintados com cenas de deuses ameaçadores e as paredes são ricamente ornadas de mármore e bronze. Cada quarto é dedicado a uma divindade do Olimpo, simbolizando uma virtude ou dever real. O deus-sol Apolo, intimamente ligado ao culto do Rei Sol

(Luís XIV), dá nome à Sala do Trono. A pintura no teto da Sala de Desenho de Hércules retrata 142 personagens.

SALA DE ESPELHOS

A Galerie des Glaces (Sala de Espelhos), também parte dos Grands Appartements, é um mar de lustres, luz natural e opulência. Mais de 350 espelhos captam a luz que entra pelas imensas janelas em arco, que por sua vez oferecem vistas espetaculares dos jardins e do canal. A sala, com 73m de comprimento, foi projetada por Jules Hardouin-Mansart e concluída em 1686. Desde então vem servindo como local para casamentos reais ou local para recepcionar dignitários estrangeiros. O Tratado de Versailles foi assinado aqui em 1919. O onipresente Luís XIV é retratado nas pinturas do teto feitas por Charles Le Brun, mostrando episódios do seu reinado.

APOSENTO DA RAINHA

O Appartement de la Reine é paralelo ao Apartamento de Estado do Rei, com a Sala de Espelhos formando um luxuoso corredor entre os dois. Na Câmara da Rainha esta sofreu a provação de dar à luz em público, para provar que os herdeiros reais eram legítimos. Maria Antonieta foi a última rainha a ocupar o quarto e retratos da sua família estão pelas paredes. A exuberante cama com

COMO CHEGAR

Versailles fica a 20km a sudoeste de Paris
A linha C do RER leva 30 minutos para chegar a Versailles Rive-Gauche; da estação ao palácio basta andar cerca de 10 minutos. Uma linha de trem sai da Gare Montparnasse e depois de 15 minutos chega a Versailles Chantiers, de onde é preciso andar 20 minutos. Outra opção é o trem que sai da Gare St-Lazare e leva 25 minutos até Versailles Rive--Droite, que fica a 15 minutos a pé.
Pegue a autoroute A13 até a saída Versailles-Château e depois siga as indicações para chegar ao castelo

Página ao lado *Os magníficos jardins e a fonte Latona*
Abaixo *Impressionante opulência da Sala de Espelhos, cenário de eventos famosos*

DICAS

» Os dias mais agitados são terça e domingo, além dos feriados de fim de semana. O palácio fecha às segundas.

» Prepare-se para enfrentar filas – para ingressos, audioguias e banheiros.

» Um ingresso pré-comprado (o *Paris Museum Pass* (▷ 279) ou um *passeport* que combina trem e palácio) pode ajudar a evitar filas.

Acima *Um dos mais belos exemplos da arquitetura francesa do século XVIII*

dossel de plumas é uma réplica. Há um pungente retrato da rainha com três de seus filhos na Antecâmara do Grande Serviço. O berço vazio refere-se à sua filha mais nova, Sophie, que morreu antes de o retrato ser pintado.

FONTES

As fontes de Versailles são famosas e é uma pena que fiquem desligadas na maioria dos dias. Para vê-las em movimento, faça a visita durante uma das *Grandes Eaux Musicales* (4 abr-25 out: sáb-dom e feriados, exceto 1º mai, 9h-17h30; também ter 12 mai-23 jun). Grandes exibições: 20 e 27 jun, 4, 11, 18 e 25 jul, 1º, 8, 15 e 22 ago 9h-22h30. (Reserve antes. Para informações e reservas, ligue para 01 30 83 78 89 ou consulte www.chateauversailles-spectacles.fr). Não é de surpreender que a divindade mais amada por Luís XIV, o deus-sol Apolo, tenha um papel destacado. A Fonte de Apolo, que guarda a entrada do Grande Canal, mostra o deus saindo da água em uma carruagem, simbolizando o nascimento do seu reinado. Mais perto do castelo, a Fonte Latona retrata a mãe de Apolo pedindo a Júpiter para transformar os camponeses lícios em sapos. Não deixe de ver a Fonte Netuno, depois do Canteiro Norte.

OS ARREDORES

Versailles tem a maior área de terrenos em volta de um palácio da Europa (100 mil m^2), projetados por André Le Nôtre em uma geometria tão perfeita que até a natureza parece obedecer às ordens do Rei Sol. Luís XIV comandou uma frota de barcos pelo 1,6km do Grande Canal – hoje, você pode alugar barcos a remo.

ACOSTUME-SE

» Muitas pessoas esperam ficar imediatamente impressionadas pela grandiosidade de Versailles, mas talvez a primeira impressão que sintam seja de confusão. O palácio tem um atordoante número de opções de acessos e de ingressos e, quando o visitante finalmente iniciar o passeio, descobre que poucos ambiente contam com placas informativas. É uma boa ideia alugar um audioguia antes de começar a visita.

» É ambicioso demais tentar ver tudo em uma só visita, mas se é esse seu objetivo tente comprar um *forfait* na estação de trem de Paris que combine o bilhete de volta de trem e a entrada para o castelo. O pacote custa a partir de €21 (dependendo da estação e do dia da semana; nos finais de semana o preço costuma ser mais alto).

» Depois de entrar no chateau, um *passeport* garante acesso a todas as áreas do castelo, ao parque, aos Châteaux de Trianon, incluindo o recém-reformado Petit Trianon e o Domaine de Maria Antonieta, além de um audioguia em um dos dez idiomas disponíveis (adultos €20 abr-fim out, €16 nov-fim mar; abaixo de 18 anos grátis).

» Se quiser um dia menos agitado, limite-se ao Château (€13,50; 3 abr-fim out: €10 depois de16h; nov-2 abr: €10 depois de 15h, audioguia incluído) e aos jardins mais próximos (grátis ou €10 quando há o show das águas na fonte). Com este bilhete você pode visitar todas as áreas abertas ao público do imenso edifício, inclusive os Grands Appartements, a Sala dos Espelhos e os aposentos da rainha, assim como a Chambre du Roi e os Petits Appartements.

» Se ainda tiver energia, admire o Domaine de Marie-Antoinette (3 abr-fim out: €10, depois de 17h €5; nov-30 mar: €6), a parte da propriedade que a rainha amava e que inclui o Grand Trianon e o Petit Trianon. Os dois pavilhões ficam a 25 minutos de distância a pé, mas também é possível ir de trenzinho (adultos €5,50, menores (11-18) €3,50, abaixo de 11 anos grátis).

» O *Paris Museum Pass* (▷ 279) dá acesso gratuito aos Grands Appartements, ao Grand Trianon e ao Petit Trianon.

» A entrada para Versailles é gratuita para menores de 18, para menores de 26 com passaporte da UE e para todos no primeiro domingo do mês (de out a fim de mar).

Acima *Moinho e arredores do Hameau*

ONDE COMER

Há muitas opções no local: dois restaurantes, um café e dois bares-lanchonete. Nos domingos de verão, reserve os restaurantes. Uma alternativa é fazer um piquenique no parque.

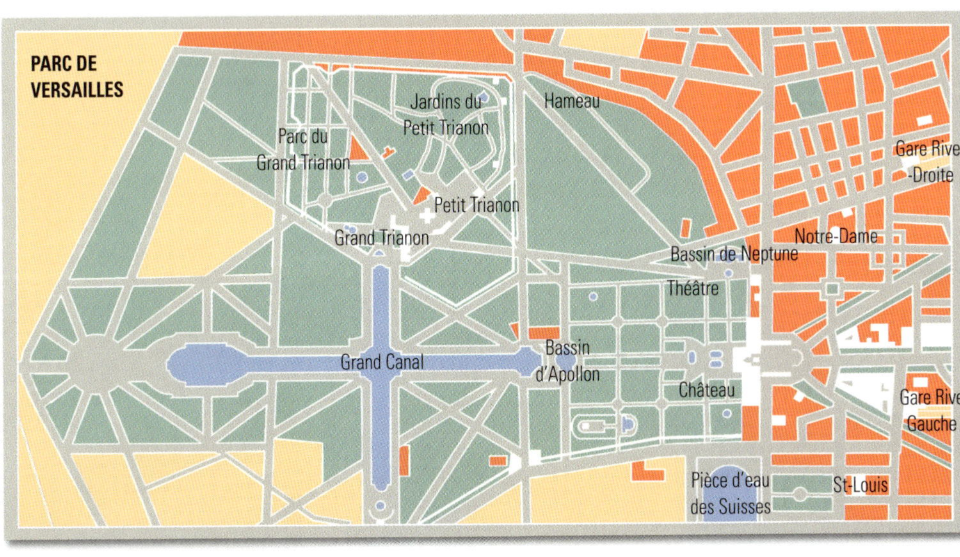

PASSEIOS ORGANIZADOS

Nenhuma visita a Paris é completa sem um passeio de barco pelo Sena (▷ 210-1). Trajetos a bordo de ônibus também valem a pena se a ideia for obter uma apresentação rápida e confortável da cidade. Mas, para sentir de perto o ambiente de um bairro, a melhor opção é ir a pé.

PASSEIOS DE BICICLETA

▷ 61.

PASSEIOS DE BARCO

BATEAUX MOUCHES

www.bateaux-mouches.fr

Embarque na Pont de l'Alma e viaje pelo Sena em um barco com teto de vidro. O passeio dura 1h10. Há cruzeiros com jantar a bordo.

☎ 01 42 25 96 10 (reservas) 🕓 Abr-fim set: diariam 10h15-23h, a cada 30min de dia e a cada 15min de noite; out-fim mai: diariam 10h15, 11h, 12h15, 14h30, 16h, 17h, 18h, 21h 🎫 Adultos €10, crianças (4-12) €5, menores de 4 grátis

BATEAUX PARISIENS

www.bateauxparisiens.com

Cruzeiro de 1hora pelo Sena em um barco com teto de vidro. Audioguias em doze idiomas. Você pode também optar por um jantar a bordo. Embarque perto da Torre Eiffel.

☎ 0825 01 01 01 🕓 Abr-fim out: diariam 10h-22h30, a cada 30min (exceto 13h30 e 19h30); resto do ano: diariam 10h-22h, de hora em hora 🎫 Adultos €11, crianças (3-12) €5, menores de 3 grátis

BATOBUS

www.batobus.com

Neste "ônibus que circula pelo rio", o passageiro sobe e desce quanto quiser nas oito "paradas" entre Champs-Élysées e a Torre Eiffel.

✉ Port de la Bourdonnais, 75007 ☎ 0825 05 01 01 🕓 29 mai-fim ago 10h-21h30; 20 mar-28 mai e set-fim out 10h-19h; início fev-19 mar e nov diariam 10h30-16h30. Saídas de barco a cada 15 a 30 min 🎫 Bilhete para um dia: Adultos €12, crianças (menores de 16) €6. Dois dias: Adultos €16, crianças €8

CANAUXRAMA

www.canauxrama.com

Passeio pelo pitoresco Canal St-Martin, que aparece no filme *O fabuloso destino de Amélie Poulain.* A viagem, de 2 horas e meia, começa no Port de l'Arsenal, na Bastille, e vai até o Parc de la Villette. Reserve.

☎ 01 42 39 15 00 🕓 Diariam 9h45, 14h30 (no verão os barcos também saem de La Villette às 9h45 e 14h45) 🎫 Seg-sex: adultos €15, crianças (6-12) €8, menores de 6 grátis; sáb-dom €15 para todos

VEDETTES DU PONT NEUF

www.pontneuf.net

Cruzeiros pelo Sena, partindo da Pont Neuf. A viagem dura 1 hora e leva você até a Torre Eiffel, e volta contornando a Île de la Cité.

☎ 01 46 33 98 38 🕓 ▷ 211 🎫 Adultos €12, crianças (4-12) €6, menores de 4 grátis

PASSEIOS DE ÔNIBUS

LES CARS ROUGES

www.carsrouges.com

Veja as principais atrações sentado em um ônibus de dois andares, sem teto, descendo em alguma das nove paradas. Comentários em francês e inglês. O trajeto dura 2h15.

☎ 01 53 95 39 53 🕓 Diariam 9h30-19h, a cada 10-20min 🎫 passe de 2 dias: adultos €22, crianças (4-12) €10, menores de 4 grátis

CITYRAMA TOUR

www.pariscityrama.com

O Cityrama oferece um city tour de 1 hora e meia em um ônibus de dois andares, com comentários gravados em 13 línguas. Outras excursões são Paris à Noite, Versailles e Giverny.

✉ 2 rue des Pyramides ☎ 01 44 55 61 00 🕓 Diariam 10h, 11h30 ,14h30 e 15h30 🎫 Adultos €22, menores de 12 grátis

L'OPEN TOUR

www.pariscityrama.com

Ônibus de dois andares com teto aberto, fazem quatro circuitos com paradas – o Paris Grand Tour, Montmartre Grands Boulevards, Montparnasse/St-Germain e Bastille/Bercy. Comentários em francês e inglês.

☎ 01 42 66 56 56 🕓 Abr-fim out: diariam a cada 10-15min, primeiro ônibus às 9h20, última viagem 18h; resto do ano: diariam a cada 25-30min, primeiro ônibus 9h45, última viagem 16h 🎫 Passe para um dia: adultos €29, crianças (4-11) €15, menores de 4 grátis; passe para dois dias: adultos €32, crianças (4-11) €15, menores de 4 grátis

PARIS VISION

www.parisvision.com

A Paris Vision oferece passeios de ônibus e van. Desde o passeio de 2 horas Paris Express Tour, com comentários gravados, até idas a Versailles, Giverny e Chartres.

✉ 214 rue de Rivoli, 75001 ☎ 01 42 60 30 01 🕓 Diariam 9h, 12h e 15h 🎫 Adultos €24, crianças (4-11) grátis

PASSEIOS A PÉ

PARIS WALKS

www.paris-walks.com

Passeio de 2 horas a pé pela cidade, com comentários em inglês, organizado pela empresa que faz passeios em inglês em Paris a mais tempo. Os temas vão desde a Paris de Hemingway até Revolução Francesa.

☎ 01 48 09 21 40 🕓 Ligue antes para saber horários e locais ou visite o site 🎫 Adultos €12, crianças (menores de 15) €8

Abaixo *Passeio de* bateau mouche *pelo Sena*

INFORMAÇÕES ESSENCIAIS

Nesta seção você encontrará todas as informações necessárias para fazer uma viagem tranquila.

PARIS

TEMPERATURAS MÉDIAS

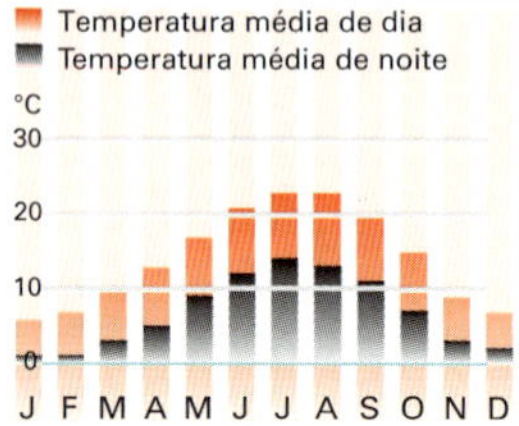

CHUVA

ANTES DE PARTIR

CLIMA

» O clima de Paris não costuma estar sujeito a extremos. Os invernos são frios, mas é raro serem gélidos, e os verões são quentes, porém chove. A cidade tem baixo índice de chuvas, mas podem ocorrer tempestades.

» O clichê "Primavera em Paris" vale para meados de maio em diante, quando o tempo finalmente esquenta.

» O verão (junho a fim de agosto) pode ser glorioso. Os dias mais longos são em junho e julho, quando há mais sol e temperaturas quentes. Agosto pode ser muito quente, e com muita chuva – os parisienses que não fugiram da cidade vão para os *quais* junto ao Sena atrás da brisa refrescante, na Paris Plage, instalada em julho e agosto.

» Se tiver sorte, você pode aproveitar dias ensolarados no outono (setembro a novembro).

» É raro nevar no inverno.

QUANDO IR

» A primavera é uma boa época para visitar Paris, quando as castanheiras florescem e o tempo começa a esquentar.

» Se você for no quente e ensolarado mês de julho vai ter de disputar espaço com muitos outros visitantes, e se programar bem a viagem poderá assistir às celebrações do Dia da Bastilha (14 de julho). Agosto é um mês mais calmo, pois muitos parisienses vão para outras partes da França fugindo do calor. Alguns restaurantes fecham o mês inteiro e há menos atividades culturais.

» O tempo pode ser agradável no outono, mas é mais difícil arrumar hotel, pois é a época das feiras de negócios. Se você não se incomoda com o tempo mais frio, dezembro pode ser uma época mágica, com as ruas cheias de luzes de Natal.

» A maioria dos museus e monumentos fecha em 1º de janeiro, 1º de maio, 1º de novembro, 11 de novembro e 25 de dezembro. Há menos ônibus, trens e metrôs nos feriados (▷ 279), por isso evite chegar nessas datas.

FUSOS HORÁRIOS

CIDADE	DIFERENÇA DE HORÁRIO	HORA AO MEIO-DIA NA FRANÇA
Brasília	+4	16h
Berlim	0	12h
Bruxelas	0	12h
Chicago	-7	5h
Dublin	-1	11h
Johannesburgo	+1*	13h
Londres	-1	11h
Madri	0	12h
Montreal	-6	6h
Nova York	-6	6h
Roma	0	12h
São Francisco	-9	3h
Sydney	+9*	21h
Tóquio	+8*	20h

Na França adiantam-se os relógios uma hora no último domingo de março, até o último domingo de outubro.

* Uma hora a menos durante o horário de verão na França.

O QUE LEVAR

» As coisas mais importantes são passaporte, documentos de viagem, dinheiro, cartões de crédito e remédios que esteja tomando. Você também precisa da sua carteira de habilitação se planeja alugar um carro na França (▷ 62-3).

» Leve roupa para diversos tipos de tempo, mesmo no verão, além de sapatos bons para andar, um guarda-chuva, uma capa de chuva e óculos de sol (na primavera e no verão). No verão, leve ainda protetor solar. Não esqueça de uma roupa mais elegante para sair à noite.

SITE SOBRE O TEMPO E TELEFONES

ORGANIZAÇÃO	TELEFONE	OBSERVAÇÕES	SITE
Climatempo		Previsões de 4 dias para Paris e manda previsões para o seu e-mail.	www.climatempo.com.br
Météo France	0892 680 275, 34c por minuto (na França)	Previsões para Paris e resto da França	www.meteofrance.com
Paris Tourist Office		Tem um link com o site da Météo France, e informação sobre a qualidade do ar em Paris	www.parisinfo.com
Weather Channel (EUA)		Links com previsões para Paris a partir do site do Weather Channel dos EUA	www.weather.com

» Uma pequena mochila ou bolsa a tiracolo pode ser útil para visitar as atrações. Mas lembre-se de que elas são visadas pelos batedores de carteira, por isso deixe o dinheiro escondido em outro lugar e fique de olho na bolsa em restaurantes e outros locais com muita gente (ver Ajuda, ▷ 274).

» Anote os telefones dos contatos de emergência, incluindo os números a cobrar caso seu cartão de crédito seja roubado.

» É bom levar cópias xerox de seu passaporte, bilhetes de passagem e documentos do seguro e mantê-los separados dos originais, para o caso de perda. Anote à parte o número do cartão de crédito.

» Há um guia de idiomas neste livro (▷ 294-9), mas um livrinho de frases pode ser útil.

» Um kit de primeiros socorros pode ser útil. Inclua uma pomada anti-séptica, curativos, analgésicos e remédios para diarreia.

» Se você usa óculos, leve um par sobressalente, para o caso de quebra, ou a receita dos óculos para poder mandar fazer outros

PASSAPORTES E VISTOS

» Visitantes brasileiros precisam de passaporte, mas não de visto, para estadias de até três meses. O passaporte deve ter ainda pelo menos seis meses de validade. É obrigatório ter um seguro saúde e uma reserva de hotel ou um atestado de acolhimento, da pessoa que irá hospedá-lo na França.

» Cidadãos de outros países devem checar a documentação necessária com a sua embaixada ou visitar o portal da Comunidade Europeia (www.europa.eu.int).

» Para mais informações sobre vistos e passaporte, procure o site da Embaixada da França no Brasil (www.ambafrance.org.br).

» As regras para passaportes e vistos podem mudar, por isso verifique-as antes de viajar.

ESTADIAS MAIS LONGAS

» Cidadãos brasileiros que desejem ficar por mais de três meses ou estudar na França devem pedir visto.

» Para mais informações entre em contato com o Consulado da França.

SEGURO DE VIAGEM

» Certifique-se de ter cobertura de seguro de saúde e seguro de viagem.

» Cidadãos da UE recebem tratamento de saúde a custo reduzido. Para os demais, o seguro é obrigatório. Verifique se a sua seguradora tem um serviço de ajuda 24 horas.

ALFÂNDEGA

DE OUTRO PAÍS DA UNIÃO EUROPEIA

Abaixo, as linhas gerais sobre a quantidade de bens que você pode trazer para a França de outro país da União Europeia:

» 800 cigarros; ou	» 110 litros de cerveja
» 400 cigarrilhas; ou	» 10 litros de destilados
» 200 charutos; ou	» 90 litros de vinho (dos quais apenas 60 litros podem ser de espumante)
» 1kg de tabaco	» 20 litros de vinho fortificado (como porto ou xerez)

DE UM PAÍS NÃO INTEGRANTE DA UNIÃO EUROPEIA

São permitidas as cotas abaixo apenas se você viajar com os bens, sem intenção de vendê-los.

» 200 cigarros; ou	» 2 litros de vinho
» 100 cigarrilhas; ou	» 1 litro de destilados ou bebidas fortes com mais de 22% de dosagem; ou
» 50 charutos	» 2 litros de vinho fortificado, espumante ou licores
» 250g de tabaco	» Até €175 de todos os outros bens
» 50g de perfume	
» 250cc/ml de água de colônia	

EMBAIXADAS E CONSULADOS DA FRANÇA NO EXTERIOR

PAÍS	ENDEREÇO	SITE
Austrália	31 Market Street, St. Martin's Tower, Level 26, Sydney, NSW 2000 Tel (02) 92 68 24 00	www.ambafrance-au.org
Canadá	42 Sussex Drive, Ottawa, Ontario, K1M 2C9 Tel 613 789 1795	www.ambafrance-ca.org
Alemanha	Pariser Platz 5, 10117 Berlin. Tel 590 03 90 00	www.botschaft-frankreich.de
Irlanda	36 Ailesbury Road, Ballsbridge, Dublin 4. Tel 01 277 5000	www.ambafrance-ie.org
Itália	Via Giulia 251, 00186, Roma. Tel 06 68 60 11	www.ambafrance-it.org/consulat/rome
Nova Zelândia	34-42 Manners Street, Wellington, 13th floor, PO BOX 11-343 Tel 644 384 25 55	www.ambafrance-nz.org
África do Sul	3rd floor, Standard Bank Building, 191 Jan Smuts Avenue, 7th Avenue Parktown North 2196. Tel 011 778 56 00	www.consulfrance-jhb.org
Espanha	Calle Marqués de la Ensenada 10, 28004, Madri. Tel 91 700 78 00	www.ambafrance-es.org
Reino Unido	21 Cromwell Road, Londres, SW7 2EN. Tel: 020 7073 1200	www.frenchembassy.org.uk
Brasil	SES –Av. das Nações, lote 4, quadra 801, 70404-900, Brasília, DF. Tel (61) 3312-9100	www.ambafrance.org.br
EUA (Nova York)	934 Fifth Avenue, New York, NY 10021. Tel 212/606-3600	www.consulfrance-newyork.org

DINHEIRO

A França é um dos 15 países europeus que adotaram o euro como moeda oficial. Notas e moedas de euros foram introduzidas em janeiro de 2002, no lugar do franco.

ANTES DE PARTIR

» O melhor é usar uma mistura de dinheiro vivo, traveller's cheques, cartões de débito e cartões de crédito do que confiar em apenas um meio de pagamento em sua viagem.

» Verifique se o seu cartão de crédito ou débito pode ser usado para retirar dinheiro dos caixas automáticos da França. Verifique também qual a taxa cobrada.

» Traveller's cheques são um meio mais seguro de carregar dinheiro, pois você pode pedir um reembolso se forem roubados – mas a taxa pode ser alta quando você os desconta.

CARTÕES DE CRÉDITO

A maioria dos restaurantes, lojas e hotéis em Paris aceita cartões, mas alguns só o fazem a partir de determinado valor.

CAIXAS AUTOMÁTICOS.

A cidade tem muitos caixas automáticos, com instruções em várias línguas. A maioria aceita MasterCard, Visa e Diners Club. Você precisa de uma senha de quatro dígitos.

BANCOS

A maioria dos bancos em Paris abre de segunda a sexta, das 10h às 17h, e fecha ao meio-dia nas vésperas de feriados. Só os bancos com placa de change trocam traveller's cheques ou moeda estrangeira. É preciso levar o passaporte.

CASAS DE CÂMBIO

» As casas de câmbio têm horário mais dilatado que os bancos, mas as taxas de câmbio podem compensar menos.

» Estão espalhadas pela cidade, e em estações de trem, aeroportos e lojas de departamentos.

CARTÃO DE CRÉDITO

- Antes de partir, anote o número para o qual deve ligar em caso de roubo ou perda e mantenha-o em local separado do seu cartão.

» Evite trocar traveller's cheques nos hotéis, pois as taxas costumam não ser competitivas.

TRANSFERÊNCIAS

» Em uma emergência você pode fazer transferências eletrônicas de dinheiro de seu país de origem, mas isso pode levar tempo e sair caro, pois é cobrada uma taxa.

» O dinheiro pode ser transferido de banco para banco, o que leva até dois dias úteis. É mais rápido recorrer à Travelex (www.travelex.fr) ou à Western Union (www.westernunion.com).

» Correios também transferem dinheiro (ver Correios, à direita).

SERVIÇOS DE CÂMBIO 24 HORAS

» Na Champs-Élysées há uma casa

de câmbio 24 horas: Bureau de Change, Chèquepoint, 150 avenue des Champs-Elysées, 75008. Tel 01 42 56 48 63.

» Os aeroportos Roissy-Charles de Gaulle e Orly também têm serviços de câmbio, em geral abertos entre 7h e 23h30.

INGRESSOS MAIS BARATOS

» Estudantes e professores devem contatar a International Student Travel Confederation (www.isic.org) em seu país para obterem informações sobre os benefícios disponíveis. Ou, no Brasil, o STB (www.stb.com.br).

» Idosos podem conseguir reduções nos transportes e nos ingressos de museus mostrando o passaporte.

» Para mais informações sobre reduções no preço de ingressos para museus e outras atrações, veja Ingressos, ⊳ 279.

IMPOSTOS

» Quem não reside na CE pode solicitar um reembolso (détaxe) do VAT, de 12% em algumas compras, mas para isso você tem de gastar mais de €175 em uma loja e de uma só vez.

» Peça na loja os formulários, que devem ser preenchidos e carimbados pelo comerciante.

» Apresente os formulários na Alfândega ao sair da França, junto com os recibos, e eles serão carimbados.

» Lembre-se: você pode ter de mostrar os artigos na Alfândega, por isso traga-os à mão.

» Mande os formulários de volta para loja pelo correio e eles irão depositar no seu cartão de crédito ou enviar um cheque.

» Artigos isentos incluem comida e bebida, remédios, tabaco, pedras preciosas não montadas, obras de arte e antiguidades.

» A Global Refund (tel 01 41 61 51 51; www.globalrefund.com) oferece serviço de reembolso.

CORREIOS

» A maioria das agências tem um caixa automático.

» Os cartões aceitos são listados

junto a cada máquina e há instruções também em inglês.

» O dinheiro pode ser transferido, via Western Union, pela maioria das agências de correio, e em geral a operação leva apenas alguns minutos.

» Ordens de Pagamento Internacionais podem ser enviadas de todas as agências de correio (mas o serviço é sujeito à cobrança de uma taxa).

GORJETAS	
Restaurantes (serviço incluído)	Troco *
Hotéis (serviço incluído)	Troco *
Cafés (serviço incluído)	Troco *
Táxis	10 %
Guias turísticos	€2
Porteiros	€1
Cabeleireiros	€1-5
Atendentes de vestiário	50c
Atendentes de banheiro	Troco
Lanterninhas	50c

* Ou mais, se você ficou muito satisfeito com a qualidade do atendimento

BANCOS ESTRANGEIROS

NOME	ENDEREÇO	TELEFONE
American Express	11 rue Scribe, 75009	01 47 77 79 28
Banco do Brasil	4 avenue Grande Armée, 75017	01 40 53 55 00
Barclays	21 boulevard de la Madeleine, 75001	01 44 58 32 32
Citibank	125 avenue des Champs-Élysées, 75008	01 53 23 33 60

CUSTO DE ITENS DO COTIDIANO

Um sanduíche (para viagem)	€2,50-€3,50
Garrafa de água mineral (de loja, 0,5 litro)	40-60c
Xícara de café (expresso, em um café)	€1,30-€2
(com creme e leite, xícara grande)	€2,25-€3,50
Cerveja (*Un demi*–meio litro)	€2,50-€3,50
Copo de vinho da casa	€2,25-€3
Jornal francês	€1,20-€1,30
Jornal estrangeiro	€2,30-€3
Litro de gasolina (98 sem chumbo)	€1,31
(diesel)	€1,08
Bilhete de metrô (só ida)	€1,50
(por bilhete comprando o carnê)	€1,10
Café da manhã (em bar ou café)	€4-€5,50
20 cigarros (em média)	€5,50

SAÚDE

ANTES DE PARTIR

» Cidadãos da Comunidade Europeia recebem tratamento médico na França a custo reduzido, desde que tenham a documentação exigida.

» Para brasileiros, o seguro saúde de valor indeterminado para cobertura de assistência médica, hospitalar e repatriamento é obrigatório.

» Certifique-se de que sua vacina antitetânica está em dia. Traga os remédios de que precisar e um kit de primeiros socorros. No verão, não esqueça o protetor solar.

TRATAMENTO

» O sistema de saúde francês é complexo. O assalariado francês que recebe tratamento de um médico ou de hospital público pode ter reembolso de até 70%. O mesmo vale para cidadãos da Comunidade Europeia que têm o EHIC. Se você depende do seu EHIC, e não do seguro viagem, certifique-se de que o médico que for tratá-lo faz parte do sistema nacional de saúde (*a conventionné*), e não do sistema privado, senão você vai pagar muito mais. De qualquer modo, você terá de pagar pela consulta e pelo tratamento. Para reclamar parte destes custos, envie a *feuille de soins* (uma declaração do médico) e a documentação EHIC para Caisse Primaire d'Assurance-Maladie (o escritório de seguro-saúde do governo) antes de deixar o país. Ligue para 0820 90 41 75 para saber onde é o escritório mais próximo. Anexe o rótulo dos remédios que você tiver de comprar.

» Se pernoitar em um hospital público, terá de pagar 25% do tratamento, além da taxa diária (*forfait journalier*), o que não é reembolsável. É bem melhor ter seguro-saúde total do que confiar apenas no EHIC.

» Se for hospitalizado enquanto estiver em Paris e tiver seguro, peça para ver a assistante sociale para cuidar do reembolso dos custos diretamente através da sua seguradora.

COMO ACHAR UM MÉDICO

» Se precisar de um médico (*médecin*) pergunte na *pharmacie* (farmácia) local ou no seu hotel. Geralmente marca-se a consulta com antecedência, mas poucos médicos irão se recusar a atender uma emergência. Visitas de emergência podem ser arranjadas no SOS Médecins (tel 01 47 07 77 77).

COMO ACHAR UM HOSPITAL

» Há muitos hospitais em Paris – veja na lista telefônica sob a entrada Hôpitaux. Os serviços de emergência 24 horas são chamados *urgences*.

» Hospitais particulares são mais caros, sem a garantia de um tratamento melhor. Veja antes se o seguro cobre os custos.

» Se você fala inglês pode preferir o American Hospital (63 boulevard Victor Hugo, 92200, Neuilly; tel 01 46 41 25 25) ou o The Hertford British Hospital (3 rue Barbès, 92300, Levallois-Perret; tel 01 46 39 22 22). Ambos são particulares.

NÚMEROS ÚTEIS

Emergências gerais
112

Ambulância (emergências)
15

Centro Antiveneno
01 40 05 48 48

FACTS
(Dicas sobre Aids em inglês. Seg-sex 11h-2h)
01 44 93 16 69

SOS Dentistes
(Serviço de emergência dentária 24 horas)
01 43 36 36 00

SOS Help
(*Hotline* em inglês com informações sobre crises. Diariamente 15h-23h) tel 01 46 21 46 46

SOS Médecins
(Visitas médicas de emergência em casa, 24 horas)
01 47 07 77 77

VOO SAUDÁVEL

• Se você chegou à França em voos transatlânticos, como os vindos do Brasil, talvez esteja preocupado com o efeito de voos muito longos sobre sua saúde. A preocupação mais difundida é a trombose de veia, ou DVT (Deep Vein Thrombosis). Também chamada de síndrome da classe econômica, a DVT é a formação de um coágulo nas veias profundas, em geral nas pernas. O coágulo pode se deslocar pela corrente sanguínea e ser fatal.

• Os que correm maiores riscos são idosos, grávidas e mulheres que usam pílulas anticoncepcionais, fumantes e obesos. Se você tem risco de sofrer uma DVT, consulte o médico antes de viajar. O voo aumenta o risco da DVT porque os passageiros costumam ficar sentados por um longo período com as pernas encolhidas e podem também ficar desidratados.

Para minimizar os riscos:
Beba água (evite álcool)
Não fique imóvel por horas seguidas, alongue e exercite suas pernas periodicamente
Use meias elásticas, que dão apoio às veias e reduzem as chances de formação de um coágulo

Exercícios

1. tornozelos
Erga os pés do chão. Desenhe círculos com o dedão do pé, com um pé no sentido horário, o outro no sentido oposto.

2. panturrilha
Para alongá-la, com o calcanhar no chão ponha a ponta do pé bem para cima. Depois inverta o movimento.

3. joelhos
Erga a perna com o joelho dobrado contraindo a coxa. Depois estique a perna e pressione o pé esticado no chão.

Outras ocorrências para quem voa são doenças que se disseminam pelo ar e os ácaros espalhados pelo sistema de ar-condicionado do avião. É difícil evitá-los, mas se você tem alguma doença grave procure conselhos médico antes de voar.

ÁGUA DA TORNEIRA

» Em Paris a água da torneira é potável, mas você talvez prefira o gosto da água engarrafada. Em locais públicos, você encontra a placa *eau potable* (água potável). Não beba onde estiver indicado *eau non potable* (água não potável)

RISCOS DO VERÃO

» O sol pode ser forte de maio a setembro. Protetor solar de fator alto é sempre recomendado.

» Há poucos insetos em Paris, mas se você for visitar os arredores é bom levar um repelente.

OFTALMOLOGISTAS

» Se você usa óculos ou lentes leve a receita, para casos de perda.

TRATAMENTO DENTÁRIO

» Cidadãos da Comunidade Europeia podem receber tratamento dentário de emergência a custo reduzido com o EHIC, mas recomenda-se contar com seguro. O procedimento para pedir reembolso é o mesmo que para o tratamento médico geral.

» Visitantes não comunitários devem verificar se seu seguro tem essa cobertura.

» Faça um check-up dentário antes de viajar.

FARMÁCIAS

» As farmácias (*pharmacies*) são indicadas por uma cruz verde iluminada. A maioria abre de segunda a sábado, das 9h às 19h ou 20h, e ao fechar em geral deixa na porta o endereço de alguma que está de plantão (*pharmacie de garde*).

» Os farmacêuticos têm alta qualificação e oferecem primeiros socorros, bem como medicação suplementar.

» Eles não são autorizados a aviar receitas de médicos que não façam parte do sistema francês de saúde, por isso traga um suprimento suficiente dos remédios que precisar tomar.

» Alguns remédios só são vendidos com receita, ou *ordonnance*.

» As farmácias vendem itens relacionados à saúde, mas pode ser mais barato comprá-los em supermercados.

» Na França, alguns remédios de uso comum, como aspirinas e antigripais, só podem ser vendidos em farmácias.

TRATAMENTO MÉDICO ALTERNATIVO

Você encontra tratamentos alternativos, mas alguns, como quiropráticos e reflexologistas, são pouco comuns.

OFTALMOLOGISTAS

Opticiens Krys	40 rue St-Honoré, 75001; tel 01 44 88 98 98; www.krys.com
Optic 2000	92 avenue des Ternes, 75017; tel 01 45 74 47 56; www.optic2000.fr
Lissac Opticien	114 rue de Rivoli, 75001; tel 01 44 88 44 44; www.lissac.com
Alain Afflelou	62 boulevard du Montparnasse, 75006; tel 01 40 49 07 45; www.alainafflelou.com
Optical Center	123-125 rue du Faubourg-St-Martin, 75010; tel 01 42 05 40 40; www.optical-center.com

HOSPITAIS COM SERVIÇOS DE EMERGÊNCIA

NOME	ENDEREÇO	TELEFONE
Hôpital Pitié Salpêtrière	47 boulevard de l'Hôpital, 75013	01 42 16 00 00
Hôpital St-Antoine	184 rue du Faubourg-St-Antoine, 75012	01 49 28 20 00
Hôpital Hôtel Dieu	1 place du Parvis Notre-Dame, 75004	01 42 34 82 34
Hôpital Cochin	27 rue du Faubourg-St-Jacques, 75014	01 58 41 41 41
Hôpital Tenon	4 rue de Chine, 75020	01 56 01 70 00

Esses hospitais são públicos e fazem parte do grupo Hôpitaux de Paris (os números de telefone são os dos respectivos serviços de emergência).

MEDICINA ALTERNATIVA

Association Française de Chiropratique
www.chiropratique.org

Association Française d'Acupuncture
www.acupuncture-france.com

Association Europe Acupuncture
www.aea-org.com

Centre de Santé Hahnemann
Homeopatia, acupuntura, osteopatia e tratamento por ervas.
1 rue Vergniaud, 75013 tel 01 45 80 15 03

Naturosanté
Site sobre tratamentos com medicina alternativa.
www.naturosante.com

FARMÁCIAS COM EXPEDIENTE ATÉ MAIS TARDE

NOME	ENDEREÇO	TELEFONE	HORÁRIO
Pharmacie les Champs	84 avenue des Champs-Élysées, 75008	01 45 62 02 41	24 horas
Drugstore Champs-Élysées	133 avenue des Champs-Élysées, 75008	01 47 20 39 25	seg-sex 8h30-2h, sáb 12h-2h, dom 10h-2h
Pharmacie Centrale	52 rue du Commerce, 75015	01 45 79 75 01	diariam até 24h
Pharmacie des Arts	106 boulevard du Montparnasse, 75014	01 43 35 44 88	diariam até 24h
Pharmacie Européenne	6 place de Clichy, 75009	01 48 74 65 18	24 horas
Pharmacie British Villamayor	1 rue Auber, 75009	01 42 65 88 29	seg-sex 8h30-20h30, sáb 10h-20h
Grande Pharmacie Daumesnil	6 place Félix-Eboué, 75012	01 43 43 19 03	24 horas

INDICAÇÕES ÚTEIS

ELETRICIDADE

» A voltagem na França é de 220 volts. As tomadas aceitam plugues com dois pinos redondos. Alguns equipamentos podem exigir um adaptador, que você pode comprar em aeroportos ou no Terminal do Eurostar, assim como nas *drogueries*.

» Aparelhos que usam 110-120 volts vão precisar de um adaptador e de um transformador. Equipamentos bivolts precisam apenas de um adaptador.

LAVANDERIA

» Você tem duas opções em serviços de lavanderia – a *laverie automatique* (lavanderia) e a *pressing* (tinturaria).

» As tinturarias são mais fáceis de encontrar, mas também são mais caras. Algumas oferecem um serviço mais barato, que não é recomendado para peças de seda, por exemplo.

BANHEIROS

» Todo café tem banheiros, embora sejam apenas para os clientes, por isso você terá de comprar pelo menos um refrigerante. Alguns funcionam com moedas. O padrão vai desde os malcheirosos aos bem limpos, e às vezes você poderá deparar com vasos sanitários antigos, que exigem que você se agache.

» É bom contar com lenços descartáveis, caso não haja papel. Em algumas lojas e museus você terá de dar uma gorjeta ao atendente antes de usar o banheiro, por isso deixe algum trocado à mão.

» Pergunte onde estão *les toilettes* (*la toilette* é o que você faz quando toma banho e se veste de manhã). Você pode também perguntar pelo WC (pronuncie vê, cê).

» Há banheiros públicos operados por moedas por toda Paris, e costumam ser bem mantidos, com descarga e desinfecção automáticas.

MEDIDAS

» A França usa o sistema métrico. As distâncias em estradas são medidas em quilômetros, o combustível é vendido por litro e a comida é pesada em gramas e quilos.

» É proibido fumar em todos os locais públicos.

» Alguns hotéis reservam espaços nos quais é permitido fumar.

CRIANÇAS

» À primeira vista Paris não é uma cidade para crianças, com sua forte ênfase em arte e cultura e um trânsito insano. Mas há muitas atrações voltadas para os visitantes mais jovens (▷ 284 e nas listas de cada região) e muitos dos museus dedicados a adultos oferecem atividades e oficinas para crianças. A entrada nos museus costuma ser gratuita para menores de 18 anos.

» As praças e parques têm escorregadores e tanques de areia, e as viagens pelo rio também são uma opção popular. Você pode deparar com um show de marionetes em um dos parques maiores (como o Jardin du Luxembourg), nas tardes de quartas, sábados e domingos.

» Os donos de restaurantes geralmente não torcem o nariz ao ver um carrinho de bebê, embora seja provavelmente melhor ir a um bistrô de estilo familiar, onde o pessoal costuma ser mais solícito. Redes de restaurantes (como Bistro Romain e Hippopotamus) costumam ter um menu infantil a bom preço, como muitos outros lugares.

» Julho e agosto são uma boa época para tentar pacotes especiais para família em hotéis, pois é quando há menos procura pelas pessoas em viagens de negócios. Se precisar de instalações especiais, reserve com antecedência.

» No metrô e na maioria dos ônibus, crianças com menos de quatro anos viajam de graça e crianças entre quatro e nove anos pagam meio bilhete. Mas trens lotados são inadequados para crianças, e não é fácil ficar subindo e descendo as escadas das estações com o carrinho.

» O Inter-Service Parents é um sistema de orientação gratuito por telefone que dá informações (só em francês) sobre agências de babá e sobre atividades para crianças, além de outras coisas (tel 01 44 93 44 88; www.epe-idf.com; aberto 9h30-12h30, 13h30-17h). Como alternativa, tente o Baby Sitting Services (tel 01 46 21 33 16; www.babysitting-services.com).

» Se precisar de instalações para trocar fraldas, procure as salas de descanso nas lojas de departamentos e nos grandes museus. Você pode comprar comida para bebê e outros itens em supermercados e farmácias.

VISITANTES COM NECESSIDADES ESPECIAIS

» Embora Paris não seja a cidade ideal para pessoas com necessidades especiais, os hotéis modernos ou reformados têm instalações especialmente adaptadas. Nos grandes museus e atrações em geral há bons acessos e pessoal disponível para ajudar. Veja informações nos sites.

» *Access in Paris* é um guia abrangente sobre acomodações e acesso às principais atrações. Veja o site www.accessinparis.org. e o www.access-able.com.

» O Mobile en Ville (tel 06 82 91 72 16; www.mobile-en-ville.asso.fr) dá informações a usuários de cadeiras de rodas e organiza eventos sociais e passeios por Paris.

ALUGUEL DE CARRO

» Não é recomendável dirigir em Paris (▷ 62-3), mas talvez você queira alugar um carro para conhecer o interior. Faça a reserva com antecedência, especialmente se quiser um carro automático. Verifique se o pacote inclui seguro total. Você também pode alugar o carro na sua agência de viagens.

» Carros com motorista são oferecidos pela Prestige Limousines (165 rue de la Procession, 75015; tel 01 40 43 92 92; www.prestige-limousines.fr).

COSTUMES LOCAIS

» Os cumprimentos costumam ser mais formais na França, especialmente quando são escritos em vez de falados. Sempre dê a mão quando encontrar alguém, e use *vous* em vez de *tu* ao se dirigir às pessoas que não conhece.

» É cortês usar *monsieur*, *madame* ou *mademoiselle* ao falar com pessoas que não conhecemos, mas seja cuidadoso ao escolher entre *madame* ou *mademoiselle* ao se dirigir a uma mulher.

» O beijo é uma forma comum de cumprimento entre amigos. Pessoas de sexo oposto se dão um beijo em cada bochecha, mas é comum na periferia e no interior dar dois ou três beijos.

» Comunicar-se em francês é sempre a melhor alternativa, mesmo que você não vá muito além de *bonjour*, *s'il vous plaît* e *merci*.

EMPRESAS DE LOCAÇÃO DE AUTOMÓVEIS

NOME	ENDEREÇO	TELEFONE	SITE
Ada	Central Booking	0825 169 600	www.ada.fr
Avis	5 rue Bixio, 75007	0820 05 05 05	www.avis.fr
Citer	42 cours de Vincennes, 75012	01 44 73 07 41	www.citer.fr
Europcar	Central booking	0825 358 358	www.europcar.fr
Hertz	Central booking	0825 86 18 61	www.hertz.fr
Rent-a-Car	79 rue de Bercy, 75012	01 43 45 98 99	www.rentacar.fr

TABELA DE CONVERSÃO

DE	PARA	MULTIPLICAR POR
Polegadas	Centímetros	2,54
Centímetros	Polegadas	0,3937
Pés	Metros	0,3048
Metros	Pés	3,2810
Jardas	Metros	0,9144
Metros	Jardas	1,0940
Milhas	Quilômetros	1,6090
Quilômetros	Milhas	0,6214
Acres	Hectares	0,4047
Hectares	Acres	2,4710
Galões	Litros	4,5460
Litros	Galões	0,2200
Onças	Gramas	28,35
Gramas	Onças	0,0353
Libras	Gramas	453,6
Gramas	Libras	0,0022
Libras	Quilogramas	0,4536
Quilogramas	Libras	2,205
Tons	Toneladas	1,0160
Toneladas	Tons	0,9842

Os franceses são muito ciosos de sua língua e quem fala alto em inglês é bem menos acolhido do que quem tenta um *s'il vous plaît*, mesmo que mal pronunciado. Se não entender a resposta em francês, retruque com *parlez-vous anglais?* e torça para que a resposta seja *oui*.

» As igrejas exigem que você use roupas discretas e algumas preferem que você não fique passeando durante a missa. Não tire fotos do interior antes de verificar se é permitido.

» Para se dirigir aos garçons, use *monsieur*, *madame* ou *mademoiselle* quando estiver tentando chamá-los. Nunca use a palavra *garçon* nessa situação.

LOCAIS DE CULTO

Seja qual for sua religião, em Paris com certeza você encontrará uma igreja, mesquita ou sinagoga, embora os católicos contem com o maior número de opções.

Católica	Todo *arrondissement* tem ao menos quatro ou cinco igrejas católicas. Há missa todo dia na Notre-Dame (▷ 124-7) e na Sacré-Cœur (▷ 232-5).
Judaica	Sinagoga: 10 rue Pavée, 75004; tel 01 42 77 81 51. Metrô: St-Paul.
Muçulmana	Mesquita: place du Puits-de-l'Ermite, 75005; tel 01 45 35 97 33. Metrô: Jussieu, Place Monge, Censier-Daubenton.
Protestante	Catedral Americana: 23 avenue George V, 75008; tel 01 53 23 84 00. Metrô: Alma-Marceau. Igreja Americana: 65 quai d'Orsay, 75007; tel 01 40 62 05 00. Metrô: Invalides. Igreja da Escócia: 17 rue Bayard, 75008; tel 01 48 78 47 94. Metrô: Franklin D. Roosevelt. Igreja Inglesa de St-George: 7 rue Auguste Vacquerie, 75016; tel 01 47 20 22 51. Metrô: Charles de Gaulle-Étoile. Igreja Inglesa de St-Michael: 5 rue d'Aguesseau, 75008; tel 01 47 42 70 88. Metrô: Madeleine.
Ortodoxa russa	St-Alexandre de la Néva: 12 rue Daru, 75008; tel 01 42 27 37 34. Metrô: Courcelles.

AJUDA

É raro haver problemas em uma visita a Paris, mas é sempre bom verificar se você tem cobertura de seguro para qualquer emergência de saúde, roubo ou custos legais. Se você for vítima de algum crime, o mais provável é que seja algum furto de um batedor de carteira, por isso deixe sempre dinheiro e celular guardados em local seguro.

SEGURANÇA PESSOAL

» Anote os números de seus traveller's cheques e guarde-os em local separado dos cheques, pois você vai precisar disso em caso de perda ou roubo.

» Não leve carteira ou celular no bolso de trás da calça. Pochetes são alvos de ladrões, que sabem que é provavelmente nelas que você guarda os itens de valor. Fique sempre de olho na bolsa em restaurantes, bares ou no metrô, e fique com bolsa a tiracolo junto ao corpo, com o fecho para dentro, ao andar pela rua.

» Os ladrões adoram vagões de metrô lotados, aeroportos, a estação Gare du Nord, feiras e pontos de reunião de turistas. Fique atento se alguém trombar em você – pode ser um truque para distraí-lo enquanto outra pessoa rouba seu dinheiro.

» Se você for vítima de roubo, preste queixa na delegacia de polícia local (*commissariat*) se quiser depois acionar seu seguro. Guarde o boletim que a polícia lhe entregar. Em caso de cartões de crédito roubados, avise imediatamente a empresa.

» Fique sempre atento e lide com estranhos de maneira firme e educada.

» Mantenha objetos de valor no cofre do hotel.

» Para além da *Périphérique*, alguns dos subúrbios de Paris podem ser perigosos. A não ser que você esteja com alguém que conheça bem a cidade, é melhor se restringir às áreas centrais.

NÚMEROS DE EMERGÊNCIA

Emergências gerais	112
Ambulância	15
Polícia	17
Bombeiros	18

PERDA DE PASSAPORTE

» Mantenha sempre o número do passaporte anotado em um lugar seguro e faça uma cópia das páginas que contêm os detalhes. Se perder o passaporte, dê queixa à polícia e entre em contato com a embaixada.

POLÍCIA

» Cada *arrondissement* tem várias delegacias, incluindo uma principal que fica aberta 24 horas. Você pode dar queixa de um crime em qualquer uma delas.

» Existem vários tipos de policiais. A polícia de Paris usa uniforme azul, com quepe azul-escuro. O Sena é controlado pela polícia fluvial; as manifestações, pela CRS.

BOMBEIROS

As brigadas dos bombeiros franceses estão treinadas para prestar os primeiros socorros.

EMERGÊNCIAS DE SAÚDE

▷ 270-1.

ACHADOS E PERDIDOS

O Bureau des Objets Trouvés fica na 36 rue des Morillons, 75015 (tel 0821 002 525 ou 01 55 76 20 00; de segunda a quinta, das 8h30 às 17h, sexta, das 8h30 às 16h30).

EMBAIXADAS E CONSULADOS

PAÍS	ENDEREÇO	SITE
Brasil	34 cours Albert 1er, 75008; tel 01 45 61 63 00	www.bresil.org
Irlanda	12 ave Foch, 75116; tel 01 44 17 67 00	www.embassyofirelandparis.com
Itália	51 rue de Varenne, 75007; tel 01 49 54 03 00	www.amb-italie.fr
Espanha	22 avenue Marceau, 75008; tel 01 44 43 18 00	www.amb-espagne.fr
Reino Unido	35 rue du Faubourg-St-Honoré, 75008; tel 01 44 51 31 00	www.amb-grandebretagne.fr
EUA	2 avenue Gabriel, 75008; tel 01 43 12 22 22	www.amb-usa.fr

DELEGACIAS DE POLÍCIA LOCAIS

ARRONDISSEMENT	ENDEREÇO	TELEFONE
1	place du Marché St-Honoré	01 47 03 60 00
2	18 rue du Croissant	01 44 88 18 00
3	4 rue Ours	01 42 76 13 00
4	9 boulevard Palais	01 58 80 80 80
5	4 rue de la Montagne Ste-Geneviève	01 44 41 51 00
6	78 rue Bonaparte	01 40 46 38 30
7	9 rue Fabert	01 44 18 69 07
8	1 avenue du Général Eisenhower	01 53 76 60 00
9	14 bis rue Chauchat	01 44 83 80 80
10	72 rue du Faubourg St Martin	01 44 89 64 70
11	14 pass Charles Dallery	01 53 36 25 00
12	78 avenue Daumesnil	01 44 87 50 12
13	144 boulevard de l'Hôpital	01 40 79 05 05
14	112-116 avenue du Maine	01 53 74 14 06
15	250 rue de Vaugirard	01 53 68 81 00
16	58 avenue Mozart	01 55 74 50 00
17	19 rue Truffaut	01 44 90 37 17
18	79 rue Clignancourt	01 53 41 50 00
19	3 rue Erik Satie	01 55 56 58 00
20	6 place Gambetta	01 40 33 34 00

COMUNICAÇÕES

TELEFONES

Números na França Todos os números de telefone na França têm dez dígitos. O país é dividido em cinco regiões, indicadas pelos primeiros dois dígitos do número de telefone (ver tabela ao lado). Disque esses dois dígitos mesmo quando ligar de dentro dessa região.

Ligações internacionais Ao ligar para a França do Brasil disque 00 + código da operadora + 33 e pule o primeiro zero do número de dez dígitos. Ao ligar para o Brasil da França, digite 00 55 e tire o primeiro zero do código de área. Para falar com a telefonista brasileira, disque 00, espere dar o sinal e acrescente 00 55. Para fazer ligações a cobrar para o Brasil, disque 0800 99 00 55 e então o código de área e o número de telefone.

Tarifas das ligações Para ligações dentro da França, o período de pico é de segunda a sexta, das 8h às 19h. Fora desse horário é mais barato. Números que começam com 08 têm tarifas especiais. Os números 0800 ou 0805 são gratuitos. Os 0810 e 0811 são cobrados pela tarifa local. Outros números 08 são mais caros que as ligações nacionais – às vezes bem mais. Os prefixos 0893, 0898 e 0899, são os mais caros.

TELEFONES PÚBLICOS

» Quase todos os telefones públicos de Paris são operados por cartão (*télécarte*) e não por moedas. Você compra os cartões (com 50 ou 120 unidades) nos correios, *tabacs*, bancas e nas lojas da France Telecom. Há telefones que aceitam alguns cartões de crédito, embora isso deixe a ligação mais cara.

» Ligações para números de emergência são gratuitas.

TELEFONES ÚTEIS

Auxílio à lista	
(nacional)	118 008
(internacional)	118 700

» Os telefones dão instruções em várias línguas – aperte o botão da bandeirinha para selecionar sua escolha. Se o telefone tem o sinal do sino azul, você pode receber chamadas.

» Os telefones públicos em cafés e restaurantes usam cartão, moedas ou têm de ser ligados por alguém do local, e nesse caso você paga depois de ligar. Eles costumam ser mais caros do que os telefones públicos.

» Cheque as tarifas antes de usar o telefone do hotel, pois as ligações costumar sair bem caras.

CELULARES

Em geral você pode usar seu celular, mas há alguns pontos que é bom checar antes:

» Contate o Serviço ao Cliente da sua operadora para saber se há restrições para fazer ligações na França.

» Verifique se você precisa de um código de acesso para ouvir os recados na caixa postal.

» Certifique-se de que os números que você salvou na agenda estão no formato internacional.

» Verifique as tarifas, que podem subir muito quando você usa seu telefone no exterior.

» Você pode alugar um celular ou cartão SIM ao chegar a Paris, mas esta pode ser uma solução cara. Você pode tentar o Call'Phone (2 avenue de la Porte de St-Cloud, 75016; tel 01 40 71 72 54; www.callphone.com; tem filiais também nos aeroportos Roissy-Charles de Gaulle e Orly).

TARIFAS TELEFÔNICAS

TIPO DE LIGAÇÃO	TARIFA INCIAL	POR MINUTO ADICIONAL
Local, horário de pico	€0,078 (1 min)	€0,028
Local, fora do horário de pico	€0,078 (1 min)	€0,014
Nacional, horário de pico	€0,105 (39 seg)	€0,078
Nacional, fora do pico	€0,105 (39 seg)	€0,053
Ligar para RU, fora do pico	€0,12 (15 seg)	€0,12
Ligar para EUA, fora do pico	€0,12 (27 seg)	€0,12

CÓDIGOS TELEFÔNICOS DOS PAÍSES

Austrália	00 61
Bélgica	00 32
Brasil	00 55
Canadá	00 1
Alemanha	00 49
Irlanda	00 353
Itália	00 39
Holanda	00 31
Nova Zelândia	00 64
Espanha	00 34
Suécia	00 46
Reino Unido	00 44
Estados Unidos	00 1

PREFIXOS

00	Internacional
01	Île de France (incluindo Paris)
02	Noroeste da França
03	Nordeste da França
04	Sudeste da França
05	Sudoeste da França
06	Números de telefone celular
0800/0805	Ligação gratuita
08	Números com tarifa especial

ENVIAR UMA CARTA

» Selos (*timbres*) são vendidos nos correios e nos *tabacs*. As cartas são colocadas em caixas de correio amarelas. Algumas têm duas partes: uma para cartas para Paris e subúrbios (Paris-Banlieue) e outra para cartas nacionais e internacionais (*autres départements/étranger*).

» Uma carta (*lettre*) enviada para o exterior deve levar entre dois e cinco dias para chegar, mas às vezes demora mais. Escreva *par avion* (via aérea) no envelope ou cartão-postal.

» Para cartas registradas, peça ao funcionário do correio para mandar a carta *recommandé*.

» Para enviar um pacote (*colis*) para o exterior as opções são *prioritaire* (prioritário) ou *économique* (econômico), mais barato e mais demorado.

CORREIOS

» Agências de correios (*bureaux de poste*) são bem sinalizadas. O serviço chama-se *La Poste*.

TARIFAS POSTAIS PARA CARTAS	
Dentro da França	54c
Para a Europa Ocidental	60c
Para o Leste Europeu	60c
Para os Estados Unidos	85c
Para a África	85c
Para a Ásia	85c
Para o Brasil	85c

» O expediente é de segunda a sexta, das 8h às 19h, e sábado, das 8h às 12h, embora algumas agências abram mais tarde.
» O movimento é maior na hora do almoço e no fim da tarde.
» As agências têm telefones, xerox, fax (*télécopieur*) e acesso ao serviço Minitel. Há também serviços de posta-restante, pelo qual se cobra uma taxa.
» A agência da rue du Louvre, nº 52, fica aberta 24 horas.
Outras agências centrais são:
» Paris Île de la Cité, 1 boulevard du Palais, 75004.
» Paris Archives, 67 rue des Archives, 75003.
» Paris Hôtel de Ville, 9 place de l'Hôtel de Ville, 75004.
» Paris Bastille, 12 rue Castex, 75004.
» Paris Sorbonne, 13 rue Cujas, 75005.
» Paris St-Germain-des-Prés, 53 rue de Rennes, 75006.
» Paris Pigalle, 47 boulevard de Clichy, 75009.
» Paris Champs-Elysées, 71 avenue des Champs-Élysées, 75008.
» Paris Gare de Lyon, 25 boulevard Diderot, 75012.

NOTEBOOKS

» A maioria dos hotéis de duas estrelas para cima dispõe de conexão modem, cobrada pela tarifa telefônica. Talvez você precise de um adaptador.
» Os trens TGV têm uns poucos pontos onde você pode plugar seu notebook se sua bateria precisar de recarga, mas você precisará de uma plugue de dois pinos ou de um adaptador.

ACESSO À INTERNET

» O acesso à internet está hoje muito disseminado em Paris.
» Você pode se conectar à net em vários cybercafés espalhados pela cidade.
» Alguns hotéis e bibliotecas disponibilizam computadores comacesso à internet.

CYBERCAFÉS E LAN-HOUSES	
La Baguenaude	30 rue Grande Truanderie, 75001 tel 01 40 26 27 74; www.labaguenaude.com
Cybersquare	1 place de la République, 75003 tel 01 48 87 82 36; www.cybersquare-paris.com
Cyber Cube	5 rue Mignon, 75006 tel 01 53 10 30 50; www.cybercube.fr
Luxembourg Micro	81 boulevard St-Michel, 76005 tel 01 46 33 27 98; www.luxembourg-micro.com
Le Meilleur des Mondes	4b rue Michel Chasles tel 01 43 46 01 64; www.lemeilleurdesmondes.com
Milk	20 rue Faubourg St-Antoine, 75012 tel 0820 00 10 00; www.milkclub.com

Acima *Símbolo do correio da França*

MEIOS DE COMUNICAÇÃO

TELEVISÃO

» A França tem cinco estações de televisão aberta: os canais 2 e 3 estatais, os canais privados 1 e 6, e a franco-alemã ARTE (canal 5).

» O TF1 traz notícias, filmes americanos e franceses recentes, novelas e outros programas.

» O France 2 tem notícias, filmes franceses e estrangeiros recentes, novelas, séries e documentários.

» O France 3, canal regional e nacional, traz notícias do país e dos estados, programas regionais, documentários, em geral filmes franceses, e, uma vez por semana, um filme na sua língua original.

» O ARTE é um canal franco-alemão que entra no ar a partir de 19h todo dia com programas em francês e alemão. Filmes estrangeiros são transmitidos em sua língua original e há também documentários culturais.

» O M6 mostra muitos filmes de orçamento baixo e reprises de séries americanas. Também passa bons documentários.

» A TV digital está decolando na França. Há mais de cem canais tanto na TV a cabo como por satélite.

» Se as programações de TV indicarem VO (*version originale*), o programa ou filme será exibido na língua original, com legendas em francês (o Canal 3 costuma passar um bom filme em VO à meia-noite de domingo).

» Note que a televisão francesa nem sempre é fiel aos horários.

» A maioria dos hotéis tem pelo menos um serviço básico de TV a cabo. As TVs a cabo agora oferecem versões em várias línguas de alguns programas. Pergunte no hotel como usar esse recurso.

RÁDIO

» As estações de rádio francesas operam quase todas em FM, e há poucas estações estrangeiras em OC. O sinal em Paris é muito bom. Todas as FMs são em francês. As principais são:

» Chérie FM: 91.3 FM; pop francês, notícias, reportagens.

» France Infos: 105.5 FM; notícias a cada 15 minutos.

» France Musique: 91.7 FM; jazz e música clássica, concertos, óperas, notícias.

» NRJ: 100.3 FM; pop francês e internacional, techno, rap, R&B.

» Radio Classique: 101.1 FM; música clássica.

» Skyrock: 96 FM; rap, hip-hop, R&B.

» BBC Radio 4: 198 kHz LW; notícias, atualidades, teatro.

» BBC Five Live: 909 kHz MW; notícias e esportes.

» BBC World Service: 648 kHz MW; notícias internacionais.

JORNAIS E REVISTAS

» Jornais em inglês estão disponíveis nos grandes *kiosques* (bancas de jornal) nas áreas turísticas. O *The International Herald Tribune*, *The Economist*, *USA Today* e *The Wall Street Journal* são encontrados em quase todas as bancas.

» *Pariscope* é o mais popular guia de programação para eventos e filmes. Outras publicações do tipo são *L'Officiel du Spectacle* e o moderno (e um pouco mais caro) *Zurban*. Todos os três saem às quartas. Há uma revista trimestral em inglês que você encontra em livrarias como a WH Smith, onde você encontra também o *Paris Voice*, uma revista gratuita em inglês sobre a cidade.

» Se você está procurando uma permuta de alojamento ou um aluguel de férias em Paris, pegue um exemplar grátis da *FUSAC*, uma prática publicação de pequenos anúncios que sai quinzenalmente.

» *Where*, um guia em inglês com programação é distribuído gratuitamente em hotéis.

» Entre as revistas semanais há *Le Nouvel Observateur*, *Le Point* e *L'Express*.

» Para moda feminina, as opções são *Elle*, *Vogue* ou *Marie Claire*.

» Para fofocas sobre celebridades e muitas fotos há a *Paris Match*, *Voici* ou *Gala*.

TV A CABO

Dependendo da opção de TV a cabo de seu hotel, você poderá ver alguns dos seguintes canais:

BBC Prime	Uma variedade de programas da BBC, novos e antigos
Canal+	Filmes recentes (alguns na língua original)
MTV	Canal de música atual
MCM	Versão francesa da MTV
Eurosport ou Infosport	Grandes eventos esportivos
Planète	Documentários sobre natureza e ciência
RAI Uno	Italiano
TVE 1	Espanhol
Euronews	Canal europeu só de notícias
LCI	Canal francês de notícias
Canal Jimmy	Programas ingleses e americanos como *Friends* e *NYPD Blues* em inglês ou em versão multilíngue
Paris Première	Canal cultural com alguns filmes em inglês
Canal J	Programas infantis até 20h
Téva	Canal dedicado à mulher que exibe alguns programas em inglês, como a série *Sex in the City*

JORNAIS

Os jornais franceses têm inclinações políticas claras e assumidas.

Le Monde
Prestigioso jornal de centro-esquerda, conhecido até há pouco tempo por se recusar a incluir fotos.

Libération
Jornal dinâmico, mais claramente esquerdista e voltado aos jovens.

L'Humanité
Jornal de esquerda.

Le Figaro
Jornal mais conservador.

Le Parisien
Um tabloide cujo francês permite que não nativos possam lê-lo com mais facilidade.

Journal du Dimanche
Jornal de domingo.

FILMES E LIVROS

FILMES

» O filme definitivo sobre Paris é *O fabuloso destino de Amélie Poulain* (2001), embora retrate uma visão idealizada do charme de Montmartre.

» *Piaf – Um hino ao amor* (2007) é uma angustiante biografia de Édith Piaf, filmada principalmente em Montmartre.

» *O código Da Vinci* (2006), estrelado por Tom Hanks, arrastou uma multidão de turistas ao centro de Paris em busca da solução do mistério.

» Para uma visão mais realista do cotidiano do bairro da Bastille, assista a *O gato sumiu* (1997).

» *Antes do pôr do sol* (2004) foi a sequência de Richard Linklater para *Antes do amanhecer* (1995), com Ethan Hawke e Julie Delpy vivendo um romance em Paris.

» Outros filmes ambientados principalmente em Paris: *Surpresas do coração* (1995); o romântico musical de Woody Allen *Todos dizem eu te amo* (1996); *Prêt-à--porter* (1994), uma visão ácida de Robert Altman sobre o mundo da moda; e *Jefferson em Paris* (1995), no qual James Ivory retrata Paris às vésperas da Revolução.

» Ninguém expressou melhor o romantismo da Cidade Luz do que Audrey Hepburn em filmes deliciosos como *Sabrina* (1954; refilmado em 1995, com Julia Ormond) e *Cinderela em Paris* (1957). Em *Love in the afternoon* (*Um amor na tarde*,1957) Hepburn se diverte com Gary Cooper no Hotel Ritz; ela faz par com Cary Grant em *Charade* (1963), uma sofisticada comédia policial.

» Para cenas de sapateado nos monumentos de Paris, veja *Um americano em Paris* (1951), com Gene Kelly e Leslie Caron.

LIVROS

» Para quem prefere encontrar Paris nas páginas de um livro, o ensaio de Adam Gopnik *Paris to the moon* (2000) oferece a visão de um americano da vida na capital francesa atualmente.

Acima *A lendária cantora Édith Piaf foi interpretada por Marion Cotillard no filme* Piaf – Um hino ao amor, *de 2007*

» O livro de Ernest Hemingway *Paris é uma festa* (1964) e o de Gertrude Stein *Autobiografia de Alice B. Toklas* (1933) falam de uma era mais romântica no início do século XX, quando um colecionador de arte podia abocanhar obras de Picasso e Matisse por uma ninharia.

» Um retrato menos elogioso da capital francesa pode ser encontrado em *Na pior em Paris e Londres* (1933), no qual George Orwell descreve os horrores de ter de sobreviver na cidade na década de 1930 sem um *sou* (tostão).

» Os clássicos dão uma visão histórica da vida parisiense. Leia *O corcunda de Notre-Dame* (1831) ou *Os miseráveis* (1862), de Victor Hugo, ou a visão de Charles Dickens da Revolução Francesa em *Um conto de duas cidades* (1859).

» Quem gosta de mistério vai adorar a série de George Simenon *Inspetor Maigret*.

» *O código Da Vinci*, de Dan Brown (2003), retrata Paris no centro de um segredo religioso de 2.000 anos. O best-seller capturou a imaginação popular em quase todo o mundo.

HORÁRIOS E INGRESSOS

INGRESSOS

» Se você pretende ver muitos museus e outras atrações, pode valer a pena comprar um Paris Museum Pass (www.parismuseumpass.fr). Ela dá acesso gratuito a cerca de 60 museus e monumentos da cidade, e outros 22 no resto da Île de France. O passe de dois dias custa €30, o de quatro dias €45 e o de seis €60. Compre-os em algum dos museus participantes, no Escritório de Turismo de Paris, nas grandes estações de metrô e nos balcões de ingressos da FNAC. Estes passes não cobrem as exposições temporárias.

» O Paris City Passport (vendido nos centros de informação turística, ▷ 280) proporcionam descontos entre 10 e 50% na compra de ingressos de 47 museus.

» Diversas atrações são gratuitas no primeiro domingo do mês, entre elas o Musée Picasso, o Louvre e o Arco do Triunfo.

» Idosos e estudantes com Carteira Internacional de Estudante têm desconto no ingresso em alguns museus.

» Informações sobre ingressos de teatro e concertos, ▷ 283.

» Informações sobre bilhetes de metrô, ônibus e RER, ▷ 52-9.

FERIADOS NACIONAIS

A França tem 11 feriados nacionais (*jours fériés*), quando metrô, ônibus e os serviços RER têm circulação reduzida e os bancos e muitos museus e lojas fecham. Os mais respeitados são 1º de janeiro, 1º de maio, 1º de novembro, 11 de novembro e 25 de dezembro. Se você estiver em Paris durante um feriado nacional, convém ligar antes para confirmar se a atração que você pretende visitar estará aberta.

1º de janeiro	Ano-Novo
Março/abril	Domingo de Páscoa
1º de maio	Dia do Trabalho
8 de maio	Dia da Vitória
Uma quinta de maio	Ascensão
Maio/junho	Segunda de Pentecostes
14 de julho	Dia da Bastilha
15 de agosto	Dia da Assunção
1º de novembro	Todos os Santos
11 novembro	Dia do Armistício
25 de dezembro	Natal

» A maioria dos cinemas cobra ingressos reduzidos às segundas e quartas-feiras (os descontos podem chegar a 20 ou 30%). Alguns dias são oferecidos preços promocionais para estudantes (desde que munidos de identificação internacional válida) ou para a terceira idade (também é preciso comprovar identidade).

» Os teatros também oferecem descontos no ingresso em determinadas situações.

» A maioria dos museus não cobra ingresso para menores de 18 anos e dá desconto para jovens entre 18 e 25 anos, sobretudo para os integrantes da CE

» Vale a pena adquirir ingressos para a temporada quando se pretende visitar uma atração ou um museu várias vezes ao ficar mais tempo em Paris. Informe-se em cada museu ou atração.

» É possível reservar entradas para espetáculos de teatro, ópera, concertos e eventos esportivos nas lojas FNAC (www.fnac.com), que cobram uma pequena taxa. Para ingressos para shows ou eventos esportivos procure também a Virgin Megastore (www.virginmega.fr), que também cobra taxa de reserva.

NUIT BLANCHE

No primeiro sábado de outubro, entre 7h e o amanhecer do domingo, ocorrem apresentações e eventos gratuitos por toda a cidade. Desde 2002, a *Nuit Blanche* é uma atração de Paris e atrai um público de quase 2 milhões de pessoas. Consulte a programação no site www.nuit.blanche.fr.

HORÁRIOS DE FUNCIONAMENTO

Bancos	Segunda a sexta, 10h-17h.	As agências menores podem fechar para almoço. As demais ficam abertas aos sábados, mas fecham às segundas. Os bancos fecham nos feriados; nas vésperas, fecham ao meio-dia.
Lojas	Segunda a sábado, 9h-19h.	Algumas butiques abrem mais tarde. É raro as lojas fecharem para almoço na cidade, mas alguns comércios especializados podem fazer um intervalo de uma ou duas horas para almoço. Sábado é o dia mais movimentado de compras, e no domingo a maioria das lojas fecha.
Museus	A maioria dos museus fecha às terças (o Musée d'Orsay é uma exceção, e fecha às segundas). Museus municipais (incluindo o Musée Carnavalet e o Musée Cognacq-Jay) fecham às segundas.	Em geral a entrada é gratuita no primeiro domingo do mês, quando os museus podem ficar desconfortavelmente lotados. Os museus-chave costumam reabrir tarde da noite (*nocturne*), quando há menos gente. Se você vai excursionar até o outro lado da cidade para ver um dos pequenos museus, ligue antes – os horários podem ser incomuns e as constantes reformas podem surpreender.
Restaurantes	Em geral, serve-se almoço entre 12h e 14h ou 14h30 e jantar entre 19h30 e 22h ou 23h.	A maioria dos parisienses só janta fora lá pelas 21h. As brasseries servem comida o dia inteiro. Alguns restaurantes ficam fechados durante todo o mês de agosto.
Casas noturnas	O agito nos clubes começa bem depois da meia-noite e vai até por volta de 5h.	
Correios	Segunda a sexta, 8h-19h; sábado, 8h-12h.	Algumas agências abrem mais tarde. A agência Paris Louvre, no no 52 da rue du Louvre, 77501 (tel 01 40 28 76 00) fica aberta 23h (7h20-6h20)
Farmácias	Segunda a sábado, 9h-19h ou 20h.	Todas exibem uma lista de farmácias locais que ficam abertas até mais tarde e aos domingos.

CENTROS DE INFORMAÇÃO TURÍSTICA

» O principal escritório de turismo de Paris, agora na rue des Pyramides (veja quadro abaixo), fornece todas as informações sobre atrações, hospedagem, exposições e atividades para crianças. Você pode comprar o Paris Museum Pass e o passe Paris Visite, para ônibus e metrô. Há filiais pela cidade.

» O escritório de turismo regional, Comité Régional du Tourisme–Paris Île de France, tem agências no Carrousel du Louvre e no Disneyland Resort Paris e cobre toda Île de France, incluindo Versailles.

» No verão há também quiosques de informação em vários pontos da cidade:

Kiosk Champs-Élysées
✉ Esquina da avenue des Champs-Élysées e avenue Marigny, 75008
🕐 Abr-out: diariam 9h-19h; fecha 1º mai, 14 jul 🚇 Champs-Élysées-Clémenceau

Kiosk Notre-Dame
✉ Parvis de Notre-Dame, 75004
🕐 Mai-set: diariam 10h-19h; fecha 1º mai
🚇 Cité

Kiosk Hôtel de Ville
✉ place de l'Hôtel de Ville (rue de Rivoli side), 75001 🕐 Jul-set: diariam 10h-19h
🚇 Hôtel de Ville

Kiosk Bastille
✉ 4 place de la Bastille, 75011
🕐 Jul-ago: diariam 11h-19h 🚇 Bastille

ESCRITÓRIOS DE TURISMO

Paris Tourist Office
(Paris Convention and Visitors Bureau)
25-27 rue des Pyramides, 75001
Tel 0892 683 000 (€0,34 por minuto)
Abre jun-fim out: diariam 9h-19h; resto do ano: seg-sáb 10h-19h, dom e feriados 11h-19h. Fecha 1º de maio
Metrô: Pyramides
www.parisinfo.com

Há filiais na Torre Eiffel (abr-fim de out), Gare de Lyon, Gare du Nord, Opéra (11 rue Scribe), Montmartre (21 place du Tertre), Anvers, Paris Expo e Carrousel du Louvre.

Maison de la France
O Escritório de Turismo Francês
(não há acesso ao público no escritório de Paris).
www.franceguide.com

Paris Île-de-France
Carrousel du Louvre (andar inferior)
Tel 0826 166 666
Abre qua-seg 9h-19h
Metrô: Tuilleries
www.pidf.com

Há também um escritório no Disneyland Resort Paris (Place François Truffaut; tel 01 60 43 33 33).

ESCRITÓRIOS DE TURISMO DA FRANÇA NO EXTERIOR

O Escritório de Turismo da França tem um site – www.franceguide.com –, mas seu escritório central em Paris não fica aberto ao público. Alguns de seus escritórios no exterior estão relacionados a seguir:

Brasil
Maison de la France
Av. Paulista, 509, 10º andar;
01311-100, São Paulo
tel 11 3284 1633

Canadá
1800 avenue McGill College, Suite 1010,
Montreal, H3A 3J6;
tel (514) 288 2026;
e-mail: canada@franceguide.com

Alemanha
Zeppelinalee 37, 60325, Frankfurt;
tel 0900 1 57 00 25 (40c por min);
e-mail: info.de@franceguide.com

Irlanda
tel 1560 235 235;
e-mail: info.ie@franceguide.com

Itália
Via Larga 7, 20122, Milão; tel 899 199 072
(52c por min + IVA);
e-mail: info.it@franceguide.com

Espanha
Plaza de España 18, Torre de Madrid 8a
Pl. Of. 5, 28008, Madri;
tel 807 117 181 (31c por min);
e-mail: info.es@franceguide.com

Reino Unido
178 Piccadilly, Londres, W1J 9AL;
tel 09068 244 123 (60 *pennies* por min);
e-mail: info.uk@franceguide.com

Estados Unidos
825 Third Avenue, 29th floor, Nova York,
NY10022; tel 410 286-8310;
e-mail: info.us@franceguide.com

SITES ÚTEIS

www.fodors.com
Em inglês, oferece ampla diversidade de informações, úteis para quem vai programar sua viagem ou quer dicas de quem já visitou os locais.

www.franceguide.com
Dicas práticas sobre tudo, desde a chegada a Paris até comprar uma propriedade. Pertence ao Escritório de Turismo Francês.
Dá informações sobre férias em outras partes da França (em francês, inglês, alemão, italiano, espanhol, holandês e português).

www.parismuseumpass.com
É da mesma organização que administra o Paris Museum Pass (em francês e inglês).

www.lemonde.fr
Mostra os destaques do jornal *Le Monde* (em francês).

www.meteofrance.com
Previsão do tempo para Paris e o resto da França (só em francês).

www.monuments-nationaux.fr
Saiba mais sobre alguns dos monumentos históricos de Paris, como o Arco do Triunfo, o Panthéon e a Notre-Dame, no site do Centre des Monuments Nationaux (em francês e inglês).

www.pagesjaunes.fr
Catálogo telefônico da França (em francês e inglês).

www.paris.fr
A informação no site da câmara dos vereadores vai de eventos em cartaz a maneiras de explorar Paris de bicicleta. Também há notícias sobre a administração da cidade, voltada para os residentes (em francês e inglês).

www.parisdigest.com
Um site independente que guia você pelo melhor que a cidade tem a oferecer em atrações, compras ou comida (em inglês).

www.parisfranceguide.com
Site para falantes de inglês que vivem ou visitam Paris, tratando desde moda até visita ao dentista (em inglês).

www.paris-ile-de-france.com
Ofertas especiais, informações sobre eventos, hotéis, metrô e o tempo, no site do escritório de turismo regional de Île de France (em francês, inglês, alemão e espanhol).

www.parisinfo.com
O site do Escritório de Turismo de Paris é cheio de informações sobre as atrações, restaurantes, lojas, hotéis, eventos e metrô. Tem ainda links úteis para outros sites (em francês e inglês).

www.parisvoice.com
Visão de quem conhece Paris por dentro, para parisienses que falam inglês. Tem resenhas de livros, um calendário e uma coluna de conselhos (em inglês).

www.ratp.fr
Site do metrô de Paris e da operadora de ônibus, com informações sobre passeios (em francês, inglês e alemão).

www.rmn.fr
Site da Réunion des Musées Nationaux (em francês e inglês).

www.theAA.com
Site da Automobile Association com uma útil ferramenta para planejar trajetos para quem vai excursionar pelo campo. Vende também mapas da França (em inglês).

Outros sites estão indicados junto às respectivas atrações ou nas seções Como circular na cidade e Informações essenciais.

GUIA RÁPIDO DOS PRINCIPAIS SITES

ATRAÇÃO	SITE	PÁGINA
Arco do Triunfo	www.monuments-nationaux.fr	186-9
Centre Georges Pompidou	www.centrepompidou.fr	156-61
Conciergerie	www.monuments-nationaux.fr	112-3
Grande Arche	www.grandearche.com	254
Institut du Monde Arabe	www.imarabe.org	116
Les Invalides	www.invalides.org	74-5
Jardin du Luxembourg	www.senat.fr	118-9
Montmartre	www.montmartrenet.com	226-7
La Mosquée	www.la-mosquee.com	117
Musée des Arts Décoratifs	www.ucad.fr	195
Musée Carnavalet	www.carnavalet.paris.fr	164-5
Musée du Louvre	www.louvre.fr	198-203
Musée Marmottan Monet	www.marmottan.com	78-9
Musée National du Moyen Âge--Thermes de Cluny	www.musee-moyenage.fr	122-3
Musée d'Orsay	www.musee-orsay.fr	80-3
Musée Picasso	www.musee-picasso.fr	167
Musée Rodin	www.musee-rodin.fr	85
Muséum National d'Histoire Naturelle	www.mnhn.fr	121
Notre-Dame	www.notredamedeparis.fr	124-7
Opéra Palais Garnier	www.opera-de-paris.fr	204
Panthéon	www.monuments-nationaux.fr	128
Parc de la Villette	www.villette.com www.cite-sciences.fr and www.cite-musique.fr	230-1
Sacré-Cœur	www.sacre-coeur-montmartre.com	232-5
Sainte-Chapelle	www.monuments-nationaux.fr	132-3
Torre Eiffel	www.tour-eiffel.fr	90-5
Tour Montparnasse	www.tourmontparnasse56.com	89

ARTE, COMPRAS, DIVERSÃO E NOITE

COMPRAS

Paris reúne cerca de 17 mil lojas, com as mais diversas ofertas: de elegantes lojas de departamentos e butiques chiquérrimas a simples lojas de rede e disputados mercados de objetos e roupas usados.

MODA

Roupa, é claro, é o que há para comprar em Paris, que ainda é a capital mundial da moda, apesar da séria concorrência de Londres, Nova York e Milão. Todos os estilistas top de linha têm butiques na cidade, concentradas no Faubourg St-Honoré, na avenue Montaigne e em St-Germain-des-Prés. Para quem quer gastar menos, lojas *dépôt-vente* (usados) vendem roupas de grife para *madames* (às vezes para *monsieurs*) das coleções do ano anterior, a preços razoáveis. A rue d'Alésia é cheia de lojas de ponta de estoque que vendem marcas com descontos de até 70%.

La Vallée Outlet Shopping Village, fora de Paris (3 cour de la Garonne 77700 Serris, tel 01 60 42 35 00; www.lavalleevillage.com; seg-sáb 10h-19h, dom 11h-19h, RER linha A4 até Val d'Europe, a 45 minutos de Paris), vende roupas de grife com descontos de até 60%. Há seções de roupas de grife nas três principais lojas de departamentos: a exclusiva Le Bon Marché da Margem Esquerda e as imensas Galeries Lafayette e Printemps, na Margem Direita. A BHV, menos cara e menos chique, é famosa por seu grande estoque de artigos faça você mesmo no térreo. Rede de lojas concentram-se no Forum des Halles e nos Champs-Élysées, rue de Rivoli e boulevard St-Michel, enquanto as butiques ficam agrupadas no Marais e em St-Germain-des-Prés, com lojas mais voltadas aos jovens espalhadas ao longo do Canal St-Martin, em Montmartre, perto da estação de metrô Abbesses, e na região da rue Oberkampf.

Para sapatos, vá direito à rue du Cherche-Midi e à rue de Grenelle, nos 6º e 7º *arrondissements*, onde ficam as melhores lojas.

O período de liquidação de janeiro e julho costuma durar cinco semanas e proporciona boas oportunidades de fazer compras baratas (nos últimos dias, os descontos chegam a 70%).

PERFUMES

Paris também é a capital mundial dos perfumes. Todas as lojas de departamentos vendem as principais marcas de perfumes e cada bairro tem uma perfumaria.

COMIDA

Há muitas opções de comida, do foie gras a bons vinhos e champanhe, em lojas como Hédiard e Fauchon, na place de la Madeleine, a Grande Épicerie de Paris, perto da loja de departamentos Le Bon Marché, e a Lafayette Gourmet, nas Galeries Lafayette. Muitas *boulangeries* fazem seu próprio chocolate (procure a palavra *chocolatier*) e há muitas lojas específicas, mas você compra chocolate de qualidade (70% ou mais de cacau) em qualquer supermercado.

ANTIGUIDADES E LIVROS

Para antiguidades e usados, o Marché aux Puces de St-Ouen (▷ 225) é onde há maior variedade. Há também mercados menores na Porte de Montreuil (sáb-dom 7h-20h) e na Porte de Vanves (avenue Georges-Lafenestre, sáb-dom 7h-15h, e avenue Marc-Sangnier, 75014, sáb-dom 7h-13h) com boas ofertas. Feiras (*brocantes*), montadas na rua nos fins de semana, são sempre divertidas. Há lojas de antiguidades agrupadas em volta do quai Voltaire e da rue de Beaune no 7º *arrondissement* e no Louvre des Antiquaires, onde 250 bancas vendem suas mercadorias, ao longo da rue de Rivoli, saindo do museu. Para livros raros, dê uma volta pelos 5º e 6º *arrondissements* e pelos *quais* do Sena, cheios de bancas de vendedores de livros: são os *bouquinistes*.

QUESTÕES PRÁTICAS

As lojas abrem das 9h ou 10h até as 19h ou 19h30. A maioria fecha aos domingos, mas muitas butiques no Marais abrem domingo à tarde. Butiques pequenas podem fechar segunda de manhã e na hora do almoço. As lojas costumam aceitar os principais cartões de crédito. Diga sempre *bonjour* e *au revoir* aos vendedores. Diante da insistência, diga *je regarde* ("só olhando").

DIVERSÃO E NOITE

Paris tem uma rica herança em artes e espetáculos, dos clássicos à vanguarda, em locais que vão de pequenos clubes a imensos auditórios. Para saber o que está em cartaz, consulte revistas como *Pariscope* (€ 0,40) e *L'Officiel des Spectacles*. devem manter você atualizado com os melhores lugares para ir. Na maioria dos clubes, o movimento só começa depois da meia-noite, e costuma continuar até o amanhecer nas sextas e sábados. Geralmente se cobra ingresso, e é bom andar bem vestido para passar pelo porteiro. Se você não é da cena clubber, há milhares de bares pela cidade, dos pequenos e acolhedores aos latinos e chique-modernos.

TEATRO

A Comédie Française (www.comedie-francaise.fr), fundada em 1680, deu início à paixão nacional pelo teatro, e Paris hoje oferece peças clássicas, de vanguarda e em língua estrangeira. O teatro francês tende a ser intelectualizado – a Comédie Française ainda se concentra nos clássicos. Muitos teatros fecham entre meados de julho e setembro.

DANÇA

A dança contemporânea e moderna é uma força ativa nas artes francesas. Quem lidera a cena é o Centre Georges Pompidou (▷ 156-61).

MÚSICA CLÁSSICA

Paris não conta com uma orquestra de renome mundial, e a música clássica ao vivo é menos cultuada aqui do que em outras capitais europeias. Mas há vários grupos de destaque, como a Orchestre de Paris (www.orchestredeparis.com), com programação anual. Também são populares as Grandes Eaux Musicales (▷ 262) de Versailles. As igrejas costumam abrigar concertos de música clássica a preços razoáveis – procure informações nos murais.

JAZZ

Paris tem muitos pequenos clubes de jazz, como o New Morning (▷ 175), sempre cheios. Entre os festivais de jazz estão o Autumn Festival du Jazz e o Paris Jazz, no Bois de Vincennes.

BALÉ E ÓPERA

O ornamentado Opéra Palais Garnier (▷ 213) e a Opéra Bastille (▷ 175) são as principais salas. A Opéra Bastille é de 1989 e constitui um exemplo impressionante de arquitetura moderna. Reserve com antecedência.

CINEMAS

Os franceses vêm tendo um renovado interesse por produções nacionais, mas sempre é possível encontrar um filme em inglês – o melhor é procurar as salas Multiplex. Procure o símbolo VO (*version originale*), que indica que o filme está sendo exibido em sua língua original. Para algo mais típico de Paris, procure um dos muitos cinemas de arte.

CABARÉS

Os mundialmente famosos cabarés de Paris atraem mais turistas do que parisienses. Muitos oferecem show e jantar no mesmo ingresso e a bebida às vezes custa uma pequena fortuna.

RESERVA DE INGRESSOS

A maioria das bilheterias de teatro vende ingressos para seus próprios espetáculos e aceita reservas por telefone com pagamento por cartão de crédito. Se ligar do exterior, lembre-se que as bilheterias em geral têm números "089" mais caros. Sai mais barato usar o número geral do teatro e pedir para transferir a ligação para a bilheteria (*bureau de location*). As lojas FNAC (www.fnac.com) vendem ingressos. Para shows de rock, pop e jazz tente a Virgin Megastore (www.virginmega. fr) e para festivais tente o escritório de turismo. O Kiosque Théâtre vende ingressos a preço reduzido para o dia da apresentação, para a maioria dos teatros de Paris. Há pontos de venda na place de la Madeleine, 15, e na Gare Montparnasse. Os espetáculos à tarde costumam ser mais baratos que os da noite, e quando são para o próprio dia também são vendidos com desconto.

COMO SE VESTIR

Para peças de teatro à noite, óperas e concertos de música clássica use roupa adequada, que não precisa ser a rigor, a não ser que você se sinta melhor assim. Para outros espetáculos, uma roupa casual é perfeitamente aceitável.

Página ao lado *Coberta por impressionante cúpula de vidro, a lojas de departamentos Galeries Lafayette oferece artigos variados.*
Abaixo *O cinema Le Champo, no Quartier Latin, costuma exibir filmes clássicos*

ESPORTES E ATIVIDADES

Os destaques do calendário esportivo de Paris são o torneio internacional de tênis de Roland Garros, parte do Grand Slam (fim de maio, início de junho), a etapa final da prova ciclística do Tour de France em julho (▷ 285) e a corrida de cavalos Prix de l'Arc de Triomphe em outubro. Também há muitos torneios internacionais de futebol e de rúgbi. O time de futebol do Paris St-Germain joga no Parc des Princes, mas as partidas internacionais de futebol e rúgbi da França são jogadas no Stade de France (tel 01 55 93 00 00; ingressos 0892 700 900; www.stadefrance.fr).

Atividades esportivas não são muito procuradas por quem visita Paris, mas se quiser queimar calorias vá até o Bois de Boulogne (▷ 250) e o Bois de Vincennes (▷ 251) andar de bicicleta, de barco ou correr. Também há academias e piscinas pela cidade. Para golfe, contate a Fédération Française de Golf (tel 01 41 49 77 00, www.ffgdf.org). *Boules* ou *pétanque* (similar ao jogo de bochas) são comuns nos parques e nas praças com espaços verdes mais amplos.

SAÚDE E BELEZA

Se preferir se afastar das agitadas ruas de Paris, existem diversas alternativas muito gratificantes. Alguns locais oferecem opções específicas, como sessão de talassoterapia na Villa Thalgo (▷ 213), massagens (▷ 175) ou reflexologia e shiatsu (▷ 99).

PARA CRIANÇAS

Muitos museus e galerias da cidade promovem atividades para crianças (em geral às quartas e sábados) e fornecem material. Menores de 18 anos geralmente não pagam. Parques como o Jardin du Luxembourg têm atrações como shows de bonecos, barcos radiocontrolados e playgrounds. Fora do limite da cidade, há o popular Disneyland® Resort Paris (▷ 256-7), o Parc Astérix e o recente Le 104 (Cent Quatre), um centro de criatividade e produção artística com espaço especial para crianças pequenas.

FESTIVAIS E EVENTOS

Para as datas dos 11 feriados nacionais da França, veja ▷ 279.

JANEIRO

FÊTE DES ROIS

6 janeiro

A Epifania é celebrada com um bolo especial de amêndoa chamado galette des rois.

ANO-NOVO CHINÊS

Fim de janeiro/início de fevereiro

Comemorado entre a avenue d'Ivry e a avenue de Choisy.

🚇 Tolbiac, Porte de Choisy

ABRIL

MARATHON INTERNATIONAL DE PARIS

Primeiro domingo de abril

www.parismarathon.com

A maratona de Paris começa nos Champs-Élysées e termina atrás do Arco do Triunfo.

☎ 01 41 33 15 68

🚇 Charles de Gaulle-Étoile

MAIO

FOIRE DE PARIS

www.foiredeparis.fr

Jardinagem, casa e lazer são os temas desta feira.

✉ Paris Expo, Porte de Versailles, 75015

☎ 01 49 09 60 00

🚇 Porte de Versailles

DIA DO TRABALHO

1º de maio

Passeatas pelas ruas.

LA NUIT DES MUSÉES

www.nuitdesmusees.culture.fr

Em meados de maio, durante uma noite quase todos os museus de Paris abrem suas portas.

PRINTEMPS DES RUES

www.leprintempsdesrues.com

Uma semana de eventos ao ar livre, em diversos locais, com um tema diferente a cada ano.

☎ 01 47 97 36 06

MAIO-JUNHO

ROLAND-GARROS

www.rolandgarros.com

O prestigioso Torneio Aberto de Tênis dura duas semanas.

✉ Stade Roland Garros, 2 avenue Gordon-Bennett, 75016

☎ 01 47 43 48 00

🚇 Porte d'Auteuil

JUNHO

FÊTE DE LA MUSIQUE

21 June

www.fetedelamusique.culture.fr

Concertos gratuitos por toda a cidade, com todos os estilos, de música clássica a techno.

☎ 01 40 03 94 70

JUNHO–JULHO

FOIRE ST-GERMAIN

Em torno da place St-Sulpice

www.foiresaintgermain.org

Esta feira teve origem no século XII.

☎ 01 43 29 61 04

🚇 St-Sulpice

JULHO

TOMADA DA BASTILHA

14 de julho

Fogos de artifício e sinos dos corpos de bombeiros no dia 13 de julho, seguidos por desfile militar pelos Champs-Élysées no dia 14 de julho.

TOUR DE FRANCE

www.letour.fr

Esta famosa corrida de bicicletas termina nos Champs-Élysées.

☎ 01 41 33 14 00

JULHO-AGOSTO

PARIS QUARTIER D'ÉTÉ

www.quartierdete.com

Apresentações de teatro, música e dança em espaços abertos pela cidade.

☎ 01 44 94 98 00

PARIS PLAGES

Quatro semanas entre meados de julho a meados de agosto

www.paris.fr

Desde a primeira edição em 2002, as praias artificiais se tornaram o maior evento do verão parisiense e trasnformaram a cidade em um resort. Alguns trechos às margens do Sena são transformados em "praias" com areia e pedra, com acesso entre 8h e meia-noite.

FESTIVAL DE CINÉMA EN PLEIN AIR

www.villette.com

Festival de cinema ao ar livre.

✉ Parc de la Villette, 75019 ☎ 01 40 03 75 75 🚇 Porte de la Villette, Porte de Pantin

SETEMBRO-DEZEMBRO

FESTIVAL D'AUTOMNE

De meados de setembro a dezembro

www.festival-automne.com

Festival cultural de vanguarda, em diversos locais.

☎ 01 53 45 17 17

OUTUBRO

FIAC (FOIRE INTERNATIONAL D'ART CONTEMPORAIN)

5 dias em outubro

www.fiacparis.com

Grande feira de arte moderna.

✉ Grand Palais du Louvre

☎ 01 47 56 64 21 🚇 Louvre

NUIT BLANCHE

Primeiro sábado de outubro

Concertos e outros eventos por toda a cidade durante a noite inteira, no primeiro sábado de outubro.

☎ 39 75 (informações da prefeitura)

NOVEMBRO

BEAUJOLAIS NOUVEAU

Terceira quinta de novembro

Os bares transbordam pela rua quando o novo Beaujolais chega.

ONDE COMER

Paris costuma ser descrita como a capital da gastronomia, por isso comer fora é um programa que precisa fazer jus a esta reputação. A França proclama ser a inventora da *haute cuisine*, e o padrão que ela define para seus melhores restaurantes – as estrelas do Guia Michelin – é reconhecido em todo o mundo como sinônimo de excelência gastro-

Grandes chefs, como Alain Senderens e Guy Savoy, ditam as tendências culinárias. Alain Ducasse tem uma escola fora de Paris, onde ensina sua fusão culinária, enquanto a escola Cordon Bleu, no centro da cidada, dedica-se à cozinha clássica. Se o seu bolso está aquém da nata dos restaurantes de Paris há opções mais em conta – da cozinha regional francesa à do norte da África, libanesa ou japonesa. Prepare-se para gastar um bom tempo na refeição, pois comer bem faz parte do estilo de vida para os parisienses, que não têm pressa quando se sentam à mesa.

RESTAURANTES

Os restaurantes têm preços mais altos do que as brasseries ou os bistrôs e em geral são locais mais refinados, com uma cozinha elegante e boa carta de vinhos. Para algo especial, procure chefs com várias estrelas Michelin, como Alain Ducasse e Guy Savoy. Vista-se de acordo e faça a reserva.

O *menu dégustation*, exclusivo de restaurantes mais finos, é um cardápio de preço fixo que oferece uma amostra dos melhores pratos, com uma seleção de vinhos de acordo.

BRASSERIES E BISTRÔS

Brasseries são restaurantes mais informais, com horário mais dilatado. Algumas têm lindos ambientes do século XIX. Pratos comuns são steak-frites e choucroute. Os bistrôs são menores, em geral com gestão familiar, e servem cozinha tradicional, com uma limitada escolha de vinhos. Há uma nova safra de bistrôs, lançada por alguns dos melhores chefs de Paris como locais-satélites de seus celebrados restaurantes.

CAFÉS, BARES E SALÕES DE CHÁ

Cafés e bares servem café, chá (que em Paris não é particularmente recomendado), drinques e petiscos. A maioria abre a partir de 9h (alguns mais cedo) e ficam até de noite, e muitos têm mesinhas ao ar livre, para olhar o movimento de pessoas. *Salons de thé* (salões de chá) abrem do meio-dia até tarde da noite e alguns ficam em locais sofisticados (como o Muscade, ▷ 215).

OPÇÕES ECONÔMICAS

Se você pretende gastar pouco faça a refeição principal na hora do almoço, quando a maioria dos restaurantes oferece o *menu du jour*, ou prato do dia, com dois ou três pratos e um copo de vinho por 50% do que se cobra à noite. Em geral os restaurantes servem refeições a preço fixo à noite, com três ou mais pratos – a melhor opção é o *menu gastronomique*.

HORÁRIOS

Restaurantes e bistrôs têm horários rígidos. Os restaurantes abrem ao meio-dia, fecham às 14h30 e reabrem às 19h30. Os parisienses em geral levam uma hora para almoçar e comem no refeitório do trabalho ou em um bistrô próximo. A refeição da noite é a mais importante do dia e costuma ser feita *en famille*, entre 20h e 21h. Os restaurantes param de aceitar pedidos entre 22h e 23h. Para comer mais tarde, tente uma brasserie ou algum local na área de Les Halles ou Marais. Alguns restaurantes fecham nos fins de semana e muitos não funcionam no mês de agosto.

ETIQUETA
Em geral, o serviço vem incluído na conta, o que se indica por *service compris* ou *s.c.* Se não, deixe gorjeta. Vestir-se bem é parte do estilo francês e obrigatório se você for a um restaurante fino. Poucos restaurantes têm um código estrito de vestuário, mas a maioria dos parisienses se arruma bem ao jantar fora. Dirija-se aos garçons com *monsieur*, *mademoiselle* ou *madame* (para maiores de 25 anos). Por lei, não se pode fumar em cafés e restaurantes.

GUIA RÁPIDO DE COZINHA EM PARIS

REGIONAL FRANCESA
Em Paris você pode comer os grandes pratos regionais sem sair da cidade. Abaixo você tem um guia da cozinha regional francesa. Veja os nomes dos pratos no Cardápio, ▷ 288-9. Veja que restaurantes servem comida regional francesa em Restaurantes por Culinária, ▷ 291.

Mediterrânea
O clima abafadiço do Languedoc--Roussillon e da Provença estimula os produtos frescos. O básico dos pratos à la provençale inclui ervas, azeite de oliva e alho. A ratatouille – tomates, cebolas, courgettes (abobrinhas) e aubergines (berinjelas) cozidas devagar em alho e azeite de oliva – é a síntese da cozinha da região. Nos tempos idos, a carne era dura (gado criado nos pastos de sol escasso das altas montanhas) e cozida lentamente em casseroles como nas daubes ou estouffades para ressaltar o sabor. O prato mais famoso é o cassoulet, um cozido (em fogo lento) de linguiça, pato ou ganso e feijão.

Os Pireneus e o sudoeste
A cozinha do sudoeste oferece algumas das mais requintadas iguarias francesas – trufas (um fungo), cèpes (um tipo de cogumelo) e foie gras (fígado de ganso ou pato). Ao contrário do que ocorre no sudoeste, a gordura de ganso é a base da maioria dos pratos, o mais famoso dos quais é o confit d'oie (ganso em conserva cozido na própria gordura). Particularmente apreciadas são as colheitas sazonais de nozes e ameixas e o presunto defumado de Bayonne. Alguns dos melhores vinhos franceses vêm desta região, incluindo os grand crus de Bordeaux. Cognac produz os melhores conhaques franceses.

Bretanha e Normandia
A Bretanha ainda procura no mar sua inspiração culinária com excelentes ostras, frutos do mar e peixe fresco. O prato de lagosta à l'Armoricaine foi inventado nas Côtes-d'Armor. Carneiros criados nas salinas das planícies costeiras em volta da Baie du Mont-St-Michel e da península Cotentin têm fama de possuir um toque salgado em sua carne. A cozinha da Normandia concentra-se em dois produtos principais – carne de porco e maçã. Aproveita-se tudo do porco – até os intestinos viram as deliciosas andouilles (linguiças). As maçãs não são acompanhamento da carne de porco, mas viram sidras e calvados (aguardente de maçã). As panquecas são a sobremesa principal da região e a Normandia produz um dos melhores queijos do país, o camembert.

Alsácia-Lorena
A Alsácia-Lorena, no nordeste, há séculos oscila entre a França e a Alemanha, com pratos como o choucroute (repolho em conserva com linguiça, presunto defumado e carne de porco) ou a salada cervelas (linguiça), e vinhos como os riesling e gewürztraminer. A Quiche Lorraine foi inventada aqui. O munster é um queijo de baixa fermentação das montanhas Vosges, temperado com cominho.

Jura e Alpes
Até recentemente, estas áreas montanhosas precisavam ser autossuficientes no inverno e preparavam sua comida de acordo com isso. Elas ainda têm muito prestígio por sua charcuterie (carne seca e preparada) e presuntos. Os gratin e os fondues são pratos tradicionais de inverno.

Borgonha e norte do Reno
Exaltada pelos franceses como o local de nascimento da culinária na Idade Média, a Borgonha junta seus vinhos excepcionais a pratos sublimes como o boeuf bourguignon (carne ao vinho tinto), coq au vin (frango no molho de vinho tinho) e surpreendentemente deliciosos escargôs (caramujos).

VEGETARIANA
Os pratos tradicionais franceses costumam ter carne ou peixe, mas alguns restaurantes se especializam em pratos vegetarianos (▷ 291).

MUNDIAL
Paris tem muitos restaurantes de comida não francesa – italianos, belgas, japoneses, chineses e tailandeses. Pratos do norte da África são populares, e há restaurantes de cuscuz em todo *quartier*. O cuscuz marroquino é feito com semolina, no vapor, e depois vira uma massa úmida e amanteigada e coberto com guisado de legumes frescos. Ele vem com carne – em geral brochettes d'agneau (quibebe de carneiro) ou méchoui (carneiro assado). Outro esteio da cozinha do Marrocos, Argélia e Tunísia é o tajine. Preparado em um prato de barro, o tajine é um guisado de carne (carneiro ou frango) com azeitona, amêndoa, ameixa e limão. Há restaurantes chineses por toda a cidade, em especial em Chinatown, no 13º *arrondissement*. Para comida kosher, vá até o bairro judeu no Marais.

HAUTE CUISINE
A alta culinária de chefs como Guy Savoy e Alain Ducasse recebeu influência recente da *nouvelle cuisine*, levando a pratos mais leves.

Página ao lado *Uma refeição na Brasserie Printemps, sob a linda cúpula da loja*

CARDÁPIO – CULINÁRIA FRANCESA

MEDITERRÂNEA

...à la languedocienne: com tomates, berinjelas, cèpes (um tipo de cogumelo) e alho.

... à la niçoise: azeite de oliva, alho, tomates, cebola e ervas, mais azeitonas, alcaparras, anchovas e estragão.

... à la provençale: com azeite de oliva, alho, tomates, cebola e ervas.

Bouillabaisse: ensopado de peixe servido com aïoli (maionese de alho) ou rouille (maionese de alho com pimenta).

Brandade de morue: pasta de bacalhau com leite, alho e azeite de oliva.

Cargolade: cozido de escargôs no vinho.

Cassoulet: cozido grosso de feijão e alho com pato ou ganso e linguiça de porco.

Daube: carne cozida no vinho.

Foie gras à la toulousaine: fígado de ganso coberto com massa.

Pistou: molho contendo alho moído, manjericão e queijo com azeite de oliva.

Ratatouille: tomates, cebolas, courgettes (abobrinhas) e aubergines (berinjelas) cozidas em alho e azeite de oliva.

Salade niçoise: tomates, feijão francês, anchova, azeitonas, pimentão e ovo cozido.

Soupe de poisson: sopa de purê de peixe.

PIRENEUS E SUDOESTE

... à la basquaise: carne servida com presunto Bayonne, cèpes e batatas.

... à la bordelaise: com molho de vinho tinto acompanhado por legumes variados.

... à la landaise: pratos cozidos com gordura de ganso e alho.

... à la périgourdine: acompanhado por molho de trufas ou de foie gras, ou recheado de trufas ou foie gras.

Confit de canard: pedaços de pato salgados, cozidos e preservados em sua própria gordura.

Foie gras: o fígado dilatado de gansos ou patos alimentados com milho, cozido e servido inteiro ou em fatias quentes ou frias.

Lièvre à la royale: lebre desossada e recheada com bacon, cozida no vinho e servida com molho de trufas.

Magret de canard: peito de pato desossado, grelhado ou frito.

BRETANHA, NORMANDIA E LOIRE

Agneau de prés-salés: carne de cordeiro, de animais criados nos pântanos salgados.

Beurre blanc: manteiga batida com vinagre de vinho branco e cebolinha.

Châteaubriand: um grosso filé para duas pessoas com cebolinha, ervas e molho de vinho branco.

Coquille St-Jacques: vieiras servidas quentes na concha em molho cremoso com queijo derretido por cima ou migalhas de pão torrado.

Cotriade: ensopado de peixe.

Crêpes e galettes: panquecas com recheios doces ou salgados.

Far: torta grossa, doce, com ameixas, semelhante a um flã.

Homard à l'armoricaine: lagosta servida flambada em molho de creme e vinho.

Moules marinières: mexilhões em molho de vinho branco, cebolinha e salsinha.

Noisette de porc aux pruneau: lombo de porco com ameixas.

Plat (assiette ou plateau) de fruits de mer: travessa de frutos do mar com lagostins (langouste), ostras (huîtres), camarões (crevettes), mexilhões (moules), caranguejos (crabes) e búzios (bulots), servidos no gelo.

Sauce normande: molho com sidra e creme.

Tarte tatin: torta de maçã invertida.

NORTE E ALSÁCIA-LORENA

Bäeckeoffe: carnes cozidas em vinho com batatas e cebolas.

Carbonnade flamande: bife cozido em fogo lento na cerveja e temperos.

Chou rouge à flamande: repolho roxo cozido com maçãs em vinagre e açúcar.

Choucroute garnie: repolho em conserva cozido no vinho com carne de porco, linguiça e bacon, servido com batatas cozidas.

Jambon en croûte: presunto à milanesa.

Quiche Lorraine: torta de massa com bacon, cebola e ervas.

Salade de cervelas: linguiça fria em molho vinagrete.

Waterzooi: sopa originária da Bélgica, feita com guisado de creme e legumes, com frango ou peixe de água doce.

BORGONHA E NORTE DO RENO

Andouille: linguiça de porco servida fria.

Andouillette: linguiça de porco servida quente, geralmente grelhada.

Boeuf bourguignon: bife cozido em fogo lento com cebola e cogumelo no vinho tinto.

Boudin: chouriço.

Coq au vin: frango com cogumelos e cebolas cozidos em vinho tinto (tradicionalmente Chambertin).

Escargots à la bourguignonne: escargôs na manteiga com alho e salsinha.

Jambon persillé: presunto e salsinha em geleia servida fria em fatias.

Pommes à la lyonnaise: batata frita fatiada e cebola.

Poulet de Bresse: frango de Bourg en Bresse (considerado o melhor da França).

Poulet (ou jau) au sang: frango ao molho pardo grosso.

Quenelles de brochet: musses de peixe (individuais) com molho cremoso.

Saladier à la lyonnaise: pés de carneiro e de porco cozidos, língua de boi e cabeça de bezerro servidas com molho vinagrete.

À dir. *La Cremaillère 1900 é uma clássica brasserie na place du Tertre, em Montmartre*

JURA E ALPES
Diots: linguiças de porco.
Fondue: dois tipos diferentes: au fromage, cubos de pão mergulhados em queijo derretido misturado com vinho (e às vezes *kirsch*); ou bourguignonne: cubos de carne cozidos no óleo, e mergulhados em molhos.
Gratin dauphinois: fatias de batata assadas no leite com noz-moscada.
Gratin savoyard: fatias de batata com queijo cozidas no espeto.

CÓRSEGA
Aziminu: uma espécie de bouillabaisse (ver Mediterrânea).
Brocciu: queijo de carneiro encontrado apenas na Córsega.
Fiadone: cheesecake com limão.
Fritelles de brocciu: bolinhos fritos de queijo e farinha de castanha.
Oursins: ouriço-do-mar, iguaria local.
Piverunta: ensopado de cordeiro com pimentão.
Raffia: espeto assado de miúdos de cordeiro.
Sanglier: porco silvestre ou semis-silvestre (javali).
Tianu di fave: ensopado de porco com feijão.

MOLHOS
... à la meunière: uma maneira de servir peixe, frito na manteiga e servido com manteiga, suco de limão e salsinha.
Béarnaise: gema de ovo, vinagre, manteiga, vinho branco, cebolinha e estragão.
Béchamel: um molho clássico de farinha, manteiga e leite. Costuma ser base de outros molhos como o mornay, com queijo.
Chasseur: à caçadora, com vinho, cogumelos, cebolinha e ervas.
Demi-glace: molho escuro de carne com sherry ou vinho madeira.
Diane: molho de creme e pimenta.

COMO PEDIR CARNE
Os franceses costumam gostar de carne mal passada. O cordeiro virá como regra malpassado (a não ser que você peça diferente). Se pedir filé, vão lhe perguntar como você prefere. As opções são as seguintes:
Bleu: azul, o mais malpassado, servido quente por fora mas cru e frio por dentro.
Saignant: sangrando ou malpassado, o bife é cozido até começar a sangrar e fica quente por dentro.
À point: literalmente "ao ponto". O bife é cozido até parar de sangrar. Muitos restaurantes servem o bife à point com um pouco de sangue dentro. Quem quer a parte interna quente e rosada mas sem sangue visível pode tentar pedir o bife *plus à point*. Não é um termo francês oficial, mas os bons restaurantes podem atender.
Bien cuit: "bem-passado", só com uma estreita faixa rosada no meio. Se não quiser nada rosado, peça-o *bien bien cuit*, embora o garçom talvez não consiga disfarçar seu desdém!

Acima *Típico cardápio de um restaurante clássico francês*

RESTAURANTES POR ÁREA

Auteuil
L'Auberge du Mouton Blanc

Bastille
Le Bar à Soupes
Bistrot l'Oulette
Bistrot du Peintre
Bofinger
Les Grandes Marches
Le Train Bleu

Champs-Élysées
6 New York
L'Alsace
L'Appart
Guy Savoy
Market
Pierre Gagnaire
Spoon
Villa Spicy

Champ du Mars
L'Amaryllis
Le Violon d'Ingres

Concorde
Maxim's

Grands Boulevards
Brasserie Flo
Le Grand Café
Pomze
La Taverne

Grenelle
L'Ami Jean

Les Halles
Ambassade d'Auvergne
Au Pied de Cochon
Joe Allen Restaurant
Le Pharamond

Île St-Louis
Nos Ancêtres Les Gaulois

Invalides
L'Affriolé
L'Arpège
La Ferme St-Simon
La Fontaine du Mars
Thoumieux

Quartier Latin
Bouillon Racine
Le Reminet
La Tour d'Argent
La Truffière

Louvre/Palais Royal
Café Marly
Le Grand Colbert
Muscade

Le Marais
Le Pamphlet

Montmartre
A. Beauvilliers
Au Clair de la Lune
Au Pied du Sacré-Cœur
Au Poulbot Gourmet
Au Virage Lepic
Aux Cadet de Gascogne
La Bonne Franquette
La Cremaillère 1900
Georgette
Le Moulin de la Galette
L'Oriental
Pétrelle
La Poutre
Rose Bakery
Spring

Montparnasse
Bistrot d'Hubert
Le Ciel de Paris
La Coupole

République
Chez Jenny
Chez Prune

St-Germain-des-Prés
Alcazar
Au Relais Louis XIII
Coffee Parisien
Le Comptoir
Jacques Cagna
Le Petit St-Benoît
Le Procope
Ze Kitchen Galerie

Ternes
Hiramatsu

Trocadéro
Fakhr El Dine
Tse Yang

RESTAURANTES POR CULINÁRIA

Asiática
Villa Spicy

Belga
Bouillon Racine

Chinesa
Tse Yang

Francesa–Bistrô
L'Affriolé
L'Amaryllis
Au Clair de la Lune
Au Pied du Sacré-Cœur
Au Virage Lepic
Bistrot d'Hubert
Bistrot l'Oulette
Bistrot du Peintre
La Bonne Franquette
Chez Prune
La Fontaine du Mars
Georgette
Le Petit St-Benoît
Pétrelle
La Poutre
Le Reminet
Spring
Le Violon d'Ingres

Francesa–Brasserie
Bofinger
Brasserie Flo
Café Marly
La Coupole
La Cremaillère 1900
Le Grand Café
Le Grand Colbert
Le Moulin de la Galette
Nos Ancêtres Les Gaulois
Le Train Bleu

Francesa–Elegante
A. Beauvilliers
L'Arpège
Au Relais Louis XIII
Le Ciel de Paris
Les Grandes Marches
Guy Savoy
Hiramatsu
Jacques Cagna
Maxim's
Muscade
Pierre Gagnaire
Le Procope
La Tour d'Argent
La Truffière

Francesa–Regional
L'Alsace
Ambassade d'Auvergne
L'Ami Jean
L'Appart
Au Pied de Cochon
Au Poulbot Gourmet
L'Auberge du Mouton Blanc
Aux Cadet de Gascogne
Chez Jenny
La Ferme St-Simon
Le Pamphlet
Le Pharamond
La Taverne
Thoumieux

Fusion
6 New York
Market
Spoon
Ze Kitchen Galerie

Libanesa
Fakhr El Dine

Moderna
Alcazar
L'Appart
Le Comptoir
Market
Pomze
Spoon

Norte-africana
L'Oriental

Norte-americana
Coffee Parisien
Joe Allen Restaurant

Salões de chá
Muscade

Vegetariana
Le Bar à Soupes
Rose Bakery

ONDE FICAR

Paris tem todas as opções de acomodação, seja um hotel de luxo, como o mundialmente famoso Ritz, seja um confortável hotel três-estrelas no Quartier Latin ou uma hospedaria barata. Os hotéis da cidade já tiveram fama (às vezes merecida) de serem velhos e caros, mas nos anos recentes houve uma remodelação completa. Pequenos e bem projetados hotéis têm surgido no Marais e subindo o rio para oeste, e alguns dos hotéis clássicos oferecem agora spas para relaxar depois de rodar pela cidade.

LUXO

No topo da lista estão os hotéis de luxo, alguns deles totalmente de outra era. Seus preços em termos de diárias são altos, mas alguns oferecem descontos por meio de agências de viagem. Por isso é bom consultá-las antes de viajar.

ECONÔMICOS

Paris é uma das raras capitais europeias onde você pode encontrar um lugar agradável e barato para ficar em uma parte central da cidade.

Os preços geralmente caem em julho e agosto, quando há menos feiras de negócios na cidade, e sobem em maio, junho, setembro e outubro – os meses em que ocorrem essas feiras.

Verifique se o café da manhã está incluído no preço do quarto, pois geralmente é cobrado à parte. Costuma ser mais barato comprar croissant e café com leite em um café local do que no hotel. Se você vem de carro ou vai alugar um, pergunte se o hotel tem estacionamento e quanto custa. Estacionar na rua pode ser caro e frustrante.

Hotéis de rede na periferia podem ser mais em conta, embora não tenham o charme de Paris. Você também terá de perder tempo tomando o metrô ou o RER até o centro.

EM QUE BAIRRO?

Todo bairro de Paris tem seus bons e maus recantos e a escolha do *quartier* em que você vai ficar depende de suas prioridades.

O 8º *arrondissement* (em volta dos Champs-Élysées, avenue George V, avenue Montaigne e Faubourg St-Honoré) tem muitos hotéis de luxo e de quatro estrelas e fica perto das lojas de grife. Você também encontra luxo no 1º *arrondissement* (Tuileries, Louvre, place Vendôme), embora as ruas laterais daqui tenham também hotéis de duas e três estrelas.

Mais ao norte, o 9º *arrondissement* (Opéra, Grands Boulevards, Faubourg Montmartre) é cheio de hotéis, muitos deles de duas estrelas. É uma área de casas noturnas e lojas. Cruzando o rio, St-Germain-des-Prés e o Quartier Latin têm menos foco nos negócios em relação à Margem Direita e ficam mais próximos da atmosfera *vieux* Paris. Há muitos hotéis de duas e três estrelas, assim como restaurantes e cafés. É uma boa localização para quem vai visitar a île de la Cité.

Se você escolher ficar em áreas menos centrais, verifique a distância até a estação do metrô ou do trem RER. A seção Hospedagem por Área na página ao lado traz uma lista de hotéis, para que você possa escolher a parte da cidade onde quer ficar.

Acima *Para quem não se importa com o valor das diárias, uma estadia no Ritz, na place Vendôme, é garantia de luxo*

ALTERNATIVAS A HOTÉIS

É claro que você não precisa necessariamente ficar num hotel. Você encontra dicas sobre outros tipos de acomodação no quadro ao lado.

PREÇOS

Os preços de hotéis citados em cada região são para duas pessoas em quarto de casal por uma noite, a não ser quando indicado de outro modo.

DICAS DE HOSPEDAGEM

» O Escritório de Turismo de Paris (tel 0892 683 000 €0,34 por minuto; www.parisinfo.com) informa sobre locais de hospedagem. Você poderá reservar quartos se for pessoalmente.

» Para alugar um apartamento, as opções incluem o Serviço de Aluguel de Casas, 120 avenue des Champs-Élysées, 75008 (tel 01 42 25 65 40; www.homerental. fr); e o Paris Lodging, no 25 da rue Lacépède, 75005 (tel 01 43 36 71 69; www.parislodging.fr).

» Para acomodações bed and breakfast em casas de família tente a France Lodge, 2 rue Meissonier, 75017 (tel 01 56 33 85 80; www.francelodge.fr). Eles também têm apartamentos (tel 01 56 33 85 85).

» Algumas fazendas em Île de France converteram celeiros em casas de férias (você faz a comida), que constituem uma boa base, da qual se pode pegar os trens RER até Paris ou até as áreas rurais de seus arredores.

HOSPEDAGEM POR ÁREA

Os hotéis são listados em ordem alfabética (sem considerar Le ou La) em cada região. Aqui eles estão listados por área.

Arco do Triunfo
Hôtel Élysées Céramic
Hôtel Splendid Étoile

Bastille
Auberge Internationale des Jeunes
Corail Hôtel

Champs Élysées
Crowne Plaza Paris Champs-Élysées
Hôtel Astrid
Hôtel du Bois
Hôtel Franklin Roosevelt
Hôtel Residence Foch
Hôtel Tilsitt

Concorde
Hôtel Costes

Gare du Nord
Hôtel Kube

Île St-Louis
Hôtel des Deux Îles

Invalides
Best Western Eiffel Park Hôtel
Grand Hôtel Lévêque
Hôtel de L'Avre
Hôtel la Bourdonnais
Hôtel Duc de St-Simon
Hôtel a l'Eiffel Rive Gauche
Hôtel Latour-Maubourg
Hôtel de Londres Eiffel
Hôtel Saint-Dominique
Hôtel Valadon
Relais Bosquet

Quartier Latin
Familia Hôtel
Hôtel Claude Bernard
Hôtel des Grandes Écoles
Relais St-Jacques
Les Rives de Notre-Dame

Louvre/Palais Royal
Hôtel Louvre Rivoli
Hôtel Washington Opéra

Le Marais
Bourg Tibourg
Castex Hôtel
Hôtel Bellevue et du Chariot d'Or
Hôtel des Chevaliers
Hôtel Murano
Hôtel du Petit Moulin
Hôtel St-Merry
Hôtel St-Paul Le Marais
Hôtel Saintonge
Les Jardins du Marais
Pavillon de la Reine

Montmartre
Hôtel Damrémont
Hôtel Eldorado
Hôtel Ermitage
Hôtel Prima Lepic
Ibis Hôtel Sacré-Cœur
Mercure Montmartre
Premium Hôtel Montmartre
Roma Sacré-Cœur

Montparnasse
L'Atelier Montparnasse
Hôtel Delambre

Opéra
Hôtel Lautrec Opéra
Hôtel Queen Mary
Hôtel de Vendôme
Ritz

Passy
Hameau de Passy
Hôtel Square

Pigalle
Blanche Hôtel
Hôtel Amour
Villa Royale

République
Auberge de Jeunesse Jules Ferry

St-Germain-des-Prés
Grand Hôtel des Balcons
L'Hôtel
Hôtel de l'Abbaye St-Germain
Hôtel Atlantis St-Germain-des-Prés
Hôtel du Globe
Hôtel Lenox St-Germain
Hôtel Madison
Hôtel La Perle

Tuileries
Le Meurice

Fora da Périphérique
Auberge de Jeunesse Cité des Sciences (depois da Porte de Pantin, ao nordeste)
Auberge de Jeunesse Léo Lagrange (depois da Porte de Clichy ao norte)

PALAVRAS E FRASES

Mesmo que você esteja longe de ser fluente, é sempre bom tentar falar algumas palavras em francês enquanto estiver em Paris. As palavras e frases nas páginas a seguir devem ajudar você com o básico, desde pedir um prato a lidar com emergências.

CONVERSAÇÃO

Que horas são?
Quelle heure est-il?
A que horas abre/fecha?
A quelle heure ouvrez/fermez-vous?
Eu não falo francês.
Je ne parle pas français.
Você fala inglês?
Parlez-vous anglais?
Não entendi.
Je ne comprends pas.
Poderia repetir?
Pouvez-vous répéter (s'il vous plaît)?
Por favor, fale mais devagar.
Pouvez-vous parler plus lentement, s'il vous plaît?
O que isso significa?
Qu'est-ce que ça veut dire?
Por favor, escreva para mim.
Pouvez-vous me l'écrire, s'il vous plaît?
Por favor, soletre isso.
Pouvez-vous me l'épeler, s'il vous plaît?
Eu vou procurar (no dicionário).
Je vais le chercher (dans le dictionnaire).
Meu nome é...
Je m'appelle...
Qual é o seu nome?
Comment vous appelez-vous?
Esta é minha esposa/marido.
Voici ma femme/mon mari.
Esta é minha filha/filho.
Voici ma fille/mon fils.
Este é meu amigo(a).
Voici mon ami(e).
Olá, prazer em conhecê-lo(a).
Bonjour, enchanté(e).
Eu sou do...
Je viens de...
Estou de férias.
Je suis en vacances.
Eu moro no...
J'habite à...
Onde você mora?
Où habitez-vous?
Bom-dia.
Bonjour.
Boa-noite (início da noite).
Bonsoir.
Boa-noite (fim da noite).
Bonne nuit.
Até logo.
Au revoir.
Vejo você mais tarde.
A plus tard.
Quanto custa isto?
C'est combien?
Eu poderia?
Est-ce que je peux?
Eu não sei.
Je ne sais pas.
Obrigado.
Je vous en prie.
Como vai?
Comment allez-vous?
Desculpe.
Je suis désolé(e).
Com licença.
Excusez-moi.
De nada.
De rien.

PALAVRAS ÚTEIS

Sim
Oui
Não
Non
Lá
Là-bas
Aqui
Ici
Onde
Où
Quem
Qui
Quando
Quand
Por que
Pourquoi
Como
Comment
Mais tarde
Plus tard
Agora
Maintenant
Aberto
Ouvert
Fechado
Fermé
Por favor
S'il vous plaît
Obrigado
Merci

COMPRAS

Poderia me ajudar, por favor?
(Est-ce que) vous pouvez m'aider, s'il vous plaît?
Quanto custa isto?
C'est combien?/Ça coûte combien?
Estou procurando...
Je cherche...
A que horas a loja abre/fecha?
A quelle heure ouvre/ferme le magasin?
Estou só olhando, obrigado.
Je regarde, merci.
Não é isto o que eu quero.
Ce n'est pas ce que je veux.
Este é o tamanho certo.
C'est la bonne taille.
Tem algo menos caro/menor/maior?
(Est-ce que) vous avez quelque chose de moins cher/plus petit/plus grand?
Vou levar este.
Je prends ceci.
Poderia me arrumar uma sacola, por favor?
(Est-ce que) je peux avoir un sac, s'il vous plaît?

Aceita cartões de crédito?
(Est-ce que) vous acceptez les cartes de crédit?

Eu queria...gramas, por favor.
Je voudrais…grammes, s'il vous plaît.

Eu quero um quilo de ...
Je voudrais un kilo de…

Quais são os ingredientes?
Quels sont les ingrédients?/ Qu'est--ce qu'il y a dedans?

Eu queria...fatias.
J'en voudrais…tranches.

Padaria
Boulangerie

Livraria
Librairie

Farmácia
Pharmacie

Supermercado
Supermarché

Mercado
Marché

Liquidação
Soldes

NÚMEROS

1 ... un
2 ... deux
3 ... trois
4 ... quatre
5 ... cinq
6 ... six
7 ... sept
8 ... huit
9 ... neuf
10 ... dix
11 ... onze
12 ... douze
13 ... treize
14 ... quatorze
15 ... quinze
16 ... seize
17 ... dix-sept
18 ... dix-huit
19 ... dix-neuf
20 ... vingt
21 ... vingt et un
30 ... trente
40 ... quarante
50 ... cinquante
60 ... soixante
70 ... soixante-dix
80 ... quatre-vingts
90 ... quatre-vingt-dix
100 ... cent
1000 ... mille

CORREIO E TELEFONE

Onde fica o correio/a caixa de correio mais próximo(a)?
Où se trouve la poste/la boîte aux lettres la plus proche?

Quanto custa a franquia para...?
A combien faut-il affranchir pour…?

Gostaria de mandar isso por via aérea/registrado.
Je voudrais envoyer ceci par avion/ en recommandé.

Pode me indicar o telefone público mais próximo?
Pouvez-vous m'indiquer la cabine téléphonique la plus proche?

Qual o número do auxílio à lista?
Quel est le numéro pour les renseignements?

Onde encontro uma lista?
Où est-ce que je peux trouver un annuaire?

Onde posso comprar um cartão telefônico?
Où est-ce que je peux acheter une télécarte?

Por favor, me transfira para...
Pouvez-vous me passer…, s'il vous plaît?

Posso ligar direto para...?
Est-ce que je peux appeler directement en…?

Preciso discar primeiro zero?
Est-ce qu'il faut composer le zéro (d'abord)?

Qual a tarifa por minuto?
Quel est le tarif à la minute?

Alguém ligou para mim?
Est-ce que j'ai eu des appels téléphoniques?

Alô, aqui é...
Allô, c'est… (à l'appareil)

Quem fala, por favor...?
Qui est à l'appareil, s'il vous plaît?

Gostaria de falar com...
Je voudrais parler à…

DIAS, MESES, FERIADOS

segunda ... lundi
terça ... mardi
quarta ... mercredi
quinta ... jeudi
sexta ... vendredi
sábado ... samedi
domingo ... dimanche
janeiro ... janvier
fevereiro ... février
março ... mars
abril ... avril
maio ... mai
junho ... juin
julho ... juillet
agosto ... août
setembro ... septembre
outubro ... octobre
novembro ... novembre
dezembro ... décembre
primavera ... printemps
verão ... été
outono ... automne
inverno ... hiver
férias ... vacances
Páscoa ... Pâques
Natal ... Noël
manhã ... matin
tarde ... après-midi
noite (início) ... soir
noite ... nuit
hoje ... aujourd'hui
ontem ... hier
amanhã ... demain
o dia ... le jour
o mês ... le mois
o ano ... l'année

HOTÉIS

Tem um quarto?
(Est-ce que) vous avez une chambre?

Tenho uma reserva para... noites.
J'ai réservé pour…nuits.

Quanto é por noite?
C'est combien par nuit?

Quarto de casal.
Une chambre pour deux personnes/ double.

Um quarto com duas camas.
Une chambre à deux lits/ avec lits jumeaux.

Um quarto de solteiro.
Une chambre à un lit/pour une personne.

Com banheiro/ducha/privada.
Avec salle de bain/ douche/WC.

Tem ar-condicionado/ aquecimento?
(Est-ce que) la chambre est climatisée/chauffée?

O café da manhã/almoço/ jantar está incluído no preço?
(Est-ce que) le petit déjeuner/le déjeuner/le dîner est compris dans le prix?

Tem elevador no hotel?
(Est-ce qu')il y a un ascenseur à l'hôtel?
Tem serviço de quarto?
(Est-ce qu')il y a le service en chambre?
A que horas é o café da manhã?
À quelle heure servez-vous le petit déjeuner?
Posso tomar o café da manhã no quarto?
(Est-ce que) je peux prendre le petit déjeuner dans ma chambre?
Serve refeição à noite?
(Est-ce que) vous servez le repas du soir/le dîner?
Gostaria de ser acordado(a) às...
Je voudrais être réveillé(e) à... heures.
Queria um cobertor/travesseiro adicional.
Je voudrais une couverture/ un oreiller supplémentaire, s'il vous plaît.
Posso ficar com a chave do quarto?
(Est-ce que) je peux avoir la clé de ma chambre?
Pode tomar conta da minha bagagem até eu sair?
Pouvez-vous garder mes bagages jusqu'à mon départ?
Tem estacionamento?
(Est-ce qu') il y a un parking?
Onde posso estacionar o carro?
Où est-ce que je peux garer ma voiture?
Tem baby-sitters?
(Est-ce que) vous avez un service de babysitting/garde d'enfants?
Quando trocam a roupa de cama?
Quand changez-vous les draps?
O quarto é muito quente/frio.
Il fait trop chaud/froid dans la chambre.
Posso pegar outro quarto?
(Est-ce que) je pourrais avoir une autre chambre?
Eu saio esta manhã.
Je pars ce matin.
A que horas devemos sair do quarto?
A quelle heure devons-nous libérer la chambre?
Posso pagar a conta?
(Est-ce que) je peux régler ma note, s'il vous plaît?
Posso ver o quarto?
(Est-ce que) je peux voir la chambre?
Obrigado(a) pela hospitalidade.
Merci pour votre hospitalité.
Piscina.
Piscine.
Não fumante.
Non fumeur.

COMO CIRCULAR

Onde é o balcão de informações?
Où est le bureau des renseignements?
Onde ficam os horários?
Où sont les horaires?
Este trem/ônibus vai para...?
Ce train/bus va à...?
Você tem um mapa de ônibus/ metrô?
Avez-vous un plan du Métro/des lignes de bus?
Eu quero um bilhete de ida/ida e volta para...
Je voudrais un aller simple/ un aller--retour pour..., s'il vous plaît.
Eu queria alugar um carro.
Je voudrais louer une voiture.
Onde estamos?
Où sommes-nous?
Estou perdido.
Je me suis perdu(e).
É este o caminho para...?
C'est bien par ici pour aller à...?
Estou com pressa.
Je suis pressé(e).
Onde posso achar um táxi?
Où est-ce que je peux trouver un taxi?
Quanto é a corrida?
Combien coûte la course?
Siga em frente.
Allez tout droit.
Vire à esquerda.
Tournez à gauche.
Vire à direita.
Tournez à droite.
Atravesse.
Traversez.
Semáforo.
Les feux.
Cruzamento.
Carrefour.
Esquina.
Coin.
Não estacione.
Interdiction de stationner.
Estação de trem/ônibus/metrô.
La gare SNCF/routière/ la station de Métro.
Você vende passes de viagem?
Avez-vous des cartes d'abonnement?
É aqui que eu tenho de descer?
(Est-ce qu') il faut que je descende ici?
Onde posso comprar um bilhete?
Où est-ce que je peux acheter un billet/ticket?
Onde posso reservar um lugar?
Où est-ce que je peux réserver une place?
Este lugar está vago?
(Est-ce que) cette place est libre?
Onde posso achar um táxi?
Où est-ce que je peux trouver un taxi?

DINHEIRO

Tem um banco/agência de câmbio perto daqui?
(Est-ce qu') il y a une banque/un bureau de change près d'ici?
Posso descontar isto aqui?
(Est-ce que) je peux encaisser ça ici?
Gostaria de trocar dólares por euros.
Je voudrais changer des dollars en euros.
Posso usar meu cartão de crédito para sacar dinheiro?
(Est-ce que) je peux utiliser ma carte de crédit pour retirer de l'argent?
Qual é a taxa de câmbio para hoje?
Quel est le taux de change aujourd'hui?

CORES

marrom .... marron/brun
preto .... noir(e)
vermelho .... rouge
azul .... bleu(e)
verde .... vert(e)
amarelo .... jaune

RESTAURANTES

Eu queria reservar uma mesa para... pessoas às...
Je voudrais réserver une table pour...personnes à ...heures, s'il vous plaît.
Uma mesa para..., por favor.
Une table pour..., s'il vous plaît.
Nós reservamos/não reservamos.
Nous avons/n'avons pas réservé.
A que horas abre o restaurante?
A quelle heure ouvre le restaurant?

Vamos esperar uma mesa.
Nous aimerions attendre qu'une table se libère.
Podemos sentar aqui?
(Est-ce que) nous pouvons nous asseoir ici?
Esta mesa está ocupada?
(Est-ce que) cette table est libre?
Tem mesas lá fora?
(Est-ce qu') il y a des tables dehors/à la terrasse?
Onde fica o banheiro?
Où sont les toilettes?
Pode esquentar isso pra mim?
(Est-ce que) vous pouvez me faire réchauffer ceci/ça, s'il vous plaît?
Tem lugar para trocar o bebê?
(Est-ce qu') il y a une pièce pour changer les bébés?
Gostaríamos de beber algo.
Nous voudrions quelque chose à boire.
Podemos ver o cardápio/a carta de vinhos?
(Est-ce que) nous pouvons voir le menu/la carte des vins, s'il vous plaît?
Tem o prato do dia?
(Est-ce qu') il y a un plat du jour?
O que você recomenda?
Qu'est-ce que vous nous conseillez?
Não foi isto que eu pedi.
Ce n'est pas ce que j'ai commandé.
Não posso comer trigo/açúcar/sal/carne de porco/carne/laticínios.
Je ne peux pas manger de blé/sucre/sel/porc/bœuf/ produits laitiers.
Sou vegetariano(a).
Je suis végétarien(ne).
Eu gostaria...
Je voudrais...
Pode trazer mais pão?
(Est-ce que) vous pouvez nous apporter un peu plus de pain, s'il vous plaît?
Quanto custa este prato?
Combien coûte ce plat?
O serviço está incluído?
(Est-ce que) le service est compris?
Pode trazer o sal e a pimenta?
(Est-ce que) vous pouvez nous apporter du sel et du poivre, s'il vous plaît?
Poderia trazer uma garrafa de água sem gás/com gás?
(Est-ce que) je peux avoir une bouteille d'eau minérale/ gazeuse, s'il vous plaît?
A carne está muito crua/cozida demais.
La viande est trop saignante/trop cuite.
A comida está fria.
La nourriture est froide.
A conta, por favor?
(Est-ce que) je peux avoir l'addition, s'il vous plaît?
Tem um erro na conta.
Il y a une erreur sur l'addition.
A gente não pediu isto.
Nous n'avons pas commandé ça.
Gostaria de falar com o gerente, por favor.
Je voudrais parler au directeur, s'il vous plaît.
A comida estava excelente.
La nourriture était excellente.

COMIDA E BEBIDA

Café da manhã .... Petit déjeuner
Almoço .... Déjeuner
Jantar .... Dîner
Café .... Café
Chá .... Thé
Suco de laranja .... Jus d'orange
Suco de maçã .... Jus de pomme
Leite .... Lait
Cerveja .... Bière
Vinho tinto .... Vin rouge
Vinho branco .... Vin blanc
Pãozinho .... Petit pain
Pão .... Pain
Açúcar .... Sucre
Carta de vinhos. Carte/liste des vins
Prato principal .... Le plat principal
Sobremesa .... Dessert
Sal/pimenta .... Sel/poivre
Queijo .... Fromage
Faca/garfo/colher .... Couteau/ fourchette/cuillère
Sopas .... Soupes/potages
Sopa de legumes. Soupe de légumes
Canja de frango..... Soupe au poulet
Sopa de lentilhas .... Soupe aux lentilles
Sopa de cogumelo .... Soupe aux champignons
Sanduíche/de presunto . Sandwich/ au jambon
Prato do dia .... Plat du jour
Pratos de peixe .... Les poissons
Camarões . Crevettes roses/bouquet
Ostras .... Huîtres
Salmão .... Saumon
Hadoque .... Églefin
Lula .... Calmar
Carnes .... Viandes
Frango assado .... Poulet rotî
Caçarola .... Plat en cocotte
Carneiro assado .... Gigot
Frios sortidos .... L'assiette de charcuterie
Batatas .... Pommes de terre
Couve-flor .... Chou-fleur
Feijão-verde .... Haricots verts
Ervilhas .... Petits pois
Cenoura .... Carotte
Espinafre .... Épinard
Cebola .... Oignon
Alface .... Laitue
Abóbora .... Concombre
Tomate .... Tomate
Frutas .... Les fruits
Maçã .... Pomme
Morangos .... Fraises
Pêssego .... Pêche
Pera .... Poire
Torta de frutas .... Tarte aux fruits
Doces .... Pâtisserie
Bolo de chocolate .... Gâteau au chocolat
Creme .... Crème
Sorvete .... Glace
Musse de chocolate ...... Mousse au chocolat

INFORMAÇÃO TURÍSTICA

Onde fica o escritório de informação turística, por favor?
Où se trouve l'office de tourisme, s'il vous plaît?
Você tem um mapa da cidade?
Avez-vous un plan de la ville?
Onde fica o museu?
Où est le musée?
Poderia me dar informações sobre...?
Pouvez-vous me donner des renseignements sur...?
Onde estão os principais locais de interesse daqui?
Quels sont les principaux sites touristiques ici?
Por favor, poderia apontá-los no mapa?
Pouvez-vous me les indiquer sur la carte, s'il vous plaît?
Que atrações/hotéis/restaurantes você recomenda?
Quels sites/hôtels/restaurants nous recommandez-vous?

Nós vamos ficar aqui um dia.
Nous sommes ici pour une journée.
Eu estou interessado em...
Je suis intéressé(e) par...
O guia fala inglês?
Est-ce qu'il y a un guide qui parle anglais?
Você sugere algum passeio?
Avez-vous des suggestions de promenades?
Tem passeios guiados?
Est-ce qu'il y a des visites guidées?
Tem excursões organizadas?
Est-ce qu'il y a des excursions organisées?
Podemos fazer reservas aqui?
Est-ce que nous pouvons réserver ici?
A que horas abre/fecha?
Ça ouvre/ferme à quelle heure?
Qual é o preço da entrada?
Quel est le prix d'entrée?
Tem desconto para idosos/estudantes?
Est-ce qu'il y a des réductions pour les personnes âgées/les étudiants?
Tem um folheto em inglês?
Avez-vous un dépliant en anglais?
O que está passando no cinema?
Qu'est-ce qu'il y a au cinéma?
Onde posso encontrar uma boa casa noturna?
Où est-ce que je peux trouver une bonne boîte de nuit?
Tem uma programação de teatro/ópera?
Est-ce que vous avez un programme de théâtre/ d'opéra?
Tem de ir vestido a rigor?
Est-ce qu'il faut mettre une tenue de soirée?
A que horas começa o espetáculo?
A quelle heure commence le spectacle?
Como posso reservar um lugar?
Comment fait-on pour réserver une place?
Pode me reservar ingressos?
Pouvez-vous me réserver des billets?

DOENÇAS E EMERGÊNCIAS

Não estou me sentindo bem.
Je ne me sens pas bien.
Poderia chamar um médico?
(Est-ce que) vous pouvez appeler un médecin/un docteur, s'il vous plaît?
Tem algum médico/farmácia de plantão?
(Est-ce qu') il y a un médecin/docteur/une pharmacie de garde?
Estou enjoado.
J'ai envie de vomir.
Preciso de médico/dentista.
Il faut que je voie un médecin/docteur/un dentiste.
Por favor, me indique o caminho para o hospital.
(Est-ce que) vous pouvez m'indiquer le chemin pour aller à l'hôpital, s'il vous plaît?
Estou com dor de cabeça.
J'ai mal à la tête.
Fui picado(a) por uma vespa/abelha.
J'ai été piqué(e) par une guêpe/abeille.
Tenho um problema cardíaco.
J'ai un problème cardiaque.
Sou diabético(a).
Je suis diabétique.
Sou asmático(a).
Je suis asmathique.
Estou em dieta especial.
Je suis en régime spécial.
Estou tomando remédios.
Je prends des médicaments.
Deixei meus remédios em casa.
J'ai laissé mes médicaments chez moi.
Preciso de atendimento de urgência.
Je dois prendre rendez-vous d'urgence.
Estou com dor de dente.
J'ai mal aux dents.
Não quero tomar injeção.
Je ne veux pas de piqûre.
Socorro!
Au secours!
Perdi meu passaporte/carteira/bolsa/sacola.
J'ai perdu mon passeport/portefeuille/porte-monnaie/sac à main.
Tive um acidente.
J'ai eu un accident.
Meu carro foi roubado.
On m'a volé ma voiture.
Eu fui roubado(a).
J'ai été volé(e).

COMPRAS

Açougue .... Boucherie
Laticínios .... Laiterie
Loja de departamento Grand magasin
Farmácia .... Droguerie
Lavagem a seco .... Pressing
Peixaria .... Poissonnerie
Armazém .... L'Épicerie
Lavanderia .... Blanchisserie
Banca de jornal .... Kiosque
Doceria .... Pâtisserie
Embutidos .... Charcuterie
Loja de doces .... Confiserie
Tabacaria .... Tabac

NA CIDADE

Ponte .... Pont
Castelo .... Château
Igreja .... Église
Exposição .... Exposition
Museu .... Musée
Aberto .... Ouvert
Fechado .... Fermé
Ingresso .... Billet
Grátis .... Gratuit
Ingresso com desconto. Tarif réduit

ATIVIDADES

Alugar uma bicicleta
Louer un vélo
Fazer um curso de culinária
Faire un cours de cuisine
Caminhar
La randonéé
Andar a cavalo
Monter à cheval (equitation)
Pesca
La pêche
Corrida
Le jogging
Velajar/surfar
Faire la voile/le surf
Esquiar
Faire du ski
Assistir/jogar futebol
Regarder le foot/jouer au foot
Nadar
Faire la natation
Ler (em uma biblioteca)
Faire la lecture (dans une bibliothèque)
Jogar tênis
Jouer au tennis
Assistir televisão
Regarder la télé

NO AEROPORTO

Aeroporto
Aéroport
Empresa aérea
Compagnie aérienne
Avião
Avion
Terminal
Aérogare
Aterrissar
Atterrir
Chegadas
Arrivées
Bagagens
Bagages
Entrega de bagagem
Livraison des bagages
Bagagem de mão
Bagages à main
Carro de bagagem
Chariot
Bagagem liberada
Bagages enregistrés
Passaporte
Passeport
Visto
Visa
Alfândega
Douane
Declarar
Déclarer
Partidas
Départs
Comprar uma passagem
Acheter un billet
Fazer uma reserva
Faire une réservation
Bilhete simples (só um trecho)
Billet simple
Bilhete de avião
Billet d'avion
Bilhete de ida e volta
Billet aller-retour
Check-in
L'enregistrement
Classe econômica
Classe touriste
Primeira classe
Première classe
Escala
Escale
Check-in (bagagem)
Enregistrer les bagages
Cartão de embarque
Carte d'embarquement
Controle de segurança
Contrôle de sécurité
Duty-free
Boutique hors taxes
Voo
Vol
Portão
Porte
Adiantado
En avance
Atrasado
En retard
Ônibus
Navette
Embarcar
Embarquer
Decolar
Décoller
Passageiro
Passager
Piloto
Pilote
Comissário de voo
Steward
Comissária de voo
Hôtesse de l'air

CARROS

Carro .... Voiture
Rodovia .... Autoroute
Bicicleta .... Vélo (bicyclette)
Motocicleta .... Une moto
Circular, andar .... Circuler
Motorista .... Conducteur
Dirigir .... Conduire
Ultrapassar .... Doubler
Engarrafamento .... Embouteillage
À direita .... À droite
À esquerda .... À gauche
Em frente .... Tout droit
Rodovia com pedágio .. Autoroute à péage
Sinal vermelho .... Feu rouge
Sinal verde .... Feu vert
A caminho .... En route
Estacionar .... Stationner
Virar .... Tourner
Atravessar .... Traverser
Encher o tanque .... Faire le plein
Gasolina .... Essence
Gasolina sem chumbo ...... Essence sans plomb
Diesel .... Diesel
Quebrar .... Être/tomber en panne
Seta .... Clignotant
Luz de freio .... Feux de stop
Faróis .... Phares
Acelerador .... Accélérateur (champignon)
Freios .... Freins
Limpador de para-brisas .... Essuie-glaces
Para-brisas .... Pare-brise
Direção .... Volant

LOCAÇÃO DE CARROS

Gostaria de alugar um carro.
Je voudrais louer une voiture.
Quero um carro automático.
Je voudrais une voiture avec transmission automatique
Quero um carro compacto.
Je voudrais une voiture compacte.
Quero um carro médio.
Je voudrais une voiture intermédiaire.
Quero um carro grande.
Je voudrais une voiture luxe.
Quero um carro conversível.
Je voudrais une voiture décapotable.
Quero um 4x4.
Je voudrais un quatre quatre.
Inclui seguro?
L'assurance est-elle comprise?
Posso devolver em Nice/Lyon?
Puis-je la rendre a Nice/Lyon?
Gostaria de um mapa.
Je voudrais une carte.
Preciso de um guia de ruas.
Je voudrais un plan.

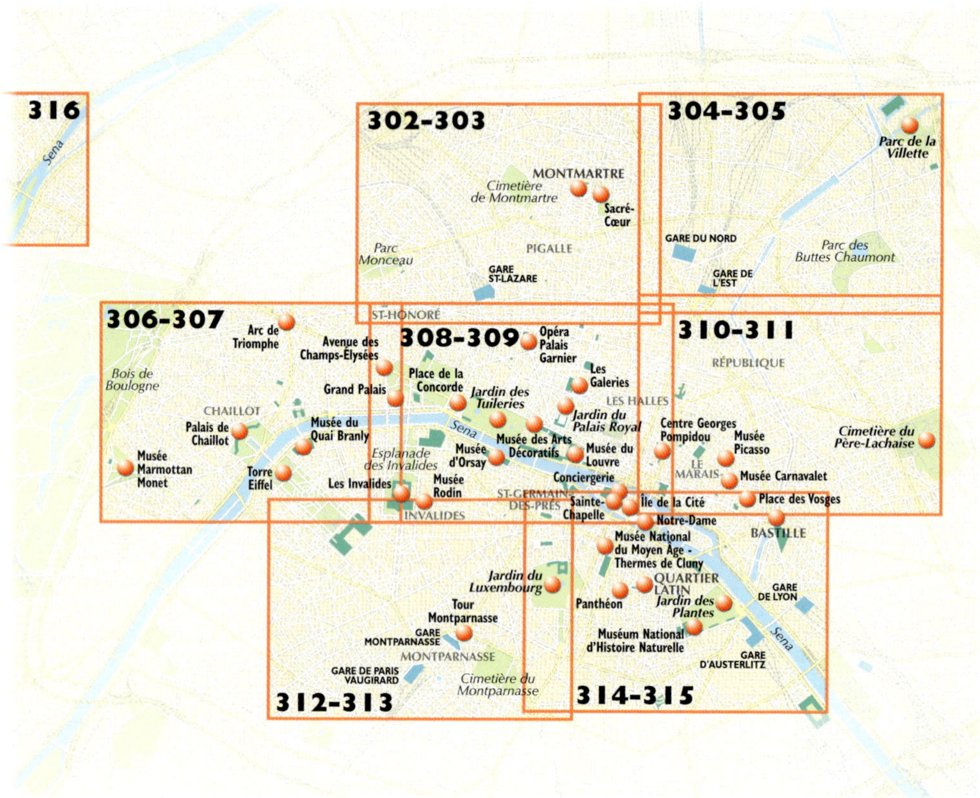

302-316   0 — 250 m

	Rodovia		Estação de trem
	Via principal		Parque ou jardim
	Via secudária		Construção de interesse
	Outra via		Atração recomendada
	Túnel		Centro de informação turística
	Via restrita		Estação de metrô
	Via de pedestres		Estacionamento

MAPAS

As referências dos mapas indicadas nas atrações turísticas remetem aos mapas dentro de cada capítulo, mas também podem ser usadas para localizar as atrações nestas páginas. Por exemplo, a Torre Eiffel apresenta a referência 70 G7, que indica o número da página (70) do mapa do capítulo Arredores da Torre Eiffel e a grade (G7) em que a atração está situada. Essa mesma referência de grade (G7) pode ser usada para localizar a Torre Eiffel nesta seção "Mapas", na página 307.

BLVD PÉRIPHÉRIQUE
Porte de Clichy (RER)
BOULEVARD BERTHIER
AVENUE DE CLICHY
Brochant
La Fource
Guy Môquet
RUE GUY MÔQUET
AVENUE DE ST-OUEN
Rue de Saussure
Boulevard Pereire Nord
Bd Pereire Sud
Rue de Rome
Rue Legendre
Rue Cardinet
Rue des Dames
BOULEVARD MALESHERBES
Malesherbes
AVENUE DE VILLIERS
BOULEVARD DES BATIGNOLLES
Place de Clichy
Rome
Villiers
BOULEVARD DE COURCELLES
Monceau
Parc Monceau
Musée Cernuschi
Musée Nissim de Camondo
Rue de Constantinople
Europe
Liège
GARE ST-LAZARE
St-Lazare
Rue de Lisbonne
Rue de la Bienfaisance
Rue de Laborde
RUE DE LA PÉPINIÈRE
St-Augustin
BOULEVARD HAUSSMANN
Musée Jacquemart André
Miromesnil
Havre Caumartin
308

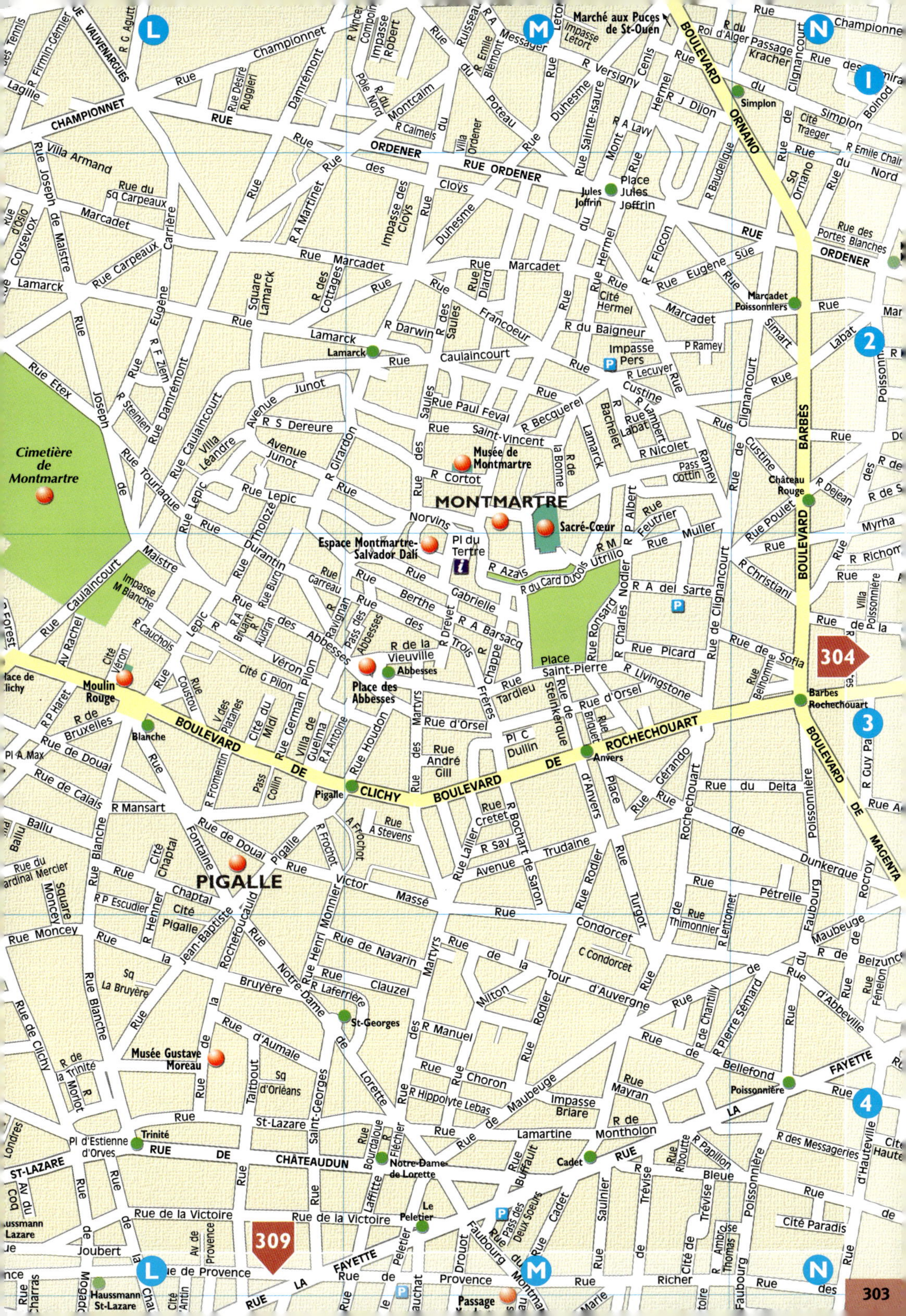
MONTMARTRE
PIGALLE
Cimetière de Montmartre
Musée de Montmartre
Sacré-Cœur
Espace Montmartre-Salvador Dalí
Pl du Tertre
Place des Abbesses
Moulin Rouge
Musée Gustave Moreau
Marché aux Puces de St-Ouen
Place Saint-Pierre
Place Jules Joffrin
Jules Joffrin
Simplon
Marcadet Poissonniers
Lamarck
Château Rouge
Abbesses
Barbès Rochechouart
Anvers
Pigalle
Blanche
St-Georges
Notre-Dame-de-Lorette
Trinité
Le Peletier
Cadet
Poissonnière
Haussmann St-Lazare
Passage
BOULEVARD DE CLICHY
BOULEVARD DE ROCHECHOUART
BOULEVARD BARBÈS
BOULEVARD ORNANO
BOULEVARD DE MAGENTA
RUE ORDENER
RUE CHAMPIONNET
RUE DE CHÂTEAUDUN
RUE LA FAYETTE
ST-LAZARE
Rue Caulaincourt
Rue Lepic
Rue des Martyrs
Rue Marcadet
Rue Custine
Rue Lamarck
Avenue Junot
Rue Norvins
Rue Saint-Vincent
Rue de Maubeuge
Rue Notre-Dame de Lorette
Rue de la Victoire
Rue de Provence
Rue Lamartine
Avenue Trudaine
Rue de Dunkerque
Rue de Douai
Rue Blanche
Rue de Clichy
L
M
N
I
2
3
4
304
309

N
P
Q
1
2
3
4
303
310
Rond-point de la Chapelle
Championnet
Rue des Amiraux
Rue des Poissonniers
Simplon
Cité Traeger
R Emile Chaine
Rue du Nord
Boinod
Allée d'Andrézieux
Rue des Portes Blanches
Marcadet Poissonniers
ORDENER
Rue Marcadet
R P Budin
Rue Léon
Rue Ernestine
R E Duployé
RUE ORDENER
RUE RIQUET
R J Robert
Marx Dormoy
Rue d'Oran
Rue Doudeauville
BOULEVARD BARBÈS
R de Panama
R de Suez
R Dejean
Rue de Laghouat
Rue Myrha
Rue Stephenson
Rue Cavé
R Saint-Mathieu
Saint-Luc
R Richomme
R des Gardes
Rue Polonceau
Pass Léon
R Saint-Bruno
R P l'Ermite
Boris Vian
Villa Poissonnière
Rue de la Goutte d'Or
Rue de Chartres
R de la Charbonnière
R Jean-François Lépine
R de Jessaint
Pl de la Chapelle
BOULEVARD DE LA CHAPELLE
La Chapelle
Barbès Rochechouart
RUE DE LA CHAPELLE
RUE MARX DORMOY
R Raymond Queneau
Impasse Raymond Queneau
R Maurice Genevoix
Villa des Roses
Rue des Roses
Rue Jean Cottin
Rue Boucry
Impasse de la Chapelle
Rue de la Madone
Rue de l'Evangile
Rue Marc Séguin
Rue Pajol
Rue Cugnot
Rue de Torcy
Impasse du Curé
Rue Olive
Rue du Canada
R Buzelin
Impasse Molin
R des Fillettes
Jardin Rachmaninov
R Tchaïkovski
R Tristan Tzara
R Moussorgsky
Rue de l'Evangile
Rue Labois-Rouillon
R Raymond Radiguet
R d'Aubervilliers
Villa Curial
Rue de Tanger
Impasse du Maroc
R du Maroc
R Paul Laurent
Rue Bellot
R Philippe
Impasse Dupuy
Cité de la Chapelle
Pass Ruelle
R du Département
R Jacques Kablé
Rue Pajol
Girard
Rue Caillié
R du Département
Pass Goix
R Gaston Rebuffat
AV DE Soissons
R de Soissons
QUAI DE LA SEINE
Stalingrad
BD DE LA VILLETTE
Rue Perdonnet
Rue Cail
Rue Philippe de Girard
Rue Louis Blanc
Rue du Château Landon
Rue de l'Aqueduc
Rue Chaudron
RUE DU FAUBOURG ST-MARTIN
Jaurès
AVENUE SECRÉTAN
BOULEVARD DE LA VILLETTE
R Guy Patin
Rue Ambroise Paré
Rue de Maubeuge
Rue de Compiègne
GARE DU NORD
Gare du Nord
Magenta
Rue du Faubourg Saint-Denis
R Demarquay
RUE LA FAYETTE
Pl Dulcie Septembre
Louis Blanc
Quai de Valmy
Q de Jemmapes
R de Chaumont
Cité Lepage
BOULEVARD DE MAGENTA
Rue Poissonnière
Rue Dunkerque
Rocroy
Rue du Faubourg Poissonnière
Rue de Maubeuge
R de Belzunce
Rue Fénelon
Rue Bossuet
R d'Abbeville
R de Dunkerque
Bd de Denain
R de Saint-Quentin
Rue du Faubourg Saint-Denis
R des Deux Gares
Pass Delanos
R d'Alsace
Château-Landon
R Alexandre Parodi
R Pierre Dupont
Pass Delessert
Rue Eugène Varlin
R Louis Blanc
R Francis Jammes
R Albert Camus
Colonel Fabien
Avenue Mathurin Moreau
BOULEVARD DE LA VILLETTE
FAYETTE
Rue des Petits Hôtels
Rue de Chabrol
Cité d'Hauteville
Rue d'Hauteville
des Messageries
GARE DE L'EST
Gare de l'Est
RUE DU HUIT MAI 1945
BOULEVARD DE STRASBOURG
Av de Verdun
Rue du Terrage
R R Blache
R des Ecluses Saint-Martin
R Boy Zelenski
Pl Raoul Follereau
Allée du
Canal Saint-Martin
Quai de Valmy
R de l'Hôpital Saint-Louis
Impasse Chausson
Rue Vicq d'Azyr
Avenue Claude Vellefaux
Rue Juliette Dodu
Rue de Sambre
Sq Alban Satragne
R Sibour
Rue de Paradis
Rue des Récollets

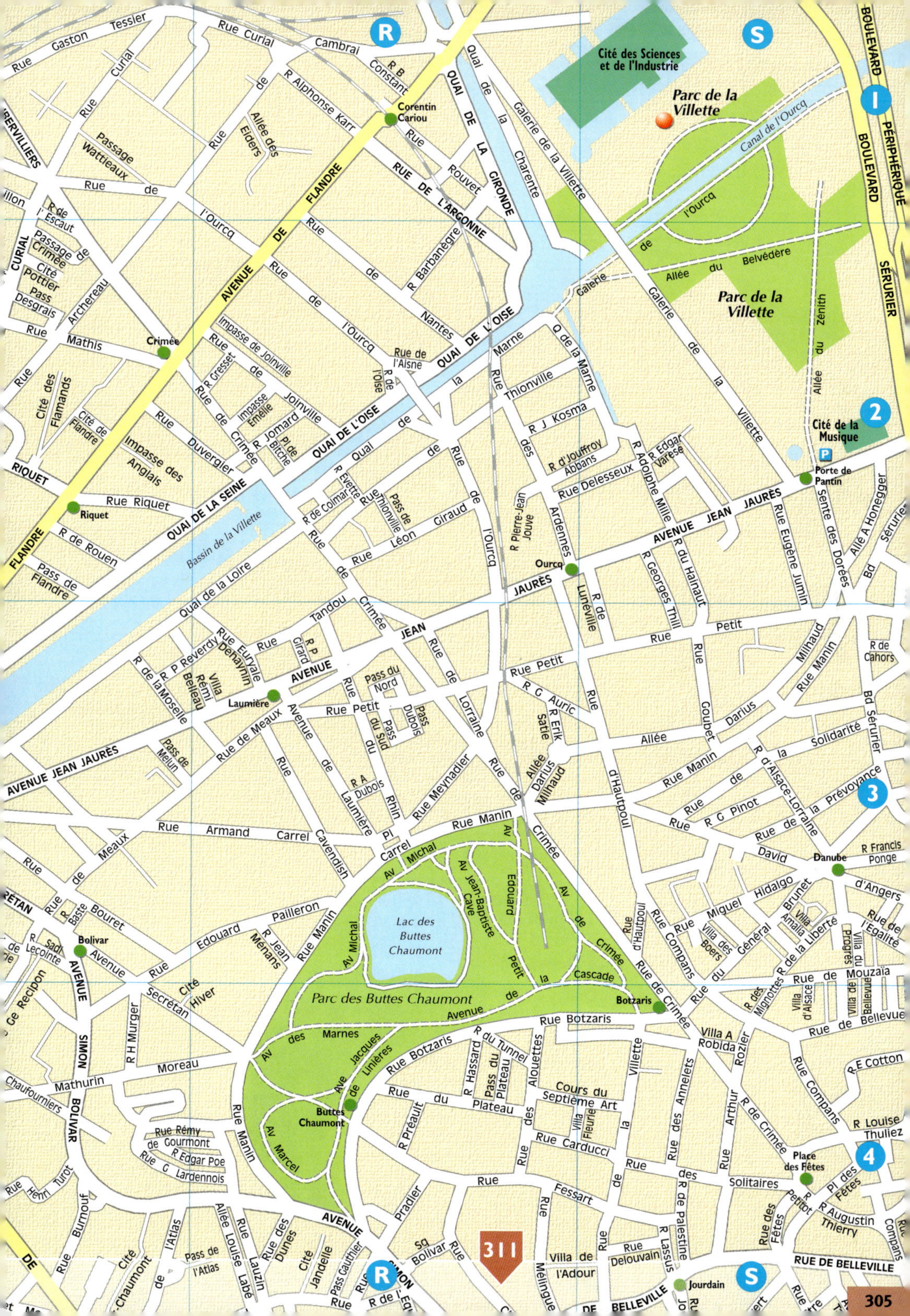
Cité des Sciences et de l'Industrie
Parc de la Villette
Canal de l'Ourcq
Allée du Belvédère
Allée du Zénith
Cité de la Musique
Porte de Pantin
Galerie de la Villette
Quai de la Charente
Quai de la Gironde
Rue de l'Argonne
Corentin Cariou
Avenue de Flandre
Rue Curial
Rue Gaston Tessier
Rue de Cambrai
Rue Alphonse Karr
Allée des Eiders
Passage Wattieaux
Rue de l'Ourcq
Rue de Nantes
Rue Barbanègre
Rue Rouvet
Quai de l'Oise
Quai de la Marne
Quai de la Seine
Quai de la Loire
Bassin de la Villette
Crimée
Rue Mathis
Cité des Flamands
Impasse des Anglais
Rue Riquet
Riquet
R de Rouen
Pass de Flandre
Rue de Joinville
Impasse de Joinville
Rue Duvergier
Rue de Crimée
Rue Thionville
R J Kosma
R d'Jouffroy Abbans
Rue Delesseux
R Adolphe Mille
R Edgar Varèse
Avenue Jean Jaurès
Ourcq
Rue Léon Giraud
Rue des Ardennes
Rue de Lunéville
R Georges Thill
R du Hainaut
Rue Eugène Jumin
Sente des Dorées
Allée A Honegger
Bd Sérurier
Boulevard Sérurier
Boulevard Périphérique
Rue Petit
Rue de Tandou
Laumière
Rue de Meaux
Rue Eurvale Dehaynin
Villa Rémi Belleau
R de la Moselle
Pass de Melun
Rue de Lorraine
R G Auric
R Erik Satie
Allée Darius Milhaud
Rue Goubet
Rue Manin
Rue d'Hautpoul
R d'Alsace-Lorraine
Rue de la Solidarité
Rue de la Prévoyance
R G Pinot
Rue David d'Angers
Danube
R Francis Ponge
Rue Armand Carrel
Rue Cavendish
Avenue de Laumière
R A Dubois
Rue du Rhin
Rue Meynadier
Pass du Nord
Pass Dubois
Rue Bouret
R Bastє
Bolivar
Avenue Simon Bolivar
Rue Edouard Pailleron
R Jean Ménans
Rue Secrétan
Cité Hiver
R H Murger
Rue Mathurin Moreau
Lac des Buttes Chaumont
Parc des Buttes Chaumont
Av Michal
Av Jean-Baptiste Cavé
Av Edouard
Av de Crimée
Avenue de la Cascade
Av des Marnes
Ave Jacques de Linières
Av Marcel
Buttes Chaumont
Botzaris
Rue Botzaris
R du Tunnel
R Hassard
Pass du Plateau
Rue des Alouettes
Cours du Septième Art
Villa Fleurie
Rue du Plateau
R Préault
Rue Carducci
Rue de la Villette
Rue des Annelets
Rue Fessart
Rue Pradier
Rue Compans
Rue Miguel Hidalgo
Villa des Boers
Rue du Général Brunet
Villa Amalia
Rue de la Liberté
Villa du Progrès
Rue de l'Égalité
Rue de Mouzaïa
Rue de Bellevue
Villa A Robida
R de Crimée
Rue Arthur Rozier
R E Cotton
R Louise Thuliez
Place des Fêtes
Pl des Fêtes
Rue des Fêtes
R Augustin Thierry
Rue des Solitaires
R de Palestine
Rue Lassus
Rue de Belleville
Jourdain
Villa de l'Adour
Rue Delouvain
Rue Mélingue
Rue Rémy de Gourmont
R Edgar Poe
Rue G Lardennois
Rue Henri Turot
Rue Burnouf
Cité Chaumont
Rue de l'Atlas
Pass de l'Atlas
Allée Louise Labé
Rue Lauzin
Rue des Dunes
Cité Jandelle
Pass Gauthier
Sq Bolivar
Rue Manin
311

Ruisseau des Sablons
4
Allée de Longchamp
E
Boulevard Périphérique
Boulevard de l'Amiral Bruix
F
Bois de Boulogne
Ruisseau D'armenonville
5
Route des Lacs
Allée Fortunée
Allée des Poteaux
Porte Dauphine
Pl du Nicaragua
Avenue Foch (RER)
Av Foch
Avenue Foch
Rue Bd Marbeau
Villa Saïd
Rue Lalo
Villa Dupont
Rue Weber
Rue Pergolèse
Rue Berlioz
Av Malakoff
R Pergolèse
Av Alphand
Villa Duret
Rue Duret
Rue Piccini
Rue le Sueur
R L Pichat
Av Raymond Poincaré
Avenue Bugeaud
Rue de la Pompe
R Crevaux
Rue Picot
R de Sfax
R de Sontay
R Léonard de Vinci
R Leroux
Avenue Paul
Villa d'Eylau
Rue George
Victor Hugo
Villa Copernic
Rue Copernic
R Y Villarceau
Rue Boissière
Avenue Victor Hugo
Rue Mesnil
Avenue Raymond Poincaré
Rue Lauriston
R Léo Delibes
Saint-Didier
Villa Malakoff
Rue Dosne
Rue Spontini
R de Noisiel
R Emile Ménier
R Mérimée
V Victor Hugo
R de Pomereu
Rue Benouville
Rue Faisanderie
R du Général Appert
Boulevard Flandrin
R Jean Hugues
Rue de Montevideo
Rue de la Lota
Rue Mony
R B Godard
R Thiers
Sq Thiers
Av de Montespan
Rue Dufrénoy
Rue des Belles Feuilles
R G Courbet
Longchamp
Rue des Sablons
R Herran
Rue Decamps
Impasse des Prêtres
Avenue d'Eylau
Rue Greuze
Rue Kléber
Chaillot
Avenue Georges Mandel
Trocadéro
Place du Trocadéro et du 11 Novembre
Palais de Chaillot
Jardins du Trocadéro
Maréchal Favolle
Av de Pologne
Avenue du Maréchal
Av Chantemesse
Boulevard Lannes
Boulevard Périphérique
Avenue Louis Barthou
6
Avenue Henri Martin (RER)
Avenue Henri Martin
Rue A Yvon
Rue de la Pompe
Sq Lamartine
V Jocelyn
V Herran
Rue Mignard
Av Rodin
Rue de la Tour
R E Delacroix
V Souchier
V de la Tour
Rue Cortambert
Rue Louis David
Sq du Trocadéro
Sq Mignot
Rue Scheffer
Rue Pétrarque
Sq Pétrarque
Avenue Paul Doumer
Rue Franklin
Rue Benjamin
R le Tasse
Av de Camoens
Boulevard Delessert
Av des Nations
R le Nôtre
R Chardin
R Beethoven
Place de Colombie
Boulevard Suchet
R E Labiche
R E Fournier
Boulevard Jules Sandeau
Boulevard Emile Augier
R E About
Rue de Siam
R Jean Richepin
Rue Octave Feuillet
Rue Alfred Dehodencq
Rue Franqueville
Magnard
R Verdi
Rue Albéric
Rue Maspéro
R du Conseiller Collignon
Rue d'Andigné
Rue Raphaël
Musée Marmottan Monet
R Louis Boilly
Avenue Raphaël
7
Chaussée la Muette
Rue Desbordes-Valmore
Av J Janin
Rue Nicolo
Rue Paul
R G Nadaud
R F Ponsard
R Hélie Faustin
Avenue
R Guichard
Rue Vital
Rue Massenet
R E Manuel
R F Sarcey
R Chahu
R Gavarni
Rue de la Tour
Rue de Passy
La Muette
Rue Bois le Vent
R Largillière
Bd de Beauséjour
Sq Mozart
Avenue Mozart
R Pajou
R M Martin
R des Bauches
R Gustave Zédé
Avenue Davioud
Sq du Ranelagh
Ranelagh
Rue du Ranelagh
Boulainvilliers La Muette (RER)
Pass Singer
Rue Singer
R Talma
Rue Duban
R Lekain
Rue de l'Annonciation
R J Bologne
R Chernoviz
Sq Raynouard
Rue Raynouard
R Lyautey
Av Alphonse XIII
Rue Marcel Proust
R de l'Alboni
Sq Alboni
Passy
R C Dickens
R des Eaux
Av Fremiet
Av R Boylesve
Av du Parc de Passy
R A Bruneau
Av du Col Bonnet
Maison de Balzac
Rue Berton
R d'Ankara
Mangin
Avenue de Lamballe
Av du Général
Avenue du Président Kennedy
Voie Georges Pompidou
Pont de Bir Hakeim
Pont de Bir-Hakeim
Allée des Cygnes
Port de Grenelle
R des Marronniers
Rue des Vignes
Rue Raynouard
Rue de Boulainvilliers
R Serguei Prokofiev
Av T Rousseau
Av A Hébrard
R de l'Assomption
Avenue du Président Kennedy - Maison de Radio-france (RER)

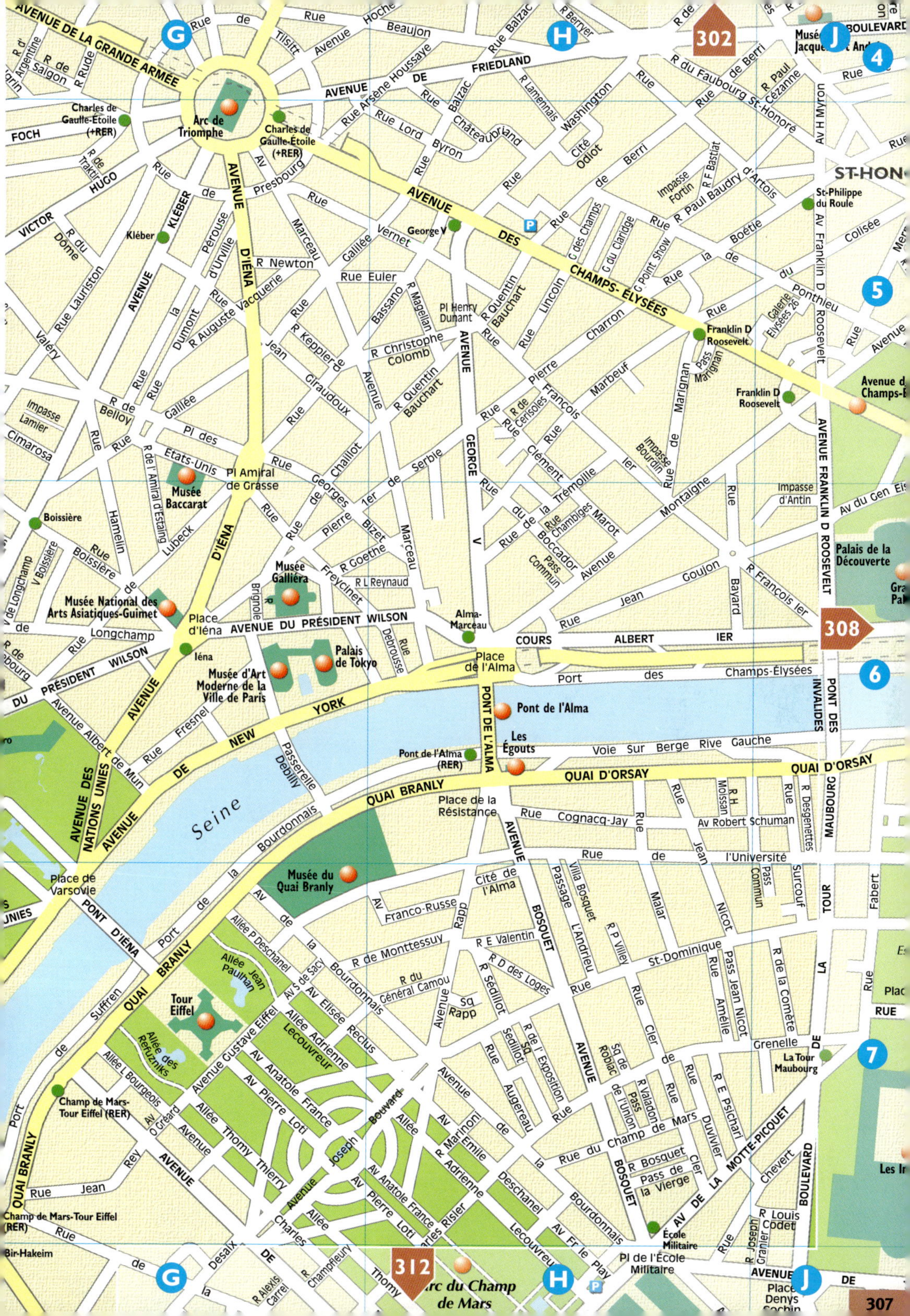

AVENUE DE LA GRANDE ARMÉE
Arc de Triomphe
Charles de Gaulle-Étoile (+RER)
AVENUE DE FRIEDLAND
AVENUE DES CHAMPS-ÉLYSÉES
AVENUE D'IÉNA
AVENUE KLÉBER
AVENUE VICTOR HUGO
FOCH
AVENUE MARCEAU
AVENUE GEORGE V
George V
Franklin D Roosevelt
AVENUE FRANKLIN D ROOSEVELT
ST-HONORÉ
St-Philippe du Roule
R du Faubourg St-Honoré
Musée Jacquemart André
Palais de la Découverte
Avenue des Champs-Élysées
Kléber
Boissière
Pl Amiral de Grasse
Musée Baccarat
Musée National des Arts Asiatiques-Guimet
Place d'Iéna
Iéna
AVENUE DU PRÉSIDENT WILSON
Musée Galliéra
Musée d'Art Moderne de la Ville de Paris
Palais de Tokyo
Alma-Marceau
COURS ALBERT IER
Place de l'Alma
Port des Champs-Élysées
PONT DE L'ALMA
Pont de l'Alma
Les Égouts
Pont de l'Alma (RER)
Voie Sur Berge Rive Gauche
QUAI D'ORSAY
AVENUE DE NEW YORK
PONT DES INVALIDES
Seine
QUAI BRANLY
Place de la Résistance
Musée du Quai Branly
Passerelle Debilly
AVENUE DES NATIONS UNIES
Place de Varsovie
PONT D'IÉNA
Tour Eiffel
Champ de Mars-Tour Eiffel (RER)
Avenue Bosquet
Rue St-Dominique
Rue de Grenelle
Rue de l'Université
AVENUE DE LA MOTTE-PICQUET
BOULEVARD DE LA TOUR MAUBOURG
La Tour Maubourg
École Militaire
Pl de l'École Militaire
Parc du Champ de Mars
Bir-Hakeim
302
308
312
G
H
J
4
5
6
7

Musée Jacquemart André
BOULEVARD HAUSSMANN
302
RUE DE LA PÉPINIÈRE
St-Augustin
Haussmann St-Lazare
Rue de Provence
BOULEVARD HAUSSMANN
Miromesnil
Rue de la Baume
Rue Boétie
Rue Lavoisier
Rue Roquépine
Rue de Penthièvre
Havre Caumartin
Auber (RER)
Rue des Mathurins
ST-HONORÉ
St-Philippe du Roule
Rue Colisée
Rue du Faubourg St-Honoré
BOULEVARD MALESHERBES
Rue de la Ville l'Evêque
Rue Tronchet
Auber
Opéra
Place de la Madeleine
BOULEVARD
BD DE LA MADELEINE
Madeleine
RUE DES CAPUCINES
Musée Fragonard
Palais de l'Élysée
Galerie Élysées 26
Avenue des Champs-Élysées
Franklin D Roosevelt
Champs-Élysées
Avenue Gabriel
Allée Marcel Proust
AVENUE DES CHAMPS-ÉLYSÉES
Champs-Élysées-Clemenceau
RUE ROYALE
R St-Honoré
Place Vendôme
Concorde
Impasse d'Antin
Av du Gen Eisenhower
AVENUE FRANKLIN D ROOSEVELT
307
Palais de la Découverte
Grand Palais
AV WINSTON CHURCHILL
Petit Palais
Avenue Edward Tuck
Place de la Concorde
Jeu de Paume
RUE DE RIVOLI
COURS LA REINE
Port des Champs-Élysées
Pont Alexandre III
PONT DE LA CONCORDE
Orangerie
Jardin des Tuileries
Tuileries
QUAI DES TUILERIES
QUAI D'ORSAY
Invalides (+RER)
Voie Sur Berge Rive Gauche
Passerelle Solférino
Assemblée Nationale
QUAI ANATOLE FRANCE
Rue de l'Université
Rue de Lille
Musée d'Orsay (RER)
Musée d'Orsay
Pont Royal
BOULEVARD ST-GERMAIN
Rue St-Dominique
Esplanade des Invalides
Place des Invalides
RUE DE GRENELLE
Solférino
Rue Las Cases
Rue de Bellechasse
Rue du Bac
La Tour Maubourg
BOULEVARD DE LA TOUR MAUBOURG
Varenne
Rue de Varenne
Les Invalides
Musée Rodin
BOULEVARD DES INVALIDES
INVALIDES
312
313
AVENUE DE TOURVILLE
Place Vauban
Maison de Verre
Rue du Bac

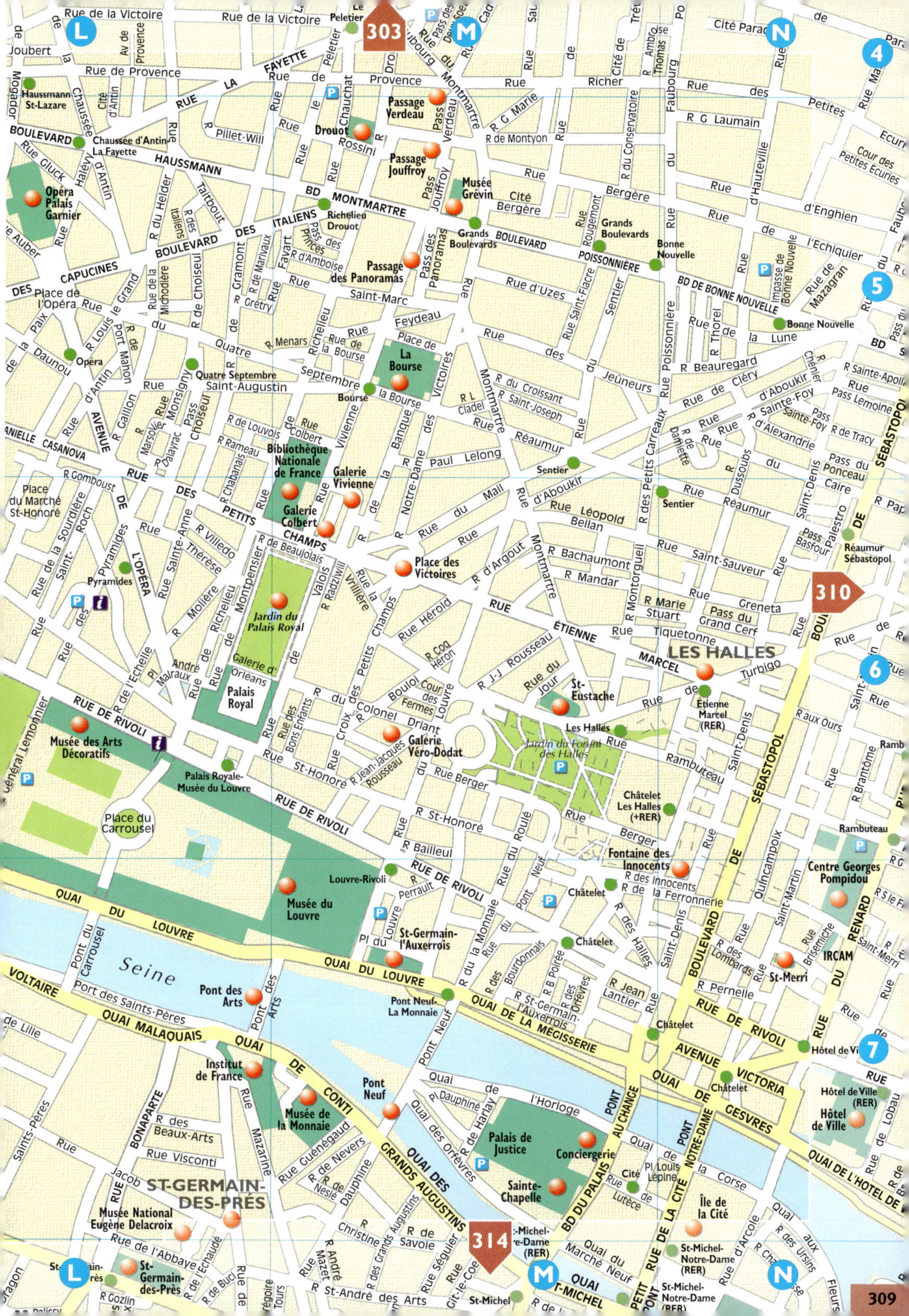
303
310
314
LES HALLES
ST-GERMAIN-DES-PRÉS
Seine
Opéra Palais Garnier
Passage Verdeau
Drouot
Passage Jouffroy
Musée Grévin
Passage des Panoramas
La Bourse
Bibliothèque Nationale de France
Galerie Vivienne
Galerie Colbert
Place des Victoires
Jardin du Palais Royal
Palais Royal
Musée des Arts Décoratifs
Place du Carrousel
Musée du Louvre
St-Germain-l'Auxerrois
Galerie Véro-Dodat
St-Eustache
Jardin du Forum des Halles
Fontaine des Innocents
Centre Georges Pompidou
IRCAM
St-Merri
Hôtel de Ville
Pont des Arts
Institut de France
Musée de la Monnaie
Pont Neuf
Palais de Justice
Conciergerie
Sainte-Chapelle
Île de la Cité
Musée National Eugène Delacroix
St-Germain-des-Prés
Haussmann St-Lazare
Chaussée d'Antin La Fayette
Richelieu Drouot
Grands Boulevards
Bonne Nouvelle
Opéra
Quatre Septembre
Bourse
Sentier
Réaumur Sébastopol
Pyramides
Étienne Marcel (RER)
Les Halles
Châtelet Les Halles (+RER)
Rambuteau
Palais Royale-Musée du Louvre
Louvre-Rivoli
Châtelet
Pont Neuf-La Monnaie
Hôtel de Ville (RER)
Cité
St-Michel-Notre-Dame (RER)
St-Michel
BOULEVARD HAUSSMANN
BD MONTMARTRE
BOULEVARD DES ITALIENS
BOULEVARD DES CAPUCINES
BOULEVARD POISSONNIÈRE
BD DE BONNE NOUVELLE
AVENUE DE L'OPÉRA
RUE DES PETITS CHAMPS
RUE DE RIVOLI
RUE ÉTIENNE MARCEL
BOULEVARD DE SÉBASTOPOL
RUE DU RENARD
QUAI DU LOUVRE
QUAI DE LA MÉGISSERIE
QUAI DE GESVRES
QUAI DE L'HOTEL DE VILLE
QUAI VOLTAIRE
QUAI MALAQUAIS
QUAI DE CONTI
QUAI DES GRANDS AUGUSTINS
BD DU PALAIS
PONT AU CHANGE
PONT NOTRE-DAME
PETIT PONT
RUE DE LA CITÉ
AVENUE VICTORIA
Rue de la Victoire
Rue de Provence
Rue La Fayette
Rue Richer
Rue Bergère
Rue d'Enghien
Rue de l'Échiquier
Rue Réaumur
Rue du Louvre
Rue St-Honoré
Rue Montmartre
Rue Saint-Denis
Rue Rambuteau
Rue Turbigo
Rue Vivienne
Rue de Richelieu
Rue Quincampoix
Rue Bonaparte
Rue Mazarine
Rue Dauphine
Rue de Seine

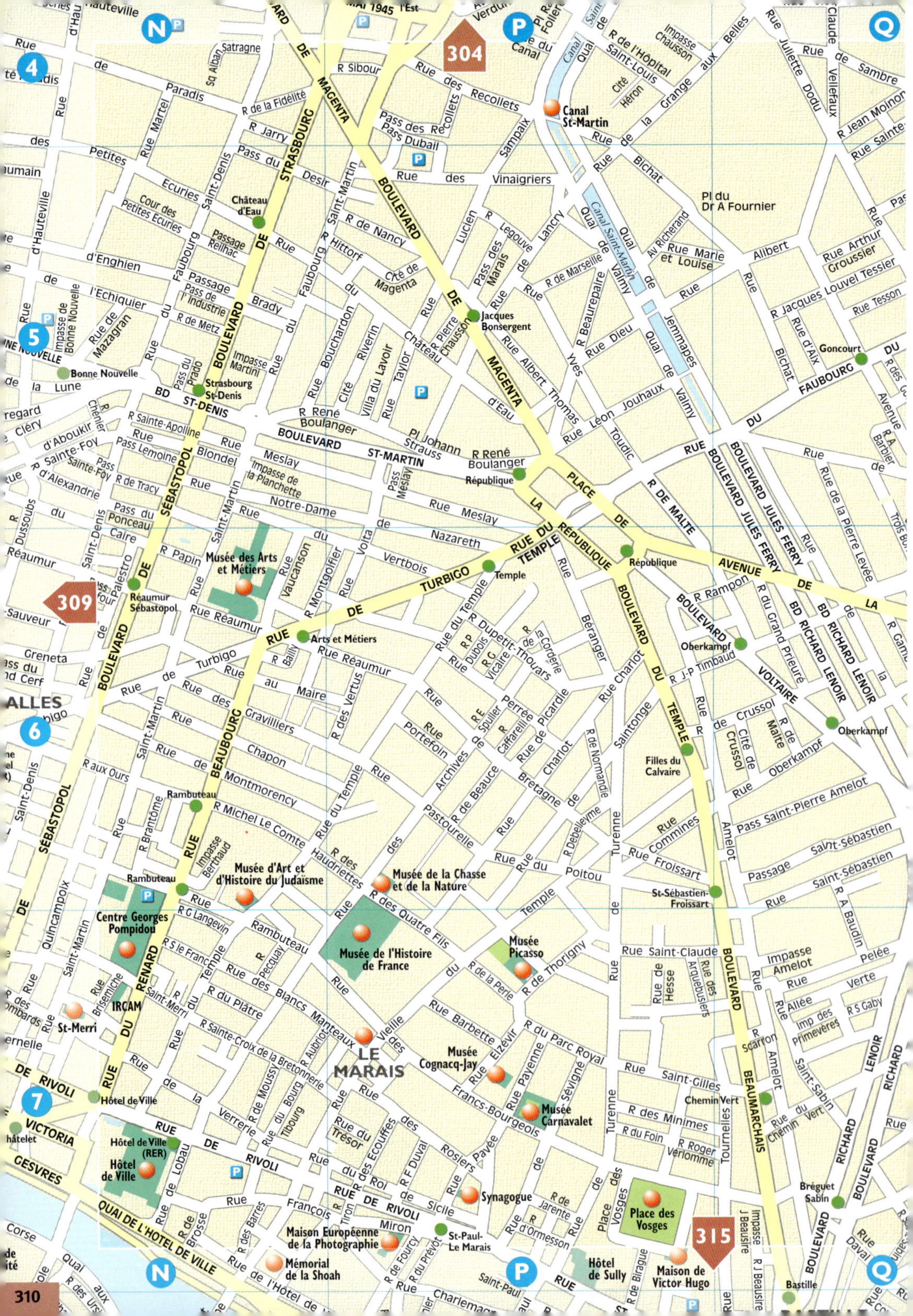
304
309
315
Canal St-Martin
Château d'Eau
Jacques Bonsergent
Goncourt
Bonne Nouvelle
Strasbourg St-Denis
République
Temple
Réaumur Sébastopol
Musée des Arts et Métiers
Arts et Métiers
Oberkampf
Filles du Calvaire
Rambuteau
Musée d'Art et d'Histoire du Judaïsme
Musée de la Chasse et de la Nature
St-Sébastien-Froissart
Centre Georges Pompidou
Musée de l'Histoire de France
Musée Picasso
IRCAM
St-Merri
LE MARAIS
Musée Cognacq-Jay
Musée Carnavalet
Chemin Vert
Hôtel de Ville
Hôtel de Ville (RER)
Synagogue
Place des Vosges
Bréguet Sabin
Maison Européenne de la Photographie
St-Paul-Le Marais
Mémorial de la Shoah
Hôtel de Sully
Maison de Victor Hugo
Bastille
Pl du Dr A Fournier
BOULEVARD DE MAGENTA
BOULEVARD DE STRASBOURG
BOULEVARD ST-DENIS
BOULEVARD ST-MARTIN
BOULEVARD DE SÉBASTOPOL
PLACE DE LA RÉPUBLIQUE
RUE DE TURBIGO
RUE DU TEMPLE
RUE BEAUBOURG
RUE DU RENARD
RUE DE RIVOLI
BOULEVARD DU TEMPLE
BOULEVARD BEAUMARCHAIS
BOULEVARD VOLTAIRE
BOULEVARD JULES FERRY
BOULEVARD RICHARD LENOIR
AVENUE DE LA RÉPUBLIQUE
QUAI DE L'HÔTEL DE VILLE
Canal Saint-Martin
Quai de Valmy
Quai de Jemmapes

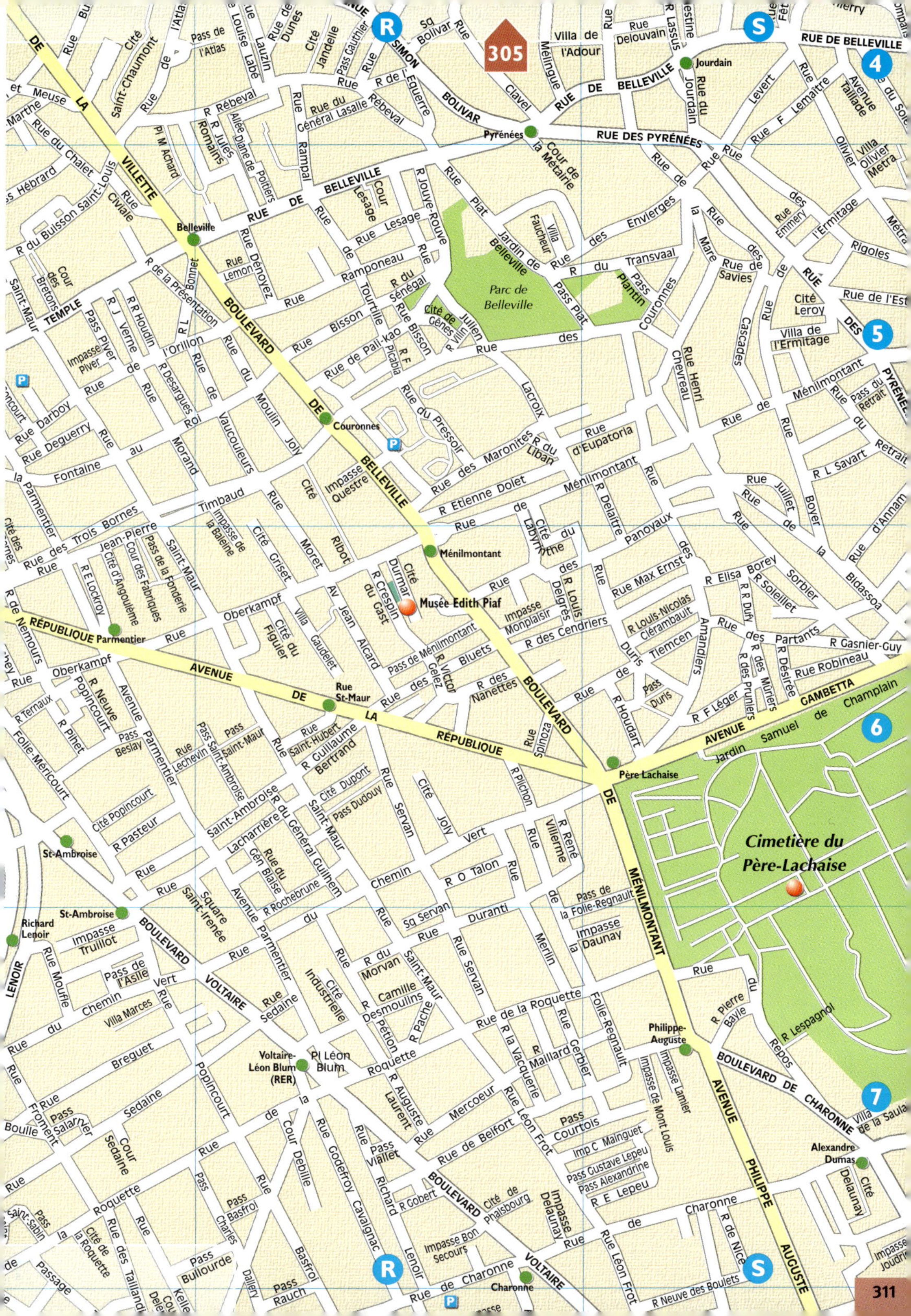
305
4
5
6
7
Parc de Belleville
Cimetière du Père-Lachaise
Musée Edith Piaf
Belleville
Pyrénées
Jourdain
Couronnes
Ménilmontant
Parmentier
Rue St-Maur
Père Lachaise
St-Ambroise
Richard Lenoir
Voltaire-Léon Blum (RER)
Philippe-Auguste
Alexandre Dumas
Charonne
Boulevard de la Villette
Boulevard de Belleville
Boulevard de Ménilmontant
Boulevard Voltaire
Boulevard de Charonne
Boulevard Lenoir
Avenue de la République
Avenue Gambetta
Avenue Philippe Auguste
Avenue Parmentier
Rue de Belleville
Rue des Pyrénées
Rue Bolivar
Rue du Faubourg du Temple
Rue Oberkampf
Rue de Ménilmontant
Rue des Couronnes
Rue Saint-Maur
Rue de la Roquette
Rue de Charonne
Rue Servan
Rue du Chemin Vert
Rue Sedaine
Rue Popincourt
Rue des Cendriers
Rue des Amandiers
Rue de Tlemcen
Rue Sorbier
Rue de la Bidassoa
Rue Duranti
Rue Merlin
Rue Mercoeur
Rue de Belfort
Rue Léon Frot
Rue de Montreuil
Pl Léon Blum
Jardin Samuel de Champlain
Rue des Envierges
Rue du Transvaal
Rue Piat
Rue Julien Lacroix
Rue Ramponeau
Rue Jouye-Rouve
Rue Rébeval
Rue Lesage
Rue des Maronites
Rue Etienne Dolet
Rue Boyer
Rue Juillet
Rue Henri Chevreau
Rue des Cascades
Rue de l'Ermitage
Rue Levert
Rue de Savies
Cité Leroy
Villa de l'Ermitage
Rue du Retrait
Rue des Partants
Rue Robineau
Rue Gasnier-Guy
Rue Villiers de l'Isle Adam
Rue Panoyaux
Rue Max Ernst
Rue Spinoza
Rue Houdart
Rue des Nanettes
Rue Victor Gelez
Rue Jean Aicard
Rue Crespin du Gast
Cité Durmar
Rue Moret
Rue Ribot
Impasse Questre
Rue Morand
Rue de la Fontaine au Roi
Rue des Trois Bornes
Rue Jean-Pierre Timbaud
Rue Darboy
Rue Deguerry
Rue Bisson
Rue de Tourtille
Rue Dénoyez
Rue de l'Orillon
Rue Civiale
Rue Bonnet
Rue Pierre Bayle
Rue du Repos
Rue Lespagnol
Villa de la Saula
Rue Neuve des Boulets
Rue de Nice
Rue Godefroy Cavaignac
Rue Richard Lenoir
Rue Faidherbe
Rue Saint-Sabin
Rue Keller
Rue Basfroi
Passage Charles Dallery
Pass Rauch
Pass Bullourde
Rue Breguet
Rue Froment
Rue du Marché Popincourt
Rue Moufle
Rue Pasteur
Rue Lacharrière
Rue du Général Guilhem
Rue du Général Blaise
Rue Rochebrune
Square Saint-Irénée
Rue Saint-Ambroise
Cité Industrielle
Rue Camille Desmoulins
Rue Pétion
Rue du Morvan
Rue Pache
Rue Auguste Laurent
Rue Gobert
Cité de Phalsbourg
Impasse Bon Secours
Impasse Delaunay
Pass Courtois
Rue de la Vacquerie
Rue Gerbier
Rue Folie-Regnault
Pass de la Folie-Regnault
Impasse de la Baleine
Impasse Piver
Rue de Nemours
Rue Ternaux
Rue Neuve Popincourt
Rue Folie-Méricourt
Rue Pihet
Pass Beslay
Rue Lechevin
Pass Saint-Ambroise
Rue Saint-Hubert
Rue Guillaume Bertrand
Cité Dupont
Pass Dudouy
Rue Plichon
Rue Vert
Rue R O Talon
Rue Rene Villermé
Sq Servan
Impasse Truillot
Pass de l'Asile
Villa Marcès
Cité Popincourt
Impasse Mont Louis
Impasse Lamier
311

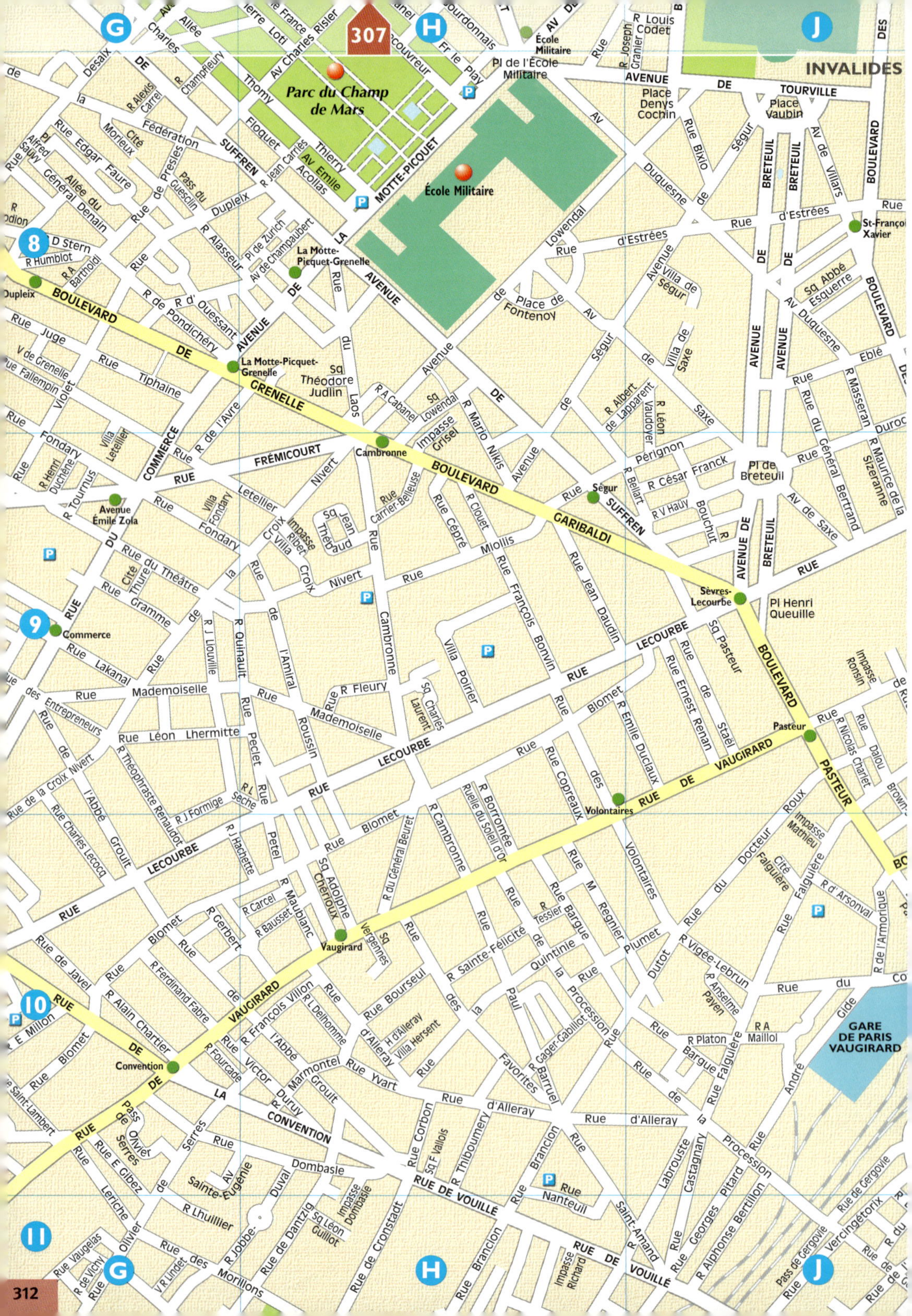
307
Parc du Champ de Mars
École Militaire
INVALIDES
Place Denys Cochin
Place Vaubin
Pl de l'École Militaire
Avenue de Tourville
St-François Xavier
La Motte-Picquet-Grenelle
Dupleix
Boulevard de Grenelle
Cambronne
Boulevard Garibaldi
Ségur
Sèvres-Lecourbe
Pl Henri Queuille
Pl de Breteuil
Place de Fontenoy
Sq Théodore Judlin
Avenue Émile Zola
Commerce
Rue Lecourbe
Pasteur
Boulevard Pasteur
Rue de Vaugirard
Volontaires
Vaugirard
Convention
Rue de la Convention
Rue de Vouillé
Gare de Paris Vaugirard
Rue d'Alleray
Rue Dombasle
Rue Blomet
Rue Mademoiselle
Rue Fondary
Rue du Théâtre
Rue de Javel
Rue Nanteuil
Rue Brancion
Rue de Cronstadt
Rue des Morillons
Rue Olivier de Serres
Rue Falguière
Rue de la Procession
Rue Cambronne
Rue François Bonvin
Rue Miollis
Rue Nivert
Rue Frémicourt
Avenue de Suffren
Avenue de Saxe
Avenue de Breteuil
Avenue Duquesne
Avenue de Ségur
Avenue de Lowendal
Rue d'Estrées
Rue Pérignon
Rue César Franck
Rue Dutot
Rue Plumet
Rue de l'Abbé Groult
Rue Lakanal
Rue des Entrepreneurs
Rue Léon Lhermitte
Rue Péclet
Rue Petel
Rue Yvart
Rue Marmontel
Rue Victor Duruy
Rue Castagnary
Rue Labrouste
Rue Vercingétorix
G
H
J
8
9
10
11

308
314
Musée Rodin
Musée National Eugène Delacroix
DES-PRÉS
St-Germain-des-Prés
Maison de Verre
BD ST-GERMAIN
Rue de Babylone
R DE SÈVRES
Sèvres-Babylone
RUE DE RENNES
St-Sulpice
Rue de Vaugirard
Palais du Luxembourg
Jardin du Luxembourg
RUE DE SÈVRES
Vaneau
Duroc
Rennes
St-Placide
BOULEVARD DU MONTPARNASSE
Falguière
Notre-Dame-des-Champs
Montparnasse Bienvenüe
Vavin
Tour Montparnasse
GARE MONTPARNASSE
MONTPARNASSE
Edgar Quinet
BOULEVARD EDGAR QUINET
Raspail
Port Royal (RER)
Jardin Marco Polo
Gaîté
Cimetière du Montparnasse
Fondation Cartier
AVENUE DENFERT-ROCHEREAU
BOULEVARD RASPAIL
RUE RAYMOND LOSSERAND
AVENUE DU MAINE
Denfert-Rochereau (+RER)
Place Denfert-Rochereau
Les Catacombes
BLVD ARAGO
BLVD ST-JACQUES
St-Jacques
Pernety

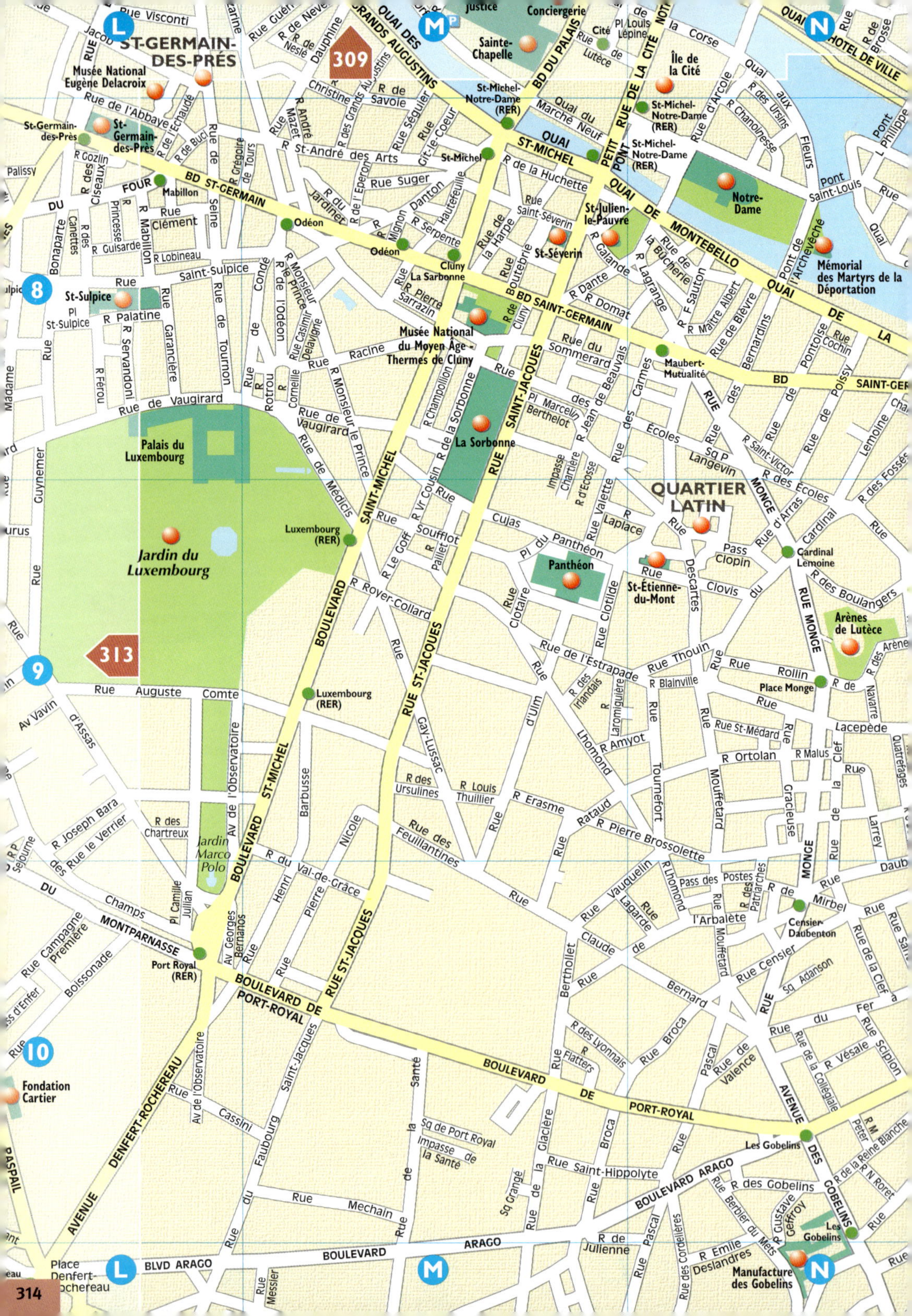

ST-GERMAIN-DES-PRÉS
309
Musée National Eugène Delacroix
St-Germain-des-Prés
Sainte-Chapelle
Conciergerie
Île de la Cité
Notre-Dame
Mémorial des Martyrs de la Déportation
QUAI DES GRANDS AUGUSTINS
QUAI ST-MICHEL
QUAI DE MONTEBELLO
QUAI DE LA
QUAI HOTEL DE VILLE
BD DU PALAIS
PETIT PONT
RUE DE LA CITÉ
BD ST-GERMAIN
BD SAINT-GERMAIN
St-Michel-Notre-Dame (RER)
St-Michel
Mabillon
Odéon
Cluny La Sarbonne
St-Julien-le-Pauvre
St-Séverin
Maubert-Mutualité
St-Sulpice
Musée National du Moyen Âge - Thermes de Cluny
La Sorbonne
Palais du Luxembourg
Jardin du Luxembourg
313
Luxembourg (RER)
QUARTIER LATIN
Panthéon
St-Étienne-du-Mont
Cardinal Lemoine
Arènes de Lutèce
Place Monge
Censier-Daubenton
Jardin Marco Polo
Port Royal (RER)
BOULEVARD SAINT-MICHEL
BOULEVARD ST-MICHEL
RUE SAINT-JACQUES
RUE ST-JACQUES
RUE MONGE
BOULEVARD DE PORT-ROYAL
BOULEVARD DU MONTPARNASSE
AVENUE DENFERT-ROCHEREAU
AVENUE DES GOBELINS
BOULEVARD ARAGO
BLVD ARAGO
Les Gobelins
Manufacture des Gobelins
Fondation Cartier
Place Denfert-Rochereau
Rue de Vaugirard
Rue Auguste Comte
Rue Soufflot
Rue Mouffetard
Rue Claude Bernard
Rue Gay-Lussac
Rue d'Ulm
Rue Lhomond
Rue des Écoles
Rue de Rennes
Rue Saint-Sulpice
Rue de Tournon
Rue Racine
Rue Cujas
Rue Clovis
Rue Thouin
Rue Rollin
Rue Lacepède
Rue Censier
Rue Broca
Rue Pascal
Rue de la Santé
Rue Saint-Hippolyte
Rue Mechain
Rue Cassini
Rue Boissonade
Rue Campagne Première
Rue d'Assas
Av Vavin
Rue des Feuillantines
Rue Pierre Brossolette
Rue de l'Estrapade
Rue Berthollet
Rue du Val-de-Grâce
Av de l'Observatoire
Rue du Faubourg Saint-Jacques
L
M
N
8
9
10

310
311
Maison Européenne de la Photographie
Mémorial de la Shoah
Hôtel de Sully
Maison de Victor Hugo
Place des Vosges
BASTILLE
Opéra Bastille
Pont Marie
Île St-Louis
Pavillon de l'Arsenal
Sully Morland
Institut du Monde Arabe
Jardin des Plantes
Muséum National d'Histoire Naturelle
La Mosquée
Hammam
Place Valhubert
Place Jussieu
Gare d'Austerlitz
GARE D'AUSTERLITZ
GARE DE LYON
Gare de Lyon
Gare de Lyon (RER)
Quai de la Rapée
Ledru Rollin
Bastille
St-Marcel
Campo Formio
Chevaleret
Quai de la Gare
Bercy, Musée du Cinéma
Bibliothèque Nationale de France
Seine
Canal Saint Martin
RUE ST-ANTOINE
BOULEVARD HENRI IV
PONT SULLY
QUAI DES CÉLESTINS
QUAI HENRI IV
BOULEVARD MORLAND
PONT MORLAND
VOIE MAZAS
PONT D'AUSTERLITZ
QUAI ST BERNARD
QUAI D'AUSTERLITZ
PONT CHARLES DE GAULLE
QUAI DE LA RAPÉE
PONT DE BERCY
QUAI DE LA GARE
BOULEVARD DIDEROT
BOULEVARD DE L'HÔPITAL
BOULEVARD ST-MARCEL
BOULEVARD VINCENT AURIOL
BOULEVARD BOURDON
BOULEVARD DE LA BASTILLE
TOURNELLE
Rue de Bercy
Rue de Lyon
Rue Buffon
Rue Cuvier
Rue de Charenton
Rue de Lappe
Rue de la Roquette
Rue Jeanne d'Arc
Rue Poliveau
7
8
9
10

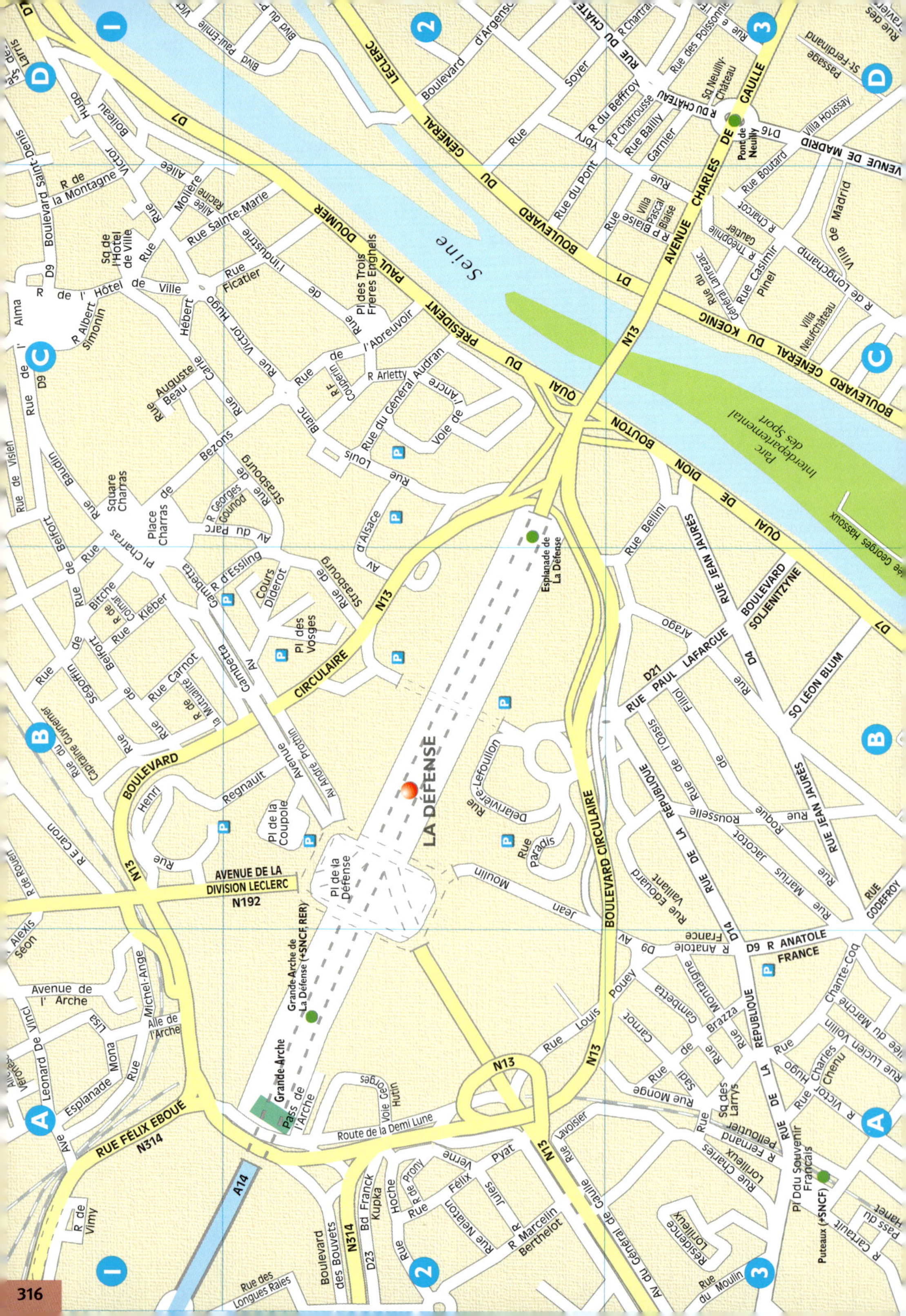

LA DÉFENSE
Seine
Parc Interdépartemental des Sport
Esplanade de La Défense
Grande Arche de La Défense (+SNCF, RER)
Grande Arche
Pl de la Défense
Pl de la Coupole
Pl des Vosges
Place Charras
Square Charras
Pont de Neuilly
Puteaux (+SNCF)
Pl Ddu Souvenir Français
QUAI DU PRÉSIDENT PAUL DOUMER
QUAI DE DION BOUTON
BOULEVARD DU GÉNÉRAL LECLERC
BOULEVARD DU GÉNÉRAL KOENIG
AVENUE CHARLES DE GAULLE
BOULEVARD CIRCULAIRE
AVENUE DE LA DIVISION LECLERC
N192
RUE FÉLIX EBOUÉ
N314
N13
D7
D1
D9
D14
D16
D21
D23
A14
RUE JEAN JAURES
RUE PAUL LAFARGUE
BOULEVARD SOLJENITZYNE
RUE DE LA RÉPUBLIQUE
D9 R ANATOLE FRANCE
RUE GODEFROY
Route de la Demi Lune
Av du Général de Gaulle
Boulevard des Bouvets
Rue des Longues Raies
Bd Franck Kupka
Rue Jean Moulin
Rue Bellini
Rue Louis Pouey
Rue Marius Jacotot
Rue Roque de Fillol
Rue de l'Oasis
Rue Delarivière-Lefouillon
Rue Paradis
Rue Monge
Sq des Larrys
R Fernand Pelloutier
Rue Charles Lorilleux
Résidence Lorilleux
R Carlault
Rue du Moulin
Rue Edouard Vaillant
R Victor Hugo
Rue Charles Chenu
Rue Chante-Coq
Rue du Marché
Rue Lucien Voilin
R Marcelin Berthelot
Rue Nelaton
Rue Jules Verne
Rue Félix Pyat
Rue Hoche
Rue Lavoisier
Voie Georges Hutin
Pass de l'Arche
Avenue de l'Arche
Alle de l'Arche
Esplanade Mona Lisa
Rue Michel-Ange
Ave Leonard De Vinci
R de Vimy
Alexis Séon
R de Rouen
R E Caron
Rue du Capitaine Guynemer
Rue Regnault
Rue Henri
Av André Prothin
Avenue Gambetta
Rue Carnot
R de la Mutualité
Rue Ségoffin
Rue de Belfort
Rue Kléber
R de Colmar
Rue Bitche
Pl Charras
Rue Bezons
R Georges Gounod
Av du Parc
R d'Essling
Cours Diderot
Rue de Strasbourg
Rue d'Alsace
Rue Louis Blanc
Rue du Général Audran
Voie de l'Ancre
R Arletty
Rue de l'Abreuvoir
R F Couperin
Pl des Trois Frères Enghels
Rue de l'Industrie
Rue Victor Hugo
Rue Hébert
Rue Ficatier
R de l'Hôtel de Ville
Sq de l'Hôtel de Ville
Rue Sainte-Marie
Allée Racine
Rue Molière
R de la Montagne
Boulevard Saint-Denis
R Albert Simonin
Rue Auguste Beau
Rue Carle
Rue Baudin
Rue de Visien
Rue de l'Alma
Rue Boileau
Rue Victor Hugo
Blvd Paul-Emile Victor
Boulevard d'Argenson
Rue Soyer
R du Beffroy
R P Chatrousse
Rue Bailly
Rue Garnier
Rue du Pont
Villa Pascal
R P Blaise
R du Château
Sq Neuilly-Château
Rue des Poissonniers
Rue Boutard
Avenue de Madrid
Villa Houssay
Passage St-Ferdinand
R Charcot
R Théophile Gautier
Rue Casimir Pinel
Rue du Général Lanrezac
Villa Neufchâteau
R de Longchamp
Villa de Madrid
Allée Georges Hassoux

ÍNDICE PARIS

ÍNDICE PARIS

CRÉDITOS

A Automobile Association gostaria de agradecer aos seguintes fotógrafos, empresas e instiuições pela cooperação durante a produção deste livro. .

As abreviações para os créditos das fotos são as seguintes:
(a) alto;
(b) embaixo;
(e) esquerda;
(d) direita;
(AA) AA World Travel Library.

4 AA/K Blackwell;
5 AA/K Blackwell;
6 AA/K Blackwell;
7 AA/K Blackwell;
8 AA/J Tims;
9e AA/K Blackwell;
9d AA/K Blackwell;
10 AA/K Blackwell;
11 AA/K Blackwell;
12 AA/K Blackwell;
13a AA/K Blackwell;
13b AA/K Blackwell;
14 AA/K Blackwell;
15e AA/C Sawyer;
15d Steve Wood/Rex Features;
16 AA/K Blackwell;
17a Illustrated London News;
17b AA/T Souter;
18 AA/J Tims;
19a AA/C Sawyer;
19b AA/K Blackwell;
20 AA/T Souter;
21a AA/B Rieger;
21b AA/T Souter;
22 AA/K Paterson;
23e AA/T Souter;
23d AA/C Sawyer;
24 AA/K Blackwell;
25 AA/K Blackwell;
26 AA/K Blackwell;
27ta Mary Evans Picture Library;
27b AA;
28 AA/J Tims;
29e AA/K Blackwell;
29d Mary Evans Picture Library;
30 Photolibrary Group;
31a Eric Feferberg/AFP/Getty Images;
31b Mary Evans Picture Library;
32 Château de Versailles, França/Peter Willi/ The Bridgeman Art Library;
33a AA/M Jourdan;
33b AA/M Jourdan;
34 Château de Versailles, França/Lauros/ Giraudon/The Bridgeman Art Library;
35a Château de Champs-sur-Marne, França/ Lauros/Giraudon/The Bridgeman Art Library;
35b Bibliothèque Historique de la Ville de Paris, Paris, França/Archives Charmet/The Bridgeman Art Library;
36 Mary Evans Picture Library;
37e AA/P Kenward;
37d Mary Evans Picture Library;
38 AA/K Blackwell;
39a AA/K Blackwell;
39b AA;
40 AA/K Blackwell;
41a Mary Evans Picture Library;
41b Mary Evans Picture Library/Mary Evans ILN Pictures;
42 AA/K Blackwell;
43a AFP/Getty Images;
43b AA/K Blackwell;
44e Photolibrary Group;
44d Thomas Coex/AFP/Getty Images;
45 AA/K Blackwell;
46 AA/C Sawyer;
48 AA/K Blackwell;
49 AA/C Sawyer;
50 Photolibrary Group;
51 AA/C Sawyer;
52 AA/K Blackwell;
53 AA/C Sawyer;
55 AA/T Souter;
60 AA/K Paterson;
61 AA/M Jourdan;
62 AA/K Paterson;
64 AA/K Blackwell;
67 AA/K Blackwell;
68 AA/K Blackwell;
72 AA/K Blackwell;
73 AA/C Sawyer;
74 AA/K Paterson;
75 AA/K Paterson;
76 AA/K Blackwell;
77 AA/K Blackwell;
78 Musée Marmottan, Paris, França/ Giraudon/The Bridgeman Art Library;
79 Musée Marmottan, Paris, França/ Giraudon/
The Bridgeman Art Library;
80 AA/K Blackwell;
81e AA/K Blackwell;
81d AA/K Blackwell;
82 AA/K Blackwell;
84 AA/K Blackwell;
85 AA/K Blackwell;
86 AA/K Blackwell;
87 AA/K Blackwell;
88 AA/B Rieger;
89 AA/K Blackwell;
90 AA/T Souter;
91 AA/M Jourdan;
92e AA/B Rieger;
92d AA/K Blackwell;
93 AA/K Blackwell;
94 AA/M Jourdan;
95 AA/K Blackwell;
96 AA/K Blackwell;
98 AA/K Blackwell;
100 AA/C Sawyer;
102 AA/K Blackwell;
106 AA/K Blackwell;
110 AA/K Blackwell;
111 AA/K Blackwell;
112 AA/T Souter;
113 AA/K Blackwell;
114 AA/C Sawyer;
115 AA/C Sawyer;
116 AA/M Jourdan;
117 AA/K Blackwell;
118 AA/K Blackwell;
119e AA/K Blackwell;
119d AA/K Blackwell;
120a AA/T Souter;
120b AA/M Jourdan;
121 C Harrison;
122 AA/K Paterson;
123 AA/C Sawyer;
124 AA/P Enticknap;
125 AA/K Blackwell;
126 AA/C Sawyer;
128 AA/M Jourdan;
129 AA/K Paterson;
130 AA/K Blackwell;
131e AA/C Sawyer;
131d AA/M Jourdan;
132 AA/J Tims;
134 AA/K Blackwell;
135 AA/M Jourdan;
136 AA/K Blackwell;
137 AA/K Blackwell;

138 AA/K Blackwell;
139 AA/K Blackwell;
140 AA/K Blackwell;
142 AA/C Sawyer;
144 AA/K Blackwell;
148 AA/K Blackwell;
152 AA/K Blackwell;
153 AA/K Blackwell;
154 AA/K Blackwell;
155 AA/K Blackwell;
156 AA/T Souter;
157 AA/K Blackwell;
158 AA/K Blackwell;
159e AA/M Jourdan;
159d AA/K Blackwell;
160 AA/W Voysey;
161 AA/K Blackwell;
162 AA/K Blackwell;
163 AA/K Blackwell;
164 AA/K Blackwell;
165e AA/M Jourdan;
165d AA/K Paterson;
166 AA/K Blackwell;
167 Photolibrary Group;
168 AA/K Blackwell;
169 AA/K Blackwell;
170 AA/M Jourdan;
171 AA/K Blackwell;
172 AA/K Blackwell;
174 AA/C Sawyer;
176 AA/B Rieger;
178 AA/A Mockford & N Bonetti;
182 AA/K Paterson;
186 AA/K Blackwell;
187 AA/K Blackwell;
188e AA/K Blackwell;
188d AA/M Jourdan;
190 AA/K Blackwell;
191 AA/J Tims;
192 AA/K Blackwell;
193 K Glendenning;
194 AA/K Blackwell;
195 AA/K Blackwell;
196 AA/C Sawyer;
197 AA/K Blackwell;
198 AA/M Jourdan;
200 Louvre, Paris, França/The Bridgeman Art Library;
201 AA/M Jourdan;
202e AA/M Jourdan;
202d Louvre, Paris, França/Giraudon/The Bridgeman Art Library;
203 AA/P Enticknap;
204 AA/K Blackwell;
205 AA/K Blackwell;
206 AA/M Jourdan;
207 AA/K Blackwell;
208 AA/K Blackwell;
209 AA/M Jourdan;
210 AA/K Blackwell;
212 AA/K Blackwell;
214 AA/K Blackwell;
216 AA/K Blackwell;
220 AA/K Blackwell;
224 AA/M Jourdan;
225 AA/K Blackwell;
226 AA/K Blackwell;
227e AA/K Blackwell;
227d AA/K Blackwell;
228 AA/C Sawyer;
229 AA/K Blackwell;
230 AA/M Jourdan;
232 AA/B Rieger;
233 AA/K Blackwell;
234 AA/K Blackwell;
235e AA/J Tims;
235d AA/K Blackwell;
236 AA/M Jourdan;
237 AA/M Jourdan;
238 AA/M Jourdan;
240 AA/K Blackwell;
242 AA/K Blackwell;
246 AA/K Blackwell;
250 AA/K Blackwell;
251 AA/K Blackwell;
252 AA/D Noble;
253 Michael Jenner/Robert Harding;
254 AA/K Blackwell;
255 AA/K Blackwell;
256 © Disney;
257ta© Disney;
257b © Disney;
258 AA/M Jourdan;
259 AA/M Jourdan;
260 AA/K Blackwell;
261 AA/M Jourdan;
262a AA/M Jourdan;
262b AA/M Jourdan;
264 AA/K Blackwell;
265 AA/K Blackwell;
266 AA/K Blackwell;
267 AA/K Blackwell;
272 AA/K Blackwell;
276 AA/K Blackwell;
278 © PicHouse/Everett/Rex Features;
280 Eddie Linssen/Alamy;
282 AA/K Blackwell;
283 AA/K Blackwell;
284 AA/K Blackwell;
286 AA/K Blackwell;
289a AA/K Blackwell;
289b AA/K Blackwell;
290 AA/K Blackwell;
291 AA/K Blackwell;
292 AA/K Blackwell;
301 AA/K Blackwell

Foram feitos todos os esforços para identificar os detentores dos direitos autorais e os editores pedem desculpas para eventuais omissões ou dados incorrertos. Teremos satisfação em corrigir o equívoco nas próximas edições.

4ª edição brasileira: 2012

ISBN 978-85-7914-245-1

PUBLIFOLHA
Divisão de Publicações do Grupo Folha
Al. Barão de Limeira, 401, 6º andar
CEP 01202-900, São Paulo, SP
Tel.: (11) 3224-2186/2187/2197
www.publifolha.com.br

COORDENAÇÃO DO PROJETO
Publifolha
Assistência editorial Camila Saraiva
Coordenação de produção gráfica Soraia Pauli Scarpa

PRODUÇÃO EDITORIAL
Editora Página Viva
Edição Adriana Cerello
Tradução Ibraíma Tavares, Luis Reyes Gil
Direção de arte José Rodolfo Arantes de Seixas
Assistência de arte Priscylla Cabral

Atualização da 4ª edição: Editora Página Viva

AA TRAVEL GUIDES
Editora Sheila Hawkins
Edição do projeto Lodestone Publishing Ltd
Projeto gráfico Drew Jones, Pentacorbig
Pesquisa iconográfica Lesley Grayson
Diagramação e retoque de imagens Sarah Montgomery, James Tims
Mapas Departamento de Cartografia da AA Publishing
Colaboradores principais Lindsay Bennett, Heidi Ellison, Adele Evans, Colin Follett, Kathryn Glendenning, Cathy Harrison, Elisabeth Morris, Michael Nation, Josephine Perry, Laurence Phillips, Andrew Sanger, The Content Works
Atualizações Adele Evans
Índice Marie Lorimer
Produção Lorraine Taylor

Impressão e acabamento: Leo Paper Products Ltd, China.

Foi feito o possível para garantir que as informações deste livro fossem as mais atualizadas disponíveis até o momento da impressão. No entanto, alguns dados como telefones, preços, horários de funcionamento e informações de viagem estão sujeitos a mudanças. Os editores não podem se responsabilizar por qualquer consequência do uso deste guia, nem garantir a validade das informações contidas nos sites indicados.

Os leitores interessados em fazer sugestões ou comunicar eventuais correções podem escrever para a Publifolha, Al. Barão de Limeira, 401, 6º andar, CEP 01202-900, São Paulo, SP, enviar um fax para: (11) 3224-2163 ou um e-mail para: atendimento@publifolha.com.br

Dados internacionais de Catalogação na Publicação (CIP)
(Câmara Brasileira do Livro, SP, Brasil)

AA Keyguide : Paris / AA Publishing ; [tradução Ibraíma Tavares, Luis Reyes Gil]. – 4. ed. – São Paulo : Publifolha, 2012.

Título original: AA Keyguide : Paris
ISBN 978-85-7914-245-1

1. Paris (França) - Descrição e viagens - Guias
I. AA Publishing.

10-10691 CDD-914.436

Índices para catálogo sistemático:
1. Guias de viagem : Paris : França 914.436
2. Paris : França : Guias de viagem 914.436

Este livro segue as regras do Acordo Ortográfico da Língua Portuguesa (1990), em vigor desde 1º de janeiro de 2009.

CRÉDITOS DAS IMAGENS DAS CAPAS
Capa: Torre Eiffel; © Travel Pix/Robert Harding
4ª capa: Corbis (RF)/Latinstock
Lombada: Fachada oeste da Catedral de Notre-Dame; AA/K Blackwell

CONHEÇA TAMBÉM:

KEY GUIDES

Alemanha • Canadá • Espanha • França
Inglaterra, Escócia e País de Gales • Itália • Londres
Nova York • Paris • Portugal • Praga • Roma

GUIAS ESPIRAL

Argentina • Califórnia • Canadá • Egito
Florença • Flórida • França • Irlanda
Itália • Lisboa • Marrocos • Portugal
República Dominicana • Tailândia • Tunísia
Vancouver e Rochosas Canadenses • Washington

GUIAS DE PASSEIOS

Roteiros Para Você Explorar a Cidade a Pé
Amsterdã • Barcelona • Chicago
Londres • Nova York • Paris
Roma • São Francisco • Veneza

GUIAS AS MELHORES VIAGENS DE CARRO

Itinerários Completos Para Você
Viajar Sobre Quatro Rodas
Califórnia • Espanha • França • Itália

GUIAS MUNDO NOVO

Um Jeito Diferente de Viajar
Viagens de Aventura • Viagens Ecológicas

Acompanhe os lançamentos no site da Publifolha:
www.publifolha.com.br